U0920747

呼和浩特经济统计年鉴

HOHHOT ECONOMIC STATISTICAL YEARBOOK

2013

（总第二十二期）

呼和浩特市统计局　编

图书在版编目（ＣＩＰ）数据

呼和浩特经济统计年鉴. 2013 / 呼和浩特市统计局编
--北京:中国统计出版社, 2013.10

ISBN 978-7-5037-6966-5

Ⅰ. ①呼… Ⅱ. ①呼… Ⅲ. ①区域经济－统计资料－呼和浩特市－2013－年鉴
Ⅳ. ①F127.261-54

中国版本图书馆 CIP 数据核字(2013)第 216057 号

呼和浩特统计年鉴-2013

作　　者/ 呼和浩特市统计局
责任编辑/ 陈越月
装帧设计/ 综合科
出版发行/ 中国统计出版社
地　　址/ 北京市丰台区西三环南路甲 6 号　邮政编码/100073
电　　话/ 邮购（010）63376909　书店（010）68783171
网　　址/ http://csp.stats.gov.cn
印　　刷/ 郑州友联印刷有限公司
经　　销/ 新华书店
开　　本/ 890mm × 1240mm　1/16
字　　数/ 1200 千字
印　　张/ 28.75
版　　别/ 2013 年 10 月第 1 版
版　　次/ 2013 年 10 月第 1 次印刷
定　　价/ 300 元

如有印装差错，由本社发行部调换。

《呼和浩特经济统计年鉴—2013》编委会

《呼和浩特经济统计年鉴—2013》编辑部

编 辑 说 明

《呼和浩特经济统计年鉴—2013》是一部具有地方特色的系列性的综合信息资料工具书。本书运用大量的统计数据和文字，全面、系统、翔实地反映了2012年呼和浩特市经济、社会发展状况。

本《年鉴》共分四部分：特载、统计资料、法规与规章和社会经济大事记。统计资料由二十二部分组成：行政区划和自然概况、综合、国民经济核算、人口、劳动力和职工工资、固定资产投资、财政税收、物价、人民生活、城市概况、农业、工业、能源消费、建筑业、运输邮电业、批发零售贸易和餐饮业、对外贸易和旅游业、金融保险、教育科技及文化事业、体育卫生及其他事业、旗县区统计资料、省会城市主要指标。每部分统计资料之后都附有主要统计指标解释。

《年鉴》中特载、法规与规章、社会经济大事记三部分由市有关部门提供；统计资料来自政府统计部门和业务部门年度统计数据。《年鉴》中综合部分的价值量指标除说明外均为当年价格，国民经济核算指标、农业总产值、工农业增加值增长速度按可比价格计算。人口部分除特别说明外，所有数据均为公安部门提供的户籍人口数。全市常住人口数据2012年底为294.9万人。对外贸易部分的数据取自海关部门。旗、县、区部分的工业、社会消费品零售总额、建筑业的相关指标，都按在地范围统计；固定资产投资，其中按国民经济行业分的投资规模及个数、新增固定资产、财务拨款和房屋建筑面积及价值表中均不含房地产开发。本《年鉴》历史资料，对个别数据进行了调整，若与往年数据不一致，概以本《年鉴》为准。部分统计资料的总计数或相对数由于单位取舍不同而产生的计算误差均未做机械调整。《年鉴》中使用的符号："空格"表示没有此项数据、数据不详或数据为零；"…"表示数据不足最小计量单位；"#"表示其中项。

《呼和浩特经济统计年鉴—2013》在编辑过程中，得到了有关部门和单位的大力支持与协助，在此谨致谢意。

《呼和浩特经济统计年鉴》

编辑部2013年9月

目　录

第一部分　特　载

第二部分　统计资料

行政区划和自然概况

综　合

国民经济核算

人　口

劳动力和职工工资

固定资产投资

财政税收

物　　价

人民生活

城市概况

农　　业

工　　业

能源消费

建 筑 业

运输、邮电业

批发零售贸易和餐饮业

对外贸易和旅游业

金融、信贷、保险

教育、科技及文化事业

体育、卫生及其他事业

旗、县、区统计资料

省会城市主要经济指标

第三部分　法规与规章

第四部分　社会经济大事记

CONTENTS

第一部分　特　　载

呼和浩特市政府工作报告

——2013年1月3日在呼和浩特市第十四届人民代表大会第一次会议上

呼和浩特市市长 秦 义

各位代表：

现在，我代表市人民政府向大会报告工作，请予审议，并请各位政协委员和列席会议的同志们提出意见。

一、过去五年和2012年工作回顾

市十三届人大一次会议以来的五年，是我市改革开放和现代化建设取得显著成就的五年。五年来，我们紧紧围绕打造“两个一流首府”要求，坚持富民与强市并重的发展方针，全力推进“一核双圈一体化”发展战略，沉着应对前进中的各种风险和挑战，全市经济社会发展实现重大跨越，完成了本届政府确定的各项目标任务。

（一）综合经济实力大幅提升。预计地区生产总值由2007年的1128.7亿元增加到2460亿元，年均增长12.9%，人均地区生产总值超过84000元。地方财政总收入由120亿元增加到316亿元，年均增长21.4%。固定资产投资累计完成4650亿元，年均增长16.1%。社会消费品零售总额由443.4亿元增加到1015亿元，年均增长18%。主要经济指标均实现翻番。三次产业比例由5.5：36.8：57.7演进为5.1：36.1：58.8。以奶牛规模化养殖、设施蔬菜种植为主的现代农牧业发展步伐加快，奶牛规模化养殖率由不足20%提高到70%，蔬菜保护地建成面积由1.2万亩增加到6.5万亩。现代工业体系建设取得新进展，乳业、电力、石化、冶金化工、生物发酵等优势特色产业得到进一步巩固和提升，光伏、电子信息、新材料等新兴产业加快发展，初步构建起多极支撑、多元发展的工业体系。全市工业增加值由2007年的346.2亿元增加到720亿元。商贸流通、餐饮住宿、交通运输等传统服务业全面提升，云计算、现代物流、金融保险、会展、旅游、中介等现代服务业快速发展，拉动增长、辐射周边、服务全区的能力明显增强。第三产业增加值由2007年的651.1亿元增加到1450亿元，年均增长13.5%。

（二）城市面貌发生显著变化。我们按照打造一流首府城市要求，加快推进城市“一街五区”新区建设，在老城区实施“新亮美绿净畅”工程，城市建设实现“六个明显提升”。一是中心城区的辐射带动力明显提升。建成区面积由2007年的150平方公里扩展到230平方公里，市区常住人口由140万人增加到220万人。二是城市基础设施承载能力明显提升。对城市主次干道连同地下管网进行大范围改造建设，五年累计改造道路41条，新建续建道路33条、桥梁通道27座，形成“三线环城、八横八纵”道路网。城市生活污水集中处理率和生活垃圾无害化处理率分别达到96%、98%，再生水利用率超过30%，集中供热普及率超过80%，二环路以内99%的居民用上天然气。新增加公交车辆930台，新开通和延伸公交营运线路69条，基本覆盖了城区全部主次干道。三是城市综合服务功能明显提升。建成一批城市商业综合体和星级酒店，新建铁路东客站等一批大型公用项目，城市公共服务设施不断完善。四是城市建设的品位与特色明显提升。对草原文化、历史文脉、民族特色进行挖掘和塑造，修缮保护了一批文化古迹，改造建设了一批特色街区。完成全长56公里的环城水系及景观建设，新建敕勒川公园、成吉思汗公园等一批城市园林绿地，建成区绿地面积增加1100公顷，人均公共绿地由13.9平方米提高到16.4平方米。五是群众居住环境明显提升。对全市1123个老旧小区、292条小街巷进行了改造，有效改善了群众居住和出行条件。切实加大环境保护工作力度，市区空气质量优良天数由331天增加到347天，通过了国家环保模范城市验收。六是城市管理水平明显提升。全面加大拆违拆临力度，加强市容环境管理和市政设施维护，着力提高城市精细化管理水平，城市面貌不断发生新变化。

（三）城乡基础设施进一步完善。我们按照城乡一体、区域一体的发展思路，加快推进小城镇建设，先后在五个旗县召开两个文明建设经验交流暨城镇建设现场会，有力促进了各旗县政府所在地及重点建制镇建设。连接全市城乡的呼武公路复线、209国道和林至清水河段一级路、金盛路等重点公路全线贯通，乡通油路、村通公路全面实现，“一核双圈一体化”的公路网基本形成。全市公路通车里程增加711公里，路网密度比2007年提高11.7%。加强水利建设，启动实施引黄入呼二期工程，完成20座中小型病险水库除险加固，对8处万亩以上灌区进行了节水改造，新增有效灌溉面积44万亩。大力实施农村饮水安全工程，解决34.8万人饮水安全问题。实施110千伏及以上输变电项目44项，城乡电网结构进一步完善。启动大青山生态综合治理保护工程，大力推进退耕还林、天然林保护等重点生态建设工程，五年累计完成林业生态建设321万亩，全市森林覆被率由20.7%提高到29.9%，在西北省会中第一个建成国家森林城市。

（四）改革开放深入推进。我们始终坚持把深化改革开放作为推动发展的动力，积极推进重点领域改革。农村综合改革不断深化，集体林权制度改革全部完成。医改成果普惠城乡居民，全市政府办基层医疗机构基本药物实行零差率销售，药价平均降幅30%。文化体制改革逐步深化，市电台和电视台合并，呼和浩特民族演艺集团成立。政府机构改革和事业单位绩效工资制度改革积极推进。集体企业改革、财税管理体制改革取得新进展。推进地方金融改革，小额贷款公司和融资性担保公司得到快速发展。制定出台促进民营经济加快发展50条意见，鼓励支持和引导非公有制经济发展的力度全面加大，个体工商户、私营企业户数分别达到12.2万户和3万户。对内对外开放进一步扩大，五年累计引进国内资金2156亿元，年均增长13.5%；实际利用外资38亿美元，年均增长10.1%；实现外贸进出口总额70亿美元，年均增长25.3%。

（五）人民生活水平显著提高。我们始终坚持以人为本，不断加大保障和改善民生工作力度。城镇居民人均可支配收入由2007年的16920元提高到2012年的32350元，年均增长13.8%；农民人均纯收入由6121元提高到2012年的11240元，年均增长12.9%。就业工作不断加强，全市累计新增就业18.1万人，实现零就业家庭至少1人就业。社会保障体系建设成效显著，城乡基本养老保险制度全面建立，全民医保基本实现。连续五年提高企业退休人员养老金，先后三次提高失业金标准。城镇职工和居民基本医疗保险最高支付限额分别达到31万元和21万元，住院费实际平均报销比例提高到77%和55%。新型农村合作医疗实行市级统筹，政策范围内住院费用报销比例提高到75%，并建立大病补偿机制。城乡低保水平、五保供养、孤儿供养、城镇“三无”人员供养标准达到西部省区领先水平。实施城乡医疗、教育、取暖等专项救助，累计受益群众70多万人次。扶贫工作深入开展，贫困人口收入较快增长。开工建设各类保障性住房11.6万余套，基本解决了市区人均住房面积不足13平方米的低保家庭住房困难问题。稳步推进农村危旧房改造工作，5200多户农村困难群众居住条件得到改善。

（六）社会事业全面进步。我们始终坚持统筹兼顾，高度重视社会事业发展，着力健全社会公共服务体系。坚持教育优先发展，义务教育、高中教育以及蒙语授课的幼儿园全部实现免费。校安工程及中小学标准化建设工程扎实推进，全市新增校舍93万平方米，新增教学班623个。职业教育、民办教育、民族教育得到稳步发展。全市各级各类教育质量不断提升。医疗卫生事业得到快速发展，全市医疗卫生机构达到2163个，为全市166万城乡居民建立规范化电子健康档案。国家创新型城市试点工作全面展开，五年组织实施重大科技专项224项，有39项科技创新成果获得自治区科技进步奖，专利申请量和授权量均居自治区首位。奶牛性控技术、粉煤灰综合利用、通信塑料光纤等一批自主创新成果实现产业化。公共文化服务体系建设不断加强，基本实现乡乡有标准文化站，31家博物馆、纪念馆等公共文化服务设施向公众免费开放。文化产业和文艺创作繁荣发展，昭君文化节先后获得“全国十大品牌节庆”、“优秀民族节庆”等称号，一批优秀文艺作品走向全国。新闻出版、广播电视事业进一步发展。体育设施得到完善，群众性体育活动广泛开展，竞技体育屡创佳绩。在自治区第十二届运动会上，我市代表团蝉联金牌总数第一。人口素质不断提高，人口出生率控制在9.09‰。深入推进社会矛盾排查化解，一批信访突出问题得到妥善解决。坚持严厉打击各类刑事犯罪，不断强化社会治安综合治理，平安首府建设扎实推进。安全生产形势保持平稳，食品药品监督管理工作进一步加强。社区建设深入推进，全市近80%的社区用房达到300平方米以上。民族宗教工作取得新的成绩，平等团结互助和谐的社会主义民族关系得到进一步巩固和发展。深入开展拥军优属、拥政爱民活动，国防和民兵后备力量建设不断加强，连续七次被国家命名为“双拥模范城”。重视工会、共青团、妇联等人民团体工作，支持残疾人、妇女儿童和老龄事业发展。人防、地震、防汛、消防、气象、红十字会、关心下一代等各项事业都取得新成绩。

（七）政府自身建设不断加强。自觉接受人大依法监督和政协民主监督，主动向人大及其常委会报告工作，向政协常委会通报情况，累计办理市人大代表议案、建议、意见938件，市政协委员提案2783件。认真听取各民主党派、工商联和无党派人士意见，决策科学化、民主化程度不断提高。依法治市工作取得新成效，“五五”普法全面完成，“六五”普法顺利实施。在全市持续深入开展“转变工作作风、强化服务意识、打造一流首府机关形象”、“首府服务提升年”等专项活动，取得明显成效。全力推进三级公共服务体系建设，大力改革行政审批制度，市直部门行政审批项目由708项减少到233项，取消和停止征收95项行政事业性收费项目，行政审批事项实现100%集中受理，审批过程100%电子监控。严格执行党风廉政建设责任制，加大源头防腐、纠风治乱力度，加强对政府投资项目的管理和审计，严肃查处了一批违法违纪案件。

刚刚过去的2012年，面对较为困难的经济形势，我们既立足当前，牢牢抓住项目建设、民生改善和社会管理创新等工作重点，全面落实稳增长、调结构、促和谐的各项措施，又着眼长远，全面谋划首府未来发展，着力优化城市建设及产业发展布局，着手抓了一系列打基础、利长远的大事实事。全市国民经济继续保持平稳较快发展势头，并呈现出结构优化、层次提升、后劲增强的积极变化，社会各项事业取得新成绩。一是项目建设取得重大突破。建立了强力高效的项目推进机制，在经济社会发展各领域实施一批重大项目，全市组织实施亿元以上项目370项，其中10亿元以上项目76项。完成全社会固定资产投资1300亿元，增幅达26%，有效扭转近年来项目建设乏力、投资增速下滑的局面。二是工业经济企稳回升。在宏观经济下行和我市部分骨干企业停产扩能改造的双重压力下，通过狠抓项目建设和政策扶持，全年新增规模以上企业20家，是近年来新增数量最多的一年。一批大型骨干企业在逆境中得到进一步发展壮大。中石油500万吨炼油项目正式投产，TCL、创维两大液晶电视项目顺利建成，有效增强了对全市工业发展的支撑力。理顺了国家级经济技术开发区的管理体制，启动了总规划面积100平方公里的沙尔沁工业新区建设。三是农村重点工作迅速推进。全年新开工建设蔬菜保护地7万亩，建成4万亩，年内新建成保护地是历年蔬菜保护地面积的1.6倍。建成标准化奶牛养殖牧场15个，新增奶牛8万头。大力推进休闲观光试点村的规划与建设，部分项目建设已取得实质性进展。扎实推进新一轮扶贫开发，确定并实施了30个整村推进扶贫开发项目，取得阶段性成效。四是服务业继续保持较快发展势头。大力推进以云计算为代表的高端服务业发展，中国电信项目主体工程、中国联通数据机房楼完成封顶，中国移动数据中心已完成全球招标和规划设计工作。高度重视现代物流、楼宇经济发展，加快总部基地建设，实施和建成一批城市综合体项目。大力发展旅游业，规划启动了大青山生态综合保护、哈素海文化旅游区、托县黄河湿地、清水河老牛湾国家地质公园等大型生态旅游项目，不断改善提升旅游环境，预计全年旅游接待人数达到1845万人次，实现收入267亿元。金融业加快发展，新引进7家金融机构，又有华蒙金河、蒙草抗旱2家企业成功上市。会展业发展迅速，以中国民族商品交易会为代表的一大批生产型、生活型展会取得明显成果。五是城市改造建设取得新突破。下大力组织实施了一批主次干道、地下管网、小街巷、老旧小区改造工程，特别是地下管网改造是历年来力度最大的一年。全年完成核心区道路改造15条、小街巷59条，改造老旧小区325个。对42个城中村进行改造，动迁面积超过1000万平方米。大力实施城市分质分类配水计划，初步实现了对重点工业用水企业分类供水目标。启动白塔机场迁建的论证工作，前期工作取得积极进展。完成了城市轨道交通线网规划。继续提升城市管理水平，基本完成智能化交通管理和视频监控系统建设。六是以改善民生为重点的社会建设得到加强。不断加大民生领域的投入，加强公共就业和人才服务体系以及社会保障体系建设，各类保障对象的收入水平进一步提高。加快教育、医疗等各项社会事业发展，市蒙中医院、妇幼保健院等一批项目全面开工建设。在试点基础上全面推开社区网格化管理，初步构筑起符合首府实际的社区网格化服务管理体系和运行机制。加强应急管理体系建设，有效应对和处置突发事件，全力组织实施抗洪抢险工作。成功完成一系列重大维稳任务，集中解决了一批企业转制、城镇动迁、土地征用等历史遗留问题，营造了良好的社会环境。七是各项重点改革取得新的进展。全市公共资源交易管理体制改革顺利推进，政府采购、工程交易、土地拍卖统一纳入市公共资源交易中心实施交易，建立了统一、公开的资源交易平台。财政管理体制改革继续深化，投资管理以及教育、医疗、文化等各领域改革进一步向前推进。

需要说明的是：根据全国、全区整体经济形势的变化和国家、自治区对经济指标的调整情况，综合考虑我市前三季度部分骨干工业企业停产扩能改造、环保设施改造等因素带来的影响，进入第四季度，我们对2012年年初确定的部分主要国民经济年度计划指标进行了调整，并报经市十三届人大常委会第37次会议予以批准。

各位代表，过去五年我们取得的成就，凝聚着全市人民的辛勤劳动，体现着社会各界的贡献付出。在此，我代表市人民政府，向全市各族干部群众，向人大代表、政协委员，向各民主党派、工商联、人民团体、社会各界，向中央和自治区驻呼单位，向驻呼解放军和武警官兵，向所有关心支持呼和浩特建设发展的同志们、朋友们，表示崇高的敬意和衷心的感谢！

在肯定成绩的同时，我们也清醒认识到，我市经济社会发展中还存在不少问题。一是整体经济实力还不够强，工业短板尚未补齐，现代服务业发展不够充分，现代农业建设仍处于起步阶段。二是城市建设水准、服务功能、畅通能力与一流首府城市的要求还有不小差距，存在许多不配套、不完善、精细化程度不够的问题。三是城乡发展不协调的问题还没有得到根本解决，农村基础设施、公共服务、社会管理各方面欠账较多，推进城乡一体化发展的任务十分艰巨。四是社会建设和管理存在薄弱环节，保障和改善民生、创新社会管理的任务仍然繁重，部分群众生活还比较困难。五是政府自身建设有待进一步加强，基层群众对机关作风、发展环境还有许多不满意的地方。我们一定要以对人民高度负责的精神，加快解决这些问题。

二、2013年工作部署

2013年是全面深入贯彻落实党的十八大精神的开局之年，是实施“十二五”规划承上启下的关键一年，也是新一届政府任期的起步之年，做好今年的各项工作意义重大。纵观发展大势，尽管我们所处的发展环境复杂多变，经济下行的压力仍然很大，我市在转型发展中面临诸多矛盾和挑战，但总的看，我市仍处于机遇大于挑战、可以大有作为的战略机遇期。我们既有来自中央与自治区的有力政策支持，也有首府独特的区位优势、人才优势、发展要素集聚优势。

更为重要的是，我市正处于工业化、城镇化、信息化和农牧业现代化加速推进期，建设空间广阔，投资需求巨大，发展动力充足。

2013 年政府工作的总体要求是：认真贯彻党的十八大以及自治区党委九届四次、五次全委会和市委十一届三次全委会精神，以科学发展观统揽全局，坚持富民与强市并重，按照打造“两个一流”、建设“活力首府、美丽首府、和谐首府”、实现“两个率先”要求，着力优化城乡经济社会发展布局，牢牢抓住项目建设这个推动发展的重要抓手不动摇，把促增长、转方式、调结构、惠民生更好地结合起来，为实现在全区率先全面建成小康社会及城乡一体化迈出坚实的步伐。

2013 年经济社会发展主要预期目标是：地区生产总值同比增长 12%；规模以上工业增加值增长 20%；地方财政总收入增长 12%；固定资产投资增长 15%；社会消费品零售总额增长 14%；城镇居民人均可支配收入和农民人均纯收入均增长 12%；城镇登记失业率控制在 3.8%以内；居民消费价格指数涨幅控制在 3.5%左右；节能减排指标完成自治区下达任务。

今年要重点抓好十个方面工作：

（一）继续大力推动工业经济加快发展，增强工业经济支撑带动力

我们要进一步优化工业布局，狠抓项目建设，做大工业总量，推动产业升级，切实增强工业经济的整体发展水平。

按照分别打造千亿元级工业集中区的目标，培育支柱产业，加大招商引资力度，加快推进工业园区建设。抓好沙尔沁工业新区的规划编制及基础设施建设，建设以新能源和新材料、装备制造业为主的我市未来工业核心区；推进托克托工业园区与清水河工业园区联合发展，建设以电力、重化工业、新型冶金、生物制药为主的产业基地；提升盛乐经济开发区整体水平，重点打造以绿色食品加工、云计算为主的产业基地；合理规划扩大金桥开发区，延伸拉长产业链，建设以石化、光伏、航天科技军民融合产品转化等为主的产业基地；加快金山、鸿盛国家级高新技术产业开发区的整合升级工作，重点发展乳制品、电子科技、生命科学、装备制造及国家级研发、检测中心等高新技术产业。努力把以上几大工业集中区打造为优势突出、特色鲜明、基础完善、业态先进的现代化工业园区。

着力推进项目建设，全年工业固定资产投资同比增长 20%以上。乳品加工业要全力支持伊利、蒙牛扩产提效，进一步延伸产业链，加大新产品的研发力度，发展高端乳制品。依托中粮集团，加快打造中粮食品产业园，推进食品产业集群化发展。电力产业要加快北方联合电力和林电厂、京能盛乐热电厂、大青山抽水蓄能电站建设进度，全力促进托电五期开工建设，积极谋划重点用电企业自备电厂、沙尔沁新区电厂等新项目建设。石化产业要在全力推动中石油 500 万吨炼油项目达产达效、呼包鄂成品油管道工程的同时，继续推进第二个 500 万吨炼油项目的各项前期工作。加大北控 20 亿立方米煤制气、斯莱登煤制烯烃等项目推进力度，促进天野化工煤代气、35 万吨合成氨、60 万吨大颗粒尿素项目早日开工。冶金产业要在加快推进大唐高铝粉煤灰三期、蒙西粉煤灰综合利用、广银铝业、光太铝业、东亚铝业等项目建设的基础上，继续大力引进铝深加工企业，全面提升冶金产业发展水平。生物医药产业要积极推进华蒙金河高效金霉素、盐霉素扩建、航天科技辅酶 Q5 新产品、健隆生化黄原胶扩产等项目建设，推动产业向高端化发展。电子信息产业要围绕TCL和创维两个液晶电视生产项目，加快上游配套企业引进步伐，推动电子信息产业集群化发展。光伏产业要着力抓好天津中环三期、华夏聚光吉瓦光伏中心、神舟硅业三期等项目建设，加快构建完整产业链。要大力发展新材料、装备制造业，加快推进浩源碳纤维、金三角塑料光纤、F-12 高强度有机纤维等项目达产达效，积极促进航天科工集团高端装备制造及新材料产业园建设，着力提升产业发展层次。

加快中小企业创业基地建设，鼓励中小企业围绕大企业上下游产业链提供协作配套,建立稳定的产供销和技术开发等协作关系，推进产业集群化发展。全面落实促进民营经济发展的各项政策措施，激发民营经济创业活力。充分发挥工商联在发展民营经济中的桥梁助手作用。设立中小企业发展专项资金，在信贷融资、税费减免、项目审批、技术创新、节能减排、建设用地、人才培训等方面给予更大力度的倾斜和支持。年内重点扶持 20 户中小企业成长为规模以上企业。继续实施大企业扶持计划，通过 3 至 5 年的努力，全市销售收入超 100 亿元企业力争达到 20 家。

加强与国家、自治区有关部门的对接，争取更多的政策、项目和资金支持。强化工业经济运行监控，加大对企业服务协调力度，努力营造有利于企业发展的良好环境。完善信用担保体系，积极协调金融机构增加信贷投放规模，增强对重大项目和实体经济的支持力度。

（二）全面提升服务业水平，提高服务业对发展的贡献率

要进一步发挥首府区位优势以及人流、物流、信息流集聚优势，着力完善服务体系，增强综合服务功能，提升服务业发展水平。

全面推进云计算产业发展，推动中国电信内蒙古信息园、中国联通西北基地一期工程建成投产，中国移动数据中心完成年度建设任务，启动建设宽带资本云计算创业园和国家云计算研发中心，加快构筑服务全区、面向全国的云计算服务平台。着力引进关联度较高、成长性较好的配套项目，尽快培育形成集设备制造、软件开发、

商务服务、人才培养为一体的云计算产业发展链条。

加快发展现代服务业。全力推进如意总部基地建设，制定出台优惠政策，争取年内再引进一批新的大中型企业总部。继续抓好银行、保险、证券等金融机构引进工作，支持内蒙古银行发展壮大，支持内蒙古金融投资集团牵头筹建自治区法人主体农牧业保险公司，推动金谷农合行转制发展。重视现代物流发展，抓好内蒙古煤炭电子信息交易服务中心和重点煤炭物流园区建设。加快推进大青山、哈素海、托县黄河湿地等重点旅游景区建设，力促老牛湾国家地质公园申报成功，认真做好国家A级景区创建工作，推动全市旅游业整体发展再上新台阶。全面完成内蒙古国际会展中心改造，精心组织第七届中国民族商品交易会等特色会展活动。

立足于满足城乡居民消费结构升级的需求，改造提升传统服务业。加快万达广场二期、海亮广场二期、大商城、金宇新天地等城市综合体项目建设，推动城市由单中心、高集聚向多中心、多组团发展。继续加大商业街区开发建设力度，提升大盛魁、大召区块等特色街区的集聚能力，推动城市各类商业网点合理布局，方便群众消费。围绕满足社区居民需求，继续大力发展社区服务业，加快建立高效便捷的社区服务体系。认真落实国家促进消费政策，拓展消费服务领域，增强消费对经济的拉动作用。

加快首府地区航空业发展，支持各航空公司在我市建立分支机构，加大新航线的培育力度，实现“畅行区内、通达省会、首府中转、开拓国际”的目标。

（三）毫不松懈地抓好高效特色农牧业，推进城乡一体化发展

继续加大农业投入，支持和引导多种经营主体参与现代农牧业建设，推动农业增效、农村发展、农民增收。扎实推进“菜篮子”工程建设，年内新开工蔬菜保护地5万亩，完成7个标准化蔬菜育苗中心建设；抓好奶牛规模化牧场建设，年内新建千头以上奶牛牧场12个，新增奶牛10万头，规模化养殖水平提高到80%；启动实施“优质牧草种植行动”计划，高标准建设15万亩苜蓿草生产基地。加快发展“农家乐”、特色种养业，建成一批集休闲娱乐、餐饮住宿、观光旅游功能为一体的特色村落，推动农牧业与服务业融合发展。同时，要继续因地制宜加大对肉羊、马铃薯等产业的支持扶持力度，促进农民多渠道增收。

着力完善农牧业社会化服务体系。加强基层技术推广机构建设，提升基层农技服务水平。创新良种良法推广应用手段，突出农业科技园区示范带动功能，鼓励有实力的个人、企业、集体组织兴办农技服务实体机构。加快农业专业合作社建设步伐，提高农牧业生产经营的组织化程度。加大农业生产实用技术培训力度，着力培养懂生产、会经营、善管理的新型农民。与自治区相关部门共同推进呼和浩特乳品研发和检测中心的改造提升，强化农畜产品安全监管。

按照在全区率先实现城乡发展一体化的目标，坚持分类指导、梯次推进，加快推进新农村建设。首先加快旗县城关镇的建设，使小城镇成为连接城市、辐射农村的重要公共服务平台和新的区域经济增长点。今年市政府要专门制定出台小城镇建设支持政策，在资金投入、基础设施建设、现代产业建设、公共服务体系建设等方面加大支持力度，努力构建城乡一体化的重要节点。其次分层次制定乡村发展建设规划。一是继续将城中村、城边村纳入城市整体发展规划，加大动迁改造力度，实现城乡一体化，居住、就业、公共服务均等化。二是对农业生产及发展其他产业条件较好的村，加大新农村建设力度。今年要编制完成150个村的新农村建设发展规划，年内完成20个以上新农村示范村的建设。三是对地处偏远、交通和生态条件较差的村，以减少贫困人口为目标，继续采取移民扶贫、异地产业扶贫、教育扶贫等综合措施，提升扶贫开发工作水平。

（四）优化城市空间发展布局，加快打造新的经济增长极

我们要立足首府长远发展，对城市发展整体布局进行科学调整，着力打造“四个100平方公里”功能区，为首府经济快速增长提供新引擎。除国家级经济技术开发区沙尔沁100平方公里工业新区外，今年还要加快以下三个区域的规划和建设：

一是全面启动白塔机场迁建前期工作，同步推进机场搬迁后城市东部100平方公里新区规划工作，高水平、高档次对这一区域进行统一规划设计，彰显特色、体现人文、完善功能，努力将该区域建设成为代表首府城市形象和发展水平的特色新区。

二是依托新机场建设和铁路、公路交通网，在新机场周边规划100平方公里空港产业区，发展保税物流、第三方物流、先进制造业等空港经济，打造航空经济产业链，为现代产业发展提供新平台和有力保障。

三是全面实施大青山南坡150平方公里生态保护综合治理工程整体规划，加快推进工程建设。以保护水源、恢复生态为重点，加大造林绿化力度，筑牢首府生态屏障。结合生态治理和新农村建设，进一步完善大青山南坡休闲观光功能，抓好区域内村庄的改造搬迁和水电路等基础设施建设。加快乌素图沟、小井沟等地生态保护及精品景观带和景观节点建设，全力抓好赛马场搬迁、万亩草场等一系列休闲观光项目的建设，努力把大青山建成首府城市后花园。

（五）继续加大中心城市改造建设力度，进一步提升首府城市建设水平

坚持把推进城市建设与改善民生紧密结合起来，在完善功能、提升品位和精细化管理上下功夫。

加快城市基础设施建设。进一步优化路网布局，加大城市新区与核心区的连通力度，新建道路、桥梁及人行通道47条（座）。按照先地下、后

地上的原则，稳步推进核心区道路及地下管网改造建设工程，全年改造核心区道路12条、小街巷55条。实施“大公交”发展战略，全年新增公交车400台，加快公交场站建设，免费乘坐公交车的老年人范围扩大到60岁以上。完成城市轨道交通建设规划编制，推动轨道交通的建设。完成火车站东站南广场建设，规划建设北广场。全面推进城市分质分类配水目标，加快实施中水回用工程，扩大中水利用率，提高城市供水安全和质量。加强供热保障能力建设，新建、扩建热源厂4座，建设热力站34座，新增供热能力900万平方米以上。继续加大便民基础设施建设力度，新建便民市场100处以上。加强环卫设施建设，完成城市垃圾无害化处理场扩建工程和旧场封场工作，在市区新建4座大型垃圾中转站、20座压缩式垃圾转运站和50座环保节能公共厕所。

加大街景改造和城市绿化力度。启动成吉思汗东街街景改造工程，打造蒙元文化特色街区。深入推进国家园林城市创建工作，扎实开展新一轮美化、绿化，完善环城水系景观带，完成大黑河赛罕段综合治理和景观工程，启动哈拉沁沟地质公园、驿林公园等大型公园建设，全年新建、续建、改造公园和游园9个，新建绿地13块，实施一批道路绿化、景观节点改造工程。

全力抓好老旧小区改造和保障性住房建设。将老旧小区整治纳入住房保障体系，在资金投入和政策扶持上给予重点保障，确保老旧小区在功能设施、美化绿化、物业管理等方面一步改造到位，创建更加优美整洁的社区环境。今年计划改造老旧小区300个以上。配合老旧小区改造，完成200万平方米既有居住建筑节能改造。加强保障性住房建设，年内新建公租房5000套，经济适用住房1000套。加大城中村改造力度，年内完成动迁面积1000万平方米以上。继续将部分城中村改造纳入城市棚户区改造工作中，改造城市棚户区1万户，开工建设回迁房80万平方米。

着力提升城市科学化管理水平。全面完成数字化城市管理系统建设，充分发挥智能化交通管理和视频监控系统作用，提高交通组织管理水平，增强道路通行能力。严格执行城市建设规划，保证规划刚性落实。加强对城乡结合部和拆迁改造区域的综合整治，坚决制止和依法打击私搭乱建等违法行为。落实“门前三包”责任制，加强市政和园林绿化设施的维护，增设一批环卫设施，继续适当提高环卫工人待遇，积极开展户外广告、流动摊点、建筑工地、公共场所、小街小巷等重点区域卫生环境专项治理行动。重视解决城市防洪、内涝、冰雪等严重影响群众日常生活和财产损失等问题，提高应对各类突发事件和公共安全保障能力。

（六）着力提升文化软实力，推进文化大发展大繁荣

充分发挥文化在引领风尚、服务社会、推动发展等方面的重要作用，继续深入推进文化体制改革，着力培育特色鲜明的文化产业，全面构建服务广泛的公共文化服务体系，加快建设民族文化大市。

精心组织、深入开展全国文明城市创建工作，全面提升城市文明程度和市民文明素质。加强社会公德、职业道德、家庭美德、个人品德教育，倡导开放包容、诚信友善，培育自尊自信、理性平和、积极向上的社会心态。推进未成年人思想道德建设，为未成年人健康成长营造良好文化环境。强化社会主义核心价值体系学习教育，用社会主义核心价值体系引领社会思潮、凝聚社会共识。

加快建立完善的公共文化服务体系。加强城乡公共文化基础设施建设，完成市民族文化演艺中心、群众艺术馆建设工程。推进重点文化惠民工程，坚持和完善公共文化服务设施向社会免费开放政策，支持民间博物馆建设并逐步纳入政府补贴范围。年内新建区域服务中心文化站10个，农家书屋290家，免费送戏下乡100场，农村电影放映12000场以上。广泛开展群众性文化活动，办好昭君文化节、少数民族文化旅游艺术节。加大对历史文化街区、历史建筑、优秀民间艺术的保护力度，完成原内蒙古博物馆、将军衙署、乌素图召修缮保护工程，启动丰州古城遗址公园建设，提升历史文化名城内涵。

全力推动文化产业做大做强。围绕新闻出版、影视动漫、文艺创作等领域，培育扶持一批优秀企业发展壮大。支持好市电视台和广播电台合并后及市新组建的演艺集团的发展，深化体制机制改革、鼓励创新，促进文化与科技融合，发展新型文化业态，提高各类文化产业规模化、集约化、专业化水平。充分利用首府地区文艺院团集中的优势，认真抓好文艺精品创作，推出一批展现蒙元文化、地区文化的精品文化工程，增强我市文化对外影响力。加快文化产业集聚区建设，推动呼和浩特文化产业园、大盛魁文化创意产业园等重点园区做大做强。

（七）继续加强以改善民生为重点的社会建设，促进社会和谐

坚持富民优先，加大新增财力倾斜力度，积极推进社会建设，让全市人民更多地分享改革发展成果。

抓好促进就业工作。实施更加积极的就业政策，完善就业服务体系，拓宽就业渠道，开发就业岗位，做好以高校毕业生为重点的青年就业工作和农村转移劳动力、城镇困难人员就业工作。大力扶持劳动密集型产业、中小型和微型民营企业发展，提高就业吸纳能力。加快创业实训基地、孵化基地和创业园建设，促进创业带动就业，重点扶持高校毕业生和农民工返乡创业。加强人力资源市场建设，强化职业技能培训，提升劳动者就业能力，增强就业稳定性。着力维护劳动者合法权益，构建和谐劳动关系。全年新增城镇就业4万人。积极开发公益性岗位，今年市四区和旗县公益性岗位补贴每月分别达到1200元和1100元。

大力推进城乡社会保障体系建设。切实解决未参保集体企业、厂办大集体职工参加城镇企业职工基本养老保险问题，进一步扩大社会养老保险覆盖面，年内实现城乡居民养老保险制度全覆盖。制定出台原国有企业大龄困难下岗失业人员社会保险缴费救助政策，解决好大龄下岗失业人员社会保险金“断保”问题。进一步落实职工基本医疗保险市级统筹政策。将普通门诊统筹与慢性病并轨，提高城镇职工门诊统筹待遇水平。完善社会救助体系，加强对城乡低收入困难群体的救助、帮扶工作。严格落实城乡居民最低生活保障和农村五保供养保障政策，足额发放高龄老人津贴。加快发展养老福利事业，完善适度普惠型的老年福利和养老服务体系。积极引进、培育和发展居家养老服务组织，为老年人提供高效便捷服务。结合扶贫开发和完善农村最低生活保障制度，在农村积极推进互助养老幸福院建设。鼓励和支持慈善事业发展壮大。

围绕“办人民满意教育”目标，大力支持教育优先发展，巩固和提升我市在自治区的教育强市地位。深入实施学前教育三年行动计划，设立专项资金，支持新建和改扩建幼儿园，年内完成10所改扩建任务。继续推进呼市二中西校区、十七中等中小学校标准化建设。强化对中小学、幼儿园安全防范和校车安全管理。加强职业院校实训基地建设，大力扶持与社会需求紧密对接的高质量职业院校。积极推进素质教育，促进学生德智体美全面发展。高度重视民族教育，继续鼓励和规范民办教育发展，支持高等教育发展。

继续深化医疗卫生体制改革，加快推进医疗卫生服务设施建设，抓好市妇幼保健院、蒙中医院、结核病防治所、第一医院老年病房楼建设。巩固基本药物制度实施成果，落实好基层医疗卫生机构基本药物的配备使用及医保支付政策。稳步推进县级公立医院改革试点工作，积极发展蒙医中医事业，加强基层医疗卫生服务人才培养。切实抓好人口和计划生育工作，提高出生人口素质，完成市人口计生服务中心建设。全面实施残疾人“五项工程”，筹建市级康复中心大厦，推动残疾人事业加快发展。切实发挥工会、共青团、妇联等群团组织的桥梁纽带作用，继续做好妇女儿童、老年人、红十字会工作。大力发展体育事业，加快体育基础设施建设，抓好调整规划后的市体育运动学校和市游泳馆项目建设，构建多元化全民健身服务体系。

积极开展社会管理创新综合试点，继续推进社区网格化服务管理，年内新增社区协警 450 人，加快社区综治和服务平台建设，充分发挥社区在服务人民群众、参与社会管理、化解社会矛盾等方面的作用。全面推进社区标准化建设，今年全市社区用房力争全部达到 300 平方米以上，市四区各建 1 个 5000 平方米以上的精品示范社区。办公、活动场所在 300 平方米以上的社区力争成立居家养老服务中心或老年活动中心。围绕打造“一刻钟服务圈”，切实抓好社区便民市场、社区卫生服务中心和社区文化娱乐中心建设，不断满足市民日常生活、就近医疗和休闲娱乐的需求。落实信访工作领导责任制，深入开展领导干部大接访、大走访活动。进一步完善社会稳定风险评估、社会舆情分析、群众利益诉求表达等工作机制，更好地保障和维护群众利益。加强社会治安综合治理，实现人防、物防与技防有效结合，形成全方位、立体化、全天候的社会治安防控体系，依法严厉打击各类违法犯罪行为，提升平安首府建设水平。健全和落实各项安全生产制度，抓好工业生产、交通运输、建筑安装、消防等重点领域的隐患排查治理，坚决防止重特大安全事故发生。健全完善防灾减灾和应急管理体系。全面加强食品药品安全责任体系建设，完善监管手段，提升监管能力，深入开展专项整治，建立健全食品药品监管的长效工作机制。加快“放心粮油工程”建设，建立成品粮应急保障体系。全面贯彻党的民族宗教政策，依法管理民族宗教事务。坚持走军民融合式发展的路子，强化全民国防教育，加强国防动员和后备力量建设，深化应急力量建设成果，做好拥军优属、拥政爱民工作，不断巩固新形势下的军政军民团结。扎实做好统计、档案、气象、地震、外事侨务、科协等工作，推进各项社会事业全面发展。

（八）加强生态环境和基础设施建设，夯实可持续发展基础

全力抓好资源节约和环境保护工作。严格落实耕地保护目标责任制，加强矿产资源保护和管理，有效降低土地、能源消耗强度。落实最严格的水资源管理制度，积极创建节水型城市。全面抓好工业、建筑、交通运输、公共机构等领域节能，加快淘汰落后产能。抓好节能与新能源汽车的示范推广，推进节能环保新技术、新产品应用。积极发展低碳经济、循环经济，提高资源综合利用水平。实行严格的环境保护制度和准入标准，控制高能耗和产能过剩企业扩大产能，防止污染项目向我市转移。大力推进燃煤电厂脱硫、脱硝工程，强化水、大气、噪声、土壤等污染防治和农村面源污染防治。加快金桥开发区污水处理厂建设，确保旗县所在地污水处理厂正常运行。全面完成工业园区废水集中处理设施建设，实现重点工业企业排污许可证全覆盖。巩固国家环保模范城市创建成果，开展 PM2.5 监测，不断改善环境质量。

继续实施天然林保护、三北防护林、退耕还林等重点生态工程，完成封山育林 20 万亩，人工造林 13 万亩。加强蛮汉山、黄河流域、低山丘陵等地区生态治理和重要水源地涵养林保护工程建设，全面完成大青山南坡绿化工程主体建设任务。启动京藏高速、绕城高速、城壕高速等通道绿化工程，切实抓好城区、村庄绿化和农田防护林建设工作。加强生态文明宣传教育，在全社会形成共同爱护生态环境、共同享受文明生态的良好风气。

加快G7高速、呼杀高速等出区通道重点公路续建项目建设，新开工武川至葛根塔拉、国道110线呼和浩特至协力气段等一级公路，推进行政村通油路、水泥路，加快汽车客运东枢纽站建设进度。推进引黄入呼二期扩建工程，实施好病险水库除险加固和节水灌溉工程，加快中小河流治理进程，切实提高用水保障能力。继续加强农田基本建设及水土保持工作，深入推进农村饮水安全工程。新建续建110千伏及以上输变电工程31项，加快电网建设步伐。

（九）深入推进改革开放和科技创新，建设创新型城市

要进一步深化改革、扩大开放，着力加强科技创新体系建设，加快建设创新型城市，为首府经济社会发展增添新的动力。

积极推进重点领域、关键环节改革。加快完善促进城乡发展一体化体制机制，促进城乡要素平等交换和公共资源均衡配置。深化收入分配改革，进一步规范公务员津补贴，推进事业单位绩效工资制度改革，完善企业职工工资正常增长和支付保障机制。继续推进三级公共服务平台标准化建设，深化集中审批服务，抓好政务公开工作，推动政府职能向创造良好发展环境、提供优质公共服务、维护社会公平正义转变。加快全市公共资源交易中心建设，推进中心有效运行，进一步完善公共资源交易监管体制和机制，实现公共资源“阳光交易”全覆盖。稳步推进财税体制改革，深化预算制度改革，完善公共财政体系，强化国有资产监管。支持旗县区之间打破行政体制制约，突破空间地域限制，合作共建产业园区，形成资源共享、优势互补的发展格局。

全面提升对内对外开放水平。深化区域合作交流，积极参与呼包银榆经济区和以呼包鄂为核心的自治区西部经济区建设。扩大向沿海发达地区开放，更大规模更高层次承接产业、资金、技术、人才转移。认真落实国家向北开放战略，加强与俄罗斯、蒙古国及欧洲的贸易往来，深化与国际友好城市的交流合作。推进出口加工区转型升级为综合保税区，打造外向型经济功能区。举办好呼和浩特投资贸易洽谈会、区域经济合作论坛，围绕首府优势产业及其配套延伸产业链，全面提升招商引资的规模和质量。今年力争引进国内资金640亿元以上，实际利用外资8.8亿美元以上。

着力提升科技创新能力和水平。高度重视科技创新在经济发展中的引领和驱动作用，围绕我市优势特色产业发展，增加科技创新资金投入，实施重大产业技术开发专项工程，努力掌握一批核心技术，培育一批具有自主知识产权的企业，提高产业核心竞争力。加强科技创新基地和平台建设，新认定国家高新技术企业7家，创建各类企业科技研发平台20家，新引进博士以上高层次科技创新创业人才20名。加快以留学人员创业园及科技孵化园为主的科技研发孵化基地建设，推进金山开发区升级为国家级高新技术产业开发区，支持鸿盛园区、金桥工业园区打造建设自治区级高新区，力争国家级云计算产业化基地通过认证。

（十）加强政府自身建设，努力建设人民满意的服务型政府

完成今年及今后一个时期的目标任务，回应和满足全市广大群众的新期待，各级政府责任重大。我们要进一步加强自身建设，全力打造为民、务实、高效、廉洁政府，全面提升政府服务水平。

大力转变工作作风。细化落实中央关于改进工作作风、密切联系群众的有关规定，切实精简会议、文件，减少和简化接待，清理和规范各种达标、评比、表彰以及论坛、庆典等活动，压缩“三公”经费。坚持崇尚实干、注重实效，在全市政府系统大兴“把业绩写在青城大地”的实干之风，推动各级政府工作人员把主要精力用在谋发展、促发展上，用在推进项目建设上，用在增进群众福祉上。继续大力推行机关马上办、主动办、上门办、公开办、灵活办的“五办”作风，下大力优化发展环境。各级领导干部要带头加强调查研究，带头密切联系群众，带头解决实际问题。

着力提高执行力和公信力。坚持决策的科学化、民主化，使各项政策更加符合实际、经得起检验。加强对政策执行情况的检查监督，切实做到令行禁止。强化行政问责，对失职渎职、不作为和乱作为的，要严肃追究责任。各地区、各部门对中央、自治区和我市的决策部署必须执行有力，绝不允许各自为政。各级行政机关及其公务员要自觉遵守宪法和法律，严格依法行政。切实改进行政执法工作，努力做到规范执法、公正执法、文明执法。支持人民法院和检察院依法独立行使审判权和监督权。

进一步加强廉政建设。继续完善惩治和预防腐败体系，推进廉政风险防控。认真贯彻执行《廉政准则》。加强和改进行政监察工作，认真治理政府工作人员以权谋私和渎职侵权问题，加大查处违法违纪案件工作力度。强化审计工作，加强对政府全口径预算决算的审查和监督。推进财政预算公开，让人民知道政府花了多少钱，办了什么事。加强对公务员的教育、管理和监督，努力建设一支政治强、业务精、作风好的公务员队伍。

各位代表，新的征程已经开启，新的目标催人奋进。让我们在党的十八大精神的指引下，在自治区党委、政府和市委的坚强领导下，抢抓机遇、锐意进取，凝心聚力、奋勇争先，为加快建设活力首府、美丽首府、和谐首府，全面实现“两个率先”目标而努力奋斗！

呼和浩特市人民代表大会常务委员会工作报告

——2013年1月5日在呼和浩特市第十四届人民代表大会第一次会议上

呼和浩特市人大常委会主任　吴一微

各位代表：

我受呼和浩特市第十三届人大常委会委托，向大会报告工作，请予审议。

市十三届人大常委会履职的五年，是我国改革开放和全面建设小康社会取得巨大成就的五年，是呼和浩特抢抓机遇、攻坚克难、在科学发展道路上持续前进的五年，也是我市人大工作不断适应新形势取得新成绩的五年。

五年来，市人大及其常委会在市委领导下，坚持以邓小平理论和“三个代表”重要思想为指导，深入贯彻落实科学发展观，认真行使宪法和法律赋予的职权，解放思想，开拓进取，服务大局，保障民生，在历届市人大及其常委会奠定的基础上，各项工作取得了新的进展，为发展社会主义民主政治，推进首府改革开放和现代化建设作出了新的贡献。

一、全面加强立法工作

市十三届人大任期的五年，是中国特色社会主义法律体系形成和完善的关键时期。五年中，市人大及其常委会结合实际，依法有效开展立法工作，为形成中国特色社会主义法律体系作出了贡献。市人民政府、中级人民法院、市人民检察院以及中央、自治区驻呼单位（企业）、驻呼部队等有关方面，各级人大代表、广大人民群众和专家学者大力支持和积极参与立法，为地方立法工作的顺利开展贡献了智慧和力量。

常委会认真组织实施市委批准的五年立法规划，审慎确定年度立法项目，启动规范性文件备案审查工作。五年来，共审议通过并获得批准法规15件，其中制定7件，修改5件，废止3件，审查备案规范性文件81件，发挥了立法对地方经济社会发展的引领和推动作用。

坚持促进长远发展，继续加强经济领域立法。注重立法与地方发展需要相适应，法规的针对性得到加强。为配合宜居、文明城市建设，机动车排气污染防治条例历经三年的反复调研、修改、审议，于去年公布实施。条例设定了可以执行严于国家现阶段实施的机动车污染物排放标准等条款，力求改善大气质量，保护公众健康。注重法规的制度设计，法规的可操作性得到加强。制定的基本菜田保护条例，对建立蔬菜基地建设经费保障机制和土地征用占用补偿机制作出明确规定，巩固和继续推动了基本菜田建设。常委会立足现实需要，还制定、修订了城乡规划条例、市容环境卫生管理条例、封山育林管理办法等法规，废止了城镇集贸市场管理办法等一批与经济发展不相适应的法规，为促进经济又好又快发展提供了法制保障。

坚持立法为民原则，重点开展社会领域立法。注重平衡各方面利益关系，法规的公正性得到加强。在修订客运出租汽车管理条例中，加强了公开招标、有偿使用和期限管理，完善了行业的准入和退出机制，强化了对驾驶员、乘客的安全保护内容，促进了出租汽车行业健康发展。注重突出地方特色，法规的实用性得到加强。对社会市面蒙汉两种文字并用管理办法开展了立法后评估，并结合实际作了进一步修改完善，对维护首府地区民族团结和社会发展发挥了积极作用。常委会着眼于解决人民群众普遍关心的热点、难点问题，还制定、修订了民办教育促进条例、残疾人保障条例、国防教育条例等法规，废止了流动人口计划生育管理办法等法规，社会领域立法占到立法总数的80%，为规范和加强社会事业管理发挥了应有作用。

坚持科学立法、民主立法，不断提高立法质量。充分发挥人大的立法主导作用，构建和完善立法工作制度体系。建立了立法协调机制和法规清理长效机制等9个相关制度，确保立法质量不断提高。按照全国人大常委会要求，对现行地方性法规开展了两次集中清理，共废止、修改地方性法规39件，涉及95个条款，维护了国家法制的统一。进一步拓宽民主立法渠道，增强立法的公开性和透明度。努力克服权力与权利、权力与责任、权利与义务不平衡倾向，坚持“问法于民”，召开不同层面的座谈会、论证会、听证会，在报刊网络、新闻媒体登载法规草案、发布立法消息，广泛宣传立法活动，及时反馈意见采纳情况，不断扩大人民群众的有序参与，使立法更能体现群众意愿。围绕法规草案的核心问题深入开展调查研究，加强统一审议，研究立法焦点，协调分歧意见。聘请法律顾问参与立法全过程，协助解决立法技术难题，采取有效措施，全力把好立法质量关。

坚持处理好“三个关系”，努力推动立法工作“四个转变”。常委会在立法过程中高度重视处理好稳定性与变动性、现实性与前瞻性、原则性与可操作性的关系，与时俱进，统筹兼顾，立法工作实现了“四个转变”。一是从数量速度型向质量效益型转变。科学配置立法资源，慎立多修,确保质量。二是从管理型立法向服务型立法转变。推动立法从授权型转向控权型，强化对行政权力的规范、制约和监督，加强对法规相对人权利的保障，加强法规为发展服务的针对性，并尝试制定了一些倡导型法规。三是从粗放型向精细化转变。不盲目追求法规内容的“大而全”，而是在“专而精”上下功夫，根据需要设定条款，重在管用。四是从少数专业人士立法向公众参与立法转变。畅通公民参与立法的渠道和意见征集平台，坚持开门立法，提高立法的透明度和公众参与度，使每一部法规的修改制定都融入民意，将立法变为统一思想、凝聚共识的过程，提高了全社会的法律意识和法治观念。

二、切实做好监督工作

常委会深入贯彻实施监督法，围绕全市中心工作和发展大局选择监督议题，把保障和改善民生作为重要任务，依法监督“一府两院”权力运行，较好地掌握了监督方向；按照法律授权，重点加强财政监督，规范司法行为，较准地把握了监督尺度；坚持与时俱进，积极探索监督方法，深入开展调查研究，掌握第一手资料，较强地提升了监督能力，有力推动了首府经济社会可持续发展和法律法规的实施。

五年来，常委会共听取和审议“一府两院”专项工作报告86个，开展执法检查16项，发出审议意见书87件，配合全国人大常委会、自治区人大常委会开展执法检查、调研、视察78项。

以贯彻落实党的决策部署为核心开展工作监督，全力促进科学发展。

牢牢把握科学发展第一要务，围绕“保增长、扩内需、调结构”的突出问题，有针对性地对国民经济和社会发展计划执行、工业经济运行、“十二五”规划实施、“一核双圈”建设、科技进步法实施、经济开发区体制转变、现代设施农牧业建设、文化旅游与商贸流通发展、中央扩大内需投资项目建设等方面开展监督和专题调研，促进了党的重大决策部署的贯彻实施。

高度重视“三农”，通过视察调研，全力支持蔬菜基地开发建设，重点关注农村安全饮水问题，推动建成了少数民族聚居村安全饮水工程，督促提高奶牛改良和马铃薯种薯繁育补贴，积极推广高产张杂谷种植，跟踪调研新农合制度，倡导开发“农家乐”旅游，监督检查整村推进扶贫攻坚情况，促进了现代化设施农业发展、新农村建设和农民增产增收。

立足统筹城乡发展，打造现代化宜居城市，结合“三城同创”工作，审议通过了修编呼和浩特市城市总体规划纲要，批准了市政府为发展基础设施建设筹集资金的 3 件议案。重点对城乡规划建设、建筑法实施、城中村改造、园林绿地保护、市容卫生管理、老旧小区物业、道路拥堵治理、公共交通建设等方面开展监督，推动城乡一体化建设进程。

以维护人民群众的根本利益为宗旨加强跟踪监督，努力保障和改善民生。

为配合市委出台的63项改善民生措施，常委会对政府承办项目及每年政府工作报告中为民办实事的重点工作项目对口分解、跟踪督办，确保惠民富民政策落到实处。常委会以地下水和土地等资源合理开发和保护为切入点，连续两届跟踪监督，研究推动水资源的可持续利用。去年，常委会督办人代会主席团确定的关于加快推进全市工业企业使用黄河水的议案，促使工业园区引黄管道建设全面实施，市区地下水、引用黄河水及再生水的利用和分质分类供水工作取得重大进展。

把教育列入重要议题，连续三年安排检查教育法律法规实施情况，对全市校安工程改造建设、农村义务教育发展、民办教育发展、民族教育发展、校园周边治安等方面开展深入监督，积极推动中小学幼儿园的配套建设，农村义务教育经费和民办教育优惠政策得到保障和落实，民族学校办学条件显著改善。结合创卫工作、食品安全、“小饭桌”管理等进行视察检查，督查环境卫生综合整治，加强食品药品安全管理。

对就业、养老、医疗等社会保障工作持续监督检查，理顺了社保经费征缴机制，社会保险收费大幅增长，惠及人群逐年增加。对工会法实施情况、保障房建设、弱势群体利益保障情况等开展监督检查，督促政府把残疾人工作经费纳入财政预算，推动养老院规划建设提上重要议程，促进妇女和儿童发展纲要的落实。

以推进阳光财政为目标开展财政监督，积极推动预决算公开。

按照预算法和监督法规定，常委会认真审查和批准决算，听取审议专项工作报告，加大对审计查出问题整改的监督力度，为人民管好钱袋子。创新预算初审方式，督促细化编制科目，规范和加强了常委会与市政府预算编制沟通程序，提出建立了预算稳定调节基金及管理办法，推动预算外资金和上年财政结余资金纳入预算管理，将开发区预决算和政府基金预算纳入人大监督范畴，进一步拓展了预决算审查内容。

依法推动预算公开，逐年增加提交人代会审查预算的部门，并向社会公布，实现了部门预算公开。在去年将政府基金预算收支情况提交人代会审议基础上，今年又向人代会提交了社会保险基金编制的说明。

加强预算执行监督，强化部门的预算支出责任，保障重点支出，推动提高预算支出的及时性、均衡性和有效性。加大对财政超收收入的使用审查，督促政府成立了财政债务管理中心，开设了偿债准备金专户，提高了资金风险防范能力。

以促进公正司法和依法行政为重点加强人大监督，着力建设法治社会。围绕普法工作、预防职务犯罪、法律援助、法检两院基层建设、社会治安综合治理等领域进行监督检查，深入开展加强刑事审判工作专题调研、反渎职侵权工作和检察院信息化建设情况专项视察、行政诉讼法和民事诉讼法实施执法检查，积极推进司法体制改革和司法体系完善，作出了呼和浩特市“六五普法”决议，推动政府成立法制研究投诉中心，各旗县区成立法制工作机构并配备了专职工作人员，提出建立了刑事被害人救助基金制度，促使法律援助工作经费纳入财政预算，更好地保护了弱势群体利益，为推进依法治市和社会管理创新发挥了重要作用。

加强人大信访工作，建立了统一接收、对口督办、综合研究的信访工作机制，依法及时受理群众反映的问题。认真研究上级人大交办的信访件，与旗县区人大联合督办，做到了百分之百反馈答复。五年来，共接待群众来信来访1609件次，形成信访分析动态和反映86期，重点对涉法涉诉案件进行归类分析督办，进一步畅通人民群众的诉求渠道，维护了人民群众的合法权益。

以创新工作模式为抓手完善监督方式，切实增强监督实效。

常委会与时俱进，不断探索和丰富工作方法，既敢于监督，又善于监督，使人大监督体现权威，抓出实效。一是科学整合监督手段。以开展“执法检查年”、“代表活动年”等主题活动为载体，综合运用听取和审议“一府两院”专项工作报告、执法检查、代表视察、专项测评等监督形式，促进了法律法规的有效实施。依法对建筑工程质量与管理、城镇职工居民基本医疗保险改革等工作开展专题询问，积累了宝贵经验。二是不断改进监督方式。探索以项目实施方式推进年度重点工作，增强了整体工作执行力。对“一府两院”专项工作报告进行满意度测评，并向社会公布结果，同时，根据实际需要重新调整和明确常委会审议意见办理时限与要求，推动了“一府两院”相关工作的改进。三是坚持人大监督与舆论监督相结合。加强对常委会议题的宣传策划和深度报道，邀请媒体全程跟踪报道专题调研、执法检查、代表视察等活动，公开监督过程，增强了人大工作的公开化和透明度。

由于在实践中形成了一套行之有效的监督模式，常委会在监督过程中程序严谨、方法得当，特别是对重点问题连续监督、跟踪监督、一抓到底，推动了一系列事关大局和群众切身利益问题的解决，监督工作取得了明显成效。

三、深入开展代表工作

讨论决定本行政区域内的重大事项，是宪法和法律赋予地方人大常委会的一项重要职权。常委会紧紧围绕经济社会发展中的重大问题和关系人民群众切身利益的热点问题，依法行使重大事项决定权。五年来，共作出决议、决定52项。为了突出环境保护和文化建设，常委会作出保护绿地和历史建筑与文化街区两个决定，分三批将占地3027公顷的55块城市绿地和一批具有历史文化价值的建筑与街区纳入法律保护范围，对于促进首府长远发展、保护生态建设成果和历史文化遗存发挥了重要作用。

常委会坚持人大代表的主体地位，把代表工作贯穿于人大工作始终，着力挖掘代表工作的丰富内涵，努力提高服务代表的基本职能，支持、规范和保障代表知政履职，人大代表联系广大群众的意识和参政议政的能力进一步提高。

加大督促检查力度，增强议案建议办理实效。一是将办理代表议案建议列入市委对各级领导班子的考核目标，加强对各办理部门的考核。二是建立代表议案建议办理市长准备金制度。已启用市长准备金2238万元，专项用于办理少数民族聚居村安全饮水问题和关闭花炮厂后续安全生产的两个重点建议，推动了相关问题的解决。三是建立办理大户中期督办、重点建议督办、代表与承办单位“两见面”等制度，加大了沟通和督办力度。四是创新重点建议滚动办理程序，对代表不满意的建议限期重新办理，实现了从要求“办结率”向考核“办成率”的转变。通过一系列综合性措施，议案建议办理效果越来越好，代表满意率不断提高。

五年来，经市人代会主席团确定的代表议案35件，其中立法议案23件，已由市人大常委会办理完毕；交由市政府办理的12件议案，经常委会督办，也已全部办理完毕。办理议案过程中，市政府主要领导高度重视，各有关部门采取切实可行的措施，使一些长期困扰发展的问题得到了解决。共确定代表建议882件，包括重点建议36件已全部办理完毕，并反馈代表。共评选出优秀议案建议95件，优秀办理单位54个，优秀办理个人71名。

夯实代表工作基础，为代表履职提供充分保障。为适应新形势下深入做好人大工作的需要，常委会提出设立街道人大工作委员会。经市委研究决定，市四区各街道办事处全部成立了人大工委，市区基层人大工作全面开展。这标志着全市人大工作向基层的延伸，对推进我市基层社会主义民主政治建设具有重要意义。常委会每年认真组织开展代表专题调研活动，形成了58篇调研报告，为有关方面工作提供了决策参考。五年来，人大代表参加各类培训560人次，列席人大各类会议251人次，参加视察、调研1430人次，参与地方立法活动100多人次。按代表人数计算，每位代表参与市人大活动6次以上，拓宽了代表知政履职的渠道，实现了届内代表全员培训的目标。五年来，共评选出42名优秀市人大代表，代表履职为民的素质能力不断提升，履职积极性显著增强，人大代表已成为全市改革发展和现代化建设的重要力量。

依法做好选举任免工作。常委会坚持党管干部原则，依法行使人事任免权，切实加强代表资格审查工作。建立任前考试和任职访谈长效机制，形成了完整规范的国家机关工作人员任免程序，提高了被任命人员尊重法律和依法行政的自觉性。五年来，共任免国家机关工作人员249人，其中，接受市人大常委会组成人员辞职3人；接受市长辞职2人，决定免去副市长4人，决定代理市长2人，决定任命副市长5人；决定任免市政府组成部门负责人75人；任免市人大常委会工作人员17人，任免中级人民法院、市人民检察院工作人员128人，批准任命旗县区检察院工作人员13人，补选了4位自治区人大代表，为地方国家机关的有效运转提供了组织保障。本次换届选举是选举法修改后首次实行城乡按相同人口比例选举人大代表，在市委领导下和自治区人大常委会的指导下，常委会高度重视这项工作，主持本级人民代表大会代表的选举，依法加强对县乡两级人大换届选举工作的指导，全市人大换届选举工作取得了圆满成功。

加强地方国家权力机关的自身建设，是推进社会主义民主政治建设的重要保障。常委会始终坚持人大工作正确的政治方向，把加强自身建设作为基础工程常抓不懈，履职水平得到新提升。

着力加强政治建设和党组织建设。坚持民主集中制和常委会集体行使职权的原则，坚持党组中心组理论学习和党委、党支部学习制度，牢固树立党的观念、政治观念、大局观念、群众观念和法治观念，形成了坚强有力、团结进取的常委会领导集体，推动全局工作的能力明显提升。人大工作得到了市委的有力领导和支持。市委召开了纪念市人大常委会设立30周年暨全市人大工作会议，研究解决了人大提出的相关问题，提高了代表经费，批准建立了街道人大工委，增设了代表联络处和备案审查处等工作机构，进一步加强了党对人大工作的领导。

切实加强思想作风建设和素质能力建设。坚持常委会法制讲座、专题讲座，不断改进文风、会风和工作作风。常委会组成人员深入实践，体察民情，履职能力进一步提升。专门委员会独立谋划和推动工作的能力显著增强，常委会机关服务“三会”参谋助手作用充分发挥。认真接受自治区人大常委会工作指导，与旗县区、兄弟盟市及各地人大常委会的联系更加密切。深入开展学习实践科学发展观活动和创先争优活动，创建学习型机关，加强干部交流，人大干部队伍整体素质得到提升。

重视加强制度建设和人大理论研究。重视对人大工作的理性思考和宏观把握，制定和实施五年工作纲要，年度工作重点更加突出。认真梳理各项工作程序和环节，先后制定完善了专项工作测评办法、听取和审议专项工作报告办法等一批规范性文件。五年来，共制定、修订、整理完善各类制度71件，形成了较为系统的人大工作制度体系，保障了常委会机关工作的有效运行。五年来，围绕经常性工作编辑印发各类刊物、书籍、法律文件汇编等5500余册（期），共500余万字。《呼和浩特人大》期刊创新改版，呼和浩特人大网升级扩容，全面、及时、准确地向社会公布人大及其常委会审议通过的有关文件和各项公开事宜，提高了人大工作的公开度和影响力。

回顾五年来的工作，在市委领导下，全市人大工作取得了丰硕成果，同时也积累了丰富的实践经验。这是我们今后做好人大工作需要牢牢把握的重要原则，应当长期坚持。

第一，始终坚持正确的政治方向。常委会坚持重大问题、重要工作及时向市委请示报告，做到了始终同党中央、自治区党委和市委保持高度一致。常委会通过依法履行职责，使党的决策部署经过法定程序成为国家意志，支持和推动“一府两院”有效开展工作，形成了共同推进我市加快发展的良好局面。

第二，始终坚持围绕中心、服务大局。常委会坚持把人大工作放在全市工作大局中科学谋划、找准切入点、着力推进，使人大工作紧贴全市中心工作，赢得了社会各方面的重视和支持，为促进首府科学发展发挥了重要作用。

第三，始终坚持维护人民群众的根本利益。常委会把保障和改善民生摆在突出位置，把人民群众普遍关心的热点、难点问题作为工作的着力点，充分发挥人大代表密切联系人民群众的优势，无论是开展立法工作、监督工作，还是办理代表议案和建议等，都将事关群众切身利益的重大问题列为重点议题，使我们开展工作的过程成为了解民情、反映民意、集中民智的过程，促进了社会和谐稳定。

第四，始终坚持解放思想、与时俱进。常委会适应新形势要求，努力把握人大工作规律，积极探索新的工作方法，强化自身建设，整体运行更具活力，圆满完成了届内各项工作任务，树立了地方国家权力机关的良好形象。

各位代表，五年来，市十三届人大常委会始终把坚持和完善人民代表大会制度作为光荣的使命，把依法有效地行使各项法定职权作为神圣的责任，常委会各项工作都取得了新成效，人大的社会威信和公众认知度明显提升。这些成绩的取得，是市委正确领导的结果，是全体常委会组成人员和机关工作人员辛勤工作的结果，是“一府两院”及有关部门协同工作的结果，也是各级人大、各级人大代表及社会各界大力支持的结果。在此，我代表市人大常委会向十三届的全体代表、常委会组成人员和所有关心、支持、帮助人大工作的同志及社会各界人士表示衷心的感谢和崇高的敬意！

同时我们也清醒地看到，在社会主义民主政治发展的道路上，还有许多困难和问题需要解决。制定一部法律、完成一些人大履职工作的任务也许不难，而如何推动法律法规在本地区不折不扣地执行和实施，如何充分行使好人民赋予的法定职权，使人大工作更具活力，仍是我们工作的重点和难点。法律意识的提升和法律信仰的生成需要一代人、甚至几代人的努力，要把法律的原则精神和核心价值渗透到人们的内心深处，内化为人们的思想意识和观念，将是一个长期的历史过程。依法治国，建设社会主义法治国家，任重道远。

各位代表！党的十八大对全面推进改革开放和社会主义现代化建设、全面推进党的建设新的伟大工程作出了新的战略部署，也为社会主义民主法治建设开启了新的历史征程。面对新的形势和任务，市人大常委会要把深入学习领会和全面贯彻落实党的十八大精神作为首要任务，进一步增强坚持人民代表大会制度的自觉性和坚定性，始终坚持党的领导、人民当家作主、依法治国有机统一，以保证人民当家作主为根本，以增强党和国家活力、调动人民积极性为目标，扩大社会主义民主，全面推进科学立法、严格执法、公正司法、全民守法进程。

一、继续推进立法工作。认真贯彻落实中发〔2011〕7号文件精神，更好地发挥人大常委会的立法主导作用，落实立法协调机制，强化统一审议，深化立法论证，增强法规的实效性和可操作性，进一步提高立法质量。认真制定五年立法规划，完成好年度立法计划。今年，拟修改城市绿化条例、水土保持条例、民族教育条例，为保护首府生态环境、促进教育全面发展提供保障。开展物业管理、公共汽车客运管理等方面的立法调研，做好法规实施细则制定情况的督办，加强规范性文件备案审查工作，维护国家法制的统一、尊严和权威。

二、继续加强监督工作。围绕市委的总体部署和中心工作，重点对转变经济发展方式、民生持续改善和加强社会管理等问题进行监督，加大跟踪监督力度，进一步增强监督实效。今年，拟对消防法、城乡规划条例、社会市面蒙汉两种文字并用管理办法开展执法检查。拟对法院、检察院基层基础建设、安全生产监督管理、“十二五”规划中期评估、中小学素质教育、合作医疗及医改工作、食品安全、小城镇规划管理、环境影响评价、新农村建设、计划预算审计等工作情况听取审议专项工作报告，为促进首府经济社会和谐发展，推动法律法规的有效实施发挥作用。

三、继续深化代表工作。坚持尊重代表主体地位，坚持为代表服务的思想，加强服务保障，拓展代表活动和联系群众的渠道，进一步提升代表工作水平。认真办理好代表议案建议，加大对重点建议、“一府两院”承办议案的督办力度，提高办理实效。开展代表专题调研和集中视察，完善代表小组活动方式，做好代表培训工作，切实提高代表履职积极性和能力。

四、继续强化自身建设。坚持人大工作正确的政治方向，坚持把思想政治建设摆在首位。贯彻执行民主集中制原则,完善议事机制和工作运行机制，充分发挥专门委员会和人大机关作用，改进机关工作作风，进一步加强常委会执政能力建设。继续加强和改进宣传报道工作，扩大人大工作透明度，自觉接受人大代表和人民群众的监督。

各位代表！历史赋予我们的使命光荣艰巨，人民对我们的期待殷切厚重。我们深信，新一届市人大代表和新一届市人大常委会，一定能够按照党的十八大描绘的宏伟蓝图，认真贯彻自治区第九次、市第十一次党代会精神，充分发挥地方国家权力机关的作用，坚持不懈地抓好宪法和法律的实施工作，保障依法治国、依法执政、依法行政，更好地担负起推进我市社会主义民主政治建设的历史重任。让我们紧密团结在以习近平同志为总书记的党中央周围，高举中国特色社会主义伟大旗帜，以邓小平理论、“三个代表”重要思想、科学发展观为指导，在市委领导下，与“一府两院”共同努力，团结和依靠全市各族人民，凝心聚力，开拓奋进，为在全区率先实现城乡发展一体化、率先全面建成小康社会而奋斗！

中国人民政治协商会议呼和浩特市第十二届委员会常务委员会工作报告

——2013年1月2日在政协呼和浩特市第十二届委员会第一次会议上

银 孝

各位委员、同志们：

我受政协呼和浩特市第十一届委员会常务委员会的委托，向大会报告工作，请予审议，并请列席会议的同志提出意见。

一、过去五年工作的回顾

政协呼和浩特市第十一届委员会任期的五年，是我市改革开放和现代化建设取得显著成就的五年。全市上下深入贯彻落实科学发展观，紧紧抓住国家新一轮西部大开发和支持少数民族地区跨越式发展的重要历史机遇，围绕打造“两个一流首府”要求，全力推进“一核双圈一体化”发展战略，沉着应对前进中的各种风险和挑战，全市经济建设和社会事业实现了又好又快发展。五年来，市政协坚持以邓小平理论和“三个代表”重要思想为指导，深入贯彻落实科学发展观，在市委的领导和自治区政协的指导下，在市政府及社会各方面的大力支持下，深入贯彻落实《中共中央关于加强人民政协工作的意见》、胡锦涛同志在庆祝人民政协成立60周年大会上的重要讲话精神，牢牢把握团结和民主两大主题，坚持把推动科学发展作为履行职能的第一要务，把推动发展、改善民生、促进和谐作为履行职能的着力点，积极探索，开拓创新，认真开展政治协商、民主监督、参政议政，使全市政协工作提高到了一个新的水平，为首府经济建设、政治建设、文化建设、社会建设和生态文明建设，作出了重要贡献。

（一）突出重点，注重效果，政治协商水平进一步提高。坚持“全委会议总体协商、常委会议专题协商、主席会议重点协商、专委会对口协商”的协商议政格局，不断提升协商议政水平。

全委会议着眼于全市工作大局，围绕市委、市政府的中心工作和人民群众普遍关注的热点、难点问题，认真开展总体协商。在市政协全委会议期间，委员们在深入调查研究的基础上，围绕加快发展现代农业、加快工业经济发展、加快发展现代服务业、加快教育、文化、卫生等社会事业的发展以及完善城市功能、提升管理水平、扩大就业、抑制物价过快上涨等问题，进行热烈讨论，积极建言献策。委员大会发言质量不断提高，加强奶源基地建设促进乳业健康发展、推进首府工业化进程、促进工业园区加快发展、提升科技创新能力、发展碳汇林业、加快物流业发展、创建我市羊绒（毛）纺织品外贸转型升级示范基地、提升首府城市品位、加快文化旅游产业发展、加强政府投资建设项目管理、科学保护合理利用水资源、加强食品安全检验检测体系建设、加强基层医疗卫生工作等委员大会发言引起与会人员的广泛关注。市委、市政府对政协全委会议总体协商高度重视，市委主要领导每年都出席委员发言大会，认真听取委员发言，并就全市发展形势、新一年工作思路、目标和任务等作重要讲话，对政协工作提出新的要求，使委员们很受鼓舞。每次全委会议期间，都精心组织市党政领导与各界别委员代表座谈会。委员代表就解决国际金融危机背景下中小企业融资难问题、促进金融机构对我市企业的融资支持、加快民营企业发展、发展生物产业、统筹解决教育事业发展中的问题、加强社会治安工作、整合呼市地区医疗资源、保护非物质文化遗产以及解决交通拥堵等问题，提出了许多意见和建议。与会的市党政领导特别是市政府主要领导当场回应委员代表提出的意见建议，提出解决或处理问题的办法。每次全委会议后，市政协都将委员们在会议期间通过各种形式提出的意见、建议进行归纳整理，及时转送市政府，许多意见、建议得到采纳。

主席会议、常委会议精心选取市委、市政府重点推进的工作或人民群众普遍关注的问题，深入开展重点协商和专题协商。围绕加快发展现代农业，组织开展了肉羊产业发展、设施种植业发展、蔬菜基地建设及产业发展、推进奶牛规模化养殖等专题调研活动和专题协商；围绕推进首府工业化进程，组织开展了扶持民营企业发展、工业经济发展、发展新能源产业、工业科技服务体系建设等调研活动和专题协商；围绕推进首府现代服务业发展，组织开展了现代物流业发展、发展总部经济、现代服务业发展、推进云计算产业发展等专题调研和专题协商。主席会议、常委会议还对我市民族文化产业化发展、加强食品卫生安全管理、加强城镇基本医疗保险制度建设、加快我市盐碱地改造和利用、促进学前教育发展、推进“三城同创”、打造首府特色文化品牌、草原文化中心城市特色打造、创新社区管理、养老机构建设、城乡就业等问题进行了协商。市委、市政府有关领导到会听取情况和建议，有关部门负责同志列席会议，就进一步做好有关工作进行协商。市委、市政府主要领导还对一些建议报告作出批示，要求旗县区和市直部门认真研究，采取相应的解决措施，推进了有关方面的工作。

各专门委员会通过主席接待委员日活动、专项视察、提案督办等形式，加强了与市党政部门的对口协商，先后就建立若干现代农业核心示范区、加强蔬菜市场管理、积极推进中水回用、健全地下水资源管理机制、优先发展公交事业、解决外来务工人员子女教育、加快推进楼房墙体保暖改造工程等问题与有关部门进行对口协商，共同研究探讨解决问题或改进工作的有效措施，收到了预期的效果。

（二）建立制度，规范程序，民主监督取得了新突破。五年来，市政协以建立制度、规范程序、做好民主评议政府部门工作为重点，积极开展多种形式的民主监督活动，努力使监督与协商、监督与支持有机地统一起来，促进了有关方面的工作。

为了促进政府部门转变作风、改进工作、提高效率，经市委同意，从2008年开始，市政协组织开展了民主评议政府部门工作，已先后对16个政府部门进行了民主评议。民主评议小组经过深入调查研究，在充分肯定被评议部门工作成绩的基础上，认真分析部门工作中存在的问题和不足，提出改进工作的具体建议。被评议部门在自查的基础上，认真研究市政协的民主评议意见，制定改进措施，积极进行整改。各评议小组又通过调查回访等形式，追踪检查部门的整改情况，促进被评议部门改进工作。2010年，在总结前两年民主评议政府部门工作的基础上，制定了《政协呼和浩特市委员会民主评议工作暂行办法》，从民主评议工作的原则和目标、对象和内容、方法和步骤、评议结果的运用等方面作出了明确规定，使民主评议工作进一步制度化、规范化，成效进一步显现。

不断改进社情民意信息工作。召开了全市政协反映社情民意信息工作会议，规范了社情民意信息收集、编报、处理和反馈的方法和程序，使反映社情民意信息的工作机制不断完善。在此基础上，通过印发社情民意信息提纲、每年 8 月开展“社情民意月”活动等形式，引导广大政协委员围绕全市工作大局，广泛收集、积极反映社会各界的意见和建议，不断提高社情民意信息的质量。五年共编发《呼和浩特社情民意》134 期、217 条。强化对医疗废弃物的管理、解决交通拥堵和停车难问题、高度重视地沟油回流餐桌现象、提高我市市政管理水平、进一步加强校园周边环境治理、在我市核心区域建一批精品特色文化宣传栏（文化墙）、警惕突击种树套取国家动迁补偿金现象等社情民意信息引起了市委、市政府的高度重视，反映的问题得到了不同程度的解决。

市政协还通过开展提案跟踪督办活动、推荐委员担任司法机关和政府部门特约监督员、参加党委政府组织的调查、检查及政风行风评议等活动，认真履行民主监督的职能。

（三）增强质量意识，参政议政的效果更加明显。专题调研坚持“求精求实”的原则，以战略性、前瞻性为主要考量标准，以进入党政决策为参政目标，从注意针对性、坚持超前性、注重可行性三方面选好调研课题，通过掌握全面详实的情况、在深入分析研究上狠下功夫、抓好调研成果的转化等方面的努力，专题调研的质量进一步提高，参政议政的效果更加明显。《关于立足首府优势发展总部经济的调研报告》是全市第一篇系统分析研究我市发展总部经济的调研报告，得到了市委、市政府及有关方面的高度重视。《关于我市工业科技服务体系建设的调研报告》从提高我市的综合竞争能力和后续发展能力的视角出发，提出了针对性较强的建议。《关于我市奶牛规模化养殖情况的调研报告》建议从实际出发，坚持多种模式共存、优势互补的原则，以政府引导、企业牵头、奶农参与、社会化服务、合作组织共建共赢的方式，推动奶牛规模化养殖的发展。《关于我市体育产业发展情况的调研报告》从思想认识、政策措施、人才培养等方面提出了操作性较强的建议。《关于我市草原文化中心城市特色打造情况的调研报告》以城市建设中草原文化元素的应用为切入点，对于更好地促进草原文化特色中心城市建设，推动首府文化的大发展、大繁荣产生了积极的影响。本届政协通过开展专题调研活动形成了一大批专题调研报告，并将其中的 48 个专题调研报告通过专题协商、重点协商后提交市委、市政府。市委、市政府主要领导对其中的 11 个作出批示，市政府分管领导对其中的 9 个作出批示，要求有关部门认真研究，切实加强这些方面的工作。市委办公厅还根据市委主要领导的意见将部分调研报告印发各旗县区、各部门参阅。这些调研报告所提出的意见建议在推动全市有关方面的工作中发挥了重要的作用。

进一步改进委员视察工作。通过视察提案办理情况、视察委员们反映比较集中的问题、视察全市有关政策的贯彻落实和重点项目的推进情况，不断丰富视察内容，提升视察活动的质量。先后就建设国家环保模范城、科学编制城市建设规划、缓解市区主要道路交通拥堵、促进城镇劳动力就业、加快无物业小区改造、加大公共租赁住房建设力度、加快我市养老机构建设、大力发展幼儿教育、强化我市高层建筑消防工作、加强食品安全、实施好引黄入呼工程、重点工业项目建设、总部经济发展、幼儿园建设、保障房建设和使用等问题，组织委员开展了专项视察活动，就进一步做好这些方面的工作与有关部门进行了深入探讨，提出了具体的意见和建议。

市政协还通过召开“十二五”规划专题议政会等形式，积极为我市“十二五”规划编制建言献策。

（四）完善提案工作机制，提案的重要作用进一步发挥。坚持把提案工作作为履行职能的全局性工作来抓，不断健全和完善政府领导领办、政协领导督办、有关部门具体办理的提案办理机制，提案办理部门主动邀请市政协有关专委会、提案者协商办理提案的局面逐步形成。五年来共收到提案 3096 件，立案 2884 件，每年均有明显增加。关于推行分质供水保障饮水安全的提案，市政府高度重视，开始实施“呼和浩特引黄供水扩建工程”。工程建成后，可确保我市中心城区在“十二五”期间供水安全，实现工业用黄河水，二环以内主城区居民饮用优质地下水。关于发展城市公共交通部分提案的落实，对促进我市公交事业发展、方便市民出行起到了积极的作用。关于对重大民生建设项目进行全方位监督管理的提案、关于大力扶持发展农民专业合作社的提案、关于完善城乡医疗保障体系的提案、关于推进中水回用合理利用水资源的提案、关于加强食品药品监督检查的提案、关于解决少数民族聚居村人畜饮水问题的提案、关于加强保障性住房入住民主监督的提案、关于加快我市养老机构建设的提案、关于加强中小学及幼儿园校车管理的提案、关于缓解交通拥堵问题的提案，市政府及有关部门认真研究，积极办理。市政协就重点提案办理工作每年组织开展 20 余次专项调研、专门视察、现场协商督办活动，提案者及相关部门负责人共同参与，当面协商，推动了提案的落实，促进了相关问题的解决。

（五）文史资料和宣传工作取得了新成绩，对内对外联系进一步加强。发挥文史资料“存史、资政、团结、育人”的作用，努力挖掘文史资源，提高文史资料工作的质量。编撰出版了呼和浩特文史资料第十六辑《百年历程：归绥师范学堂——呼和浩特职业学院》、第十七辑《呼和浩特大事记》和《政协呼和浩特市第十一届委员会工作剪影》。积极协调中央、自治区及我市新闻媒体加强对市政协建言成果、履行职能成功经验的宣传报道，加大宣传工作力度，扩大了政协的影响，为政协工作营造了良好的舆论氛围。加强对外联谊交往，五年来共接待市外政协考察团（组）663批（次）、6852人（次）。积极参加区域性政协工作联系会、协作会，加强了与兄弟地市政协的联系。2011年成功举办了全国少数民族自治区首府市政协工作联系会第十八次会议，向各少数民族自治区首府城市和其他参会城市展示了我市近年来经济和社会发展取得的新成就，宣传了我市政协工作的新经验，得到了与会者的高度赞誉。五年来组织召开了10次九旗县区政协联谊会，分别以“进一步发挥委员的主体作用”、“提高专题调研质量”、“做好新形势下的提案工作”、“履行好民主监督职能”、“提高协商议政水平”、“加强社情民意信息工作”为主题，进行研讨和交流，促进了全市政协工作。积极配合自治区政协在我市开展调研、视察等活动，进一步密切了与上下级政协的联系。

（六）加强自身建设，政协工作的科学化水平不断提升。通过理论中心组学习会、常委会专题讲座、专题研讨会等形式，认真学习中共十七大及十七届五中、六中全会及十八大精神、胡锦涛同志在庆祝人民政协成立60周年大会上的重要讲话精神。定期举行专委会学习会，并采取以会代训的形式对全体委员进行培训。

坚持定期向市各民主党派、工商联通报工作制度和各民主党派、工商联秘书长列席市政协常委会议制度，积极支持民主党派、工商联参与政协履行职能的各项活动，充分发挥他们在政协组织中的重要作用。积极探索发挥界别作用的新形式，在市政协的经常性工作中进一步突出界别的特色，切实发挥政协界别作为扩大社会各界有序政治参与的重要渠道作用。积极探索委员履行职责的有效形式，努力为委员知情明政和发挥作用提供更多载体，使委员的主体作用得到进一步发挥。积极争取各方面的支持，改善了市政协机关办公条件和工作人员的居住条件。加强政协机关的思想建设、作风建设、组织建设和制度建设，努力增强和提高机关干部的全局观念、服务意识、政策水平和工作能力，提升政协工作的科学化水平。

（七）努力开拓创新，为政协委员更好地履行职能提供良好条件。五年来，市政协不断拓展思路，积极探索，围绕提高履职水平，做了许多创新性工作。

2008年，在全区率先成立了市政协理论研究会，积极开展了政协理论研究与交流。组织了纪念人民政协成立60周年系列活动，编辑出版了《纪念人民政协成立60周年论文选编》、《建言首府发展论文集》、《首府政协委员风采》等，推动了全市政协工作的深入开展。

2009年，创刊出版了《呼和浩特政协》(双月刊)，到目前已出刊23期，为推动政协委员和政协工作者深入学习、加强研究、交流工作提供了新的平台，同时向全国政协系统及兄弟地区及时宣传了市政协工作和首府各项事业的新发展。

在有关方面的支持下，建立了市政协委员活动中心，较好地解决了政协委员活动场所问题，为政协委员开展多种形式的活动提供了必要的条件。

2011年，成立了市政协书画院，举办了书画笔会和书法、绘画培训班，丰富了政协委员和机关工作人员的文化生活，使参加活动的人员进一步提高了文化艺术素养。

在对全体委员以会代训进行培训的基础上，2010年和2011年分两批组织政协委员和机关工作人员共150余人，到全国政协干部培训中心进行了集中培训，提高了委员和机关工作人员的业务素质。

在中欧国际工商学院的支持下，引进了欧盟资助的欧中工商管理培训项目。2010年至2011年，对40余名政协委员及经济管理人员、企业管理人员进行了培训，使接受培训的人员提高了管理素质，提高了应对全球化挑战的能力，接受资助的培训费用折合人民币500余万元。

扩展了政协委员“网上履职”新途径。建立了委员网上交流、议政平台，推进委员网上提交提案、反映社情民意，使政协网站成为服务委员、宣传政协工作的有效载体，体察民情、了解民意的重要窗口。

连续五年在《呼和浩特日报》开设专栏，分别以“政协委员谈改革开放”、“纪念人民政协成立60周年”、“为‘十二五’规划献一计”、“纪念中国共产党成立90周年”、“十一届政协巡礼”为主题，刊登委员的纪念体会文章和促进改革发展的意见、建议，收到了良好的效果。

经市委批准，从2008年开始，连续五年每年对市政府3—4个工作部门进行民主评议，探索了政协履行民主监督职能的新形式，发挥了促进政府部门转变作风、提高效率、改进工作的积极作用。

2010年，在总结经验的基础上，制定了《市政协委员履职考评暂行办法》，对委员履行职能的情况进行量化考核，建立了促进委员充分发挥作用的激励机制。《人民日报》、《人民政协报》、《团结报》分别用较大的篇幅介绍了我们的做法，在全国政协系统产生了一定的影响。

这些创新性工作，对于委员提高自身素质和履职水平，更好地履行政治协商、民主监督、参政议政职能创造了有利条件，为政协工作再上新水平奠定了良好的基础。

各位委员、各位同志，五年来，市政协常委会的工作取得了令人鼓舞的成绩，全市政协事业呈现出蓬勃发展的良好局面。这是坚持以邓小平理论、“三个代表”重要思想为指导、深入贯彻落实科学发展观的结果，是市委高度重视、正确领导的结果，是市政府及各有关部门和社会各方面大力支持、积极配合的结果，也是全市各级政协组织、政协各参加单位、全体政协委员和政协工作者共同努力的结果。在此，我代表市十一届政协常委会，向所有关心、支持政协工作的各位领导和同志们，向市政协各参加单位、各级政协委员和各级政协机关的同志们,致以崇高的敬意和衷心的感谢!

回顾五年来的工作，虽然取得了一定的成绩，但还存在一些差距和不足，主要是履行职能的途径和方法还需进一步探索，提案、专题调研、社情民意信息的质量还需进一步提高，委员的主体作用还需进一步发挥，专委会工作创新的力度还需进一步加大，等等。这些都需要我们在今后的工作实践中认真研究，不断改进。

二、工作中的主要体会

回顾五年来的工作，我们的体会很多，主要有以下几点：

一是必须坚持党的领导，围绕中心，服务大局。坚持党的领导，是人民政协开展工作必须遵循的根本原则。只有坚持党的领导，人民政协的工作才不会偏离正确的政治方向，人民政协的特点和优势才能充分体现。五年来，市政协党组发挥核心作用，积极引导政协常委会和广大委员，认真贯彻落实中共中央、自治区党委和市委的重大决策与部署，切实做到与党在政治上、思想上、工作上保持一致，有力地推动了政协工作的开展。围绕中心、服务大局是政协履行职能的基本原则。只有自觉服从和服务于全市改革发展稳定的大局，政协工作才能融入打造“两个一流”首府的中心工作之中，才能不断发挥自身的价值和作用。五年来，市政协始终坚持把推动科学发展作为履行职能的第一要务，把推动发展、关注民生、促进和谐作为履行职能的着力点，为促进首府经济社会又好又快发展作出了重要贡献。

二是必须突出团结和民主两大主题。团结和民主是人民政协的两大主题，是人民政协性质的集中体现。只有牢牢把握团结和民主两大主题，才能促进大团结、大联合，才能为建设现代化和谐首府作出更大贡献。同时，充分发扬统一战线内部的民主，在发扬民主的过程中不断增进共识，增进团结。五年来，市政协不断加强与各民主党派、人民团体、无党派人士及各族各界人士的联系，团结一切可以团结的力量，调动一切积极因素，为打造“两个一流”首府而共同奋斗。

三是必须坚持和完善协商的层次性。五年来，市政协坚持和完善“全委会议总体协商突出亮点，常委会议专题协商力求效果，主席会议重点协商抓住重点，专委会对口协商注重特色”的协商层次和协商格局，不断提高协商议政水平。全委会议围绕全市工作大局，认真开展总体协商。在委员们围绕政府工作报告及其他有关报告积极建言献策的基础上，市政协精心组织，周密安排，突出委员发言大会和市党政领导与各界别委员代表座谈会两大亮点，努力提升总体协商水平。常委会议围绕全市经济社会发展的重要问题和人民群众普遍关注的问题，在深入调研的基础上开展专题协商。主席会议选取工作中需要引起重视的一些问题进行重点协商，专委会就一些具体问题积极开展对口协商。分层次、各有侧重的协商推进了协商议政水平的进一步提升。

四是必须充分调动政协委员的积极性、主动性。委员是政协的主体。尊重和维护委员的各项权利，努力营造民主和谐的议政建言环境，充分调动政协委员履行职责的积极性、主动性，是政协工作的重中之重。五年来，市政协进一步发挥专委会的基础作用和界别的桥梁纽带作用，通过创新委员培训形式、建立委员活动中心、扩展政协委员“网上履职”新途径、在新闻媒体开设主题专栏、制定出台委员考评办法等措施，努力为委员履职创造更好的条件，不断探索调动委员积极性、主动性的有效举措，促进了委员主体作用的进一步发挥。

五是必须努力开拓创新，在开拓创新中推进履行职能水平的提升。五年来的实践使我们深深感到，只有不断探索创新，政协工作才能充满生机与活力。五年来，市政协加强实践与探索，不断创新工作思路和工作方法，进一步提高履行职能的水平。通过成立市政协理论研究会、创刊出版《呼和浩特政协》、突出主题举行旗县区政协联谊会，加强了政协理论研究，推动了理论和实践创新。通过对政府部门进行民主评议、邀请政府有关部门负责同志列席主席会议进行协商，积极探索履行职能的新途径、新形式，推动全市政协工作不断取得新的进步，促进了政协事业的新发展。

五年来的体会是在实践中积累和创造的，是全体委员工作的成果和集体智慧的结晶。这些体会对政协今后的工作具有长远的指导意义，值得我们珍惜。

三、对今后工作的建议

各位委员：当前，我国正处于全面建成小康社会的重要时期，统一战线和人民政协事业也进入了一个蓬勃发展的新阶段。中国共产党第十八次全国代表大会对人民政协提出了新的更高的要求，为人民政协在全面建成小康社会新的历史起点上履行职能开拓了广阔的空间，提供了新的机遇。市政协要全面贯彻中共十八大精神，高举中国特色社会主义伟大旗帜，以邓小平理论、“三个代表”重要思想、科学发展观为指导，在中共呼和浩特市委的领导下，牢牢把握团结和民主两大主题，坚持围绕中心、服务大局，不断提高履行职能的水平，进一步发挥政协在科学发展中的推动作用、民主决策中的参谋作用、行政效能中的监督作用、社会和谐中的促进作用，以创新的精神，务实的作风，不断开创我市政协工作新局面，推动我市在全区率先实现城乡发展一体化、率先全面建成小康社会。为此，我代表十一届政协常委会向政协呼和浩特市第十二届委员会提出以下工作建议：

（一）深入学习贯彻中共十八大精神，把思想统一到十八大精神和要求上来

把学习贯彻好中共十八大精神作为当前和今后一个时期的首要政治任务，全面准确地领会十八大精神，自觉把思想和行动统一到十八大精神上来，把力量凝聚到实现十八大确定的各项目标任务上来。把学习十八大精

神同学习胡锦涛同志在庆祝人民政协成立60周年大会上的重要讲话结合起来，不断提高对全国、全区、全市发展形势、目标任务、重大措施的认识和把握能力，不断增强做好新形势下人民政协工作的责任感和使命感,不断深化对政协工作特点和规律的认识，不断探索履行职能的新方法、新途径，全面推进政协各项工作。

（二）围绕中心，服务大局，把推动科学发展作为履行职能的第一要务

坚持把推动科学发展作为履行职能的第一要务，努力把推动科学发展贯穿于履行职能的全过程和政协工作的各方面。组织和引导政协各参加单位和广大政协委员多想科学发展大事，多谋科学发展大计，努力为科学发展建睿智之言、献务实之策。充分利用政协的人才优势，切实把工作的着力点放在对事关打造“两个一流”，加快建设“三个首府”，全面实现“两个率先”的宏观性、战略性、前瞻性问题的思考上，放在对市委、市政府关注的大事要事和群众关心的热点难点问题的研究上，始终做到关注发展、服务发展、促进发展。当前和今后一个时期，应按照市委十一届三次全委（扩大）会议的总体部署，围绕投资拉动项目拉动、发展高端服务业推进产业升级、加快推进城乡发展一体化、统筹推进城市规划发展、保障和改善民生、加强和创新社会管理等方面的重要问题，深入调研，科学论证，提出言之有据、切实可行的意见和建议，加快推进首府工业化、信息化、城市化、农业现代化同步发展。

（三）发扬民主，增进团结，凝心聚力，促进社会和谐进步

积极探索加强团结合作的新途径、新方式，健全协调合作机制，促进参加人民政协的各民主党派、工商联、各人民团体和无党派人士的团结合作，努力形成一种相互尊重、体谅包容、畅所欲言、合作共事的民主氛围。积极反映群众的意愿和呼声，协助市委、市政府解决和处理好影响社会和谐稳定的突出矛盾和问题，努力为广大人民群众共享改革发展成果、共享和谐社会献计出力。加强与民族宗教界人士的联系，促进民族团结和宗教和睦，维护民主团结、生动活泼、稳定和谐的政治局面。充分发挥政协的特点和优势，积极做好协调关系、汇聚力量、建言献策、服务大局的工作，努力促进政党关系、民族关系、宗教关系、阶层关系的和谐，促进社会各界的大团结大联合，努力把各方面的力量凝聚到全面建成小康社会的宏伟事业中。

（四）坚持履职为民，把民生问题作为履行职能的重要着力点

牢固树立以人为本、履职为民的理念，把关注民生、保障民生、改善民生作为履行职能的重要任务。应把重大民生问题作为政治协商的重点议题，使政治协商成为民意进入决策程序的重要渠道；把群众反映强烈的热点难点问题作为民主监督的重要内容，使民主监督成为维护广大群众利益的有效方式；把改善民生、满足人民群众日益增长的物质文化需要作为参政议政的重要领域，使参政议政成为促进群众利益实现的重要途径。在履行职能的实践中，应围绕增加城乡居民收入、扩大就业、改善教育医疗条件、保障性住房建设与使用、控制物价、加强社会建设、创新社会管理以及困难群体救助等人民群众最关心、最直接的问题，深入开展调研、视察、评议监督等活动，积极建言献策，促进社会公平正义。

（五）不断健全和完善工作制度和机制，进一步提高履行职能的质量和水平

进一步做好履行职能的基础性、经常性工作，探索各项工作有效结合、相互促进的新思路、新方法。坚持围绕中心、服务大局、提高质量、讲求实效的提案工作方针，继续提高提案质量，不断增强提案的科学性、针对性、可行性。进一步健全和完善提案办理机制，创新办理方式，提高提案办理质量，进一步提高提案的落实率。选择市委和市政府重视、人民群众关注、政协有能力做好的课题，精心部署，广泛调查，深入研究，进一步提高专题调研质量。继续探索调研成果转化的有效形式，使专题调研在多途径转化中产生更好的效果。进一步加强社情民意信息队伍建设，建立健全社情民意信息汇集机制、策划和分析机制、跟踪和反馈机制，不断提高社情民意信息质量。重点围绕市委、市政府重大决策的贯彻落实、经济社会发展中重大项目的规划建设、人民群众普遍关注的热点和难点问题的研究解决开展视察活动，不断改进委员视察工作。继续加强政协理论研究工作，深入研究探索新形势下人民政协工作的新特点、新规律和履行职能的新形式,不断推进理论创新、制度创新和实践创新，使全市政协工作体现时代性，把握规律性，富于创造性。继续加强政协宣传工作，不断提高广大干部群众及社会各界对人民政协性质、地位和作用的认识,进一步形成全社会重视、支持政协工作的良好氛围。继续做好文史资料征集整理和编纂工作,努力挖掘和抢救重要文史资料。继续加强与各地政协的联系与交往，进一步加强与自治区政协和各旗县区政协的联系。

（六）继续加强自身建设，进一步提高履行职能的能力和水平

健全和完善合作共事机制，进一步加强与各民主党派、工商联和人民团体的联系，形成团结合作、融洽共事的良好氛围，充分发挥他们的重要作用。对民主党派提出的提案应重点督办，反映的社情民意信息应重点报送，提出的意见建议应重点研究。继续加强政协专门委员会建设，积极探索搞好专委会工作的新思路、新方法。积极探索开展界别活动的新方式、新途径，不断增强政协工作的界别特色。探索建立党政部门与政协有关界别的联系机制、政协机关为界别活动提供服务的工作机制，努力使界别活动更加经常、更加规范、更加有效。继续加强委员队伍建设,鼓励和引导广大委员自觉学习,勇于实践,不断提升履行职能的能力和水平。健全和完善发挥

委员主体作用的保障机制、激励机制和约束机制，切实发挥广大委员在本职工作中的带头作用、政协工作中的主体作用、界别群众中的代表作用。继续推进学习型、服务型、创新型、和谐型政协机关建设，努力建设政治坚定、作风优良、学识丰富、业务熟练的高素质政协干部队伍，进一步提高工作质量和服务水平。

各位委员，政协呼和浩特市第十二届委员会将肩负起承前启后、继往开来的历史重任。新的形势、新的任务对人民政协工作提出了新的要求，人民政协工作前途广阔，大有可为。希望新一届政协继承和发扬人民政协的优良传统，高举中国特色社会主义伟大旗帜，以邓小平理论、"三个代表"重要思想、科学发展观为指导，在中共呼和浩特市委的领导下，在市政府和社会各界的大力支持下，求真务实，开拓进取，努力为打造"两个一流"，加快建设"三个首府"，全面实现"两个率先"，作出更大的贡献！

关于呼和浩特市 2012 年国民经济和社会发展计划执行情况与 2013 年国民经济和社会发展计划草案的报告

——2013 年 1 月 3 日在呼和浩特市第十四届人民代表大会第一次会议上

呼和浩特市发展和改革委员会

各位代表：

受市人民政府委托，现将 2012 年国民经济和社会发展计划执行情况与 2013 年国民经济和社会发展计划草案提请大会审议，并请市政协各位委员和列席会议的同志们提出意见。

一、2012 年国民经济和社会发展计划执行情况

2012 年，面对国内外较为严峻的经济形势，全市始终坚持以科学发展观为指导，按照中央、自治区"稳中求进"的工作总基调，围绕市十三届人大五次会议审议通过的国民经济和社会发展计划，认真贯彻落实市委"全党抓工业、重点抓项目、突出抓大项目"的战略部署,加快转方式、调结构、惠民生工作进程，国民经济和社会发展取得较好成效。全市主要经济社会指标执行情况如下：

——预计地区生产总值实现 2460 亿元，增长 10.5%，完成年度计划任务的 96%，完成调整计划任务的 100%。

——预计规模以上工业增加值增长 10%，比年度计划低近 6 个百分点，完成调整计划任务的 100%。

——预计地方财政总收入累计实现 316 亿元，增长 11%，完成年度计划任务的 95%，完成调整计划任务的 100%。

——预计社会消费品零售总额实现 1015 亿元，增长 14%，完成年度计划任务的 98%，完成调整计划任务的 100%。

——预计固定资产投资实现 1300 亿元，增长 26%，超额完成年度 1238 亿元的计划任务。

——预计城镇居民人均可支配收入实现 32350 元，增长 12%，完成年度计划任务。

——预计农民人均纯收入实现 11240 元，增长 12%，完成年度计划任务。

——预计城镇登记失业率为 3.8%，控制在年初 4%的预期目标之内。

——预计居民消费价格指数涨幅可控制在年初 4%左右的预期目标之内。

从全年经济社会主要指标预计完成情况看，地区生产总值、规模以上工业增加值、地方财政总收入、社会消费品零售总额等四项主要经济指标未完成年初计划，但完成了调整计划，其余指标均完成或超额完成年初计划。主要原因：一是工业受炼油厂扩能停产、伊利蒙牛滞销、石药集团等发酵企业停减产以及光伏产业外销订单减少等客观因素影响，从三季度开始企稳回升。二是房地产受国家宏观调控政策影响，市场销售明显放缓，虽从下半年开始持续回暖，但增速缓慢。三是在刺激消费相关政策退出或调整与居民消费价格持续偏高等因素共同影响下，消费需求增速较往年有所放缓。

纵观全年经济社会发展，虽然经历了经济下行和诸多不利因素的影响，但在"保增长，促发展"各项政策措施的有力推动下，经过全市上下的共同努力，全市经济社会继续保持了平稳较快发展，主要表现在：

（一）工业实现加速回升

在加快重点企业恢复生产、建设项目尽快建成投产、狠抓现有企业达

产达效和积极扶持中小企业发展壮大等措施的有力推动下，2012年全市工业逐渐克服下行压力，降幅逐月收窄，从三季度开始加速回升，预计全年增速可达10%。具体表现为：一是工业重大项目顺利投产。中石油500万吨炼油扩建、TCL和创维各300万台液晶电视生产项目建成投产。二是规模以上企业数量不断增加。2012年，我市相继新增规模以上工业企业20家，拉动全市工业增长4.5个百分点。三是重点企业相继恢复生产。伊利、蒙牛、石药集团等重点企业通过采取有效措施逐渐恢复生产。

（二）服务业保持稳步增长

预计全年可完成增加值1450亿元，占全市经济总量的58.8%，对整体经济的贡献达到61%以上，成为2012年全市经济实现"稳中求进"的主要力量和重要支撑。从重点行业看：一是金融业形势良好。预计全年金融机构人民币存贷款余额分别为3790亿元和4002亿元，分别增长19%和24%；全市实现保费收入46亿元，增长12%。新引进7家金融机构，金河生物科技股份有限公司、蒙草抗旱绿化股份有限公司成功上市。二是交通运输业增势明显。预计全年公路货运量和货运周转量完成1.3亿吨、430亿吨公里，分别增长25.4%和25.3%；航空旅客和货邮吞吐量为545万人次和2.9万吨，分别增长25.8%和15.1%。三是旅游业保持稳步增长。预计全年旅游接待人数1845万人次、实现旅游收入267亿元，分别增长15%和18%。四是房地产销售持续回暖。1-11月，商品房成交面积216.06万平方米。新建商品房销售平均价格为6369元/平方米，同比增长1.81%，环比增长0.14%。

此外，服务业综合改革试点工作取得成效。引进建设了万铭总部广场、北方物流总部、内蒙古草原豆思动漫总部基地、自治区国家民族文化创意产业基地、利丰汽车公园、海亮二期等一批促进总部经济、楼宇经济、现代物流、文化旅游等现代服务业加快发展的服务业重点项目和试点示范项目，正在成为推动服务业集聚发展的有效支撑。目前，重点规划建设的盛乐现代服务业集聚区、如意总部经济集聚区、白塔现代服务业集聚区、金海商圈服务业集聚区、呼和浩特煤炭物流集聚区五大服务业集聚区已初见成效。

（三）农牧业生产形势喜人

在促进农业"三项"重点工作各项政策措施的大力支持下，全市现代农业发展步伐明显加快。预计全年农业实现增加值119.6亿元，增长6%以上，呈现出近年来少有的喜人局面。一是粮食喜获丰收，产量实现近年来少有的高产。预计全年粮食产量可达138万吨，为历年来最高。二是设施农业取得突破性进展，现代化步伐明显加快。全年新开工建设蔬菜保护地7万亩，建成4万亩，超额完成年初3.3万亩的计划任务。积极探索设施农业与光伏产业结合发展的新路子并取得实效，山路能源集团42兆瓦光伏发电高效农业示范项目和香岛130兆瓦设施农业与光伏发电项目开工建设。三是奶牛规模化养殖进程加快，规模化养殖水平不断提升。建成标准化奶牛养殖牧场15个，年内新增奶牛8万头。截至2012年底，全市累计投产规模化养殖牧场383个，奶牛规模化养殖水平达到70%。四是大力发展休闲观光农业，加快农业发展方式转变。2012年计划以新城区讨思号村为中心新建5000亩农业休闲观光产业区，其余8个旗县区分别新建两个休闲观光农业示范点。目前，大部分建设地点已签订建设协议，部分示范点已经开始动工建设。

（四）固定资产投资增势强劲

2012年，全市认真贯彻落实市委、市政府提出的把项目拉动、投资拉动作为全部工作重中之重的总体要求，自年初始全市投资始终保持了近年来少有的快速增长的良好势头。预计全年固定资产投资完成1300亿元，增长26%，超额完成年初人代会计划任务。从三次产业完成投资看。第三产业成为拉动全市投资持续快速增长的主要力量，完成投资占全市完成投资总额的比重始终保持在70%以上。工业投资从2012年下半年开始实现正增长，增速逐月回升，结束了自2011年年初以来负增长的不利局面。从重大项目完成投资看。年初确定的36个重大项目，12个已开工建设，完成投资47.8亿元，其中，创维、TCL集团各300万台液晶电视机项目已建成并投入试生产，广银铝业深加工项目已顺利建成投产，云计算项目等单项投资额超过100亿元的8个项目多数已进入实质性操作阶段，部分项目计划2013年竣工运营。

（五）人居环境持续改善

继续不断完善以市政道路桥梁、园林绿化、公用事业和民生工程为重点的城市基础设施建设工作。全年完成核心区道路改造15条，完成小街巷改造59条，改造老旧小区325个。对42个城中村进行改造，动迁面积超过1000万平方米。铺设污水管网28.5公里。全年热源厂扩建规模为100吨的锅炉6台，更新改造热力管网110.3公里，拆并整合锅炉房30座，全市集中供热普及率超过80%。启动了"国家园林城市"争创工作，全年新建公园4个，改造公园、游园8个；绿化新建道路10条；完成道路景观升级改造工程9项；新建绿地9块。全年栽植树木524.9万株（丛），圆满完成2012年绿化任务。全面启动大青山生态保护区建设工作和白塔机场迁建工作，目前各项工作进展顺利。

（六）以改善民生为重点的各项社会事业稳步推进

民生领域投入力度不断加大，有效促进民生持续改善。一是覆盖城乡的社会保障体系进一步完善，保障水平不断提高。2012年，城镇职工和失地农民基本养老保险参保人数达到43.4万人，农村和城镇居民养老保险参保人数达到64万人，失业、工伤和生育保险人数分别达到40.43万人、34.51万人和30.75万人。全面落实低收入高龄老人生活补贴政策，为全市80岁以上低收入老人每人每月补贴生活费100元。市四区、农村低保标准分别达到每人每月430元、每人每年

2800元，分别较上年增加50元和600元。农村五保分散、集中供养标准达到每人每年2600元和5500元，分别较上年增加300元和1000元。城镇三无人员集中供养标准每人每月增加500元，达到1200元，分散供养标准每人每月增加300元，达到800元。城镇居民医疗参保人数达到104.18万人，其中城镇职工基本医疗保险政策范围内综合报销比例达到90%以上，城镇居民医疗保险政策范围内综合报销比例达到80%。全市新型农村合作医疗参合农民93.4万人，新农合参合率达到96.5%，新农合政策范围内住院费用报销比例达到75%。二是以深化医药卫生体制改革为核心的基层医疗基础设施建设工作稳步推进。围绕“保基本、强基层、建机制”的改革主线，2012年以县级医疗机构为龙头、乡镇卫生院（社区卫生服务中心）为枢纽、村卫生室（社区卫生服务站）为基础的覆盖全市、多层次、多形式的基层医疗卫生服务体系建设工作得到全面加强。截至2012年，全市建成社区卫生服务中心21个，社区卫生服务站157个，社区拥有专业技术人员1362人，社区卫生服务居民覆盖率达到95%以上；有乡镇卫生院78个，村卫生室992个，专业技术人员2034人。三是文化教育扶持力度不断加大。基本实现乡乡都有标准文化站，31家博物馆、纪念馆等公共服务设施实现免费向公众开放，义务教育、高中教育及蒙语授课的幼儿园全部实现免费。开工建设了和林格尔土城子遗址文物保护一期等文化遗产保护工程，启动了丰州古城遗址公园规划编制工作。四是扶贫工作取得新突破。积极推进扶贫方式转变，2012年市本级财政拿出1亿元用于支持全市30个整村推进扶贫项目建设，并从过去的支持发展水浇地、养殖业、通路、人畜安全饮水转变到扶持设施农业、规模化养殖业和农家乐旅游业，目前项目建设进展顺利。

在看到成绩的同时，我们也清醒地认识到，发展不足仍然是全市经济社会发展中的主要矛盾，特别是当前经济社会发展还面临一些突出的困难和问题：一是整体经济实力还不强，结构性矛盾依然突出，工业经济总量相对较小，资源环境约束加剧，推进经济平稳较快发展和转型升级任务艰巨。二是中心城市的建设品位、服务功能、畅通能力与一流首府城市要求还有一定差距，旗县所在地城镇的辐射带动能力还不够强，城乡一体化建设任重道远。三是城乡居民收入差距仍然较大，物价上涨对居民生活影响依然较重。对于这些问题，需采取有效措施，逐步加以解决。

二、2013年国民经济和社会发展主要任务及措施

2013年是全面贯彻落实党的十八大精神的开局之年，是实施“十二五”规划承前启后的关键一年。按照党的十八大、自治区党委九届四次、五次全委会精神和市委十一届三次全委会提出的从现在起力争到2020年，努力打造“两个一流”（一流首府城市和一流首府经济）、加快建设“活力首府、美丽首府、和谐首府”、全面实现“两个率先”（在全区率先实现城乡一体化、率先全面建成小康社会）的目标要求，始终坚持以科学发展观为主题，以转变发展方式为主线，在对国内外经济环境和我市经济发展走势进行分析研判的基础上，2013年全市国民经济和社会发展主要预期目标是：

全年地区生产总值增长12%；规模以上工业增加值增长20%；地方财政总收入增长12%；固定资产投资增长15%；社会消费品零售总额增长14%；城镇居民人均可支配收入增长12%；农民人均纯收入增长12%；城镇登记失业率控制在3.8%以内；居民消费价格指数涨幅控制在3.5%左右；节能减排指标完成自治区下达任务。

为完成全年计划目标，重点做好以下六方面工作：

（一）继续加大项目引进建设力度，不断增强经济发展后劲

继续以投资拉动项目拉动为总抓手，以项目增加总量，以项目优化结构，切实发挥投资对经济增长的关键作用。

千方百计选商引资。立足于加快推进转方式、调结构，有利于促进“活力首府、美丽首府、和谐首府”的建设要求，在不断调整优化现有经济存量的同时，以重大项目的引进建设为抓手，继续组织和策划引进一批科技含量高、成长性好、带动力强、税收就业贡献大和利于资源节约、环境保护的大项目、好项目。

加大项目实施力度。全力推进和林电厂、银宏干细胞生命科技产业基地、利丰汽车主题公园、中海油天野化工气改煤等在建项目建设进度。加快推进托电五期、蒙西氧化铝、斯莱登煤制烯烃、京能盛乐热电等项目开工建设。切实做好托铝三期、一汽大众呼和浩特基地、北控煤制气、中粮集团绿色食品基地、中国航天科工集团装备制造业及新材料产业园等重点项目的前期工作。

努力拓展资金渠道。积极发挥政府资金的引导作用，充分利用国家对西部地区、少数民族地区的扶持、鼓励政策，尤其利用好《国务院关于进一步促进内蒙古经济社会又好又快发展的若干意见》的政策机遇，努力争取国家政策资金支持。同时，积极采取措施，吸引社会投资支持和参与全市经济社会建设。

（二）尽快补齐工业短板，增强工业支撑力

着眼于做大做强工业经济，提升工业发展水平，增强工业对整体经济的支撑力，在不断加大对现有企业支持力度的同时，努力培育工业新的增长点。

全力推动现有企业提质增效。重点做好内蒙古神舟硅业有限责任公司、内蒙古三联化工集团、石药集团中润制药（内蒙古）有限公司等产值较高、降幅较高工业企业生产的加快恢复、扭亏为盈工作。积极扶持内蒙古生力资源集团红旗化工有限公司、呼和浩特燕京雪鹿啤酒有限公司、内蒙古银安科技开发有限公司、内蒙古兰太药业有限责任公司、内蒙古红峡化工厂等产值规模相对较低的重点工业企业做大做强。对于内蒙古蒙牛乳业（集团）股份有限公司、内蒙古伊利实业（集团）有限公司、创维电子（内蒙古）有限公司、内蒙古阜丰生物科技有限公司、利乐包装（呼和浩特）有限公司、内蒙古永业农丰生物科技有限责任公司等对我市工业经济支撑作用明显的企业，努力延伸产业链条，拓展产品领域，提升科研水平，不断增强市场竞争力。

加快推进产业集聚。抓住自治区

打造沿黄沿线产业带战略机遇，按照我市打造千亿元级工业集中区发展目标，以开发区、工业园区为主战场，在不断提升乳业、电力、生物医药、冶金化工等现有产业发展水平的同时，通过规划整合园区，优化资源配置，大力发展新能源新材料、电子信息、装备制造等新兴产业，全力实施“双百亿工程”，不断推进产业集中集聚发展。呼和浩特经济技术开发区沙尔沁新区重点发展新能源、新材料、装备制造等非资源型产业；托克托–清水河园区充分发挥“水煤组合”优势，重点发展电力、重化工、新型冶金、生物制药等产业；盛乐经济开发区重点发展绿色食品加工、云计算等产业；金桥开发区重点发展以石化、光伏、航天科技军民融合产品转化等为主的产业。

（三）以农业“五项”重点工作为抓手，切实做好“三农”工作

立足农业“五项”重点工作，着力强化农业基础，提高农业现代化装备水平，进一步加快发展都市现代农业，不断提升农业发展层次和发展水平。

继续推进蔬菜保护地建设。进一步扩大蔬菜保护地面积，加大补贴力度，年内新开工蔬菜保护地 5 万亩。积极鼓励社会资金投资蔬菜基地建设，引进企业投资蔬菜产业，努力引导蔬菜种植走市场化运作的路子。

加大优质奶源基地建设力度。在提高规模化养殖水平的同时，继续加大品种改良力度，充分利用国家奶牛良种补贴政策，尽快提高奶牛群体质量和个体生产性能。年内新建千头以上奶牛牧场 12 个，新增奶牛 10 万头，规模化养殖水平达到 80%。

加快休闲观光和苜蓿种植项目建设。继续完善休闲观光农业示范区建设，争取通过一年时间的建设，使大部分示范点投入使用，真正发挥作用。启动实施“优质牧草种植行动”计划，努力在条件适合的地区高标准建设 15 万亩苜蓿草生产基地，加快促进畜牧业发展方式转变。

切实改善农村生产生活条件。对全市 1009 个行政村进行全面规划。将 115 个城中村和城边村纳入城市整体规划，2013 年重点开展大青山南坡村庄改造治理，争取两年内结束；对 400 多个水利条件好的行政村，年内完善村庄发展规划、产业发展规划，今后就地推进城乡一体化；对 400 多个环境恶劣的行政村以移民为主，同时进行生态恢复和扶贫开发，年内重点做好相关生态规划、扶贫开发规划和移民转移规划。完成 20 个以上社会主义新农村示范村建设。

（四）以服务业重点行业为突破，加快提升现代服务业发展水平

继续抓住国家推行服务业综合改革试点的有利时机，以重大服务业项目的引进建设为抓手，改造提升传统服务业，加快发展现代服务业，特别是生产性服务业，促进产业升级，创新产业发展方式，提高产业发展水平。

云计算产业方面。大力推动中国电信内蒙古云计算园区、中国联通西北（呼和浩特）基地、中国移动通信（呼和浩特）数据中心为代表的高端服务业发展，在加快中国电信三个云计算中心项目完成一期工程建设的基础上，着手启动实施二期建设工程。积极推进宽带资本云计算创业园和商务部电子商务产业园区建设，继续努力引入百度、腾讯、阿里巴巴等知名电子服务企业，打造以云计算公共服务平台为中心，集设备制造、人才培养、商务服务为一体的高端产业链。

总部经济方面。全面推进如意总部基地建设，重点抓好总部基地 16 个重点项目建设工作，确保如期完成投资任务，同时引入一批金融、保险、结算中心等能够尽快产生效益的总部企业，强化产业支撑。

现代物流业方面。加快以煤炭物流为重点的物流产业建设，重点推动铁达煤炭交易中心、大红城煤炭物流园、沙尔营煤炭物流交易中心、内蒙古煤炭电子信息交易服务中心等项目的引进建设工作。

金融业方面。进一步完善金融服务功能，提升金融服务水平。重点抓好各类银行、保险服务机构、相关中介组织来我市设立总部，鼓励支持基金公司、证券公司、信托公司、租赁公司、期货公司等新兴金融机构注册，发挥金融产业的集聚效应。

文化旅游业方面。以培育旅游精品品牌为重点，以完善旅游要素配套为保障，以推进产业优化升级为主线，继续加强旅游精品线路建设，不断推出特色旅游产品。重点抓好大盛魁文化产业园、草原豆思动漫创意产业园、国家民族文化创意产业基地、大青山生态公园、敕勒川(哈素海)旅游区、托县黄河湿地等文化产业园区和旅游景区景点建设，加快推进老牛湾黄河大峡谷申报国家地质公园前期工作，做好国家 A 级景区的创建工作。

传统服务业方面。集中规划建设一批酒店、商场、餐饮场所，加快推进万达广场二期、海亮广场二期、大商城、金宇新天地等城市商业综合体建设和大盛魁、大召区块等特色商业街区开发建设，为全市服务业继续保持良好发展态势创造条件。

（五）以建设宜居宜业美丽首府为目标，加快推进城乡一体化

紧紧围绕建设一流首府城市目标，按照“大呼和浩特”理念，拓展城市空间，完善设施功能，改善人居环境，不断提高城市现代化水平。

强化规划引导。重点做好启动城区东部 100 平方公里新区规划、新机场周边 100 平方公里空港产业区规划、开发区沙尔沁新区 100 平方公里现代制造业园区和轻轨、快速通道等线路规划。完善 150 平方公里大青山生态保护综合治理工程规划、南湖湿地公园规划、全市殡葬及公墓规划。制定与新机场配套的综合交通体系规划。制定历史文化名城局部片区规划、大黑河整治规划，为城市科学发展布局提供指导和依据。

加快城市基础设施项目建设。重点加快赛马场搬迁、万亩草场及蒙元文化接待区规划建设步伐和新机场选址工作，加快推进白塔机场迁建、轨道交通前期和重点公路项目建设进度。继续抓好老旧小区、城中村改造建设。推进大青山南坡区域内村庄建设、乌素图沟和小井沟等生态保护精品景观建设，继续打造蒙元文化特色街区成吉思汗大街。以便民利民为出发点，加强市政施工管理，重点综合治理拥堵地段，规划建设车辆集中区段停车场，增加居民居住及消费集中区域周边便民市场、蔬菜早市。2013 年，改造核心区道路 12 条、小街巷 55 条；新建道路、桥梁、人行通道 47 条（座）；新建绿地 13 块。继续加强供热基础设施建设。2013 年，新建热源厂 2 座，扩建热源厂 2 座，新建热力站 34 座。

（六）完善公共服务体系，着力保障和改善民生

从解决好人民最关心最直接最现实的利益问题入手，以促进公共服务均等化为宗旨，继续加强民生领域基础设施和服务体系建设。

优先发展教育事业。大力实施学前教育三年行动计划，全面提高我市学前教育入园率。做好呼市第二中学西校区、呼市第十七中学和呼市商贸旅游职业学校等重点项目的标准化建设工作。逐步建立统一的中小学教师职务、职称系列，在中小学、中等职业学校开展设置正高级教师职务、职称试点工作。将市四区农村户籍生纳入我市自治区示范高中的报考范围。

繁荣发展文化事业。以呼和浩特文化产业园、大盛魁文化创意产业园建设项目为重要支撑，培育和打造文化产业品牌。依托大召文化产业群，大力发展包括演艺、文化创意、出版、影视、娱乐、音像、文艺培训、文化旅游等各类文化经营业态。筹建国际蒙元文化交流中心、动漫产业园、哈素海文化创意产业园。推动中国少数民族文化产业园区建设。大力丰富土左旗哈素海文化旅游节、托县黄河旅游节、赛罕区冬季文化节等文化节庆活动。

大力发展卫生事业。继续巩固扩大基本医疗保障覆盖面，提高保障水平，改革医保支付制度,提高基本医保经办管理水平，强化各项基本医疗保险制度的衔接。强化基本药物制度建设，巩固政府举办基层医疗卫生机构和村卫生室实施基本药物制度的成果，落实基本药物全部配备使用和医保支付政策。深化基层医疗卫生机构综合改革,建立健全稳定长效的多渠道补偿机制。以县级医院改革为重点，统筹推进公立医院管理体制、补偿机制、人事分配、药品供应、价格机制等综合改革，提升县级医院服务能力。继续做好10类国家基本公共卫生服务项目和重大公共卫生项目，不断提高基本公共卫生服务均等化水平。

继续推进保障房建设。进一步解决低收入群体住房困难问题。2013年，计划新建公共租赁住房5000套；经济适用住房1000套；实施城市棚户区改造1万户，开工建设回迁房80万平方米。

进一步完善社会保障制度。继续扩大社会保险覆盖面，城镇职工基本养老、失业、城镇基本医疗、工伤和生育保险分别达到37.6万人、41万人、106.5万人、35万人和31万人。进一步落实各项优抚政策。继续落实好优抚对象的医疗待遇，落实重点优抚对象抚恤补助标准自然增长机制。做好孤儿养育经费发放工作，同时加强对孤儿实行动态管理。建立孤儿、城镇“三无”等特殊困难人员供养标准增长长效机制。逐年提高孤儿和城镇“三无”人员生活供养标准，增幅以不低于上年度农牧民人均纯收入的增长幅度为准。开展城市低收入家庭经济状况核对工作，对低保家庭和申请低保人员的家庭收入进行跨部门收入核对，把有限的救助资金分配到最需要救助的困难家庭。同时，继续做好爱国卫生和地方病防治工作，进一步加强流浪乞讨人员、流浪未成年人救助保护体系建设，不断完善救助保护设施条件。

各位代表，站在新的起点，目标明确，任重道远。让我们在十八大精神的指引下，在市委的正确领导下，坚定不移地贯彻落实科学发展观，自觉接受人大监督，虚心听取政协建议，坚定信心，锐意进取，为全面完成全年各项任务，开创新时期经济社会发展新局面而努力奋斗！

关于呼和浩特市2012年预算执行情况和2013年预算草案的报告

——2013年1月3日在呼和浩特市第十四届人民代表大会第一次会议上

呼和浩特市财政局

各位代表：

受市人民政府的委托，现将我市2012年预算执行情况和2013年市本级财政预算草案的报告提交本次人民代表大会审议，并请市政协各位委员和列席会议的同志们提出意见。

一、2012年全市预算执行情况

2012年以来，全市各级财税系统坚定不移地按照市委、政府“稳中求进”的工作总基调，落实积极财政政策，切实发挥好财政宏观调控作用，服务全市经济社会发展大局，完成了市十三届人大常委会第三十七次会议调整后的预算任务。

（一）2012年预算收支情况

2012年全市财政总收入完成3163243万元，比上年同期增加311078万元，增长11%。2012年全市财政总支出完成2762927万元，比上年同期增加209021万元，增长8.18%。

根据自治区《关于做好2012年地方政府债券发行工作的通知》和《关于核准2012年地方政府债券资金安排使用方案的通知》要求，市政府2012年发行90000万元地方政府债券，其中安排市本级项目30000万元，安排旗县区项目60000万元，重点用于医疗卫生、教育文化社会事业基础建设、道路交通、城乡社区建设、生态、水利、农村民生工程和农村基础设施建设等

重点项目支出。该项资金已按照会议批准项目全部执行。

以上数据均来源于财政、税务12月报表数，决算数经上级财政审批后，依照相关规定向人大常委会做具体汇报。

（二）2012年全市预算执行和财政运行主要情况

1. 落实积极财政政策，认真落实市委、市政府重大投资决策。一是支持产业结构优化。2012年全市商业服务业等事务支出25190万元，增长28.53%，重点支持现代物流业发展和新农村现代流通服务网络建设等项目建设，促进了我市综合服务功能的提升；市本级拨付应用技术研发资金3934万元，主要用于太阳能光伏农业、高性能高压电子铝箔产业化、新型防水材料等方面的67个项目，以培育和发展新兴材料、新兴产业；拨付重大科技专项资金5026万元，涉及高新技术科技中介服务体系建设、超（特）高压瓷绝缘子研究开发中心建设等47个重大科技项目，有力地支持了我市新能源科技的发展；推进企业节能减排、污染治理、淘汰落后产能，全年累计拨付资金113585万元；大力推进农业产业化发展，争取自治区财政现代农业生产发展项目资金11500万元，支持我市蔬菜产业和马铃薯产业发展；同时，市财政多方筹集资金，统筹拨付现代设施农牧业建设资金40000万元、整村推进项目资金4500万元，用于落实我市今年设施农牧业发展任务和15个贫困村重点包扶任务。二是加大政府投资力度，支持重大项目建设。为支持重大项目建设，市政府及其财政部门积极筹措资金，市本级财政利用预算执行间歇资金，提前超调各旗县区资金共计41亿元，有效缓解了旗县区建设资金短缺的困难。同时积极争取上级财政资金支持，全年累计获得上级财政各项基础设施建设补助资金171806万元，其中农林水基本建设资金17636万元，环境保护建设资金9310万元，教育文化建设资金17065万元，基层医疗设施建设资金17019万元，保障性住房建设资金73935万元。与此同时今年还取得自治区转贷地方政府债券9亿元，重点加大了对保障性住房、农村民生工程和农村基础设施、水利设施、医疗卫生及教育文化基础设施、重点基础设施的支持力度。

2. 坚持以人为本，财政惠民支出大幅增加。一是增加强农惠农投入，确保各项惠农补贴及时到位。市本级累计发放各项惠农补助56142万元，其中粮食直补资金和农资综合直补资金24772万元，农业良种补贴资金3800万元、巩固退耕还林成果专项资金4598万元、退耕还林专项资金5944.5万元、国家水土保持重点建设工程补助费4218万元、农机具购置补贴5665万元，农业保险保费补贴资金6444万元，“家电下乡”和“汽车摩托车下乡”财政补贴资金4029万元，惠及9个旗县区55个乡102万农民。继续推进“一卡通”工作，发放范围扩大到32类68项，有力地保障惠农补贴的及时到位。进一步加大农业综合开发力度，争取上级资金9187万元，市本级投入300万元，改造中低产田4.26万亩，膜下滴灌节水技术推广试点0.1万亩，高标准农田示范工程建设项目2万亩。落实“一事一议”财政奖补政策，2012年我市共争取自治区“一事一议”奖补资金5417万元，市本级拨付匹配资金2500万元，重点对乡村街道硬化、小型农田水利建设、人畜饮水工程等涉及农村生产生活的建设项目进行补助。积极开展清理化解其他公益性乡村债务工作，市本级累计下达208万元用于消化旗县区乡村垫缴税费债务。二是积极落实国家和自治区教育经费保障政策，建立和完善教育资助体系。2012年投入各类教育补助资金累计339840万元，使全市义务教育阶段近30万中小学生享受免除杂费免教科书、3.5万名家庭经济困难学生享受寄宿生活补助。各级财政共拨付资金4128万元，对高职、中职学生实行国家助学金、奖学金和励志奖学金政策，切实支持职业教育发展。2012年提前一年施行了高中阶段学生的“两免”政策，全面实现了自治区高中阶段免费教育，全市近6.1万名高中学生从中受益。为了推进国家义务教育营养改善计划的顺利实施，共拨付各级财政补助资金16652万元，加大了对农村薄弱学校食堂的改扩建。三是社会保障救助水平得到进一步提高。全年社会保障和就业支出305724万元，比上年增长6.12%，进一步提高城乡居民尤其是低收入群体的收入水平，市级财政下达城市和农村低保补助资金7530万元和3364万元，下达农村五保对象供养资金1025万元，拨付孤儿集中供养资金595万元，拨付优抚事业单位供养人员生活补助113万元，拨付救助资金804万元，拨付城乡医疗救助补助资金497万元，拨付高龄老人补助资金618万元，拨付公益性岗位补助资金3060万元，拨付城乡居民的养老保险补助资金1亿元，同时还将企业离退休职工养老金增加10%，使全市10.98万企业离退休人员人均月养老金增加174元，达到1830元/月。四是继续支持医药卫生体制改革。全年医疗卫生事业支出154391万元，比上年增长16.77%。加大了城市和农村居民医疗财政补助，市本级拨付城镇居民基本医疗补助资金957万元，拨付新型农村合作医疗补助资金2388万元，同时新型农村合作医疗市级补助标准由原来的人均20元提高到25元，年度报销封顶线由6万元提高到8万元，保障了城乡广大人民群众就医需求；推动基层医疗卫生机构实施基本药物制度，完善基层医疗卫生机构财政补偿机制，市本级拨付补助资金335万元，将村卫生室每服务1000农业人口补助标准提高到12200元。按照人均1.67元/年的标准拨付市级公共卫生服务补助配套资金478万元，保证了十项基本公共卫生项目顺利开展，同时市本级还拨付计划免疫接种补助经费、艾滋病防治项目匹配经费、免费婚检医学检查经费、农村改厕经费等重大公共卫生服务项目经费961万元。五是积极支持保障性安居工程建设。全年累计拨付保障性住房建设补助资金108121.5万元，其中廉租住房保障专项补助资金7257

万元，城市棚户区改造补助资金35618.5万元，公共租赁住房专项补助资金65246万元。截止目前，我市各类保障性住房项目总开工率为114%，使城市低收入群体住房困难得以改善和解决。

3. 为城市建设想方设法解决资金困难。一是加大城市基础建设投入，改善市容市貌。按照“一核双圈一体化”的总体布局，市政府及其财政部门积极筹集资金，通过财政拨款、财政暂付及银行承贷等多种形式累计投入城市建设资金623634万元，全面推进环城、环村、环路、环河绿化，完善地下管网设施，改进城市路网结构，增加道路照明，景点修缮改造，加快大青山前坡生态治理，加强污染治理和节能改造。二是积极清偿政府性债务，支持公共事业发展。截止目前市本级划入偿债准备金专户和已经拨付的偿债资金共计141017万元，偿还了绕城路、市医院、疾控中心、城中村及主次干道改造建设等项目贷款本息及工程欠款。三是加快城市公共交通发展。市本级累计拨付资金28058万元，实行城市公交和出租车石油价格改革补贴，购进新能源汽车、实施低票价补贴、新增线路补贴等，使市民出行更加方便、快捷。

（三）预算超收收入安排和使用情况

超收收入主要用于教育、文化、医疗卫生、社会保障、城乡社区事务等民生领域支出，安排补充预算稳定调节基金，消化支持公共事业和城市建设等形成的政府性债务。由于2012年财政收支决算尚未完成，具体使用情况待决算审批后在决算草案报告中向市人大常委会进行详细汇报。

（四）向下级财政转移支付情况

中央和自治区财政对旗县区转移支付532121万元。其中：财力性转移支付227794万元，包括：返还性转移支付22848万元，一般性转移支付204946万元，主要优先用于县级基本财力保障机制、基层组织机构运转，村干部工资待遇补助等方面支出，以及支持“三农”、教育、医疗卫生、社会保障和就业、保障性住房等事业的发展和民生领域的投入。专项转移支付304327万元，包括：教育支出44298万元，专项用于义务教育保障机制、中等职业学校学生“两免”资金及国家助学金补助、城镇低保家庭免除学杂费、补助寄宿生生活费、校安工程建设等；社会保障和就业支出46172万元，专项用于新型农村社会养老保险、城乡低保补助、城乡居民困难生活补助及就业专项补助等；医疗卫生支出15930万元，专项用于城乡居民医疗、城乡医疗救助、基层医疗卫生机构综合改革等；农林水事务支出79966万元，专项用于农业综合开发、农作物良种补贴资金、森林生态效益补偿、水利建设、财政扶贫资金等；环境保护支出24757万元，专项用于巩固退耕还林、可再生能源建设、天然林保护工程建设、污染环境治理等；保障性住房支出42688万元，专项用于棚户区改造、公共租赁住房专项补助、廉租住房保障专项补助等。

（五）本级人民代表大会关于批准预算决议的执行情况

2012年，财政部门认真贯彻执行市十三届人大五次会议批准的预算，市本级预算内支出完成1175755万元，比上年增长2.36%。其中：本级人代会批准的预算支出747582万元。具体情况是：

——一般公共服务支出69842万元，人大批准的53972万元预算已全部执行完毕。主要用于市委、人大、政府、政协、民主党派系统及行使一般公共服务职能机构的人员经费、公用经费、专项业务费等事务性支出。

——国防支出8405万元，人大批准的4133万元预算已全部执行完毕。

——公共安全支出60008万元，人大批准的50643万元预算已全部执行完毕。主要用于公、检、法人员经费、办案经费和武警、消防、交警建设经费以及重点保障、综合治理、普法经费等。

——教育支出71017万元，人大批准的51466万元预算已全部执行完毕。主要用于人员经费、市区重点学校建设和旗县区重点教育工程补助、职业教育经费、农村义务教育保障机制市本级配套经费等。

——科技支出12397万元，人大批准的8940万元预算已全部执行完毕。主要用于基础研究和科技应用开发经费等。

——文化体育与传媒支出34739万元，人大批准的16748万元预算已全部执行完毕。主要用于人员经费、迎庆文艺演出经费、文物普查、文化下乡、广播电视支出等。

——社会保障与就业支出132679万元，人大批准的104694万元预算已全部执行完毕。主要用于行政事业单位离退休人员工资、城乡低保补助、救助救济、再就业担保资金和其他社会保障及民政福利事业支出等。

——医疗卫生支出95911万元，人大批准的28965万元预算已全部执行完毕。主要用于行政事业单位医疗保险、新型农村合作医疗补助、基层医疗卫生机构财政补助、医疗机构设备购置和建设经费、离休及伤残人员医疗费等。

——节能环保支出78298万元，人大批准的4700万元预算已全部执行完毕。主要用于排污费支出、环境监测设备购置等。

——城乡社区事务支出330009万元，人大批准的44839万元预算已全部执行完毕。主要用于重点工程项目建设、道路园林维护、路灯电费、供热配套费、产权转让成本、公共交通事业补贴等。

——农林水事务支出82499万元，人大批准的53129万元预算已全部执行完毕。主要用于蔬菜保护地建设、农牧林产业化发展、农业综合开发、马铃薯种植、奶牛繁育示范基地建设、无规定疫病区建设等。

——交通运输支出51873万元，人大批准的13774万元预算已全部执行完毕。主要用于城乡公路工程建设及公路维护等。

——资源勘探电力信息等事务支出6875万元，人大批准的870万元预算已全部执行完毕。主要用于安全生产、中小企业发展和技术创新等。

——商业金融等事务支出15095万元，人大批准的946万元预算已全部执行完毕。主要用于服务业发展、中小企业市场开拓、标准化菜市场、旅游促销以及金融监管等。

——国土资源气象等事务支出13542万元，人大批准的3641万元预算已全部执行完毕。主要用于土地调查、国土信息建设经费、土地监察执法经费以及地震、气象等事务支出。

——住房保障支出51225万元，人大批准的18605万元预算已全部执行完毕。主要用于各单位为职工缴纳的住房公积金、新职工购房补贴、老职工一次性住房货币化补贴资金，以及保障性住房建设和补助等。

——粮油物资管理事务支出11973万元，人大批准的641万元预算已全部执行完毕。主要用于充实地方粮油储备、仓储设施维修改造等。

——其他支出49368万元，人大批准预算286876万元主要是预算安排的预留调资款、政府采购经费等项目，在具体执行过程中都要落实到有关类款中，从而增加相关类款支出数额而减少其他支出款数额。

上述类款市本级支出超过年初确定的预算指标主要是由于上级下达专项和各类转移支付补助、年终超收以及从其他支出类款中分解的支出数额增加所致。

（六）上级财政补助资金的安排和使用情况

2012年，上级财政下达我市补助资金934369万元。市财政已下达旗县区532121万元，市本级执行402248万元。下达到旗县区的补助资金主要包括农村社会养老保险、低保补助、基层医疗卫生机构改革和建设资金、农林水项目资金和环境保护、保障性住房建设等专项资金。市本级执行的补助资金主要是城镇居民医疗保险、低保补助救助、义务教育和中职学生“两免”资金、校安工程、城乡社区公共设施建设以及重点产业振兴和技术改造、高新技术产业发展、科学技术应用研究与开发、中小企业扶持奖励。

一年来经过全市财税干部的共同努力，我市财政预算执行情况总体良好。但是我们也要清醒地认识到，财政运行和工作中还存在一些不容忽视的问题。主要是：财政收支矛盾仍然比较突出，财政对经济和社会事业发展的保障能力有待加强；各项财政改革尚需继续深化和完善，尤其是基层财政改革需进一步推开;防范和化解财政风险任务还十分艰巨。

二、2013年预算草案

2013年是我市全面贯彻党的十八大各项部署的第一年，也是实施十二五规划承前启后的关键一年。综合分析2012年经济发展的宏观形势及我市经济社会发展现状，考虑2013年财政工作面临的形势和要求，研究提出编制2013年预算总的指导思想是：全面落实党的十八大精神，认真贯彻中央和自治区经济工作会议精神，按照2013年市委、市政府重点工作目标，以科学发展观为主题，围绕加快转变经济发展方式主线，深化部门预算改革，完善预算管理制度，健全预算约束和激励机制，优化预算支出结构，提高预算支出绩效，促进预算公开透明；要坚持依法理财、统筹兼顾，与市本级财力状况相适应，切实保证国家方针政策的落实和重点支出需要，加大对“三农”、水利、教育、医疗卫生、社会保障和就业、保障性安居工程、文化、科技、节能环保的支持力度；树立勤俭节约、“过紧日子”的思想，从严控制一般性支出，提高财政资金使用效益。

（一）全市地方财政总收入预算安排情况

2013年全市地方财政总收入预算安排355亿元，比2012年完成数316亿元增长12%。其中：国税部门组织的税收收入预计安排174亿元，地税部门组织的税收收入预计安排155亿元，综合国税和地税收入安排情况，2013年税收收入安排329亿元，财政部门组织的非税收入安排26亿元。

（二）市本级财政预算（地方收支财力）安排情况

1. 市本级财政预算总财力安排情况

依据地方财政总收入预算编制中提出的2013年总收入及收入结构、各地收入增长和上级补助收入等情况，2013年市本级财政预算总财力安排1134008万元，其中：公共财政预算收入形成的财力235270万元(税收收入151294万元，非税收入83976万元)；转移性收入财力893738万元（自治区财力性补助收入408924万元、旗县区上解收入484814万元）；预计2012年财政收支净结余5000万元。

2. 市本级财政总预算支出安排情况

根据收支平衡的原则，2013年市本级财政总预算支出安排1134008万元，其中：本级公共财政预算支出安排752462万元；转移性支出安排381546万元（上解自治区支出82287万元；预下达转移支付补助市本级60558万元；按政策和体制规定返还和补助旗县区238701万元）。

3. 预算外资金20230万元，相应安排单位支出

（三）市本级地方财政支出预算具体安排情况

根据2013年市本级预算财力，安排市本级支出预算772692万元。其中：市本级公共财政预算支出752462万元，部门执收和使用的预算外支出20230万元，具体支出结构安排情况如下：

基本支出预算安排共计为210150万元。基本支出预算包括人员经费、公用经费。其中：公共财政预算内财力安排的基本支出预算209796万元，比2012年预算增加17673万元；预算外收入安排的基本支出预算354万元。

项目支出预算安排合计为562542万元。其中：用公共财政预算内财力（包括上年净结余收入）安排的项目支出预算合计为542666万元，比2012年同口径预算减少12793万元；用执收部门收取的预算外收入安排的项目支

出预算合计为19876万元。按政府收支分类的功能科目划分，各类支出安排情况如下：

——一般公共服务类支出安排54742万元，比2012年预算增加770万元，增长1.4%。按支出类别分：基本支出18943万元，项目支出35799万元。主要用于市委、人大、政府、政协、各民主党派及其所属一般公共服务职能机构的各项经费支出。项目主要包括计划生育事业费、妇女儿童工作经费、税务征管及代征手续费、商贸流通业发展专项引导资金、企业军转干部解困资金、民族工作经费、大学生村官津补贴、统计调查经费、人大代表和政协委员活动经费。

——国防支出4133万元，主要是根据人防易地建设费收入相应安排的人防工程建设支出。

——公共安全支出安排61454万元，比2012年预算增加10811万元，增长21%。按支出类别分：基本支出24076万元，项目支出37378万元。项目主要包括公共安全建设资金、公检法司政法机关办案及执法业务经费、武警消防及驻呼部队经费、普法经费等。

——教育支出安排65016万元，比2012年同口径预算增加13550万元，增长26%。预算外资金安排20149万元。按支出类别分：基本支出31484万元，项目支出53681万元。预算安排达到了《教育法》中教育投入增幅高于财政经常性收入增长幅度的要求。项目主要包括落实各项教育政策配套经费、学校建设补助经费、民族教育专项资金、民办教育发展专项资金、职业教育发展经费和对旗县区的教育补助等。

——科学技术支出安排9396万元，比2012年预算增加456万元，增长5.1%。按支出类别分：基本支出932万元，项目支出8464万元。达到了国家科技进步考核指标的要求，同时达到了《科技进步法》中科技投入增幅高于经常性收入增长幅度的要求。项目主要包括支持重大科技专项经费、应用技术研究与开发项目经费和科普经费等。

——文化体育与传媒支出安排17838万元，比2012年预算增加1090万元，增长6.5%。按支出类别分：基本支出9902万元，项目支出7936万元。项目主要包括文物、非物质文化遗产保护经费、广场及节庆群众文化活动经费、文化惠民演出经费、传媒大厦建设经费、无线覆盖运行维护配套经费等。

——社会保障与就业支出安排116205万元，比2012年预算增加11511万元，增长11%。预算外资金安排46万元。按支出类别分：基本支出48309万元，项目支出67942万元。项目主要包括城市低保市级匹配资金、农村低保市级匹配资金、农村五保户供养资金、公益性岗位补贴、企业退休人员冬季采暖补助、城镇及农村居民社会养老保险资金、城市低保家庭冬季取暖补贴、城市低保教育救助资金、70岁以上城镇居民老年生活补贴、80岁以上老年人发放高龄津贴、孤儿养育补助经费等。

——医疗卫生支出安排32780万元，比2012年预算增加3815万元,增长13.2%。预算外资金安排12万元。按支出类别分：基本支出19461万元，项目支出13331万元。项目主要包括军休干部及包干家属医疗补贴、卫生社区建设经费、农村新型合作医疗试点配套经费、公共卫生均等化服务补助、农村医疗补助、城镇居民医疗保险补贴、优抚对象医疗补助、城市医疗救助、农村改厕经费、离休人员医疗费等。

——节能环保支出安排9032万元，比2012年预算增加4332万元,增长92%，按支出类别分：基本支出1757万元，项目支出7275万元。项目主要是排污费安排的用于环境污染治理、环境执法能力建设、环境生态监测及环境保护宣传等支出，新增安排了公交新能源车辆及运营补贴资金。

——城乡社区事务支出安排45927万元，比2012年预算增加1088万元，增长2.4%，按支出类别分：基本支出18976万元，项目支出26951万元。项目主要包括城市维护费、城市规划设计费、垃圾处理费、环卫工人绩效工资、二环路运行经费、公厕免费开放补贴、小城镇建设奖励经费、城中村环卫基础设施建设费等。

——农林水事务支出安排74188万元，比2012年同口径预算增加21059万元，增长39.6%。按支出类别分：基本支出12198万元，项目支出1990万元。项目主要包括现代设施农牧业建设资金、扶贫资金、新农村建设资金、大青山生态建设经费、防汛及抗旱经费、林业及生态建设经费、村级“一事一议”奖补资金、饮水安全专项资金、动物疫病防治经费、大青山南坡造林绿化工程资金等。

——交通运输支出安排16388万元。按支出类别分：基本支出4616万元，项目支出11772万元，项目主要包括公交公司运营补贴、农村公路养护及运输管理稽查经费等。

——资源勘探电力信息等事务支出安排888万元。按支出类别分：基本支出536万元，项目支出352万元。项目支出主要是中小企业担保资金及安全生产监督管理局开展业务发生的支出。

——商业服务等事务支出安排957万元。按支出类别分：基本支出570万元，项目支出387万元，项目支出主要包括旅游促销专项经费、新农村现代流通服务网络建设费等。

——国土资源气象等事务支出4120万元，按支出类别分：基本支出2727万元，项目支出1393万元。主要项目包括土地调查经费、国土信息建设经费、土地监察执法经费、土地整治规划经费等。

——住房保障支出安排20243万元，比2012年预算增加1638万元。预算外资金安排23万元。按支出类别分：基本支出15266万元，项目支出5000万元。基本支出主要是各单位为职工缴纳的住房公积金及新职工购房补贴等，项目支出主要是老职工一次性住房货币化补贴资金。

——粮油物资储备及金融监管等事务支出安排668万元。按支出类别分：基本支出397万元，项目支出271万元，项目主要包括充实地方粮食储备资金等。

——预备费安排18000万元，占一般预算内支出的2.4%，根据《预算法》的要求，按照预算支出额的1%-3%设置预备费，用于当年预算执行中的防灾减灾工作及其他难以预见的特殊开支。

——其他支出安排200488万元，主要包括预留增人增资及增加政府补贴、安排预算稳定调节基金（包括供热补贴）、政府偿债资金、旗县区转移支付资金、社区建设资金、企业转制遗留问题处理资金、非税成本性支出及征管经费、政策兑现资金、环卫工人调资及老年人免费乘坐公交车补贴资金等。

——转移性支出安排381546万元，主要是上解自治区支出82287万元；预下达转移支付补助市本级60558万元；按政策和体制规定返还和补助旗县区238701万元。

三、政府性基金预算、社会保险基金预算、国有资本经营预算及开发区预算编制情况

根据市政府《关于编制呼和浩特市本级政府性基金预算的通知》、财政部《关于编报2013年社会保险基金预算的通知》及市政府《转发自治区人民政府关于试行国有资本经营预算实施意见的通知》等有关规定，我们相应编制了政府性基金预算、社会保险基金预算及国有资本经营预算。同时根据《市人大常委会关于加快部门预算公开和将开发区预决算纳入市本级监督管理的意见》、《呼和浩特市人民政府关于印发开发区财政预决算纳入市本级财政管理实施办法的通知》等要求，对开发区预算编制进行了汇总。

四、以全面贯彻党的“十八大”精神为契机，积极发挥财政职能作用，开拓创新，确保2013年预算任务圆满完成

（一）为我市推进经济结构调整，转变发展方式提供财力保障，为财政收入的持续增长奠定基础

认真落实国家自治区财经政策，紧紧抓住国家产业转移、结构调整的重要历史机遇，立足首府实际，合理调整支出结构，充分发挥财政资金的政策导向和示范引导作用，为我市加快经济方式转变提供财力保障。

一是继续积极推进产业结构调整，重点支持大项目引进。充分利用首府综合优势，支持全市工业化进程，着力引进大企业、大项目，培育大产业，加快培育我市经济和财政收入新的增长点。同时还要继续争取国家自治区资金投入，加大对保障性住房、教育文化卫生基础设施、城市建设等基础性、战略性产业项目的支持力度。

二是支持现有优势产业和中小企业的发展，稳固我市经济发展基础。继续培育和发展我市现有优势产业，促进现有企业的技能改造和配套延伸产业链，提升市场竞争力和纳税能力。同时还要继续落实对小型微利企业的企业所得税优惠政策，支持中小企业信用担保体系建设，促进中小企业的发展，巩固和发展我市现有经济基础。

三是全力支持各旗县区的发展，做大做强旗县区经济。充分利用现有财政体制，不断完善对旗县区的转移支付制度，配合旗县区争取中央及自治区安排的投资项目资金，支持优势产业和重点项目的发展和引进，促进旗县区财政实力的增长，推动区域经济协调发展。

四是不断完善征管措施，确保财政收入应收尽收。健全部门、旗县区联动配合的工作机制，强化经济财政运行分析，有效克服和解决经济运行中出现的新困难，加强税收和非税收入征缴管理，做到依法征收、应收尽收，确保财政收入任务保质保量地完成。

（二）支持社会各项事业发展，保障改善民生的资金需求

一是加大“三农”投入。落实强农惠农政策，进一步加大政策和资金支持力度，促进农业发展和农民增收，确保财政对农业的投入增长幅度高于财政经常性收入增长幅度；加快推进现代农业发展，全力构筑现代农业产业体系，促进农业产业结构调整；加大农业综合开发，改善农业生产条件；深化农村综合改革，全面推进村级公益事业“一事一议”财政奖补工作；加大扶贫开发力度。

二是坚持教育优先原则，继续加大教育投入。进一步加大教育投入，保证教育支出增长高于财政经常性收入增长。继续推进中小学标准化建设，改善教育办学条件和环境，逐步提高教育现代化水平；完善城乡义务教育保障机制，全面落实高中阶段和中职教育学生“两免”政策，支持高等教育和民办教育的发展；落实家庭经济困难学生国家资助政策。

三是全力支持社会保障资金需求。完善城乡低保制度，巩固低收入群众及困难家庭“应保尽保”成果；全面推进新型农村社会养老保险和城镇居民养老保险的全覆盖；落实好企业退休人员基本养老金，做好农村五保、孤儿、城镇“三无”人员供养、高龄老人津贴、自然灾害生活救助、优抚安置等工作；继续落实各项就业、再就业政策，安排“4050”人员公益性岗位补贴、创业发展和小额担保贷款资金。

四是支持医药卫生体制改革。积极支持深化医疗卫生和药物制度改革；健全基层医疗卫生服务体系，加大综合改革的基层医疗卫生机构公务费补助、乡村一体化和村卫生室零差率管理补助投入力度；扎实推进基本医疗公共服务均等化，保障免费婚检医学检查、计划免疫接种补助和传染病防治等经费；加强农村饮水、农村改厕、食品药品安全检测等工作。

五是加大文化事业投入。加快公共文化服务体系建设，加大对文化下乡进社区、公益性文化场所免费开放等投入力度；大力实施广播电视无线覆盖工程，满足人民群众的文化需求。

（三）推进财政科学化精细化管理，加强财政自身建设，确保完成年度各项财政工作

一是从严格控制一般性支出，降低行政成本。按照《关于进一步做好党政机关厉行节约工作的通知》和国务院廉政工作会议精神，牢固树立过紧日子的思想，坚决反对铺张浪费行为，严格控制人员经费、公用经费等一般性支出，严格控制“三公” 经费支出，建立健全厉行节约长效机制。

二是继续深化财政管理体制改革，提高财政管理水平。要积极开展财政收支预算执行的调研与分析，及时解决存在问题，确保财政收支预算有效执行。要不断完善部门预算编制、国库支付制度、政府采购管理监督体系、行政事业单位国有资产管理以及非税收入管理等财政管理制度。要严格财政监督，加大对财政投入大、社会影响面广的专项资金使用管理情况的监督检查。要积极稳妥地推进预算公开，建立反馈机制，自觉接受社会各界的监督指导。

三是加强财政基础建设和干部队伍培训，夯实乡镇财政部门的基础建设。不断加强机构、人员配置，改善办公条件，充分发挥和调动基层财政干部在财政资金使用监管中的作用。不断强化财政干部的大局意识、创新意识、服务意识，全面加强财政干部队伍建设，继续开展加大财政干部和财务人员的培训力度，切实提高服务全市经济建设的能力。

各位代表，在本次人民代表大会批准2013年财政预算草案后，我们将在市委的领导下，市人大的监督和支持下，全面贯彻党的十八大重要精神，围绕全市中心工作，抓住机遇，扎实工作，开拓进取，鼓足干劲，确保圆满完成全年财政预算任务。

呼和浩特市2012年国民经济和社会发展统计公报

呼和浩特市统计局

（2013年3月27日）

2012年，面对复杂多变的国内外经济形势，市委、市政府全面落实稳增长、调结构、促和谐的各项措施，以投资拉动、项目拉动为总抓手，突出推进项目建设、社会管理创新和民生改善，经济社会总体保持了平稳较快发展的良好态势。

一、综　　合

2012年，全市实现地区生产总值2475.57亿元，按可比价格计算，比上年增长11.0%。分三次产业看:第一产业完成增加值120.52亿元，比上年增长4.5%；第二产业完成增加值902.30亿元，比上年增长12.1%；第三产业完成增加值1452.75亿元，比上年增长10.8%。三次产业结构之比为4.9：36.4：58.7。

2012年，我市城市居民消费价格总指数达103.1%，比上年同期上涨3.1个百分点。八大类指数中仅交通和通信、娱乐教育文化用品及服务类下降3.6%和1.3%；其余六大类全部上涨：食品类上涨7.5%，居住类上涨2.1%，烟酒及用品类上涨2.9%，衣着上涨5.2%，家庭设备用品及维修服务类上涨0.1%，医疗保健及个人用品类上涨3.4%。农村生活消费品价格总指数达103.9%，比上年上涨3.9个百分点。分项目看，食品、衣着、家庭设备及用品、医疗保健、文教娱乐用品、住房类、服务项目类和交通类分别比上年上涨5.0%、10.0%、2.9%、3.7%、0.8%、2.3%、3.0%和1.0%。农业生产资料价格总水平比上年上涨8.8%。

年末全市城镇单位从业人员34.04万人，比上年末增加1.59万人。其中，国有单位从业人员22.37万人，增加0.49万人；城镇集体单位从业人员1.37万人，增加0.06万人；其他各种经济类型从业人员10.64万人，增加1.03万人。全年城镇新增就业人员3.99万人，安排下岗失业人员再就业1.8万人，其中，安排就业困难对象再就业6006人。城镇登记失业率控制在3.63%。

全年地方财政总收入实现316.32亿元，比上年增长10.9%。其中一般预算收入178.64亿元，比上年增长18.0%；上划中央税收收入119.92亿元，比上年增长8.4%；上划自治区收入17.76亿元，比上年下降23.4%。地方财政支出累计完成276.29亿元，比上年增长8.2%。公共与民生领域仍然是支出的重点，其中，教育支出33.98亿元，比上年增长7.2%；社会保障和就业支出30.57亿元，比上年增长6.1%；医疗卫生支出15.44亿元，比上年增长16.8%。

二、农　　业

全年农作物播种面积444.44千公顷，基本与上年持平，其中粮食播种面积324.95千公顷，比上年增长0.5%。全年粮食产量121.9万吨，比上年增长3.7%。在粮食作物中，玉米播种面积144千公顷，比上年下降1.9%，产量82.67万吨，比上年下降5.8%；马铃薯播种面积72.2千公顷，比上年下降22.3%，产量21.9万吨，比上年增长1.9%；油料播种面积59.10千公顷，比上年增长10.2%，产量6.14万吨，比上年增长57.8%。

全市年末家畜存栏261.0万头（只），比上年下降1.2%。其中，大牲畜存栏72.6万头，比上年下降4.5%。小畜存栏158.9万只，与上年相比持平，生猪存栏29.6万口，与上年相比基本持平。全年肉类总产量11.4万吨，比上年增长12.3%；禽蛋产量3.25万吨，比上年增长 3.3%；牛奶产量 310.82 万吨，比上年增长 1.1%。

林业全年完成营造林面积达 21.33 千公顷，其中，人工造林 9.33 千公顷，封山育林 12 千公顷。四旁（零星）植树 300 万株。当年苗木产量 1.69 亿株。

三、工 业

2012 年，全市规模以上工业增加值比上年增长 11.0 %，实现了平稳增长。在规模以上工业企业中，国有及国有控股企业增加值增长 20.8%，集体企业增加值下降 7.0%，股份合作企业增加值增长 9.5%，股份制企业增加值增长 6.8%，外商及港澳台投资企业增加值增长 6.1%，其它经济类型企业增加值增长 18.3%。在规模以上工业企业中，轻工业增加值增长 13.1%；重工业增加值增长 8.8%。

从工业产品产量看，发电量 404.19 亿千瓦时，增长 23.0%；乳制品 146.79 万吨，下降 13.0%；卷烟 195.00 亿支,增长 5.4%；汽油 15.31 万吨，下降 55.3%；化肥 31.01 万吨，增长 18.6%。

2012 年，全市规模以上工业企业主营业务收入 1242.62 亿元,比上年增长 2.4%；实现利润 88.24 亿元，比上年增长 17.9%；规模以上工业亏损企业亏损额 26.84 亿元,比上年增长 25.0%。全年规模以上工业企业产品销售率 95.2%，比上年下降 1.2 个百分点。

四、固定资产投资

2012 年，全市完成固定资产投资 1301.43 亿元，比上年增长 26.1%，较上年同期增速加快 9 个百分点。在全市固定资产投资中，第一产业投资 91.86 亿元，增长 34.4%；第二产业投资 211.57 亿元，下降 10.7%，其中，工业投资 209.57 亿元， 下降 7.9%；第三产业投资 998.00 亿元，增长 37.4%。从主要行业投资看，电力、燃气及水的生产和供应业投资 70.21 亿元，增长 5.3 %；交通运输、仓储及邮政业投资 161.08 亿元，增长 67.5%；水利、环境和公共设施管理业投资 123.92 亿元，增长 35.5%；教育投资 22.98 亿元，增长 15.1%；卫生和社会工作投资 17.04 亿元，增长 189.0%。

全年房地产开发投资 447.99 亿元，比上年增长 30.0%。其中，住宅投资 286.88 亿元，增长 11.3%；办公楼投资 23.05 亿元，增长 37.9%；商业营业用房投资 77.79 亿元，增长 42.2%。

五、国内贸易和对外经济

2012 年全市社会消费品零售总额 1022.25 亿元，比上年增长 14.9%。从经营单位所在地看，城镇实现社会消费品零售额 933.50 亿元，占社会消费品零售总额的 91.3%，增长 13.9%；乡村消费品零售额 88.75 亿元，增长 25.5%。从限额以上批发零售贸易企业情况看，限额以上粮食、食品、饮料、烟酒类完成零售额 60.77 亿元，比上年增长 7.5%；服装鞋帽、针、纺织品类完成零售额 94.27 亿元，比上年增长 28.9%；建筑及装潢材料类完成零售额 11.54 亿元，比上年增长 76.0%；汽车类完成零售额 138.89 亿元，比上年增长 6.2%。

全年海关进出口总额达到 170128 万美元，比上年下降 16.0%。其中，进口总额 86836 万美元，比上年下降 13.2%；出口总额 83292 万美元,比上年下降 18.6%。

全年引进外方资金 61694 万美元，比上年下降 30.3%。引进区内外资金 637.35 亿元，比上年增长 14.5%。其中，区内资金 244.45 亿元，区外资金 392.89 亿元，分别比上年增长 11.0%和 16.8%。

六、交通和邮电

全年公路货运量 12790 万吨，比上年增长 25.5%，公路货运周转量 431.77 亿吨公里，比上年增长 25.8%；公路客运 1691 万人，比上年下降 4.3%，公路客运周转量 42.96 亿人公里，比上年下降 4.2%。

全年邮电业务总量 44.44 亿元，比上年增长 11.8%。其中，邮政业务总量 2.47 亿元，比上年增长 15.3%；电信业务总量 41.97 亿元，比上年增长 11.6%。年末本地网固定电话用户 79.4 万户，增长 1.3%；年末移动电话 370.6 万户，增长 12.3%。年末全市互联网络用户达 42.4 万户，增长 17.5%。

七、金融和保险业

年末全市金融机构人民币存款余额为 3805.76 亿元，比上年末增长 19.4%。其中单位存款余额为 2183.12 亿元，比上年末增长 20.9%；个人存款 1265.27 亿元，比上年末增长 19.4 %；财政性存款 287.32 亿元，比上年末增长 3.0%。年末全市金融机构各项贷款余额 3707.22 亿元，比上年末增长 15.3%。其中，短期贷款 833.91 亿元，比上年末增长 19.9 %；中长期贷款 2832.07 亿元，比上年末增长 13.6%。年末个人贷款达 530.05 亿元，比上年末增长 27.1%。

全市保费收入 47.18 亿元，比上年增长 15.4%。其中，财产险保费收入 21.48 亿元，比上年增长 10.5%；人身险保费收入 25.70 亿元，比上年增长 19.8 %。全市保险赔款与给付支出 16.48 亿元，比上年增长 35.0%。其中，财产险保险赔付支出 10.65 亿元，比上年增长 36.5%；人身险保险赔付支出 5.83 亿元，比上年增长 32.4%。

八、科学技术和教育

全年市财政投入科技经费 8940 万元，比上年增长 19.0%，争取国家及自治区支持资金 14219.9 万元，项目 105 项。年内专利申请量 1452 件，授权专利 1140 件。安排重大科技专项经费 6026 万元。

年末全市共有普通高校 23 所、成人高校 1 所、中等职业教育学校 60 所、普通中学 114 所、小学 268 所、幼儿园 225 所。年内普通高校招收学生 6.3 万人，比上年下降 3.5%，毕业学生 6.0 万人，比上年下降 12.8 %；年末在校学生 22.7 万人，比上年增长 2.2%。普通中学招收学生 5.2 万人，比上年下降 1.7%，毕业学生 5.0 万人，比上年下降 0.79%，年末在校学生 15.5 万人，比上年下降 0.2%。小学招收学生 2.8 万人，比上年下降 9.7%，毕业学生 2.9 万人，比上年下降 3.3%，年末小学在校学生 17.3 万人，比上年下降 2.1%。年末在园幼儿人数为 4.7 万人，比上年增长 11.9%。

九、文化、卫生和体育

全市共拥有艺术表演团体13个，文化馆 11 个，公共图书馆 10 个，博物馆 5个，广播电台2座，广播综合人口覆盖率98.7%。另外，全市还有电视台2座，有线电视用户31万户，电视综合人口覆盖率95.4%。

年末全市共有各类卫生机构1831个。其中医院67个。医院拥有病床10880张。全市共有专业卫生技术人员17990人，其中，执业医师及助理执业医师7416人。

全市有体育场 10个，体育馆7个，游泳池20个。

十、环境保护

年末全市环境保护系统共有职工265 人，环境监测人员 75 人。全市自然保护区 7 个，面积达 2668.54 平方公里。已建成的生态示范区 6 个，面积达2751.36 平方公里。全年城区空气质量优良天数达到 348 天，地表饮用水源地水质 109 项，指标监测合格率100%。

十一、人口与人民生活和社会保障

2012 年，全市常住人口为294.88万人，比上年增加3.69万人。其中，城镇人口为192.33万人，乡村人口为102.55万人。全年出生人口为 2.71万人，出生率为9.25‰；死亡人口为 1.28万人，死亡率为 4.37‰；自然增长率为4.88‰。城镇人口比重达 65.22%，比上年提高 1.43 个百分点。

全年城镇居民人均可支配收入达32646元，比上年增长13.1%。城镇居民人均消费性支出21095元，比上年增长10.4%。全年农民人均纯收入11361元，比上年增长13.2%。农民人均生活消费性支出 8175 元，比上年增长15.3%。

年末全市城镇职工基本养老保险参统人数达到 37.4万人，比上年末增加0.4万人；参加失业保险职工40.43万人，比上年末增加 0.89 万人。全年参加基本医疗保险的城镇职工50.50万人，比上年末增加3.84万人；参加基本医疗保险的城镇居民54.06万人，比上年末增加0.96万人。生育保险30.75万人，比上年末增加1.0万人。

城镇居民享受最低生活保障人数56488人，发放低保资金 23974万元；农村居民享受最低生活保障人数74092人，发放低保资金12303万元。

注：本公报指标数均为快报数。

内蒙古自治区2012年国民经济和社会发展统计公报

内蒙古自治区统计局

（2013年2月28日）

2012 年，在自治区党委、政府的领导下，全区各族人民坚持科学发展，推进富民强区，加快经济发展方式转变，经受住了各种困难和风险的考验，经济和社会实现了持续稳定发展。农牧业获得丰收，以工业为主导的第二产业保持较快增长，第三产业稳步发展，物价相对稳定，城乡人民生活水平进一步改善，社会事业取得较大进步，全面建成小康社会加快推进。

一、综　　合

初步核算，全区实现生产总值15988.34亿元，按可比价格计算，增长11.7%。其中，第一产业增加值1447.43亿元，增长 5.8%；第二产业增加值9032.47亿元，增长14%；第三产业增加值5508.44亿元，增长9.4%。第一产业对经济增长的贡献率为4.3%，第二产业对经济增长的贡献率为 67%，第三产业对经济增长的贡献率为28.7%。人均生产总值达到64319元，增长 11.3%，按年均汇率计算折合为10189美元。全区生产总值中一、二、三次产业比例为9.1:56.5:34.4。

全年居民消费价格总水平比上年上涨3.1%。分城乡看，城市上涨3.3%，农村牧区上涨 2.5%。分类别看，食品和衣着类价格涨幅，超过了消费价格总水平上涨幅度。其中食品类价格上涨5.8%，衣着类价格上涨3.8%，烟酒及用品类价格上涨 2.8%，医疗保健及个人用品类价格上涨 2.1%，居住类价格上涨 2.4%。从生产者角度看，工业生产者购进价格指数和工业生产者出厂价格指数分别比上年上涨 2%和0.2%。固定资产投资价格上涨1.6%，农产品生产价格上涨4.7%。

2012年末全区就业人员1300.9万人，比上年末增加 51.6 万人，增长4.1%。其中，城镇就业人员558.6万人，比上年末增加41.5万人，增长8%。城镇私营个体就业人员288.8万人，比上年末增加 34.1 万人，增长 13.4%。年末城镇登记失业率为 3.7%，比上年末下降0.1个百分点。全年实现失业人员再就业人数为10.2万人。

全年完成地方财政总收入2497.28亿元，其中公共财政预算收入1552.75亿元，分别增长10.4%和14.5%。全年公共财政预算支出3425.99亿元，增长14.6%。财政收入在今年困难较大的情况下，也呈现出了新亮点：县域财政收入实现新跨越。全区101个旗县（市区）中，地方财政总收入超过10亿元的达到 48 个，超过 20 亿元的达到 33 个，且全部旗县（市区）超过了亿元，实现了财政收入超亿元旗县（市区）在我区的全覆盖。2012 年，公共与民生领域仍然是支出的重点。其中，一般公共服务支出 341.84 亿元，增长 12.3%；社会保障和就业支出 435.47 亿元，增长 19.6%；医疗卫生支出 177.91 亿元，增长 8.1%；教育支出 439.97 亿元，增长 12.6%。

内蒙古经济运行中仍然存在一些问题，表现在：农牧业基础薄弱，产业发展不充分；区域、城乡发展不平衡；需求拉动不足；县域经济和非公经济发展相对滞后，工业结构偏重；基本公共服务水平仍有待提高。

二、农　业

全年粮食作物播种面积 558.94 万公顷，增长 0.5%。粮食总产量创历史新高，达 2528.5 万吨，增长 5.9%；油料产量 145.08 万吨，增长 8.4%；甜菜产量 167.93 万吨，增长 6.5%；蔬菜产量 1476.29 万吨，增长 2.5%；水果（含果用瓜）产量 283.5 万吨，下降 6%。

牧业年度全区牲畜存栏头数达 11263 万头（只），增长 4.6%；牲畜总增 6827.4 万头（只），牲畜总增率达 63.4%。牧业年度良种及改良种牲畜总头数 10654.2 万头(只)，比重为 94.6%。初步统计，全年肉类总产量 245.74 万吨，增长 3.5%。其中，猪牛羊肉产量分别达到 73.9 万吨、51.2 万吨和 88.6 万吨，分别增长 3.6%、3%和 1.6%。牛奶产量 910.2 万吨，增长 0.2%；山羊绒产量 7642 吨，下降 0.02%；禽蛋产量 54.5 万吨，增长 3.8%；水产品产量 13.16 万吨，增长 7.1%。

全年完成营造林面积 78.1 万公顷。其中，人工造林 35.7 万公顷，飞播造林 6.5 万公顷，封山育林 35.9 万公顷。完成退耕还林和荒山荒地造林面积 4 万公顷，完成天然林资源保护工程造林面积 11.6 万公顷，完成京津风沙源治理工程造林面积 42.2 万公顷，完成“三北”防护林五期工程造林面积 12.3 万公顷，完成幼林抚育（作业）面积 29.1 万公顷。年末全区森林面积 2366.4 万公顷，森林覆盖率达 20%。全年实现林业产业产值 222 亿元。

农业现代化、机械化水平不断提高。2012 年，全区农机装备总量和机械化水平同步快速增长，农机总动力 3250 万千瓦，同比增长 2.5%;综合机械化水平达73%，同比提高 2.4 个百分点，为近 10 年来的最高水平。年末全区农牧业机械总动力 3280.56 万千瓦，增长 3.4%；排灌机电井数量 37.93 万眼，增长 1%；农田有效灌溉面积 312.5 万公顷，增长 1.7%；全年农村牧区用电量 55.15 亿千瓦时，增长 5.5%；化肥施用量（按折纯）189.04 万吨，增长 6.8%

三、工业和建筑业

全年全部工业增加值 7966.61 亿元，增长 14.2%。其中，规模以上工业企业增加值增长 14.8%。在规模以上工业企业中，国有及国有控股企业增加值增长 10.9%，集体企业增加值增长 20%，股份合作企业增加值增长 5.7%，股份制企业增加值增长 15.7%，外商及港澳台投资企业增加值增长 3.7%，其它经济类型企业增加值增长 16.7%。在规模以上工业企业中，轻工业增加值增长 14.4%;重工业增加值增长 14.9%。

从工业产品产量看，全区原煤产量达 10.62 亿吨，同比增长 12.3%；发电量达到 3116.88 亿千瓦小时，同比增长 6.1%,其中,风力发电量 286.48 亿千瓦小时，同比增长 4.2%；钢材产量为 1661.82 万吨，同比增长 15.5%；载货汽车为 20908 辆，同比下降 32.4%。全年规模以上工业品出口交货值达 245.25 亿元，同比增长 26.1%。

今年我区工业发展呈现出以下亮点：1、民营经济和中小企业实现了较快发展。私营企业增加值增长 21.3%，非公有工业增加值增长 16.9%，均高于全部规模以上工业增速。中小型企业增加值占全部规模以上工业的 71.2%，同比增长 16.0%。2、工业结构调整成效明显。我区六大优势特色产业增加值占规模以上工业的 90%以上，非煤产业增加值增速为 14.4%，非煤产业增加值占规模以上工业的 60.7%。高新技术产业增加值同比增长 35.9%；装备制造业同比增长 14.5%。作为我区特色的稀土产业得到了较快发展，稀土行业增加值同比增长 11.5%。3、东部盟市工业发展较快。东部盟市规上工业增加值增速达 19.8%，快于西部盟市增速 4.2 个百分点，快于全区平均增速 5 个百分点。

2012 年，全区规模以上工业企业主营业务收入 17898.46 亿元，增长 11.7%；实现利润 1754.23 亿元，增长 4%，其中，国有及国有控股企业实现利润 583.55 亿元，比上年下降 0.8%；规模以上工业亏损企业亏损额 165.85 亿元，增长 92.2 %。全年规模以上工业企业产品销售率 97.2%，产成品库存 563.62 亿元，增长 16.3%。

全年建筑业增加值 1065.86 亿元，增长 12.7%。全区具有建筑业资质等级的建筑施工企业 920 个；施工企业房屋建筑施工面积 10754.11 万平方米，增长 15.3%；竣工房屋面积 3574.23 万平方米，下降 12.1%；房屋建筑竣工率 33.2%。全年具有建筑业资质等级的建筑企业实现利润 110.67 亿元，增长 5.1%；实现税金 56.4 亿元，增长 7.6%。

四、固定资产投资

全年全社会固定资产投资总额 13112.01 亿元，增长 20.3%。其中，城乡 50 万元以上项目完成固定资产投资 12986.04 亿元，增长 20.4%。从投资主体看，国有经济单位投资 5137.25 亿元，增长 15.7%；集体单位投资 243.95 亿元，增长 92.9%；个体投资 182.83 亿元，增长 26.6%；其他经济类型单位投资 7547.98 亿元，增长 21.9%。按项目隶属关系分，地方项目完成投资 12130.66 亿元，增长 20.3%；中央项目完成投资 852.48 亿元，增长 4.3%。

在全区固定资产投资中，第一产业投资 637.91 亿元，增长 13.3%；第二产业投资 6526.27 亿元，增长 27%，其中，工业投资 6410.48 亿元，增长 27.9%；第三产业投资 5821.85 亿元，增长 12%。从城乡看，城镇固定资产投资 12731.35 亿元，增长 20.2%，其中，城镇房地产开发投资 1291.44 亿元，比上年下降 20.5%；农村牧区固定资产投资 380.66 亿元，增长 24.9%，其中，非农户投资 254.69 亿元，增长 32.2%。从主要行业投资看，电力、燃气及水的生产和供应业投资 1138.92 亿元，下降 1.1%；交通运输、仓储及邮政业投资 1261.77 亿元，增长 24%；信息传输、软件和信息技术服务业投资 92.15 亿元，增长 26.3%；教育投资 150.28 亿元，下降 17.1%；文化、体育和娱乐业投资 140.77 亿元，增长 82.3%。

全年新开工项目 17560 个，增长 20.4%；在建项目投资总规模 32105.89 亿元，增长 17.4%。城镇住宅施工面积 13722.52 万平方米，增长 3.6%；城镇住宅竣工面积 2850.58 万平方米，增长 2.1%。商品房竣工面积 2449.13 万平方米，比上年下降 7.9%；商品房销售面积 2523.52 万平方米，下降 31.5%。

五、国内贸易

全年社会消费品零售总额 4534.55 亿元，增长 14.9%。从经营单位所在地看，城镇实现社会消费品零售额 3967.99 亿元，占社会消费品零售总额的 87.5%，增长 14.6%；乡村消费品零售额 566.56 亿元，增长 16.7%。从限额以上批发零售贸易企业情况看，限额以上粮食、食品、饮料、烟酒类完成零售额 144.35 亿元，增长 12.5%；汽车类完成零售额 374.25 亿元，增长 5.8%；通信器材类完成零售额 10.2 亿元，增长 23.2%。

六、对外经济

全年海关进出口总额 112.57 亿美元，比上年下降 4.9%。其中，出口总额 39.7 亿美元，下降 15.3%；进口总额 72.86 亿美元，增长 1.9%。从主要贸易方式看，一般贸易进出口额达 52.26 亿美元，占进出口总额的 46.4%，比上年下降 9.7%；加工贸易进出口额达 4.66 亿美元，占进出口总额的 4.1%，比上年下降 50.9%；边境小额贸易进出口额达 47.25 亿美元，占进出口总额的 42%，增长 1.4%。

全年实际使用外商直接投资额 39.43 亿美元，增长 2.7%。年内全区在工商部门注册的外商投资企业 3114 家，比上年减少 487 家。新批准外商投资企业数 39 家，比上年减少 34 家企业。

七、交通、邮电和旅游业

全年各种运输方式完成货运量 16.81 亿吨，增长 7.3%。其中，铁路 4.28 亿吨，下降 19.2%；公路 12.53 亿吨，增长 20.8%。全年各种运输方式完成货物周转量 5582 亿吨公里，增长 9.5%。其中，铁路 2283 亿吨公里，下降 3.2%；公路 3299 亿吨公里，增长 20.5%。全年各种运输方式完成客运量 27583 万人，增长 6.2%。其中，铁路 4273 万人，增长 2.8%；公路 23310 万人，增长 6.9%。全年各种运输方式完成旅客周转量 435 亿人公里，增长 6.3%。其中，铁路 171 亿人公里，增长 1.7%；公路 264 亿人公里，增长 9.5%。

全年邮电业务总量（2010 年不变价）270.28 亿元，增长 6.2%。其中，电信业务总量 259.08 亿元，增长 6%；邮政业务总量 11.2 亿元，增长 12.4%。年末本地网固定电话用户 368.29 万户，下降 3.1%。年末移动电话用户 2550.13 万户，增长 10.4%。全区电话普及率（包括固定和移动电话）达到 117.58 部/百人，增长 8%。全区已通电话的行政村比重为 100%。年末全区互联网络用户 1826 万户，增长 21.7%。

全年实现旅游总收入 1128.51 亿元，增长 26.9%。接待入境旅游人数 159.17 万人次，增长 5.1%；旅游外汇收入 7.72 亿美元，增长 15.1%。国内旅游人数 5887.31 万人次，增长 13.7%；国内旅游收入 1080.65 亿元，增长 27.5%。

八、金融、证券和保险业

年末全区金融机构人民币存款余额 13612.72 亿元，全年新增存款 1549.47 亿元，增长 12.8%。其中，单位存款余额 6200.63 亿元，比上年末增加 403.23 亿元，增长 7%；个人存款余额 6656.64 亿元，比上年末增加 1225.55 亿元，增长 22.6%。年末全区金融机构人民币贷款余额 11284.2 亿元，全年新增贷款 1541.71 亿元，增长 16%。其中，短期贷款余额 4366 亿元，比上年末增加 798.71 亿元，增长 22.4%；中长期贷款余额 6771.67 亿元，比上年末增加 686.47 亿元，增长 11.6%；个人消费贷款余额 1333.51 亿元，比上年末增加 180.81 亿元，增长 15.7%。

2012 年，全区新发行股票 2 支，通过发行股票共筹资金 64.02 亿元，上市公司达到 24 家。

2012 年，全区保险机构 1907 家，保险营销员 6.75 万人。全年保险业实现保费收入 247.74 亿元，增长 7.8%。全年保险业累计赔付支出 85.36 亿元，增长 19.9%。农业保险稳步推进，全年全区农业保险实现保费收入 19.21 亿元，累计赔付支出 11.03 亿元，206.54 万户次农牧户受益，充分发挥了支农惠农作用。

九、教育和科学技术

年末全区共有普通高等学校 48 所，比上年增加 1 所；全年招收学生 11.09 万人，比上年下降 3.7%；年末在校学生 39.14 万人，比上年末增长 1.8%，其中，少数民族在校学生 10.58 万人，在少数民族在校学生中有蒙古族 9.13 万人，分别增长 3.2%和 3.8%；全年毕业学生 10.51 万人，增长 9.6%。年末全区有研究生培养单位 9 个，全年招收研究生 5698 人，增长 2.7%；年末在校研究生 16227 人，比上年末增长 5.9%，其中，少数民族在校研究生 4970 人，在少数民族在校研究生中有蒙古族研究生 4447 人，分别增长 7.8%和 9.7%。年末有中等职业教育学校 276 所，招收学生 9.6 万人，比上年下降 9.3%；年末在校学生 27.55 万人，比上年末下降 10.5%；全年毕业学生 10.95 万人，增长 19.9%。年末有普通高中 272 所，全年招收学生 17.17 万人，增长 1.2%；年末在校学生 50.03 万人，比上年末增长 1.4%，其中，少数民族学生 13.62 万人，少数民族学生中有蒙古族学生 12.05 万人；全年毕业学生 16.13 万人，下降 4%。年末有初中学校 763 所，全年招收学生 24.25 万人，比上年下降 5.5%；年末在校学生 74.63 万人，比上年末下降 5.7%，其中，少数民族学生 18.79 万人，少数民族学生中有蒙古族学生 16.65 万人；全年毕业学生 26.32 万人，增长 1.3%。全区初中阶段毛入学率 110.11%。年末有小学

2443所，全年招收学生23.35万人，比上年下降5.2%；年末在校学生136.51万人，比上年末下降2.9%；年末毕业学生24.29万人，比上年下降4.7%。全年小学适龄儿童入学率99.76%，比上年下降0.2个百分点。全区幼儿园在园人数49.22万人，增长9.8%。

全年共取得重大科技成果525项，其中，基础理论成果85项，应用技术成果438项，软科学成果2项。全年专利申请4732项，授权专利3090项，分别增长23.2%和36.6%。年内共签订各类技术合同数3463个，增长0.8%。合同成交金额218.44亿元，其中区内成交技术金额124.1亿元，向区外输出技术成交金额0.74亿元。

十、文化、卫生和体育

年末全区有艺术事业机构143个，从业人员6458人；艺术表演团体121个，其中乌兰牧骑75个。现拥有文化馆103座，公共图书馆114座，博物馆67座，档案馆146座，已开放各类档案180万卷。年末全区拥有广播电台13座，广播人口覆盖率97.9%；拥有电视台14座，电视人口覆盖率96.8%；年末全区有线电视用户319.83万户，增长0.8%。自治区和盟市两级全年出版报纸25900万份，其中蒙文版927万份；出版各类期刊1793万册，其中蒙文版165万册；出版图书7359万册，其中蒙文版1037万册。

年末全区共有卫生机构23055个，其中,医院519个,农村牧区卫生院1329个,疾病预防控制机构119个,妇幼卫生机构116个,专科疾病防治院（所）52个。年末全区医疗卫生单位拥有病床11.08万张，增长9.9%，其中,医院拥有病床8.23万张,乡镇卫生院拥有病床1.75万张,妇幼卫生机构拥有病床0.31万张。年末全区拥有卫生技术人员14万人，比上年末增长6.2%，其中,医院拥有8.05万人,乡镇卫生院拥有1.77万人,疾病预防控制机构拥有0.48万人,妇幼卫生机构拥有0.52万人。执业医师、助理医师5.96万人，注册护士4.68万人，分别增长4.1%和10%。农村牧区卫生事业不断加强，拥有农村牧区村卫生室1.4万个，拥有乡村医生和卫生员1.94万人。

年内全区体育健儿在国内外重大竞赛中获奖牌100枚。其中，国外获奖牌7枚，国内获奖牌93枚。破全国纪录1项。

十一、环境和节能减排

全区确定的自然保护区185个。其中，国家级自然保护区25个，自治区级自然保护区62个。自然保护区面积1372.82万公顷，其中国家级自然保护区面积409.37万公顷，增长2.5%。全区生态示范区建设试点单位141个，比上年增加28个，增长24.8%。全区环境监测人员1113人，增长2.6%；各级环境监测站89个。全区监测的15个城市空气质量达到二级标准的14个，达到三级标准的1个。优于城市居住区声环境质量标准的城市比例为100%。

2012年，我区单位GDP能耗下降5%左右，超额完成年度节能目标任务。

十二、人口、人民生活和社会保障

2012年，全区常住人口为2489.85万人，比上年增加8.14万人。其中，城镇人口为1437.64万人，乡村人口为1052.21万人。全年出生人口为22.79万人，出生率为9.2‰；死亡人口为13.72万人，死亡率为5.5‰；自然增长率为3.7‰。城镇化率达到57.7%，比上年提高1.1个百分点。

全年城镇居民人均可支配收入23150元，比上年增加2742元，增长13.4%。从收入构成看，工资性收入为16873元，增长14.2%；财产性和转移性收入5220元，增长9%。城镇居民人均消费性支出17717元,增长11.6%。城镇居民家庭恩格尔系数为30.8%。全年农牧民人均纯收入7611元，比上年增加969元，增长14.6%。从收入构成看，工资性收入1459元，增长11.3%；家庭经营性收入4689元，增长11.2%；转移性和财产性收入1463元,增长31.4%。农牧民人均生活消费支出6382元，增长15.9%。农村牧区居民家庭恩格尔系数为37.3%。城乡居民每百户主要耐用品拥有量除农牧民中电视机拥有量略降外，其他产品拥有量均实现不同程度增长。

年末全区参加基本养老保险人数472.24万人，增长4.4%；参加失业保险职工人数232.77万人，领取失业保险金人数为5.06万人，分别增长0.1%和12.4%；全年参加基本养老保险的离退休人员148.86万人，增长12.1%。全年参加基本医疗保险人数967.52万人，增长6.6%；全年有455.09万职工和132.14万离退休人员参加了基本医疗保险，分别增长3.9%和6.3%。全年共有204.34万人得到国家最低生活保障救济。

年末全区城镇建立各种社区服务设施1608个，其中，社区服务中心667个。全年筹集社会福利资金8.7亿元，销售社会福利彩票28.11亿元，分别增长6.5%和8.7%；接受社会捐赠11.14万元。

注：1. 本公报为初步统计数。

2. 本公报中部分数据合计数或相对数由于单位取舍不同而产生的计算误差，均未做机械调整。

中华人民共和国2012年国民经济和社会发展统计公报[1]

中华人民共和国国家统计局

（2013年2月22日）

2012年，面对复杂严峻的国际经济形势和艰巨繁重的国内改革发展稳定任务，全国各族人民在党中央、国务院的正确领导下，坚持以科学发展为主题，以加快转变经济发展方式为主线，按照稳中求进的工作总基调，认真贯彻落实加强和改善宏观调控的各项政策措施，国民经济运行总体平稳，各项社会事业取得新的进步，为全面建成小康社会奠定了良好基础。

一、综　合

初步核算，全年国内生产总值[2]519322亿元，比上年增长7.8%。其中，第一产业增加值52377亿元，增长4.5%；第二产业增加值235319亿元，增长8.1%；第三产业增加值231626亿元，增长8.1%。第一产业增加值占国内生产总值的比重为10.1%，第二产业增加值比重为45.3%，第三产业增加值比重为44.6%。

全年居民消费价格比上年上涨2.6%，其中食品价格上涨4.8%。固定资产投资价格上涨1.1%。工业生产者出厂价格下降1.7%。工业生产者购进价格下降1.8%。农产品生产者价格[3]上涨2.7%。

70个大中城市新建商品住宅销售价格月环比上涨的城市个数年末为54个。

年末全国就业人员76704万人，其中城镇就业人员37102万人。全年城镇新增就业1266万人。年末城镇登记失业率为4.1%，与上年末持平。全国农民工[4]总量为26261万人，比上年增长3.9%。其中，外出农民工16336万人，增长3.0%；本地农民工9925万人，增长5.4%。

年末国家外汇储备33116亿美元，比上年末增加1304亿美元。年末人民币汇率为1美元兑6.2855元人民币，比上年末升值0.25%。

全年全国公共财政收入[5]117210亿元，比上年增加13335亿元，增长12.8%；其中税收收入100601亿元，增加10862亿元，增长12.1%。

二、农　业

全年粮食种植面积11127万公顷，比上年增加69万公顷；棉花种植面积470万公顷，减少34万公顷；油料种植面积1398万公顷，增加12万公顷；糖料种植面积203万公顷，增加9万公顷。

全年粮食产量58957万吨，比上年增加1836万吨，增产3.2%。其中，夏粮产量12995万吨，增产2.8%；早稻产量3329万吨，增产1.6%；秋粮产量42633万吨，增产3.5%。其中，主要粮食品种中，稻谷产量20429万吨，增产1.6%；小麦产量12058万吨，增产2.7%；玉米产量20812万吨，增产8.0%。

全年棉花产量684万吨，比上年增产3.8%。油料产量3476万吨，增产5.1%。糖料产量13493万吨，增产7.8%。烤烟产量320万吨，增产11.5%。茶叶产量180万吨，增产11.2%。

全年肉类总产量8384万吨，比上年增长5.4%。其中，猪肉产量5335万吨，增长5.6%；牛肉产量662万吨，增长2.3%；羊肉产量401万吨，增长2.0%；禽肉产量1823万吨，增长6.7%。年末生猪存栏47492万头，增长1.6%；生猪出栏69628万头，增长5.2%。禽蛋产量2861万吨，增长1.8%。牛奶产量3744万吨，增长2.3%。

全年水产品产量5906万吨，比上年增长5.4%。其中，养殖水产品产量4305万吨，增长7.0%；捕捞水产品产量1601万吨，增长1.3%。

全年木材产量8088万立方米，比上年下降0.7%。

全年新增有效灌溉面积172万公顷，新增节水灌溉面积235万公顷。

三、工业和建筑业

全年全部工业增加值199860亿元，比上年增长7.9%。规模以上工业增加值增长10.0%。在规模以上工业中，国有及国有控股企业增长6.4%；集体企业增长7.1%，股份制企业增长11.8%，外商及港澳台商投资企业增长6.3%；私营企业增长14.6%。轻工业增长10.1%，重工业增长9.9%。

全年规模以上工业[6]中，农副食品加工业增加值比上年增长13.6%，纺织业增长12.2%，通用设备制造业增长8.4%，专用设备制造业增长8.9%，汽车制造业增长8.4%，计算机、通信和其他电子设备制造业增长12.1%，电气机械和器材制造业增长9.7%。六大高耗能行业[7]增加值比上年增长9.5%，其中，非金属矿物制品业增长11.2%，化学原料和化学制品制造业增长11.7%，有色金属冶炼和压延加工业增长13.2%，黑色金属冶炼和压延加工业增长9.5%，电力、热力生产和供应业增长5.0%，石油加工、炼焦和核燃料加工业增长6.3%。高技术制造业增加值比上年增长12.2%。

全年规模以上工业企业实现利润

55578 亿元，比上年增长 5.3%，其中国有及国有控股企业 14163 亿元，下降 5.1%；集体企业 819 亿元，增长 7.5%，股份制企业 32867 亿元，增长 7.2%，外商及港澳台商投资企业 12688 亿元，下降 4.1%；私营企业 18172 亿元，增长 20.0%。

全年全社会建筑业增加值 35459 亿元，比上年增长 9.3%。全国具有资质等级的总承包和专业承包建筑业企业实现利润 4818 亿元，增长 15.6%，其中国有及国有控股企业 1236 亿元，增长 21.9%。

四、固定资产投资

全年全社会固定资产投资 374676 亿元，比上年增长 20.3%，扣除价格因素，实际增长 19.0%。其中，固定资产投资（不含农户）364835 亿元，增长 20.6%；农户投资 9841 亿元，增长 8.3%。东部地区投资[8]151742 亿元，比上年增长 16.5%；中部地区投资 87909 亿元，增长 24.1%；西部地区投资 88749 亿元，增长 23.1%；东北地区投资 41243 亿元，增长 26.3%。

在固定资产投资（不含农户）中，第一产业投资 9004 亿元，比上年增长 32.2%；第二产业投资 158672 亿元，增长 20.2%；第三产业投资 197159 亿元，增长 20.6%。

全年房地产开发投资 71804 亿元，比上年增长 16.2%。其中，住宅投资 49374 亿元，增长 11.4%；办公楼投资 3367 亿元，增长 31.6%；商业营业用房投资 9312 亿元，增长 25.4%。

全年新开工建设城镇保障性安居工程住房 781 万套（户），基本建成城镇保障性安居工程住房 601 万套。

五、国内贸易

全年社会消费品零售总额 210307 亿元，比上年增长 14.3%，扣除价格因素，实际增长 12.1%。按经营地统计，城镇消费品零售额 182414 亿元，增长 14.3%；乡村消费品零售额 27893 亿元，增长 14.5%。按消费形态统计，商品零售额 186859 亿元，增长 14.4%；餐饮收入额 23448 亿元，增长 13.6%。

在限额以上企业商品零售额中，汽车类零售额比上年增长 7.3%，粮油类增长 19.9%，肉禽蛋类增长 18.0%，服装类增长 17.7%，日用品类增长 17.5%，文化办公用品类增长 17.7%，通讯器材类增长 28.9%，化妆品类增长 17.0%，金银珠宝类增长 16.0%，中西药品类增长 23.0%，家用电器和音像器材类增长 7.2%，家具类增长 27.0%，建筑及装潢材料类增长 24.6%。

六、对外经济

全年货物进出口总额 38668 亿美元，比上年增长 6.2%。其中，出口 20489 亿美元，增长 7.9%；进口 18178 亿美元，增长 4.3%。进出口差额（出口减进口）2311 亿美元，比上年增加 762 亿美元。

全年非金融领域新批外商直接投资企业 24925 家，比上年下降 10.1%。实际使用外商直接投资金额 1117 亿美元，下降 3.7%。

全年非金融类对外直接投资额 772 亿美元，比上年增长 28.6%。

全年对外承包工程业务完成营业额 1166 亿美元，比上年增长 12.7%；对外劳务合作派出各类劳务人员 51.2 万人，增长 13.3%。

七、交通、邮电和旅游

全年货物运输总量 412 亿吨，比上年增长 11.5%。货物运输周转量 173145 亿吨公里，增长 8.7%。全年规模以上港口完成货物吞吐量 97.4 亿吨，比上年增长 6.8%，其中外贸货物吞吐量 30.1 亿吨，增长 8.8%。规模以上港口集装箱吞吐量 17651 万标准箱，增长 8.1%。

全年旅客运输总量 379 亿人次，比上年增长 7.6%。旅客运输周转量 33369 亿人公里，增长 7.7%。

年末全国民用汽车保有量达到 12089 万辆（包括三轮汽车和低速货车 1145 万辆），比上年末增长 14.3%，其中私人汽车保有量 9309 万辆，增长 18.3%。民用轿车保有量 5989 万辆，增长 20.7%，其中私人轿车 5308 万辆，增长 22.8%。

全年完成邮电业务总量[9]15022 亿元，比上年增长 13.0%。其中，邮政业务总量 2037 亿元，增长 26.7%；电信业务总量 12985 亿元，增长 11.1%。邮政业全年完成邮政函件业务 70.74 亿件，包裹业务 0.69 亿件，快递业务量 56.85 亿件。电信业全年局用交换机容量新增 478 万门，总容量 43906 万门；新增移动电话交换机容量[10]11234 万户，达到 182870 万户。年末固定电话用户 27815 万户，其中，城市电话用户 18893 万户，农村电话用户 8922 万户。新增移动电话用户 12590 万户，年末达到 111216 万户，其中 3G 移动电话用户[11]23280 万户。年末全国固定及移动电话用户总数达到 139031 万户，比上年末增加 11896 万户。电话普及率达到 103.2 部/百人。互联网上网人数 5.64 亿人，其中宽带上网人数 5.30 亿人。互联网普及率达到 42.1%。

全年国内出游人数 29.6 亿人次，比上年增长 12.1%；国内旅游收入 22706 亿元，增长 17.6%。入境旅游人数 13241 万人次，下降 2.2%。其中，外国人 2719 万人次，增长 0.3%；香港、澳门和台湾同胞 10521 万人次，下降 2.9%。在入境旅游者中，过夜旅游者 5772 万人次，增长 0.3%。国际旅游外汇收入 500 亿美元，增长 3.1%。国内居民出境人数 8318 万人次，增长 18.4%。其中因私出境 7706 万人次，增长 20.2%，占出境人数的 92.6%。

八、金　融

年末广义货币供应量（M2）余额为 97.4 万亿元，比上年末增长 13.8%；狭义货币供应量（M1）余额为 30.9 万亿元，增长 6.5%；流通中现金（M0）余额为 5.5 万亿元，增长 7.7%。

年末全部金融机构本外币各项存款余额 94.3 万亿元，比年初增加 11.6 万亿元，其中人民币各项存款余额 91.8 万亿元，增加 10.8 万亿元。全部金融机构本外币各项贷款余额 67.3 万亿元，增加 9.1 万亿元，其中人民币各项贷款余额 63.0 万亿元，增加 8.2 万亿元。全年社会融资规模[12]为 15.8 万亿元，按可比口径计算，比上年多 2.9 万亿元。

年末主要农村金融机构（农村信用社、农村合作银行、农村商业银行）

人民币贷款余额78320亿元，比年初增加11544亿元。全部金融机构人民币消费贷款余额104357亿元，增加15656亿元。其中，个人短期消费贷款余额19367亿元，增加5826亿元；个人中长期消费贷款余额84990亿元，增加9830亿元。

全年上市公司通过境内市场累计筹资5841亿元，比上年减少939亿元。其中，首次公开发行A股154只，筹资1034亿元，减少1791亿元；A股再筹资（包括配股、公开增发、非公开增发[13]、认股权证）2093亿元，减少155亿元；上市公司通过发行可转债、可分离债、公司债筹资2713亿元，增加1006亿元。全年公开发行创业板股票74只，筹资351亿元。

全年发行公司信用类债券[14]3.7万亿元，比上年增加1.4万亿元。

全年保险公司原保险保费收入[15]15488亿元，比上年增长8.0%，其中寿险业务原保险保费收入8908亿元；健康险和意外伤害险业务原保险保费收入1249亿元；财产险业务原保险保费收入5331亿元。支付各类赔款及给付4716亿元，其中寿险业务给付1505亿元；健康险和意外伤害险赔款及给付395亿元；财产险业务赔款2816亿元。

九、教育、科学技术和文化

全年研究生教育招生59.0万人，在学研究生172.0万人，毕业生48.6万人。普通高等教育本专科招生688.8万人，在校生2391.3万人，毕业生624.7万人。各类中等职业教育招生761.0万人，在校生2120.3万人，毕业生673.6万人。全国普通高中招生844.6万人，在校生2467.2万人，毕业生791.5万人。全国初中招生1570.8万人，在校生4763.1万人，毕业生1660.8万人。普通小学招生1714.7万人，在校生9695.9万人，毕业生1641.6万人。特殊教育招生6.6万人，在校生37.9万人，毕业生4.9万人。幼儿园在园幼儿3685.8万人。

全年研究与试验发展（R&D）经费支出10240亿元，比上年增长17.9%，占国内生产总值的1.97%，其中基础研究经费498亿元。全年国家安排了1701项科技支撑计划课题，1165项“863”计划课题。累计建设国家工程研究中心130个，国家工程实验室128个。累计建设国家地方联合工程研究中心149个，国家地方联合工程实验室180个。国家认定企业技术中心达到887家。省级企业技术中心达到8137家。实施新兴产业创投计划[16]，累计支持设立102家创业投资企业，资金总规模近290亿元，投资了创业企业238家。全年受理境内外专利申请205.1万件，其中境内申请188.6万件，占91.9%。受理境内外发明专利申请65.3万件，其中境内申请52.3万件，占80.1%。全年授予专利权125.5万件，其中境内授权114.4万件，占91.1%。授予发明专利权21.7万件，其中境内授权13.7万件，占63.2%。截至年底，有效专利350.9万件，其中境内有效专利289.9万件，占82.6%；有效发明专利87.5万件，其中境内有效发明专利43.5万件，占49.7%。全年共签订技术合同28.2万项，技术合同成交金额6437.1亿元，比上年增长35.1%。全年成功发射卫星19次。神舟九号载人飞船与天宫一号目标飞行器顺利实现首次空间交会对接，北斗二号卫星导航系统完成区域组网并正式提供运行服务，“蛟龙”号载人深潜器海试成功突破7000米。

年末全国共有产品检测实验室28128个，其中国家检测中心509个。全国现有产品质量、体系认证机构173个，已累计完成对105224个企业的产品认证。全国共有法定计量技术机构3496个，全年强制检定计量器具6267万台（件）。全年制定、修订国家标准1986项，其中新制定1375项。全年中央气象台和省级气象台共发布气象预警信号5123次，警报4049次。全国共有地震台站1687个，区域地震台网32个。全国共有海洋观测站79个。测绘地理信息部门公开出版地图1662种。

年末全国文化系统共有艺术表演团体2089个，博物馆2838个，全国共有公共图书馆2975个，文化馆3286个。各类广播电视播出机构共有2579座。有线电视用户2.14亿户，有线数字电视用户1.43亿户。年末广播节目综合人口覆盖率为97.5%；电视节目综合人口覆盖率为98.2%。全年生产电视剧506部17703集，电视动画片222838分钟。全年生产故事影片745部，科教、纪录、动画和特种影片[17]148部。出版各类报纸476亿份，各类期刊34亿册，图书81亿册（张）。年末全国共有档案馆4107个，已开放各类档案11662万卷（件）。

全年我国运动员在24个运动大项中获得107个世界冠军，共创14项世界纪录。在伦敦奥运会上，我国运动员共获得38枚金牌，奖牌总数88枚，位列奥运会金牌榜和奖牌榜第二位。在伦敦残奥会上，我国运动员共获得95枚金牌，蝉联金牌榜和奖牌榜第一位。

十、卫生和社会服务

年末全国共有医疗卫生机构961830个，其中医院23005个，乡镇卫生院37128个，社区卫生服务中心（站）33646个，诊所（卫生所、医务室）179644个，村卫生室663355个，疾病预防控制中心3506个，卫生监督所（中心）3037个。卫生技术人员650万人，其中执业医师和执业助理医师252万人，注册护士242万人。医疗卫生机构床位557万张，其中医院403万张，乡镇卫生院106万张。全年甲、乙类法定报告传染病发病人数321.7万例，报告死亡16721人；报告传染病发病率238.76/10万，死亡率1.24/10万。

年末全国共有各类提供住宿的社会服务机构[18]4.7万个，床位429.8万张，收养救助各类人员296.7万人。其中，养老服务机构4.2万个，床位381.0万张，收养各类人员262.0万人。年末共有社区服务中心1.6万个，社区服务站7.2万个。年末全国共有2142.5万人纳入城市居民最低生活保障，5340.9万人纳入农村居民最低生活保障，545.9万人纳入农村五保供养[19]。全年救助城市医疗困难群众666.4万人次，救助农村医疗困难群众1908.4万人次；

资助1158.9万城镇困难群众参加城镇医疗保险，资助3915.1万农村困难群众参加新型农村合作医疗。

十一、人口、人民生活和社会保障

年末全国大陆总人口为135404万人，比上年末增加669万人，其中城镇人口为71182万人，占总人口比重为52.6%，比上年末提高1.3个百分点。全年出生人口1635万人，出生率为12.10‰；死亡人口966万人，死亡率为7.15‰；自然增长率为4.95‰。出生人口性别比为117.70。0–14岁（含不满15周岁）人口22287万人，占总人口的16.5%，比上年末提高0.01个百分点；15–59岁（含不满60周岁）劳动年龄人口93727万人，比上年末减少345万人，占总人口的69.2%，比上年末下降0.60个百分点；60周岁及以上人口19390万人，占总人口的14.3%，比上年末提高0.59个百分点。全国人户分离的人口[20]为2.79亿人，其中流动人口[21]为2.36亿人。

全年农村居民人均纯收入7917元，比上年增长13.5%，扣除价格因素，实际增长10.7%；农村居民人均纯收入中位数[22]为7019元，增长13.3%。城镇居民人均可支配收入24565元，比上年增长12.6%，扣除价格因素，实际增长9.6%；城镇居民人均可支配收入中位数为21986元，增长15.0%。农村居民食品消费支出占消费总支出的比重为39.3%，城镇为36.2%。

年末全国参加城镇职工基本养老保险人数30379万人，比上年末增加1988万人。其中，参保职工22978万人，参保离退休人员7401万人。全国参加城乡居民社会养老保险人数48370万人，增加15187万人。其中享受待遇人数13075万人。参加城镇基本医疗保险的人数53589万人，增加6246万人。其中，参加城镇职工基本医疗保险[23]人数26467万人，参加城镇居民基本医疗保险人数27122万人。参加城镇基本医疗保险的农民工4996万人，增加355万人。参加失业保险的人数15225万人，增加908万人。年末全国领取失业保险金人数204万人。参加工伤保险的人数18993万人，增加1297万人，其中参加工伤保险的农民工7173万人，增加345万人。参加生育保险的人数15445万人，增加1553万人。年末，2566个县（市、区）开展了新型农村合作医疗工作，新型农村合作医疗参合率98.1%；1–9月新型农村合作医疗基金支出总额[24]为1717亿元，受益11.5亿人次。2012年，按照农村扶贫标准年人均纯收入2300元（2010年不变价），年末农村贫困人口为9899万人，比上年末减少2339万人。

十二、资源、环境和安全生产

全年全国国有建设用地供应总量[25]69.0万公顷，比上年增长17.5%。其中，工矿仓储用地20.3万公顷，增长5.6%；房地产用地[26]16.0万公顷，下降4.2%；基础设施等其他用地32.7万公顷，增长43.4%。

全年水资源总量28410亿立方米。全年平均降水量676毫米。年末全国422座大型水库蓄水总量2120亿立方米，比上年末多蓄水164亿立方米。全年总用水量6110亿立方米，与上年基本持平。其中，生活用水增长3.2%，工业用水下降0.8%，农业用水下降0.5%，生态补水增长7.2%。万元国内生产总值用水量[27]129立方米，比上年下降7.2%。万元工业增加值用水量76立方米，下降8.0%。人均用水量452立方米，下降0.4%。

全年完成造林面积601万公顷，其中人工造林410万公顷。林业重点工程完成造林面积274万公顷，占全部造林面积的45.6%。截至年底，自然保护区达到2640个，其中国家级自然保护区363个。新增水土流失治理面积4.2万平方公里，新增实施水土流失地区封育保护面积2.6万平方公里。截至年底，已确权集体林地面积为18000万公顷，其中发放林权证的面积为17187万公顷。

全年平均气温为9.4℃，共有7个台风登陆。

初步核算，全年能源消费总量36.2亿吨标准煤，比上年增长3.9%。煤炭消费量增长2.5%；原油消费量增长6.0%；天然气消费量增长10.2%；电力消费量增长5.5%。全国万元国内生产总值能耗下降3.6%。

七大水系的571个水质监测断面中，Ⅰ～Ⅲ类水质断面比例占63.9%，劣Ⅴ类水质断面比例占12.4%。七大水系水质总体为轻度污染，水质保持基本稳定。

近岸海域301个海水水质监测点中，达到国家一、二类海水水质标准的监测点占69.4%，三类海水占6.6%，四类、劣四类海水占23.9%。

在监测的316个城市中，城市区域声环境质量好的城市占3.5%，较好的占75.9%，轻度污染的占20.3%，中度污染的占0.3%。

年末城市污水处理厂日处理能力达11858万立方米，比上年末增长4.9%；城市污水处理率达到84.9%，提高1.3个百分点。城市集中供热面积49.2亿平方米，增长3.8%。建成区绿地率达到35.5%，提高0.2个百分点。

全年农作物受灾面积2496万公顷，下降23.1%，其中绝收183万公顷，下降36.9%。全年因洪涝地质灾害造成直接经济损失1661亿元，上升31.8%。全年因旱灾造成直接经济损失244亿元，下降73.7%。全年因低温冷冻和雪灾造成直接经济损失61亿元，下降79.0%。全年因海洋灾害造成直接经济损失155亿元，上升150%。全年大陆地区共发生5级以上地震16次，成灾11次，造成直接经济损失83亿元。全年共发生森林火灾3966起，下降28.5%。

全年各类生产安全事故共死亡71983人，比上年下降4.7%。亿元国内生产总值生产安全事故死亡人数为0.142人，下降17.9%；工矿商贸企业就业人员10万人生产安全事故死亡人数为1.64人，下降12.8%；道路交通万车死亡人数为2.5人，下降10.7%；煤矿百万吨死亡人数为0.374人，下降33.7%。

注释：

[1]本公报中数据均为初步统计

数。各项统计数据均未包括香港特别行政区、澳门特别行政区和台湾省。部分数据因四舍五入的原因，存在着与分项合计不等的情况。

[2]国内生产总值、各产业增加值绝对数按现价计算，增长速度按不变价格计算。

[3]农产品生产者价格是指农产品生产者直接出售其产品时的价格。

[4]年度农民工数量包括年内在本乡镇以外从业 6 个月以上的外出农民工和在本乡镇内从事非农产业 6 个月以上的本地农民工两部分。

[5]公共财政收入是指政府凭借国家政治权力，以社会管理者身份筹集以税收为主体的财政收入。

[6]2012 年起，国家统计局执行新的国民经济行业分类标准，工业行业大类由原来的 39 个调整为 41 个，固定资产投资（不含农户）行业分类也按新的标准进行了调整。

[7]六大高耗能行业分别为：化学原料和化学制品制造业、非金属矿物制品业、黑色金属冶炼和压延加工业、有色金属冶炼和压延加工业、石油加工炼焦和核燃料加工业、电力热力生产和供应业。

[8]固定资产投资按东部、中部、西部和东北地区计算的合计数据小于全国数据，是因为有部分跨地区的投资未计算在地区数据中。其中，东部地区是指北京、天津、河北、上海、江苏、浙江、福建、山东、广东和海南 10 省（市）；中部地区是指山西、安徽、江西、河南、湖北和湖南 6 省；西部地区是指内蒙古、广西、重庆、四川、贵州、云南、西藏、陕西、甘肃、青海、宁夏和新疆 12 省（区、市）；东北地区是指辽宁、吉林和黑龙江 3 省。

[9]邮电业务总量按 2010 年不变价格计算。

[10]移动电话交换机容量是指移动电话交换机根据一定话务模型和交换机处理能力计算出来的最大同时服务用户的数量。

[11]3G 是指第三代蜂窝移动通信系统（3rd-generation，简称 3G），3G 移动电话用户是指报告期末在计费系统拥有使用信息、占用 3G 网络资源的在网用户。

[12]社会融资规模是指一定时期内实体经济从金融体系获得的资金总额，是增量概念。

[13]非公开增发又叫定向增发，不含资产认购部分。

[14]公司信用类债券包括非金融企业债务融资工具、企业债券以及公司债、可转债等。

[15]原保险保费收入是指保险企业确认的原保险合同保费收入。

[16]新兴产业创投计划是指中央财政专项资金通过与地方政府资金、社会资本共同发起设立创业投资企业，或以股权投资模式直接投资创业企业等方式，培育和促进新兴产业发展的活动。

[17]特种影片是指那些采用与常规影院放映在技术、设备、节目方面不同的电影展示方式，如巨幕电影、立体电影、立体特效（4D）电影、动感电影、球幕电影等。

[18]提供住宿的社会服务机构除收养性机构外，还包括救助类机构、社区类机构以及军休所、军供站等机构。

[19]农村五保供养是指老年、残疾和未满 16 周岁的村民，无劳动能力、无生活来源又无法定赡养、抚养、扶养义务人，或者其法定赡养、抚养、扶养义务人无赡养、抚养、扶养能力的村民，在吃、穿、住、医、葬方面得到的生活照顾和物质帮助。

[20]人户分离的人口是指居住地与户口登记地所在的乡镇街道不一致且离开户口登记地半年以上的人口。

[21]流动人口是指人户分离人口中不包括市辖区内人户分离的人口。市辖区内人户分离的人口是指一个直辖市或地级市所辖区内和区与区之间，居住地和户口登记地不在同一乡镇街道的人口。

[22]人均收入中位数是指将所有调查户按人均收入水平从低到高顺序排列，处于最中间位置的调查户的人均收入。

[23]城镇职工基本医疗保险人数包括参保职工和参保退休人员。城镇居民基本医疗保险的参保对象是不属于城镇职工基本医疗保险覆盖范围的城镇非从业人员。

[24]按卫生部统计制度规定，新型农村合作医疗基金支出总额和受益人次目前仅统计到 1–9 月份。

[25]国有建设用地供应总量是指报告期市、县人民政府根据年度土地供应计划依法以出让、划拨、租赁等方式将国有建设用地使用权提供给单位或个人使用的国有建设用地总量。

[26]房地产用地是指商服用地和住宅用地的总和。

[27]万元国内生产总值用水量、万元工业增加值用水量和万元国内生产总值能耗按 2010 年不变价格计算。

资料来源：本公报中城镇新增就业、登记失业率、社会保障数据来自人力资源社会保障部；外汇储备和汇率数据来自外汇局；财政数据来自财政部；水产品产量数据来自农业部；木材产量、林业、森林火灾数据来自林业局；灌溉面积、水资源数据来自水利部；新增发电机组容量、新增 220 千伏及以上变电设备数据来自中电联；新建铁路投产里程、增建铁路复线投产里程、电气化铁路投产里程、铁路运输数据来自铁道部；新建公路、港口万吨级码头泊位新增吞吐能力、公路运输、水运、港口货物吞吐量数据来自交通运输部；新增光缆线路长度、新增移动电话交换机容量、电话用户、上网人数等通信数据来自工业和信息化部；保障性住房、城市污水处理、城市集中供热面积、建成区绿地率数据来自住房城乡建设部；货物进出口数据来自海关总署；外商直接投资、对外直接投资、对外承包工程、对外劳务合作等数据来自商务部；民航数据来自民航局；管道数据来自中石油、中石化；民用汽车、交通事故数据来自公安部；邮政业务数据来自邮政局；旅游数据来自旅游局、公安

部；货币金融、公司信用类债券数据来自人民银行；上市公司数据来自证监会；保险业数据来自保监会；教育数据来自教育部；安排科技计划课题、技术合同等数据来自科技部；国家工程研究中心、企业技术中心、新兴产业创投等数据来自发展改革委；专利数据来自知识产权局；发射卫星数据来自国防科工局；质量检验、国家标准制定修订数据来自质检总局；气象预警、平均气温、登陆台风数据来自气象局；地震数据来自地震局；测绘数据来自测绘局；海洋观测站、海洋灾害造成直接经济损失数据来自海洋局；艺术表演团体、博物馆、公共图书馆、文化馆数据来自文化部；广播电视、电影数据来自广电总局；报纸、期刊、图书数据来自新闻出版总署；档案数据来自档案局；体育数据来自体育总局；残奥会数据来自中国残联；卫生、新农合数据来自卫生部；社会服务、低保和五保供养数据、农作物受灾面积、洪涝地质灾害造成直接经济损失、旱灾造成直接经济损失、低温冷冻和雪灾造成直接经济损失来自民政部；国有建设用地供应数据来自国土资源部；自然保护区、环境监测数据来自环境保护部；安全生产数据来自安全监管总局；其他数据均来自国家统计局。

第二部分　统计资料

行政区划和自然概况

1-1 行 政 区 划

单位：个

项　　目	乡	镇	街道办事处	社区居委会	村民委员会
全　市	**18**	**27**	**31**	**269**	**964**
市　区		6	31	230	179
新 城 区		1	8	48	24
回 民 区		1	7	55	4
玉 泉 区		1	8	46	50
赛 罕 区		3	8	81	101
旗　县	18	21		39	760
土 左 旗	2	7		13	296
托　　县		5		5	120
和 林 县	5	3		10	148
清水河县	5	3		6	103
武 川 县	6	3		5	93
经济技术开发区					25

1-2 土 地 面 积

单位：平方公里

项　　目	指标值	构成（%）	项　　目	指标值	构成（%）
总 面 积	**17186.1**	**100.0**			
按行政区划分			旗　县	15121.0	88.0
市　区	2065.1	12.0	土 左 旗	2765.0	16.1
#建 城 区	209.6	1.2	托　县	1407.8	8.2
新 城 区	660.6	3.9	和 林 县	3447.8	20.1
回 民 区	194.4	1.1	清水河县	2818.1	16.4
玉 泉 区	207.2	1.2	武 川 县	4682.3	27.2
赛 罕 区	1002.9	5.8			

1-3 人口密度

项目	土地面积（平方公里）	人口数（人）	人口密度（人/平方公里）
全市	**17186**	**2303215**	**134**
市区	2065	1220110	591
旗县	15121	1083105	72
土左旗	2765	359793	130
托县	1408	207816	148
和林县	3448	198193	57
清水河县	2818	143401	51
武川县	4682	173902	37

1-4 河流、湖泊

项目	主河流长度（公里）	面积（千公顷）	项目	主河流长度（公里）	面积（千公顷）
河流			宝贝河	66.0	
黄河	102.5		茶房河	49.0	
乌素图河	22.0		清水河	70.0	
抢盘河	87.6		克力沟河	36.8	
大黑河	114.4		榆树后河	35.1	
小黑河	55.5		卯独庆河	49.6	
哈拉沁河	17.0		壕赖河	15.6	
什拉乌素河	72.1		塔布河	53.0	
民号河	48.0		中后河	49.9	
浑河	111.0		巴拉干河	18.9	
古力半河	44.0		**湖泊**		
马厂河	37.0		哈素海		3.0

1-5 气象资料(一)

月份	气温(℃)			降水日数(天)	降水量(毫米)	日最大降水量(毫米)	日照时数(小时)
	平均	最高	最低				
全年	**6.7**	**13.2**	**1.3**	**82**	**566.2**	**65.4**	**2842.0**
一月	-11.6	-5.0	-16.4				217.2
二月	-8.2	-0.9	-14.1				248.9
三月	0.6	6.6	-4.3	9	23.3	7.9	233.0
四月	11.2	18.4	4.2	3	6.8	5.9	288.3
五月	18.0	25.3	10.8	9	43.3	10.0	296.7
六月	20.4	27.2	14.2	13	53.7	13.1	249.0
七月	23.3	29.2	18.2	10	254.9	65.4	259.0
八月	21.1	27.2	16.1	9	29.1	15.2	261.4
九月	14.0	20.5	9.1	12	70.9	28.7	211.5
十月	7.1	14.6	1.6	6	44.0	19.8	219.3
十一月	-4.4	1.4	-8.9	5	32.6	13.4	206.0
十二月	-10.7	-5.8	-14.7	6	7.6	4.0	151.7

1-6 气象资料(二)

地区	最高气温		最低气温		最大风速		初霜日	终霜日	无霜日(天)
	极值(℃)	日期	极值(℃)	日期	极值(米/秒)	日期			
市区	34.5	6月18日	-26.4	12月23日	10.9	3月28日	10月1日	4月3日	178
土左旗	35.1	6月18日	-27.2	12月23日	12.0	2月24日	9月19日	3月26日	185
托县	35.2	6月18日	-23.8	12月24日	12.7	11月27日	9月20日	4月16日	164
和林县	33.5	6月18日	-27.7	12月23日	11.5	4月18日	10月2日	3月28日	183
清水河县	34.0	6月22日	-25.1	1月22日	12.0	5月31日	10月6日	3月26日	185
武川县	29.9	7月6日	-28.9	12月23日	13.4	3月30日	9月17日	3月29日	182

主 要 统 计 指 标 解 释

行政区划 国家为进行分级管理而划分的地方。根据宪法规定，我国行政区划是全国分为省、自治区、直辖市；省、自治区分为自治州、县、自治县、市；县、自治县分为乡、镇。直辖市和较大的市分为区、县。自治州分为县、自治县、市。省下设的地区、县下设的区以及市属区下设的街道办事处都是它们上一级的派出机构。

土地面积 指某一国家或某一地区所辖范围内的全部地域面积。土地包括耕地、荒山、荒地、林地、草原、道路、建筑物占地、河流、湖泊、水库等。按照地形的不同，一般可分为山地、高原、盆地、平原、丘陵。地形分类因各地区特点而异。以下地形的地貌特征是：

（1）平原 地面平坦，地面坡度小于 5 度，地表组织物质以第四纪松散堆积物为主。

（2）丘陵 地面波状起伏，脉络不明显，丘顶多呈浑圆状，间有峰脊，坡度大多在25度以下，相对高度在200米以下，地表多为基岩裸露。

（3）山地 地面起伏大，线状伸延，脉络清楚，相对高度大于 200 米，坡度大于 25 度，地表切割深，多为基岩裸露。

水域面积 指内陆水域，海涂和水利设施用地的面积。包括河流、湖泊、水库、坑塘、苇地（连片生长芦苇的土地）海涂、溪沟渠道的全部面积。不包括河堤以及耕地、园地、草场内临时沟渠和末级固定的沟渠的面积。

人口密度 指一定地理（政治的、行政区域的、自然的、经济的、城乡的）范围内的人口数与相应土地面积的比值，反映一定地理范围内人口集居的稀密状况。计算公式为：

$$人口密度 = \frac{某地理范围内的总人口}{某地理范围内的土地面积}$$

计算结果表明每一平方公里内有多少人口。

年平均气温 指空气日平均温度一年内的平均值。计算方法为全年逐日累计平均气温除以 365 天，或逐月累计月平均气温除以 12 个月。

年最高气温 指一年内最高的日平均气温值。

年最低气温 指一年内最低的日平均气温值。

降水量 指一定时段内，降到平地上的降水（包括液态水和固态水）所积成的水层深度，以毫米数（mm）表示。测算时，固态水（如冰、雪）要折合成液态水。

第二部分　统计资料

综　　合

2-1 国民经济和社会主要指标

指　　标	单 位	2011年	2012年	2012年比2011年增长%
土地面积	平方公里	17224	17186	-0.2
城市建成区面积	平方公里	174	210	20.7
房屋建筑面积	万平方米	8399	10864	29.3
住宅建筑面积	万平方米	3985	5189	30.2
年末总人口	万人	232.3	230.3	-0.9
男　　性	万人	118.7	117.4	-1.1
女　　性	万人	113.6	112.9	-0.6
年末总户数	户	827571	838469	1.3
# 乡村户数	户	301376	301811	0.1
出生人口	人	24324	26419	8.6
死亡人口	人	5231	31472	501.6
人口密度	人/平方公里	135	134	-0.7
从业人员	万人	168.3	171.1	1.7
城镇从业人员	万人	88.8	93.9	5.7
国有经济	万人	21.9	22.4	2.3
城镇集体经济	万人	1.0	1.0	
其他单位合计	万人	9.6	10.6	10.4
内　　资	万人	8.8	9.4	6.8
港澳台投资经济	万人	0.3	0.4	33.3
外商投资经济	万人	0.5	0.8	60.0
城镇私营经济	万人	27.2	32.8	20.6
城镇个体	万人	29.1	27.1	-6.9
从业人员按产业分				
第一产业	万人	40.2	39.9	-0.7
第二产业	万人	52.4	53.2	1.5
第三产业	万人	75.7	78.0	3.0
在岗职工人数	万人	32.0	33.6	5.0
在岗职工人数按登记注册类型分				
国有经济	人	218059	221859	1.7
城镇集体经济	人	9726	10364	6.6
其他单位合计	人	92668	103285	11.5
乡村从业人员	万人	58.2	58.8	1.0
# 农林牧渔业	万人	38.6	38.2	-1.0
农林牧渔业总产值	亿元	195.1	213.4	3.8

2-1续表1

指　　标	单 位	2011年	2012年	2012年比2011年增长%
农林牧渔业总产值指数	上年=100	104.9	103.8	
农业机械总动力	万千瓦	218.7	226.1	3.4
化肥使用量（折纯量）	万吨	11.1	11.6	4.5
农村用电量	万千瓦小时	39468.0	40230.0	1.9
有效灌溉面积	公顷	196000	193810	-1.1
总播种面积	公顷	445340	444442	-0.2
# 粮食作物播种面积	公顷	323330	324947	0.5
粮食总产量	万吨	117.5	121.9	3.7
油料总产量	万吨	5.1	5.9	15.7
猪肉产量	万吨	2.8	2.8	
牛肉产量	万吨	3.3	3.3	
羊肉产量	万吨	3.1	3.2	3.2
奶类产量	万吨	307.5	311.0	1.1
规模以上工业企业单位数	个	267	273	2.2
大型企业	个	15	17	13.3
中型企业	个	60	62	3.3
小型企业	个	186	186	
微型企业	个	6	8	33.3
规模以上工业增加值指数	上年=100	111.4	111.0	
规模以上工业资产总计	万元	15225383	18118989	19.0
规模以上工业负债总计	万元	9956331	11754829	18.1
规模以上工业主营业务收入	万元	13206673	12482098	-5.5
规模以上工业企业利润总额	万元	2044018	999461	-51.1
社会消费品零售总额	万元	8900478	10222452	14.9
批零贸易业	万元	7867123	8820979	12.1
住宿和餐饮业	万元	1033355	1401473	35.6
批发零售贸易业零售总额	万元	7867123	8820979	12.1
限额以上批发零售贸易业销售总额	万元	8672377	8890363	2.5

2-1续表2

指 标	单 位	2011年	2012年	2012年比2011年增长%
# 零售额	万元	4335068	4803054	10.8
海关进出口总额	万美元	202456	170128	-16.0
# 出口额	万美元	102370	83292	-18.6
区内资金实际到位数	万元	2202753	2444538	11.0
区外资金实际到位数	万元	3363215	3928925	16.8
外商直接投资	万美元	8243	1909	-76.8
地区生产总值	万元	21772669	24587441	10.9
第一产业	万元	1094407	1205188	4.5
第二产业	万元	7899883	8023087	11.4
# 工业增加值	万元	6514298	6375556	10.0
第三产业	万元	12778379	15359166	11.1
人均地区生产总值	元	75266	83906	9.5
地区生产总值指数	上年=100	111.3	110.9	
第一产业	上年=100	105.1	104.5	
第二产业	上年=100	110.7	111.4	
# 工业增加值	上年=100	111.9	110.0	
第三产业	上年=100	112.2	111.1	
人均地区生产总值指数	上年=100	107.3	109.5	
地方财政总收入	万元	2852164	3163243	10.9
# 增 值 税	万元	105672	109496	3.6
营 业 税	万元	403577	535819	32.8
企业所得税	万元	123375	148733	20.6
地方财政支出	万元	2556680	2753195	7.7
金融机构存款余额	万元	31882103	38057598	19.4
# 单位存款	万元	18059141	21831178	20.9
居民储蓄存款余额	万元	10536834	12432682	18.0
金融机构贷款余额	万元	32166026	37072150	15.3

2-1续表3

指　　标	单 位	2011年	2012年	2012年比2011年增长%
#短期贷款	万元	6957129	8339087	19.9
中长期贷款	万元	24939798	28320650	13.6
其他类贷款	万元	268834	411747	53.2
职工工资总额	万元	1369546	1575290	15.0
国有经济	万元	1004687	1064101	5.9
城镇集体经济	万元	34808	39211	12.6
其他单位合计	万元	330050	471978	43.0
固定资产投资	万元	10316781	13014288	26.1
#国　有	万元	4785511	5738587	19.9
商品房销售额	万元	2401994	2603781	8.4
商品房销售面积	万平方米	583.7	478.2	-18.1
建筑企业单位数	个	178	191	7.3
建筑业总产值	万元	2109222	2454914	16.4
房屋建筑施工面积	万平方米	1403.7	1742.2	24.1
房屋建筑竣工面积	万平方米	405.0	358.0	-11.6
公路里程	公里	6606	6695	1.3
等级路里程	公里	6238	6339	1.6
市内公共电汽车数	辆	1673	1861	11.2
出租汽车数	辆	5568	5568	
邮电业务总量	万元	397954	444399	11.7
城市电话用户	万户	68.4	69.6	1.8
乡村电话用户	万户	3.1	3.2	3.2
幼儿园数	所	204	225	10.3
在园儿童数	万人	4.2	4.8	14.3
学龄儿童入学率	%	100.0	100.0	
小学专任教师数	万人	0.9	0.9	
小学学校数	所	341	268	-21.4
小学在校学生数	万人	17.7	17.3	-2.3
小学招生数	万人	3.1	2.8	-9.7
小学毕业生数	万人	3.0	2.9	-3.3

2-1续表4

指　　标	单 位	2011年	2012年	2012年比2011年增长%
普通中学专任教师数	万人	1.0	1.0	
普通中学学校数	所	122	114	-6.6
初中在校学生数	万人	9.6	9.3	-3.1
初中招生数	万人	3.2	3.1	-3.1
初中毕业生数	万人	3.3	3.1	-6.1
高中在校学生数	万人	6.0	6.2	3.3
高中招生数	万人	2.1	2.1	
高中毕业生数	万人	1.8	1.9	5.6
中等职业教育学校数	所	65	60	-7.7
中等职业教育学校在校学生数	万人	6.7	5.1	-23.9
中等职业教育学校招生数	万人	1.7	1.4	-17.6
中等职业教育学校毕业生数	万人	2.0	2.7	35.0
普通高等学校数	所	23	23	
普通高等学校在校学生数	万人	22.2	22.7	2.3
普通高等学校招生数	万人	6.5	6.3	-3.1
普通高等学校毕业生数	万人	5.3	6.0	13.2
广播覆盖率	%	98.5	98.7	0.2
电视覆盖率	%	94.9	95.4	0.5
公共图书馆	个	10	10	
公共图书馆藏书量	万册	288.8	302.4	4.7
旅游人数	万人次	1605.4	1844.5	14.9
# 外国人	万人次	8.5	8.7	2.4
供水管道长度	公里	718	724	0.8
供水总量	万吨	13986	13718	-1.9
# 生活用	万吨	9218	8035	-12.8
用水人口	万人	161.1	186.4	15.7
液化石油气供气量	吨	9996	15173	51.8
# 生活用	吨	9996	15173	51.8
天然气供气量	吨	38199	42050	10.1
# 生活用	吨	4353	5300	21.8

注：广播覆盖率、电视覆盖率增长为增减百分点。

2-1续表5

指　　标	单 位	2011年	2012年	2012年比2011年增长%
污水排放量	万吨	11189	10974	-1.9
污水处理量	万吨	8214	8783	6.9
排水管道长度	公里	1080	1174	8.7
生活垃圾清运量	万吨	59	60	1.7
生活垃圾无害化处理量	万吨	57.6	58.9	2.3
公园面积	公顷	2385	2730	14.5
建成区绿化覆盖率	%	36.0	36.1	0.3
卫生机构数	个	1815	1831	0.9
# 医院、卫生院	个	142	146	2.8
卫生防疫站	个	12	12	
妇幼保健站	个	12	11	-8.3
卫生机构床位数	张	13037	13225	1.4
# 医院、卫生院	张	11607	11723	1.0
卫生机构人员数	人	22993	23995	4.4
医院、卫生院技术人员	人	11395	12215	7.2
# 执业医师、助理医师	人	4507	4772	5.9
注册护士	人	4952	5501	11.1
火灾事故	件	2407	1730	-28.1
火灾伤亡人数	人	11	5	-54.5
火灾损失金额	万元	178	466	162.7
交通事故	件	679	598	-11.9
交通受伤人数	人	815	602	-26.1
交通死亡人数	人	133	142	6.8
交通事故损失金额	万元	181	128	-29.4
城镇居民人均可支配收入	元	28877	32646	13.1
城镇居民人均消费性支出	元	19106	21095	10.4
# 食品支出	元	5854	6492	10.9
农民人均纯收入	元	10038	11361	13.2
农民人均生活消费总支出	元	7090	8175	15.3
# 食品支出	元	2778	2814	1.3

2-2 国民经济主要比例关系

单位：%

指　　标	1978年	1985年	1990年	1995年	2000年	2005年	2010年	2012年
从业人员中三次产业比例	**100**	**100**	**100**	**100**	**100**	**100**	**100**	**100**
第一产业	54.0	45.6	41.9	40.1	36.6	30.4	25.3	23.3
第二产业	24.6	27.7	27.5	28.8	27.8	29.6	30.7	31.1
第三产业	21.4	26.7	30.6	31.1	35.6	40.0	44.0	45.6
地区生产总值中三次产业比例	**100**	**100**	**100**	**100**	**100**	**100**	**100**	**100**
第一产业	21.3	21.9	17.0	16.7	11.1	6.3	4.9	4.9
第二产业	46.8	47.6	40.9	42.6	37.6	37.3	36.4	32.6
第三产业	31.9	30.5	42.1	40.7	51.3	56.4	58.7	62.5
农业总产值中农、林、牧、渔业比例	**100**	**100**	**100**	**100**	**100**	**100**	**100**	**100**
# 农　　业	61.2	63.0	66.3	57.5	54.8	31.5	28.6	28.8
林　　业	9.6	8.3	3.3	3.1	7.4	1.3	1.7	1.4
牧　　业	26.8	25.8	27.3	37.8	36.1	65.3	67.8	67.6
渔　　业	0.1	0.5	1.4	1.6	1.6	0.9	0.9	1.1
工业总产值中轻、重工业比例	**100**	**100**	**100**	**100**	**100**	**100**	**100**	**100**
轻 工 业	54.8	60.4	61.0	62.0	55.1	43.5	48.9	50.8
重 工 业	45.2	39.6	39.0	38.0	44.9	56.5	51.1	49.2
固定资产投资比例	**100**	**100**	**100**	**100**	**100**	**100**	**100**	**100**
# 房地产开发			9.1	11.8	17.1	8.5	28.9	34.4
社会消费品零售总额比例	**100**	**100**	**100**	**100**	**100**	**100**	**100**	**100**
# 批发零售贸易业	86.7	72.7	82.2	74.2	75.7	75.7	86.8	86.3
住宿和餐饮业	3.4	3.3	2.0	23.0	23.0	23.0	12.9	13.7
财政收入占地区生产总值比例	26.0	17.8	14.8	10.1	9.5	11.0	13.0	12.9

注：2005年之后轻重工业比例为规模以上工业轻重工业比例。

2-3 国民经济和社会主要指标占内蒙比重

指　　标	单 位	呼 市	内 蒙	呼市占内蒙 %
年末总人口(常住人口)	**万人**	**294.9**	**2489.9**	**11.8**
年末在岗职工人数	**万人**	**33.6**	**265.3**	**12.7**
地区生产总值	**亿元**	**2458.7**	**15988.3**	**15.4**
第一产业	亿元	120.5	1447.4	8.3
第二产业	亿元	802.3	9032.5	8.9
#工　业	亿元	637.6	7966.6	8.0
第三产业	亿元	1535.9	5508.4	27.9
地方财政总收入	**亿元**	316.3	2497.3	12.7
财政总支出	**亿元**	275.3	3429.4	8.0
主要工业产品产量(规模以上)				
发 电 量	亿千瓦小时	404.2	3116.9	13.0
水　　泥	万吨	788.3	5872.1	13.4
化　　肥（按100%折纯）	万吨	31.0	123.0	25.2
烧　　碱	万吨	17.9	163.2	10.9
配混合饲料	万吨	64.1	454.1	14.1
服　　装	万件	335.4	3277.0	10.2
彩色电视机	万台	383.2	383.2	100.0
液 体 乳	万吨	136.6	273.4	50.0
卷　　烟	亿支	195.0	315.0	61.9
主要农畜产品产量和年末牲畜存栏数				
粮　　食	万吨	121.9	2528.5	4.8
油　　料	万吨	6.1	145.1	4.2
甜　　菜	万吨	2.8	167.9	1.7
猪 牛 羊 肉	万吨	9.3	213.7	4.4
牛　　奶	万吨	310.8	910.2	34.1
禽　　蛋	万吨	3.2	54.5	5.9
大牲畜存栏	万头	79.2	839.1	9.4
#奶　　牛	万头	74.0	263.3	28.1
羊 存 栏	万只	276.4	5144.1	5.4
猪 存 栏	万只	41.8	693.8	6.0

2-3续表

指　　标	单 位	呼 市	内 蒙	呼市占内蒙 %
全社会固定资产投资	**亿元**	**1301.4**	**13112.0**	**9.9**
#房地产开发	亿元	448.0	1291.4	34.7
运输、邮电				
公路货物周转量	亿吨公里	431.8	3299.0	13.1
公路旅客周转量	亿人公里	43.0	264.0	16.3
邮电业务总量	亿元	44.4	270.3	16.4
金　　融				
金融机构各项存款余额	亿元	3805.8	13612.7	28.0
金融机构各项贷款余额	亿元	3707.2	11284.2	32.9
社会消费品零售额	**亿元**	1022.2	4534.5	22.5
海关进出口额	**亿美元**	17.0	112.6	15.1
#出 口 额	亿美元	8.3	39.7	21.0
文　　化				
艺术表演团体	个	13	121	10.7
报纸出版量	万份	14963.0	25900.0	57.8
杂志出版量	万册	1107.0	1793.0	61.7
教　　育				
普通高校在校学生数	万人	22.7	39.1	58.1
中等职业学校在校学生数	万人	5.1	13.8	37.0
普通中学在校学生数	万人	15.5	124.7	12.4
小学在校学生数	万人	17.3	136.5	12.7
卫　　生				
医疗卫生单位床位数	万张	1.3	11.1	11.7
卫生技术人员	万人	1.8	14.0	12.9
人 民 生 活				
在岗职工年工资总额	亿元	157.5	1280.6	12.3
在岗职工年平均工资	元	44402	47053	
城镇居民人均可支配收入	元	32646	23150	
农民人均纯收入	元	11361	7611	
城乡居民储蓄存款余额	亿元	1243.3	6656.6	18.7

2-4 青 城 一 日

指 标	单 位	1978年	1985年	1990年	1995年	2000年	2005年	2010年	2012年
全市每天创造的财富									
地区生产总值	万元	148	389	841	2576	5476	21172	51115	67363
第一产业	万元	32	85	143	431	611	1292	2502	3302
第二产业	万元	69	185	344	1096	2057	7610	18601	21981
# 工 业	万元	57	146	309	982	1792	6063	15262	17467
第三产业	万元	47	119	354	1049	2808	12269	30012	42080
工农业总产值	万元	445	892	1333	2914	6677	18830	37024	52725
工业总产值	万元	337	725	1122	2551	5679	16567	32575	46878
农业总产值	万元	108	166	211	363	998	2263	4449	5847
地方财政总收入	万元	39	69	125	120	350	1352	6615	8666
财政支出	万元	27	66	124	225	544	1976	4854	7543
粮 食	吨	677	929	1485	1934	2306	3145	3181	3340
肉 类	吨	30	39	48	129	241	304	270	277
奶 类	吨		38	84	203	642	6241	8374	8522
发 电 量	万千瓦时	84	98	110	162	266	5563	9661	11074
水 泥	吨	523	986	1044	1507	2822	4236	14347	21596
化肥（按100%折纯）	吨	60	45	57	59	549	704	1493	850
服 装	万件				5	2	2	1	1
乳 制 品	吨				22	98	5555	4587	4022
卷 烟	箱	192	403	658	671	603	712	986	1068
电 视 机	台	3	480	1043	891	1419	6551	5599	10499
移动电话	部						2710	7562	10153

2-4续表

指　　标	单 位	1978年	1985年	1990年	1995年	2000年	2005年	2010年	2012年
全市每天消费（销售）量									
社会消费品零售额	万元	94	250	456	1182	3455	8353	20729	28007
城乡居民消费总额	万元	76	223	461	1007	1749	4389	11552	15932
平均每人消费总额	元	0.5	1.3	2.5	5.2	8.4	16.6	41	54
全市每天其他经济活动									
固定资产投资额	万元	37	121	133	705	1885	11513	24143	35656
城镇新建住宅	平方米			937	1578	4383	8114	14740	8918
公路客运量	万人	0.3	0.6	1.4	2.2	5.8	10.3	4.4	4.6
公路货运量	万吨	2.0	2.1	2.5	6.9	5.8	16.8	22.2	35.0
市内公共交通客运量	万人次				12.8	11.5	46.2	123.2	95.3
进出口总额	万美元			1	10	159	292	413	466
#出　口				1	7	140	163	208	228
接待旅游者人数	人次		31	25	57	4567	10740	35933	50534
邮电业务总量	万元	1	5	11	56	324	852	2222	1218
邮寄函件	万件	2	5	4	6	6	5	3	2
居民新增储蓄额	万元		26	130	452	352	2015	4217	5194
用电量	万千瓦时				434	625	1282	3479	4205
人均生活用水	升	11	236	217	241	203	175	87.6	73.8
燃气供应量	万立方米				4.7	8.6	12.0	83.9	115.2
全市每天人口变动及婚姻									
出　生	人	73	64	110	66	86	58	75	72
死　亡	人	25	25	27	27	62	68	49	86
结　婚	对				37	24	33	59	83
离　婚	对				6	4	5	9	10

2-5 平均每人主要社会经济活动

指　　标	单　位	1978年	1985年	1990年	1995年	2000年	2005年	2010年	2012年
地区生产总值	元	**347**	**819**	**1641**	**4844**	**8231**	**29562**	**65518**	**83906**
第一产业	元	74	179	279	890	918	1805	3207	4113
第二产业	元	162	390	672	2050	3092	10626	23843	27379
#工　业	元	134	307	604	1811	2693	8466	19562	21757
第三产业	元	111	250	690	1904	4221	17132	38469	52414
工农业总产值	元	**1064**	**1900**	**2641**	**5107**	**11881**	**32098**	**48415**	**65681**
工业总产值	元	804	1545	2222	4423	9943	28241	42597	58398
农业总产值	元	259	355	418	684	1938	3857	5817	7283
地方财政总收入	元	**92**	**148**	**247**	**227**	**613**	**2304**	**8651**	**10795**
财政支出	元	**65**	**141**	**245**	**424**	**953**	**3368**	**6348**	**9395**
农牧业生产									
耕地面积	公顷	0.3	0.2	0.2	0.2	0.3	0.2	0.2	0.2
粮　　食	千克	162	198	294	365	404	536	416	416
油　　料	千克	4	17	22	42	37	28	13	21
蔬　　菜	千克	106	83	105	195	291	209	257	246
年末大牲畜	头	0.1	0.1	0.1	0.1	0.1	0.4	0.3	0.3
#奶　牛	头						0.3	0.3	0.3
猪牛羊肉	千克	5	8	9	22	39	48	33	32
奶　　类	千克		8	17	38	121	1064	1095	1062
禽　　蛋	千克	0.6	2	4	11	15	16	11	11
主要工业产品产量									
发 电 量	千瓦小时	201	208	218	304	466	9484	12632	13795
水　　泥	千克	125	210	207	284	494	722	1877	2690
化　　肥（按100%折纯）	千克	14	10	11	11	96	120	196	106
服　　装	件				9	4	3	2	1
乳 制 品	千克				4	17	947	600	501
卷　　烟	箱		0.1	0.1	0.1	0.1	0.1	0.1	0.1
电 视 机	台/万人		1022	2066	1670	2485	11167	7321	13079
移动电话	部/万人						4619	9887	12648

2-5续表

指 标	单 位	1978年	1985年	1990年	1995年	2000年	2005年	2010年	2012年
批发零售贸易、餐饮业									
社会消费品零售额	元	224	532	904	2228	6048	14240	27107	34889
固定资产投资									
固定资产投资额	元	87	257	264	1323	3300	19626	31572	44417
新增固定资产	元				767	1845	9492	24371	23583
城市建设									
城市居民日生活用水	升	11	236	217	241	203	175	87.6	73.8
城乡居民日生活用电	千瓦小时				0.2	0.3	0.8	1.3	1.3
拥有公共交通车辆	辆/万人	0.5	0.7	1.1	4.5	4.7	7.8	10	10
城市公共绿地面积	平方米	2.0	1.3	2.7	3.1	5.9	8.6	15.4	15.1
教育、卫生									
普通高校在校学生数	人/万人	46	106	113	164	325	634	750	770
中等职业学校在校学生数	人/万人	32	68	81	130	213	176	191	173
医院床位数	张/万人	27	32	41	35	36	37	37	45
医 生 数	人/万人				29	26	23	24	25
人民生活									
在岗职工年平均工资	元	639	1093	1750	4200	7548	19715	37685	44402
城镇居民人均可支配收入	元		775	1149	3008	5582	12150	25174	32646
城镇居民人均消费性支出	元		786	1023	2785	4613	8768	16624	21095
农民人均纯收入	元		321	574	1243	2539	4631	8746	11361
农民人均消费性支出	元		274	466	1056	1558	2767	5526	8175
城乡居民储蓄存款	元	36	228	912	3430	7291	17728	33311	42432
城镇居民住宅建筑面积	平方米				14.9	17.2	24.8	30.2	31.5
农村居民住房面积	平方米				17	20	22.6	27.3	26.7
拥有电话机	部/万人				584	2452	9557	12407	15356

2-6 国民经济和社会发

指　　标	单 位	总　量　指　标							
		1978年	1985年	1990年	1995年	2000年	2005年	2010年	2012年
人　口									
年末总人口	万人	154.0	172.2	185.7	194.5	209.2	213.5	229.6	230.3
就　业									
从业人员	万人	64.6	82.3	91.1	104.4	122.7	145.8	165.5	171.1
职工人数	万人	26.4	40.8	43.5	48.5	37.0	30.2	31.1	33.6
国民经济核算									
地区生产总值	亿元	5.4	14.2	30.7	94.0	199.9	743.7	1865.7	2458.7
第一产业	亿元	1.2	3.1	5.2	15.7	22.3	47.2	91.3	120.5
第二产业	亿元	2.5	6.8	12.6	40.0	75.1	277.8	679.0	802.3
#工　业	亿元	2.1	5.3	11.3	35.8	65.4	221.3	557.1	637.6
第三产业	亿元	1.7	4.3	12.9	38.3	102.5	418.7	1095.4	1535.9
人均地区生产总值	元	347	253	1641	4844	8231	29562	65518	83906
财　政									
地方财政总收入	亿元	1.4	2.5	4.6	4.4	12.8	49.3	241.5	316.3
财政支出	亿元	1.0	2.4	4.5	8.2	19.9	72.1	177.2	275.3
农 牧 业									
农林牧渔业从业人员	万人	34.9	37.5	38.2	41.9	43.8	43.1	40.6	38.2
农林牧渔业总产值	亿元	1.6	3.9	7.5	27.4	40.4	82.6	162.4	213.4
主要农畜产品产量									
粮　食	万吨	24.7	33.9	54.2	70.6	84.2	114.8	116.1	121.9
油　料	万吨	0.6	2.9	4.1	8.1	7.8	6.1	3.5	6.1
猪牛羊肉产量	吨	7997	14203	16621	42813	82125	103491	91879	93194
牛　奶	吨	45	13789	30706	74025	234334	2278051	3056401	3108170
年末牲畜总头数	万头、只	137.6	127.7	152.1	181.3	188.7	199.2	261.7	397.4
大 牲 畜	万头	18.7	21.7	20.8	23.8	28.3	75.4	76.3	79.2
羊	万只	86.5	85.1	111.4	119.7	118.2	93.1	156.2	276.4
生　猪	万口	32.4	20.8	19.9	37.7	42.2	30.7	29.2	41.8

注：2000年及以后职工人数为在岗职工人数。

展总量与速度指标

速度指标（%）										
指数(2012年比以下各年)						平均增长速度				
1978年	1990年	1995年	2000年	2005年	2010年	1979-2012	1991-1995	1996-2000	2001-2005	2006-2012
149.5	124.0	118.4	110.1	107.9	100.3	1.2	0.9	1.5	0.4	1.1
264.9	187.8	163.9	139.4	117.4	103.4	2.9	2.8	0.1	3.5	2.3
127.3	77.2	69.3	90.8	111.3	108.0	0.7	2.2	-5.3	-4.0	1.5
8677.3	2716.9	1446.4	808.7	257.2	123.4	14.0	13.4	12.3	25.8	14.4
1266.7	607.1	362.3	260.7	141.6	109.8	7.8	10.9	6.8	13.0	5.1
10159.9	3100.2	1516.8	906.4	270.7	123.3	14.6	15.4	10.9	27.3	15.3
10397.8	3201.2	1450.9	891.3	283.3	123.1	14.6	15.4	10.2	25.9	16.0
12773.7	3239.9	1653.1	865.4	262.6	124.7	15.3	14.4	13.8	26.9	14.8
4958.2	1859.4	1081.0	649.6	224.4	117.5	12.2	11.5	10.8	24.4	12.2
22434.0	6952.1	7205.5	2475.1	641.6	131.0	17.3	16.0	16.1	32.3	30.4
27629.0	6112.6	3365.3	1391.2	383.2	155.9	18.0	-0.7	23.8	31.0	21.2
109.5	100.0	91.2	87.2	88.6	94.1	0.3	1.9	0.9	0.3	-1.7
13337.5	2845.3	778.8	528.2	258.4	131.4	15.5	11.4	8.4	11.2	14.5
493.5	224.9	172.7	144.8	106.2	105.0	4.8	5.4	3.6	6.4	0.9
1016.7	148.8	75.3	78.2	100.0	174.3	7.1	14.6	-0.8	-4.8	0.0
1165.4	560.7	217.7	113.5	90.1	101.4	7.5	20.8	13.9	4.7	-1.5
6907044.4	10122.4	4198.8	1326.4	136.4	101.7	38.8	19.2	25.9	57.6	4.5
288.8	261.3	219.2	210.6	199.5	151.9	3.2	3.6	0.8	1.1	10.4
423.5	380.8	332.8	279.9	105.0	103.8	4.3	2.7	3.5	21.6	0.7
319.5	248.1	230.9	233.8	296.9	177.0	3.5	1.4	-0.3	-4.6	16.8
129.0	210.1	110.9	99.1	136.2	143.2	0.8	13.6	2.3	-6.2	4.5

2-6续表1

指　　标	单 位	总　量　指　标							
		1978年	1985年	1990年	1995年	2000年	2005年	2010年	2012年
规模以上工业									
主要产品产量									
配、混合饲料	万吨		1.6	3.0	2.2	13.3	37.8	63.2	64.1
液　体　乳	万吨					11.8	198.6	156.3	136.6
卷　　烟	万箱	7.0	14.7	24.0	24.5	22.0	26.0	36.0	39.0
原油加工量	万吨				78.1	116.0	107.7	125.6	58.9
焦　　碳	万吨	13.7	15.3	15.0	15.6	16.5	26.3	60.3	54.4
化肥(折纯)	万吨	2.2	1.7	2.1	2.2	20.0	25.7	30.4	31.0
电　视　机	万台	0.1	17.5	38.1	32.5	51.8	239.1	204.4	383.2
发　电　量	亿千瓦小时	3.1	3.6	4.0	5.9	9.7	203.1	352.6	404.2
服　　装	万件			160.0	1652.0	754.1	565.6	413.0	335.4
固定资产投资									
固定资产投资总额	亿元	1.3	4.4	4.9	25.7	68.8	420.2	881.2	1301.4
房地产开发	亿元			0.4	3.0	11.8	35.9	254.4	448.0
竣工的住宅面积	万平方米		37.8	36.8	58.4	160.0	296.2	538.0	325.5
国内贸易									
社会消费品零售总额	亿元	3.4	9.1	16.7	43.1	126.1	307.8	756.6	1022.2
对外经济贸易									
进出口总额	万美元			199	3644	7001	106455	150604	170128
#出口总额	万美元			197	2675	5216	59411	75912	83292
运输、邮电									
公路客运量	万人	104	214	494	816	2101	3764	1605	1691
公路货运量	万吨	730	778	906	2503	2105	6131	8116	12790

速度指标										
指数（2012年比以下各年）						平均增长速度				
1978年	1990年	1995年	2000年	2005年	2010年	1979-2012	1991-1995	1996-2000	2001-2005	2006-2012
	2136.7	2913.6	482.0	169.6	101.4		-6.0	43.3	23.2	7.8
			1157.6	68.8	87.4				75.9	-5.2
557.1	162.5	159.2	177.3	150.0	108.3	5.2	0.4	-2.1	3.4	6.0
		75.4	50.8	54.7	46.9			8.2	-1.5	-8.3
397.1	362.7	348.7	329.7	206.8	90.2	4.1	0.8	1.1	9.8	10.9
1409.1	1476.2	1409.1	155.0	120.6	102.0	8.1	0.9	55.5	5.1	2.7
383200.0	1005.8	1179.1	739.8	160.3	187.5	27.5	-3.1	9.8	35.8	7.0
13038.7	10105.0	6850.8	4167.0	199.0	114.6	15.4	8.1	10.5	83.7	10.3
	209.6	20.3	44.5	59.3	81.2		59.5	-14.5	-5.6	-7.2
100110.0	26559.8	5063.9	1891.6	309.7	147.7	22.5	48.3	16.1	43.6	17.5
	112000.0	14933.3	3796.6	1247.9	176.1		56.3	32.7	24.9	43.4
	884.5	557.4	203.4	109.9	60.5		9.7	22.3	13.1	1.4
29888.9	6139.3	2369.5	810.6	332.1	135.1	18.3	21.0	23.9	19.9	18.7
	85491.5	4668.7	2430.1	159.8	113.0		78.9	14.0	72.3	6.9
	42280.2	3113.7	1596.9	140.2	109.7		68.5	14.3	62.7	4.9
1626.0	342.3	207.2	80.5	44.9	105.4	8.5	10.6	20.8	12.4	-10.8
1752.1	1411.7	511.0	607.6	208.6	157.6	8.8	22.5	-3.4	23.8	11.1

2-6续表2

指　　标	单 位	总　量　指　标							
		1978年	1985年	1990年	1995年	2000年	2005年	2010年	2012年
公路旅客周转量	万人公里	7148	14823	35090	84711	219849	415628	405585	429614
公路货运周转量	万吨公里	11894	20560	24524	81959	155116	741851	2736375	4317665
邮电业务总量	万元	361	1668	3932	20315	118213	311128	811047	444399
金融保险									
金融机构各项存款	亿元	8.7	11.7	29.2	88.3	311.6	803.9	2678.9	3805.8
金融机构各项贷款	亿元	5.3	10.9	34.0	84.0	261.2	874.0	2522.5	3707.2
保费收入	万元				13877	40002	116996	371460	471815
保费支出	万元				8268	14975	21864	96532	164831
教　　育									
专任教师数									
普通高校	人	2150	3791	4392	4242	5307	8553	12107	12416
中等职业学校	人	781	1892	1972	2248	1796	563	1108	2098
普通中学	人	8369	5670	6639	6234	7098	8349	9088	10185
小　　学	人	9584	10521	12015	12774	11270	10348	10201	8887
在校学生数									
普通高校	万人	0.70	1.81	2.08	2.41	4.37	13.57	21.53	22.71
中等职业学校	万人	0.49	1.17	1.49	1.96	3.93	3.77	7.16	5.11
普通中学	万人	13.36	9.32	8.92	9.11	11.48	14.91	15.66	15.52
小　　学	万人	20.18	19.00	19.07	20.57	20.62	18.53	17.75	17.32
卫　　生									
卫生医疗机构数	个	478	632	704	597	199	199	1860	1831
医疗机构床位数	张	4188	5461	7555	7335	7441	8828	12675	13225
卫生技术人员数	人	6467	11215	12941	12028	10879	10868	16627	17990
人民生活									
城镇居民人均可支配收入	元		775	1149	3008	5354	12150	25174	32646
农牧民人均纯收入	元		321	574	1243	2539	4631	8746	11361
城乡居民储蓄存款余额	亿元	0.5	3.9	16.8	66.7	152.5	379.6	929.8	1243.3
物价总指数（上年=100）									
居民消费价格指数	%	101.0	110.0	101.8	117.6	103.0	101.5	102.6	103.1

速　度　指　标										
指数（2012年比以下各年）						平均增长速度				
1978年	1990年	1995年	2000年	2005年	2010年	1979-2012	1991-1995	1996-2000	2001-2005	2006-2012
6010.3	1224.3	507.2	195.4	103.4	105.9	12.8	19.3	21.0	13.6	0.5
36301.2	17605.9	5268.1	2783.5	582.0	157.8	18.9	27.3	13.6	36.7	28.6
123102.2	11302.1	2187.5	375.9	142.8	54.8	23.3	38.9	42.2	21.4	5.2
43744.8	13033.6	4310.1	1221.4	473.4	142.1	19.6	24.7	28.7	20.9	24.9
69947.2	10903.5	4413.3	1419.3	424.2	147.0	21.2	19.8	25.5	27.3	22.9
		3400.0	1179.5	403.3	127.0			23.6	23.9	22.0
		1993.6	1100.7	753.9	170.8			12.6	7.9	33.5
577.5	282.7	292.7	234.0	145.2	102.6	5.3	-0.7	4.6	10.0	5.5
268.6	106.4	93.3	116.8	372.6	189.4	2.9	2.7	-4.4	-20.7	20.7
121.7	153.4	163.4	143.5	122.0	112.1	0.6	-1.3	2.6	3.3	2.9
92.7	74.0	69.6	78.9	85.9	87.1	-0.2	1.2	-2.5	-1.7	-2.2
3242.9	1091.3	941.9	519.5	167.3	105.5	10.8	3.0	12.7	25.4	7.6
1040.8	342.3	260.2	129.8	135.3	71.4	7.1	5.6	14.9	-0.1	4.4
116.0	173.8	170.1	135.0	104.0	99.1	0.4	0.4	4.7	5.4	0.6
85.7	90.7	84.1	83.9	93.4	97.6	-0.5	1.5	…	-2.1	-1.0
383.1	260.1	306.7	920.1	920.1	98.4	4.0	-3.2	-19.7		37.3
315.8	175.0	180.3	177.7	149.8	104.3	3.4	-0.6	0.3	3.5	5.9
278.2	139.0	149.6	165.4	165.5	108.2	3.1	-1.5	-2.0		7.5
	2841.3	1085.3	609.7	268.7	129.7		21.2	12.2	17.8	15.2
	1979.3	914.0	447.5	245.3	129.9		16.7	15.4	12.8	13.7
248660.0	7400.6	1863.5	815.3	327.5	133.7	25.9	31.8	18.0	20.0	18.5
690.8	330.0	171.7	130.6	123.2	108.8	5.8	16.2	3.5	1.3	3.0

2-7 城乡居民物质文化生活主要指标

指　　标	单 位	2011年	2012年	2012年比2011年增长%
就　业				
每一农村劳动力负担人数	人	1.41	1.38	-2.1
每一城镇就业者负担人数	人	1.89	1.85	-2.1
城镇登记失业率	%	3.7	3.6	-2.7
收　入				
城镇居民人均可支配收入	元	28877	32646	13.1
农民人均纯收入	元	10038	11361	13.2
在岗职工平均工资	元	40476	44402	9.7
消费水平				
居民人均消费水平	元	17362	19847	14.3
农村居民	元	2541	2962	16.6
城镇居民	元	14822	16885	13.9
储　蓄				
城乡居民储蓄存款	万元	10536835	12432682	18.0
人均储蓄	元	36423	42427	16.5
住　房				
城市人均住房建筑面积	平方米	30.9	31.5	1.9
农民人均生活用房面积	平方米	29.2	26.7	-8.6
交　通				
城镇每百户拥有助力车	辆	29	36	24.1
农民每百户拥有自行车	辆	90	94	4.4
城市每万人拥有公交车辆	辆	10	10	
文　化				
城镇每百户拥有彩色电视机	台	107	106	-0.9
农村每百户拥有电视机	台	100	99	-1.0
城镇每百户拥有电脑	台	65	68	4.6
农村每百户拥有电脑	台	11	11	
每人每年有杂志	册	3.8	3.8	
每百人每天有报纸	份	13.5	14	3.7
教　育				
学龄儿童入学率	%	100.0	100.0	
每万人拥有在校大学生数	人	1107	1167	5.4
卫　生				
每万人拥有医院病床	张	37	45	21.6
每万人拥有医生数	人	24	25	4.2

第二部分　统计资料

国民经济核算

3-1 历年地区生产总值

（按当年价格计算）

单位：万元

年　份	地　区 生产总值	第一产业	第二产业	#工　业	第三产业	人均地区 生产总值 （元）
1949	4605	3497	394	221	714	73
1950	5406	3892	502	313	1012	84
1951	5771	3792	738	485	1241	83
1952	7954	5098	1041	626	1815	109
1953	10146	5931	1718	987	2497	135
1954	12872	7594	1936	1317	3342	164
1955	11973	6109	2167	1564	3697	147
1956	16141	7497	3777	2266	4867	191
1957	15379	6040	3839	2383	5500	172
1958	19783	6847	6631	4518	6305	214
1959	23339	7072	8851	6257	7416	241
1960	29051	7117	12864	9535	9070	274
1961	23125	7190	7287	6051	8648	210
1962	19682	6417	5666	4752	7599	183
1963	20519	7409	5704	4633	7406	189
1964	23376	8908	6329	5073	8139	209
1965	27249	8406	9074	6790	9769	236
1966	31691	8874	11660	8747	11157	268
1967	32462	10169	11438	8214	10855	269
1968	33849	10214	11482	9379	12153	275
1969	33554	10455	9682	7815	13417	266
1970	38264	10565	14130	12123	13569	297
1971	44163	12398	16768	14097	14997	335
1972	43465	12860	17383	14420	13222	319
1973	45734	13623	18353	15083	13758	326
1974	43673	14497	15064	11590	14112	307
1975	49036	15048	18968	15111	15020	334
1976	51289	14170	20381	15695	16738	346
1977	52964	14660	21756	16866	16548	343
1978	54124	11538	25315	20847	17271	347
1979	66180	17135	30632	23773	18413	410

3-1续表 单位：万元

年 份	地区生产总值	第一产业	第二产业	#工 业	第三产业	人均地区生产总值（元）
1980	67615	16485	33009	27971	18121	412
1981	75454	17034	36844	27860	21576	457
1982	86916	20191	40669	31329	26056	513
1983	97566	22719	45790	34318	29057	574
1984	114121	28172	49574	41703	36375	667
1985	142136	31099	67639	53232	43398	819
1986	154515	26997	71818	58480	55700	885
1987	168834	26295	78074	65893	64465	949
1988	236116	42363	96389	84587	97364	1318
1989	271744	35720	115879	104070	120145	1466
1990	306867	52205	125589	112944	129073	1641
1991	358603	61216	149392	129718	147995	1903
1992	437264	68252	186664	157696	182348	2259
1993	573852	61604	288289	250322	223959	2946
1994	792719	98619	380600	340146	313500	4019
1995	940291	157330	399959	358276	383002	4735
1996	1164757	212827	480835	431137	471095	5821
1997	1340303	214665	533801	477593	591837	6565
1998	1537446	237041	589490	522941	710915	7487
1999	1714764	218400	649451	574870	846913	8209
2000	1998711	222959	750903	654013	1024849	8231
2001	2460126	227419	905106	753411	1327601	10036
2002	3249735	289732	1177637	979479	1782366	13115
2003	4278716	366601	1543828	1235381	2368287	17085
2004	5458920	426005	1939508	1570667	3093407	21736
2005	7727600	471700	2777600	2213100	4478300	29562
2006	9267900	512600	3502400	2837700	5252900	34875
2007	11287300	621400	4155000	3462000	6510900	41836
2008	14036700	751600	5064100	4184600	8221000	51154
2009	16439926	780935	5932490	4870800	9726501	58798
2010	18657140	913272	6789540	5570516	10954328	65518
2011	21772669	1094407	7899883	6514298	12778379	75266
2012	24587441	1205188	8023087	6375556	15359166	83906

3-2 历年地区生产总值指数

（以上年为100）

单位：%

年　份	地区生产总值	第一产业	第二产业	#工　业	第三产业	人均地区生产总值
1949						
1950	118.3	111.9	141.1	139.4	138.2	114.8
1951	99.3	94.9	129.4	142.9	103.6	92.5
1952	141.1	138.7	146.9	133.7	146.2	134.2
1953	112.7	105.2	148.2	142.3	118.6	109.1
1954	123.3	122.6	111.3	129.7	132.9	118.5
1955	87.8	78.0	107.3	114.1	103.0	84.7
1956	134.4	125.4	171.2	144.2	131.9	129.1
1957	95.9	80.6	103.9	108.3	118.8	91.0
1958	119.2	107.4	158.8	174.2	109.6	114.9
1959	112.0	98.4	126.8	129.3	115.7	107.0
1960	119.3	96.9	142.0	147.7	120.6	108.9
1961	73.3	94.4	51.5	59.2	80.8	70.8
1962	86.4	90.1	77.8	78.3	89.0	88.4
1963	109.3	117.9	104.6	101.7	103.8	108.1
1964	116.5	121.0	113.6	100.2	113.3	113.0
1965	112.4	92.2	139.8	146.3	119.1	108.9
1966	120.2	113.7	131.8	130.4	117.5	117.3
1967	100.5	112.8	91.7	95.3	96.7	98.6
1968	108.6	102.5	111.0	114.0	113.3	106.5
1969	100.0	99.1	88.1	85.8	110.4	97.5
1970	115.0	104.0	149.1	161.0	102.8	112.7
1971	114.2	116.8	115.6	116.0	110.8	111.6
1972	96.8	100.3	103.3	102.1	87.2	93.8
1973	109.3	117.3	106.9	105.1	103.4	105.8
1974	95.7	102.5	82.1	78.5	103.5	93.6
1975	112.0	103.6	128.0	129.4	106.9	109.5
1976	105.7	98.9	108.0	106.0	111.1	104.7
1977	99.5	101.6	101.3	103.6	95.4	95.5
1978	98.5	74.6	115.3	120.3	105.2	97.7
1979	117.2	122.7	122.1	118.5	106.6	113.3

3-2续表

单位：%

年　份	地区生产总值	第一产业	第二产业	#工　业	第三产业	人均地区生产总值
1980	101.6	110.8	105.0	113.1	88.3	99.9
1981	106.1	97.7	101.8	100.0	123.0	105.4
1982	116.1	124.1	111.2	110.8	116.0	113.1
1983	113.4	108.5	110.6	111.8	121.8	113.1
1984	119.4	129.3	111.9	118.1	120.3	118.5
1985	112.4	78.3	138.4	116.7	113.4	110.9
1986	104.3	86.9	99.4	104.3	122.3	103.6
1987	102.5	91.3	107.4	111.0	101.9	100.7
1988	119.4	137.9	106.8	115.9	127.4	118.6
1989	101.8	78.2	109.7	108.4	103.9	98.4
1990	110.1	134.7	105.4	97.6	107.1	109.2
1991	106.1	106.3	105.6	111.1	106.4	105.2
1992	115.7	108.4	119.4	116.1	114.8	112.7
1993	122.5	122.2	129.3	133.0	115.3	121.8
1994	124.3	114.6	129.9	134.1	120.4	122.8
1995	105.0	103.8	96.5	95.9	115.6	104.3
1996	113.5	119.1	113.1	113.1	109.3	112.6
1997	109.5	102.3	107.1	106.7	112.1	107.4
1998	112.8	106.2	109.5	108.3	113.5	112.1
1999	111.2	95.9	110.6	110.6	118.2	109.3
2000	114.7	112.0	114.0	112.6	116.2	113.8
2001	121.0	99.0	125.3	120.8	122.7	119.7
2002	130.9	127.4	130.0	130.2	132.2	129.5
2003	125.7	118.1	125.3	121.2	127.2	124.4
2004	122.9	110.3	124.0	126.5	124.1	120.9
2005	128.6	112.1	132.3	131.0	128.6	126.5
2006	118.1	108.6	122.4	125.0	116.4	116.3
2007	118.1	103.7	119.3	122.8	118.8	116.1
2008	114.1	107.8	113.2	113.0	115.2	112.2
2009	115.9	104.3	117.2	116.0	116.1	113.7
2010	113.0	104.7	113.3	114.3	113.3	110.9
2011	111.3	105.1	110.7	111.9	122.2	107.3
2012	110.9	104.5	111.4	110.0	111.1	109.5

3-3 地区生产总值

（按当年价格计算）

单位：亿元

指　　标	2011年	2012年	2012年比2011年增长%
绝对额			
地区生产总值	2177.26	2458.74	10.9
第一产业	109.44	120.52	4.5
第二产业	789.99	802.31	11.4
工　业	651.43	637.56	10.0
建筑业	138.56	164.75	17.7
第三产业	1277.83	1535.92	11.1
交通运输、仓储和邮政业	391.23	451.42	12.1
批发和零售业	208.42	263.56	13.8
住宿和餐饮业	135.83	157.21	9.3
金融业	101.14	180.87	19.7
房地产业	58.15	65.29	10.2
其他营利性服务业	212.22	231.79	5.4
非营利性服务业	170.84	185.78	6.2
构　成（%）			
地区生产总值	100.00	100.00	
第一产业	5.03	4.90	
第二产业	36.28	32.63	
工　业	29.92	25.93	
建筑业	6.36	6.70	
第三产业	58.69	62.47	
人均地区生产总值（元）	**75266**	**83906**	**9.5**

3-4 第三产业增加值及其构成

（按当年价格计算）　　单位:亿元、%

指　　标	总　量		构　成	
	2011年	2012年	2011年	2012年
第三产业	1277.83	1535.92	100.00	100.00
交通运输、仓储和邮政业	391.23	451.42	30.62	29.39
批发和零售业	208.42	263.56	16.31	17.16
住宿和餐饮业	135.83	157.21	10.63	10.24
金融业	101.14	180.87	7.91	11.78
房地产业	58.15	65.29	4.55	4.25
其他营利性服务业	212.22	231.79	16.61	15.09
信息传输计算机服务及软件业	67.39	70.34	5.27	4.58
租赁和商务服务业	40.40	43.91	3.16	2.86
居民服务和其他服务业	78.66	89.51	6.16	5.83
文化、体育和娱乐业	25.77	28.03	2.02	1.82
非营利性服务业	170.84	185.78	13.37	12.10
科学研究、技术服务和地质勘查业	25.92	27.36	2.03	1.78
水利、环境和公共设施管理业	11.21	11.83	0.88	0.77
教　育	37.13	39.20	2.91	2.55
卫生、社会保障和社会福利业	17.01	17.96	1.33	1.17
公共管理和社会组织	79.57	89.43	6.23	5.82

3-5 按支出法计算的地区生产总值

（按当年价格计算）

单位：万元

	2011年	2012年	2012年比2011年增长%
地区生产总值	**21772669**	**24587441**	**10.9**
最终消费	8485715	9361844	12.9
居民消费	5022724	5815105	18.6
农村居民	734994	867826	23.2
城镇居民	4287730	4947279	17.8
政府消费	3462991	3546739	4.7
资本形成总额	12098172	14908263	17.7
固定资本形成总额	10441233	13014370	18.8
存货增加	1656939	1893893	11.0
货物和服务净流出	1188782	317334	-72.9

3-6 总产出

（按当年价格计算）

单位：万元

	2011年	2012年	2012年比2011年增长%
总 产 出	**49287036**	**55367254**	**11.1**
第一产业	1950793	2133999	3.8
第二产业	25390847	26719293	11.3
工 业	20163440	19506003	5.5
建筑业	5227407	7213290	13.9
第三产业	21945396	26513962	11.6
交通运输仓储和邮政业	7873553	9044548	13.4
批发和零售贸易餐饮业	4729357	5757553	11.9

主要统计指标解释

生产总值 是按市场价格计算的生产总值的简称，它是一个国家或地区所有常住单位在一定时期内生产活动的最终成果。生产总值有三种表现形态，即价值形态、收入形态和产品形态。从价值形态看，它是所有常住单位在一定时期内所生产的全部货物和服务价值超过同期投入的全部非固定资产货物和服务价值的差额，即所有常住单位的增加值之和；从收入形态看，它是所有常住单位在一定时期内所创造并分配给我们常住单位和非常住单位的初次分配收入之和；从产品形态看，它是最终使用的货物和服务减去进口货物和服务。在核算中，生产总值的三种表现形态表现为三种计算方法，即生产法、收入法和支出法。三种方法分别从不同的方面反映生产总值及其构成。

总产出 是一定时期内生产的所有货物和服务的价值。它是货物和服务的全部价值，包括转移价值和新增价值两部分。总产出用生产者价格估价。

中间投入 是常住单位在生产或提供货物与服务过程中消耗和使用的所有非固定资产货物和服务价值。中间投入也称为中间消耗。计入中间投入应按生产过程中实际使用的数量计算。一般采用市场购买者价格计价。

增加值 是生产货物或提供服务过程中增加的价值，也称为追加价值，就是总产出与中间投入之间的差额。

总消费 是指常住单位在一定时期内对于货物和服务的全部最终消费，也就是常住单位为满足人们物质、文化和精神生活的需要，从本国经济领土或外国购买的货物和服务。不包括非常住居民在本国经济领土内的消费。总消费分为居民消费和社会消费。（1）居民消费是指常住居民在核算期内对于货物和服务的全部最终消费。（2）社会消费指政府部门的总产出扣除销售收入后的价值。换句话讲，就是指社会公共服务部门将其生产活动总成果提供给政府，由政府部门购买并提供给全社会享用的消费品和劳务。

总投资 是指常住单位在核算期内对固定资产和库存的投资支出合计，分为固定资产形成和库存增加两部分。（1）固定资产形成是指常住单位在核算期内购置、转入和为自用而生产的固定资产，扣除已有固定资产的销售和转出后的价值。（2）库存增加即存货变动，是指常住单位在核算期内库存实物量变动的市场价值。

当年价格 指报告期的实际价格。使用当年计算的价格数字，是为了使国民经济各项指标互相衔接，便于考察当年的社会经济效益，便于生产和流通、生产和分配、生产和消费进行经济核算和综合平衡。

按当年价格计算的价值指标，在不同年份之间进行对比时，因为已含有各年间价格变动的因素，不能确切反映实物量的增减变动。因此，必须消除价格变动因素。在计算增长速度时都使用按可比价格计算的数字。

可比价格 指在计算不同时期的价值指标时扣除了价格变动因素，而确切表示物量的变化。按可比价格计算有两种方法：一种是直接用产品产量乘其不变价格，一种是用指数法换算。

不变价格 用某一时期的同类产品的平均价格作为固定价格，来计算各时期的产品价值。随着工农业产品价格水平的变化，国家统计局先后五次制定了全国统一的工业品不变价格和农业品不变价格，从 1949 年到 1957 年使用 1952 年工（农）业产品不变价格，从 1957 年到 1971 年使用 1957 年不变价格，从 1971 年到 1981 年使用 1970 年不变价格，从 1981 年到 1990 年使用 1980 年不变价格，从 1990 年开始使用 1990 年不变价格。

第二部分　统计资料

人　　口

4-1 历年人口数据

单位：万人、‰

年　份	总人口	# 男	# 城镇人口	出生率	死亡率
1949	62.8	36.0	14.6	22.6	10.1
1950	66.7	38.4	15.5	23.2	9.8
1951	72.0	41.9	15.8	24.4	9.2
1952	74.0	43.2	15.7	26.3	10.3
1953	76.8	44.8	15.2	26.1	10.4
1954	80.1	46.6	16.2	38.5	12.0
1955	82.5	48.0	15.7	30.6	10.0
1956	86.9	50.8	20.5	28.2	8.6
1957	91.9	54.1	23.0	29.8	9.4
1958	93.4	54.5	23.2	26.4	8.4
1959	100.3	58.9	29.1	27.5	9.5
1960	111.9	65.7	40.2	28.4	9.1
1961	108.0	62.6	34.5	25.0	8.8
1962	107.1	61.6	31.1	34.0	10.2
1963	110.0	63.0	31.0	37.2	9.4
1964	113.8	64.8	34.4	36.7	11.8
1965	117.6	66.9	37.1	28.1	9.3
1966	119.4	67.8	37.2	23.7	8.1
1967	121.6	69.0	38.3	20.3	7.3
1968	124.7	70.4	38.5	28.0	7.2
1969	127.8	72.1	39.1	27.3	6.6
1970	130.1	72.7	39.3	27.5	7.0
1971	133.7	74.3	40.4	22.7	5.8
1972	138.5	76.4	43.6	25.6	6.8
1973	142.5	78.5	44.9	23.9	6.6
1974	145.2	80.0	45.8	25.6	6.6
1975	147.3	80.6	46.5	21.0	7.5
1976	149.4	81.7	47.2	19.4	6.3
1977	151.5	82.8	49.2	17.6	6.0
1978	154.0	83.6	51.3	17.4	5.9
1979	156.4	84.9	50.2	15.4	6.0

4-1续表 单位：万人、‰

年　份	总人口	#男	#城镇人口	出生率	死亡率
1980	158.5	85.9	55.5	15.5	5.8
1981	161.8	87.5	55.0	16.3	6.0
1982	165.7	89.2	55.0	17.5	5.5
1983	166.9	89.7	57.0	13.1	5.7
1984	170.4	91.7	60.5	16.4	4.7
1985	172.2	92.4	66.2	13.6	5.3
1986	174.4	93.3	68.3	13.0	5.6
1987	177.1	94.7	70.7	13.8	4.6
1988	179.7	95.9	73.1	13.4	4.6
1989	182.7	96.7	75.5	15.3	4.3
1990	185.7	98.6	81.0	21.7	5.4
1991	187.1	99.3	82.0	11.9	4.3
1992	188.4	99.9	82.8	13.0	4.1
1993	190.3	100.7	84.3	12.3	4.0
1994	192.7	102.0	86.0	11.4	4.1
1995	194.5	102.6	87.2	12.4	5.0
1996	197.4	104.1	96.7	11.9	4.4
1997	200.4	105.5	99.1	11.6	3.9
1998	204.4	107.4	102.2	12.1	4.1
1999	207.8	109.0	100.9	10.4	3.5
2000	209.2	108.8	112.0	15.0	10.9
2001	211.8	110.0	122.1	10.5	3.0
2002	213.5	110.9	122.1	9.0	2.9
2003	213.9	111.2	133.6	7.9	2.9
2004	259.1	134.5	142.7	9.4	5.9
2005	263.7	137.0	148.3	9.5	5.0
2006	267.8	138.7	154.7	9.8	5.6
2007	271.8	140.9	160.3	10.4	5.3
2008	277.0	143.2	167.0	10.0	5.0
2009	282.2	145.9	172.1	9.8	5.1
2010	287.4	146.6	179.5	9.4	4.1
2011	291.2	148.4	185.7	8.8	4.3
2012	294.9	150.3	192.3	9.3	4.4

注：2004年以后均为常住人口数，其余年份为户籍人口数。

4-2 街道办事处、乡镇户数与人口

单位：户、人

地区	总户数	总人口			总人口中	
		合计	男	女	非农业人口	未落常住户口人口
全　市	**838469**	**2303215**	**1174222**	**1128993**	**1143476**	**1981**
市辖区	442127	1220110	609933	610177	968379	9
新城区	130458	368857	182923	185934	319308	
西街办事处	18291	59547	28716	30831	59547	
东街办事处	14262	44481	21824	22657	44464	
东风路办事处	19701	55349	27320	28029	55341	
迎新路办事处	11192	31513	15829	15684	31513	
中山东路办事处	7626	25189	12359	12830	25189	
锡林路办事处	10378	30594	15548	15046	30594	
海拉尔东路办事处	17987	52979	26446	26533	52979	
保合少镇	7061	17283	8949	8334	1161	
成吉思汗大街办事处	23960	51922	25932	25990	18520	
回民区	87066	236367	118356	118011	206249	
糖厂路办事处	11500	32208	16188	16020	32166	
新华西街办事处	11401	33597	16424	17173	33489	
海拉尔西路办事处	11756	30872	15711	15161	30872	
中山西路办事处	7531	23940	11753	12187	23940	
环河街办事处	12690	35963	17920	18043	35534	
通道街办事处	7555	22104	10958	11146	22094	
攸攸板镇	16936	37046	18604	18442	7517	
钢铁路办事处	7697	20637	10798	9839	20637	
玉泉区	78079	198147	99457	98690	148384	
兴隆巷办事处	9536	23868	11852	12016	23622	
小召办事处	10177	26269	13078	13191	26259	
长和廊办事处	7062	18257	9518	8739	18090	
大南街办事处	9377	23537	11616	11921	23536	
石东路办事处	9922	27344	13667	13677	27344	

4-2续表1

单位：户、人

地区	总户数	总人口			总人口中	
		合计	男	女	非农业人口	未落常住户口人口
鄂尔多斯路办事处	4052	9519	4971	4548	8972	
西菜园办事处	7913	19169	9774	9395	10944	
昭君路办事处	5093	12743	6275	6468	5778	
小黑河镇	14947	37441	18706	18735	3839	
赛 罕 区	146524	416739	209197	207542	294438	9
人民路办事处	20727	64392	31793	32599	64392	
大学西路办事处	14526	48012	23536	24476	48012	
大学东路办事处	11990	36460	18172	18288	36460	
乌兰察布东路办事处	11694	32978	16231	16747	32923	
中专路办事处	9501	26936	13641	13295	26936	
巧 报 镇	19641	50766	25023	25743	49025	
金 河 镇	15074	39199	20003	19196	6505	
榆 林 镇	8831	23925	12401	11524	3046	
巴 彦 镇	9657	22490	11788	10702	6874	
黄合少镇	15824	44993	23400	21593	4712	
西把栅乡	9059	26588	13209	13379	15553	9
旗 县	396342	1083105	564289	518816	175097	1972
土 左 旗	121236	359793	188058	171735	46845	63
察素齐镇	32092	88620	46346	42274	37007	1
毕克齐镇	9772	25340	13148	12192	2721	
善 岱 镇	16721	47117	25133	21984	1340	12
只几梁乡	13993	44844	23531	21313	1318	9
塔布赛乡	7987	27026	14506	12520	596	4
北什轴乡	9188	31498	16736	14762	777	1
台阁牧镇	9747	31543	15952	15591	1273	17
白庙子镇	14017	42495	21884	20611	1306	14
沙尔沁乡	7719	21310	10822	10488	507	5

4-2续表2

单位：户、人

地　区	总户数	总人口			总人口中	
		合计	男	女	非农业人口	未落常住户口人口
托克托县	79989	207816	106132	101684	46983	1577
双河镇	32969	79486	39937	39549	39679	675
新营子镇	19213	52439	26680	25759	3535	356
古城镇	9032	26199	13577	12622	1251	208
伍什家镇	6213	16206	8453	7753	880	127
五申镇	12562	33486	17485	16001	1638	211
和林县	75977	198193	103877	94316	29305	181
城关镇	17483	45396	23589	21807	22802	180
盛乐镇	23712	62032	32627	29405	3205	
大红城乡	8898	25261	13113	12148	690	
羊群沟乡	3369	8799	4573	4226	253	
黑老夭乡	4553	10434	5609	4825	340	
舍必崖乡	11804	30307	16101	14206	1253	
新店子镇	6158	15964	8265	7699	762	1
清水河县	53766	143401	74573	68828	22281	26
城关镇	15436	39391	20523	18868	16309	
喇嘛湾镇	5990	15321	7902	7419	1733	
北堡乡	5602	16010	8421	7589	416	6
窑沟乡	12035	31467	16279	15188	2509	6
韭菜庄乡	6014	17255	9104	8151	462	13
宏河镇	8689	23957	12344	11613	852	1
武川县	65374	173902	91649	82253	29683	125
可可以力更镇	14649	38902	20390	18512	26475	27
西乌兰不浪镇	6684	18515	9754	8761	484	14
哈乐镇	12972	32905	17368	15537	790	25
大青山乡	3029	7470	3937	3533	229	7
上秃亥乡	11108	29620	15474	14146	534	16
德胜沟乡	2786	7291	3912	3379	160	11
二份子乡	8183	23657	12428	11229	718	15
哈拉合少乡	5963	15542	8386	7156	293	10

4-3 非农业人

项目	全市	市区	新城区	回民区	玉泉区
年末非农业人口	**1143476**	**968379**	**319308**	**206249**	**148384**
非农业人口增加数	**84198**	**78113**	**18419**	**6173**	**7601**
出生	11017	9500	3093	1756	1389
非农业人口迁入	28883	25611	12586	2866	2172
农业人口转非农业人口	35191	33982	1753	1431	1021
招生	509	297	160	128	7
聘用	3	2			2
投靠亲属	3251	3070	1095	840	582
落户小城镇	280	280			18
投资购房	1803	1693	383	352	322
征用土地					
其他	29345	28640	115	111	90
港澳台国外迁入	15	15	10	2	
退出现役	623	596	310	96	51
刑满释放	19	18	8	4	1
其他	8450	8391	659	18	2967
非农业人口减少数	**60448**	**49834**	**16518**	**8037**	**10018**
死亡	12974	11395	2641	2322	3749
非农业人口迁出	33324	26304	9821	5134	2002
迁往港澳台国外	22	22	10	2	1
服现役	189	156	74	36	17
服刑及劳教	1	1			1
其他	13938	11956	3972	543	4248

口 增 减 情 况

单位：人

赛罕区	旗 县	土左旗	托 县	和林县	清水河县	武川县
294438	**175097**	**46845**	**46983**	**29305**	**22281**	**29683**
45920	**6085**	**1394**	**1440**	**1284**	**1070**	**897**
3262	1517	362	444	262	202	247
7987	3272	776	786	574	677	459
29777	1209	235	185	431	176	182
2	212	24	1	185	2	
	1					1
553	181	55	19	12	19	76
262						
636	110	8	2	88	6	6
28324	705	148	163	146	149	99
3						
139	27	5	6	4	11	1
5	1			1		
4747	59	16	19	12	4	8
15261	**10614**	**3050**	**2218**	**1472**	**2094**	**1780**
2683	1579	365	276	358	290	290
9347	7020	2368	1501	853	1151	1147
9						
29	33	2	2		25	4
3193	1982	315	439	261	628	339

4-4 人口变动情况

单位：人、‰

地区	平均人口	出生		死亡		自然增长率	迁入人口	迁出人口	机械增长率
		人口	出生率	人口	死亡率				
全市	**2312889**	**26419**	**11.4**	**31472**	**13.6**	**-2.2**	**44490**	**57938**	**-5.8**
市区	1222559	13107	10.7	18418	15.1	-4.4	37981	37344	0.5
新城区	368190	3759	10.2	3631	9.9	0.3	8711	7803	2.5
#成吉思汗大街办事处	51502	761	14.8	823	16.0	-1.2	1048	841	4.0
保合少镇	17311	224	12.9	253	14.6	-1.7	236	259	-1.3
回民区	237849	2175	9.1	3113	13.1	-4.0	4447	5951	-6.3
#攸攸板镇	37040	523	14.1	841	22.7	-8.6	448	621	-4.7
玉泉区	199702	2010	10.1	4772	23.9	-13.8	6422	6770	-1.7
#小黑河镇	37715	429	11.4	790	20.9	-9.5	293	480	-5.0
赛罕区	416818	5163	12.4	6902	16.6	-4.2	18401	16820	3.8
#榆林镇	24617	262	10.6	1147	46.6	-36.0	126	625	-20.3
金河镇	39664	511	12.9	1625	41.0	-28.1	2161	1977	4.6
黄合少镇	45374	599	13.2	1046	23.1	-9.9	1817	2131	-6.9
巴彦镇	22768	273	12.0	299	13.1	-1.1	178	707	-23.2
巧报镇	49307	996	20.2	687	13.9	6.3	3504	894	52.9
旗县	1090331	13312	12.2	13054	12.0	0.2	6509	20594	-12.9
土左旗	363415	4370	12.0	5198	14.3	-2.3	2302	8973	-18.4
#察素齐镇	90284	864	9.6	1405	15.6	-6.0	477	3291	-31.2
毕克齐镇	25879	275	10.6	684	26.4	-15.8	178	855	-26.2
善岱镇	48073	558	11.6	775	16.1	-4.5	272	2034	-36.7
白庙子镇	42963	607	14.1	821	19.1	-5.0	280	1027	-17.4
台阁牧镇	31409	487	15.5	285	9.1	6.4	328	285	1.4
托县	207463	2657	12.8	1088	5.2	7.6	1046	2477	-6.9
#双河镇	79518	921	11.6	392	4.9	6.7	451	1502	-13.2
新营子镇	52338	703	13.4	293	5.6	7.8	180	274	-1.8
五申镇	33455	380	11.4	146	4.4	7.0	171	492	-9.6
伍什家镇	16099	271	16.8	127	7.9	8.9	114	52	3.9
古城镇	26054	382	14.7	130	5.0	9.7	130	157	-1.0
和林县	199295	2733	13.7	2304	11.6	2.1	1606	3380	-8.9
#城关镇	45637	432	9.5	619	13.6	-4.1	418	513	-2.1
盛乐镇	62334	921	14.8	608	9.8	5.0	522	1138	-9.9
新店子镇	16080	172	10.7	153	9.5	1.2	58	3110	-189.8
清水河县	145204	1780	12.3	2496	17.2	-4.9	730	3364	-18.1
#城关镇	40204	378	9.4	588	14.6	-5.2	208	1305	-27.3
喇嘛湾镇	15370	222	14.4	216	14.1	0.3	58	190	-8.6
宏河镇	24312	278	11.4	598	24.6	-13.2	86	458	-15.3
武川县	174955	1772	10.1	1968	11.2	-1.1	825	2400	-9.0
#可可以力更镇	39210	361	9.2	458	11.7	-2.5	204	791	-15.0
西乌兰不浪镇	18639	187	10.0	305	16.4	-6.4	101	216	-6.2
哈乐镇	32944	331	10.0	197	6.0	4.0	94	135	-1.2

4-5 少数民族人口情况

单位：人

项目	合计	市区				旗县				
		新城区	回民区	玉泉区	赛罕区	土左旗	托县	和林县	清水河县	武川县
少数民族人口	**312819**	**75632**	**49920**	**34299**	**75019**	**45172**	**11928**	**13098**	**1490**	**6261**
蒙古族	239651	58073	24060	27227	62126	41704	9438	11176	1166	4681
回族	37193	5207	20880	3466	3646	1900	1114	292	96	592
满族	28321	9950	4224	3089	7231	988	717	1427	124	571
朝鲜族	1175	460	185	124	362	19	13	5		7
达斡尔族	2760	1221	271	174	1023	44	18	8	1	
鄂伦春族	85	30	13	6	24	12				
鄂温克族	365	166	53	20	123	1		1	1	
壮族	355	121	46	42	73	32	10	15		16
藏族	320	37	9	18	27	80	47	37	16	49
锡伯族	150	69	19	11	51					
苗族	347	50	20	29	54	46	83	12	18	35
土家族	338	61	28	24	103	40	24	17	12	29
彝族	261	6	8	7	13	81	85	15	16	30
维吾尔族	72	40	4	10	12	5				1
其他少数民族	1426	141	100	52	151	220	379	93	40	250
外国人加入中国国籍										

4-6 计划生育情况

单位：人、%

项目	合计	按地区分		按民族分	
		市区	旗县	汉族	少数民族
政策内生育人数	23666	17302	6364	18274	5392
符合政策生育率	97.44	97.87	96.28	96.78	99.74
育龄妇女人数					
已婚育龄妇女人数	538207	380553	157654	477994	60213
领取独生子女证人数	53145	38903	14242	44528	8617
领证率	9.87	10.22	9.03	9.22	14.31
采取节育措施人数	491976	344975	147001	438923	53053
# 男性绝育	625	263	362	617	8
女性绝育	73538	32058	41480	71068	2470
放置宫内节育器	309915	213169	96746	278803	31112
综合节育率	91.41	90.65	93.24	91.83	88.11

主要统计指标解释

人口数 指一定时点，一定地区范围内有生命的个人的总和。

年度统计的年末人口数是指每年12月31日24时的人口数。

农业人口和非农业人口 是人口按经济特征分组的主要指标。农业人口指依靠从事农业（包括林、牧、渔业）维持生活的全部人口，即包括从事农、牧、林业生产的人口以及由他们抚养的人口。非农业人口指依靠从事农业以外的职业维持生活的人口以及他们抚养的人口。在我国过去的一些统计资料中曾以是否吃国家商品粮做为划分农业人口与非农业人口的标准，人口普查时对此做了纠正。

出生率（又称粗出生率） 指在一定时期内（通常为一年）平均每千人所出生的人数的比率，一般用千分率表示。计算公式：

$$出生率=\frac{年出生人数}{年平均人数}\times 1000‰$$

出生人数是指活产婴儿，即胎儿脱离母体时（不管怀孕日数），有过呼吸或其他生命现象。

年平均人数是年初、年末人口数的平均数。

死亡率 指在一定时期内（通常为一年）一定地区的死亡人数与同期平均人数之比，一般用千分率表示。

计算公式：

$$死亡率=\frac{年死亡人数}{年平均人数}\times 1000‰$$

人口自然增长率 在一定时期内（通常为一年）人口自然增加数（出生人数减死亡人数）占该时期内平均人数之比，一般用千分率表示。计算公式：

人口自然增长率=

$$\frac{本年出生人数-本年死亡人数}{年平均人数}\times 1000‰$$

或：

$$人口自然增长率=人口出生率-人口死亡率$$

机械增长率=

$$\frac{本年迁入人数-本年迁出人数}{年平均人数}\times 1000‰$$

或：

$$机械增长率=迁入率-迁出率$$

第二部分　统计资料

劳动力和职工工资

5-1 历年职工人数及工资

年 份	年末职工人数（人）	职工工资总额（万元）	职工平均工资（元）
1949	6579	176	268
1950	9952	265	269
1951	14140	397	286
1952	19006	665	350
1953	24468	1072	441
1954	29636	1625	556
1955	32650	1869	584
1956	47777	3072	644
1957	59078	4131	690
1958	90676	4302	586
1959	114512	6148	620
1960	143594	8375	572
1961	101562	6769	578
1962	78673	5607	640
1963	75560	5383	697
1964	84517	5773	726
1965	96932	6672	707
1966	108126	7069	681
1967	104582	7164	673
1968	103836	6957	670
1969	109893	7539	670
1970	122361	7817	655
1971	132007	7912	623
1972	140432	9060	657
1973	169712	10916	643
1974	176195	11318	648
1975	200098	12522	653
1976	219757	13974	640
1977	230865	14685	646
1978	265213	16860	639
1979	287982	19204	681

5-1续表

年 份	年末职工人数 （人）	职工工资总额 （万元）	职工平均工资 （元）
1980	303293	23005	763
1981	324513	24787	764
1982	339558	27114	815
1983	349852	28918	836
1984	368180	34576	961
1985	381099	41077	1093
1986	397821	50153	1280
1987	408913	53949	1323
1988	420795	62097	1506
1989	419369	67071	1604
1990	434017	75252	1750
1991	449426	87015	1953
1992	467663	108342	2337
1993	483638	142207	2881
1994	496661	191395	3800
1995	477370	199528	4200
1996	472391	217747	4597
1997	460086	241430	5195
1998	433662	241453	5486
1999	344395	233909	6648
2000	311265	244190	7548
2001	291748	262112	8717
2002	283168	322778	11158
2003	286669	378397	13092
2004	288177	488657	16663
2005	294293	597507	19715
2006	292050	696228	22948
2007	293742	807126	26732
2008	297348	937267	30872
2009	298707	1057177	33997
2010	310692	1200455	37685
2011	320453	1369546	40476
2012	335508	1575290	44402

注：1999年以后职工均指在岗职工。在岗职工平均工资是在岗职工工资总额/在岗职工平均人数所得。

5-2 单位从业人员和在岗职工劳动工资

指　　标	单　位	2011年	2012年	2012年比2011年增长%
单位从业人员年末人数	**人**	**324570**	**340423**	**4.9**
# 在岗职工年末人数	人	320453	335508	4.7
国有经济单位	人	218059	221859	1.7
城镇集体经济单位	人	9726	10364	6.6
其他各种经济类型	人	92668	103285	11.5
单位从业人员平均人数	**人**	**342496**	**359693**	**5.0**
# 在岗职工平均人数	人	338357	354777	4.9
国有经济单位	人	228829	223687	-2.2
城镇集体经济单位	人	10450	11720	12.2
其他各种经济类型	人	99078	119370	20.5
单位从业人员劳动报酬	**万元**	**1379388**	**1592930**	**15.5**
# 在岗职工工资总额	万元	1369546	1575290	15.0
国有经济单位	万元	1004687	1064101	5.9
城镇集体经济单位	万元	34808	39211	12.6
其他各种经济类型	万元	330050	471978	43.0
单位从业人员平均劳动报酬	**元**	**40275**	**44286**	**10.0**
# 在岗职工平均工资	元	40476	44402	9.7
国有经济单位	元	43906	47571	8.3
城镇集体经济单位	元	33309	33457	0.4
其他各种经济类型	元	33312	39539	18.7

5-3 分行业在岗职工人数和工资

指　　标	年末人数（人）	平均人数（人）	工资总额（万元）	平均工资（元）
总　　计	**335508**	**354777**	**1575290**	**44402**
农、林、牧、渔业	3794	3788	13771	36354
采 矿 业	846	835	7299	87413
制 造 业	61400	62245	252106	40502
电力、热力、燃气及水的生产和供应业	17791	17501	82059	46889
建 筑 业	23915	42804	143821	33600
批发和零售业	11599	11634	41601	35758
交通运输、仓储和邮政业	14292	14583	54316	37246
食宿和餐饮业	7427	7702	23110	30005
信息传输、软件和信息技术服务业	9277	9326	43035	46145
金 融 业	17429	17391	92372	53115
房地产业	2209	2190	8982	41015
租赁和商务服务业	7139	7169	25618	35734
科学研究和技术服务业	14725	14708	72399	49224
水利、环境和公共设施管理业	15879	15904	49912	31383
居民服务、修理和其他服务业	2495	2544	6511	25595
教　　育	48784	48435	255299	52710
卫生和社会工作	17853	17728	101005	56975
文化、体育和娱乐业	9565	9645	47804	49563
公共管理、社会保障和社会组织	49089	48645	254269	52270

5-4 城乡私营和个体经济

单位：户、人

行业	私营经济			个体经济		
	户数	从业人员	#城镇	户数	从业人员	#城镇
总计	**30439**	**327759**	**302202**	**122360**	**271256**	**226586**
农、林、牧、渔业	993	11725	5573	529	1235	631
采矿业	314	1530	1305	133	446	370
制造业	1971	24481	19369	3014	6099	5169
电力、燃气及水的生产和供应业	111	992	915	1	6	
建筑业	1231	13532	11893	148	533	191
交通运输、仓储和邮政业	2426	30293	28388	16753	36089	34439
信息传输、计算机服务和软件业	1236	9325	9041	2492	5184	1941
批发和零售业	10662	116025	108278	68073	125914	100655
住宿和餐饮业	1497	31997	31756	12930	59082	52511
金融业	200	2760	2730	11	1	1
房地产业	1604	12870	12460	998	2233	2227
租赁和商务服务业	5160	47372	46738	247	577	496
科学研究、技术服务和地质勘查业	865	7294	7099	113	196	196
水利、环境和公共设施管理业	101	690	652	6	13	7
居民服务和其他服务业	1449	10420	9977	13458	26660	21777
教育	116	2435	2435	187	360	360
卫生、社会保障和社会福利业	47	363	349	379	824	315
文化、体育和娱乐业	176	1266	1161	283	900	694
其他行业	280	2389	2083	2605	4904	4606

5-5 国有经济单位从业

指标	单位数（个）	年末人数（人）		
		单位从业人员	#女性	#在岗职工
国有单位合计	**2543**	**223670**	**96385**	**218311**
按隶属关系分组				
中央	165	36261	16912	33346
省、自治区、直辖市	592	78191	31275	76434
地区	364	42417	17838	42062
县及县以下	1419	66545	30265	66213
其他	3	256	95	256
按企业、事业、机关分组				
企业	212	63362	24591	58738
#地方	109	33731	10414	31922
事业	1642	118838	56711	118124
#地方	1595	113948	54751	113334
机关	688	41457	15078	41436
#地方	673	39717	14303	39696
其他	1	13	5	13
农、林、牧、渔业	150	3794	1220	3794
农业	12	312	98	312
林业	23	723	217	723
畜牧业	11	150	47	150
渔业	2	16	4	16
农、林、牧、渔服务业	102	2593	854	2593
采矿业	1	20		20
有色金属矿采选业	1	20		20
制造业	15	6576	2242	4965
农副食品加工业	1	239	88	239
纺织服装、服饰业	1	951	737	950
印刷和记录媒介复制业	5	366	191	366
医药制造业	1	560	165	560
金属制品业	1	1905	241	319
通用设备制造业	1	297	63	297
专用设备制造业	2	261	76	261
铁路、船舶、航空航天和其他运输设备制造业	2	1842	631	1818
仪器仪表制造业	1	155	50	155
电力、热力、燃气及水的生产和供应业	21	12313	3921	11701
电力、热力生产和供应业	13	7663	2004	7051
燃气生产和供应业	2	1888	631	1888

人员和劳动报酬

	劳动报酬和生活费（万元）		
# 劳务派遣人员	单位从业人员劳动报酬	# 在岗职工工资总额	# 劳务派遣人员工资总额
3548	**1068702**	**1050490**	**13611**
2462	163773	152003	10294
920	408201	403851	2867
166	198179	196586	450
	297629	297129	
	921	921	
3485	269338	252960	13453
1086	136981	132136	3317
63	582330	580582	158
	559377	557864	
	217024	216939	
	208563	208477	
	10	10	
	13771	13771	
	1127	1127	
	2256	2256	
	540	540	
	51	51	
	9798	9798	
	62	62	
	62	62	
1610	30155	22498	7653
	894	894	
	1916	1913	
	1128	1128	
	2208	2208	
1586	12000	4389	7611
	1165	1165	
	961	961	
24	8687	8646	41
	1196	1196	
606	57548	55286	2244
606	39317	37054	2244
	9188	9188	

5-5续表1

指　　标	单位数（个）	年末人数（人）		
		单位从业人员	#女性	#在岗职工
水的生产和供应业	6	2762	1286	2762
建筑业	16	12644	2077	11301
房屋建筑业	7	5556	617	5075
土木工程建筑业	7	4940	1118	4752
建筑安装业	1	2080	316	1406
建筑装饰和其他建筑业	1	68	26	68
批发和零售业	22	1022	500	992
批发业	18	789	357	785
零售业	4	233	143	207
交通运输、仓储和邮政业	44	13143	5167	12908
道路运输业	23	6282	2202	6282
航空运输业	4	3589	1731	3548
仓储业	9	754	276	738
邮政业	8	2518	958	2340
住宿和餐饮业	22	2911	1686	2895
住宿业	21	2822	1638	2806
餐饮业	1	89	48	89
信息传输、软件和信息技术服务业	16	9277	6017	8838
电信、广播电视和卫星传输服务	10	9105	5943	8666
互联网和相关服务	4	144	58	144
软件和信息技术服务业	2	28	16	28
金融业	49	4503	2431	4121
货币金融服务业	39	3936	2072	3835
资本市场服务业	1	9	4	9
保险业	8	440	325	170
其他金融活动	1	118	30	107
房地产业	30	1216	435	1207
#房地产开发经营	7	319	113	310
房地产中介服务	1	9	3	9
租赁和商务服务业	100	5517	2115	5493
商务服务业	100	5517	2115	5493
科学研究、技术服务业	166	14261	5526	14250
研究与试验发展	32	3175	1209	3164
专业技术服务业	116	10068	3971	10068
科技推广和应用服务业	18	1018	346	1018

	劳动报酬和生活费（万元）		
# 劳务派遣人员	单位从业人员劳动报酬	# 在岗职工工资总额	# 劳务派遣人员工资总额
	9043	9043	
537	52947	49658	1397
264	25978	24352	586
57	18953	18186	325
216	6990	6094	486
	1026	1026	
26	4325	4257	63
	3426	3422	
26	899	836	63
218	48825	48190	611
	19429	19429	
41	16908	16790	118
	3477	3454	
177	9011	8517	492
	7528	7497	
	7234	7203	
	294	294	
439	43035	41697	1339
439	42144	40806	1339
	7481	748	
	143	143	
100	21857	20619	291
89	19694	19413	264
	49	49	
2	1456	527	2
9	659	630	25
	5547	5533	
	1134	1119	
	34	34	
12	21474	21437	13
12	21474	21437	13
	70255	70214	
	16459	16418	
	49329	49329	
	4467	4467	

5-5续表2

指　　标	单位数（个）	年末人数（人）		
		单位从业人员	# 女性	# 在岗职工
水利、环境和公共设施管理业	98	13782	6153	13533
水利管理业	51	1607	616	1607
生态保护和环境治理业	7	310	159	310
公共设施管理业	40	11865	5378	11616
居民服务、修理和其他服务业	17	1509	699	1509
居民服务业	14	1454	674	1454
其他服务业	3	55	25	55
教　育	583	46502	23653	46452
# 初等教育	339	10789	6214	10759
中等教育	128	15124	8139	15117
高等教育	18	17040	7304	17029
卫生和社会工作	140	16011	10072	15727
卫　生	121	15608	9872	15324
社会工作	19	403	200	403
文化、体育和娱乐业	143	9559	4553	9516
新闻和出版业	35	2394	1116	2351
广播、电视、电影和影视录音制作业	24	3621	1736	3621
文化艺术业	66	2824	1419	2824
体　育	15	591	231	591
娱乐业	3	129	51	129
公共管理、社会保障和社会组织	910	49110	17918	49089
# 中国共产党机关	49	2112	811	2111
国家机构	764	44735	16222	44715
人民政协、民主党派	21	526	208	526
社会保障	8	270	115	270
群众社团、社会团体和其他成员组织	68	1467	562	1467

# 劳务派遣人员	劳动报酬和生活费（万元）		
	单位从业人员劳动报酬	# 在岗职工工资总额	# 劳务派遣人员工资总额
	42599	42267	
	7725	7725	
	1632	1632	
	33242	32909	
	4504	4504	
	4332	4332	
	172	172	
	247836	247730	
	51447	51416	
	81097	81088	
	96160	96100	
	94254	93327	
	92391	91464	
	1863	1863	
	47826	47676	
	10488	10338	
	21023	21023	
	13243	13243	
	2358	2358	
	714	714	
	254354	254269	
	11620	11619	
	230677	230597	
	3101	3101	
	1288	1288	
	7669	7665	

5-6 城镇集体单位从业

指标	单位数（个）	年末人数（人）		
		单位从业人员	#女性	#在岗职工
城镇集体单位合计	**216**	**10370**	**4491**	**10343**
企业	129	7011	3071	6990
事业	87	3359	1420	3353
制造业	21	872	507	872
农副食品加工业	1	90	51	90
纺织服装、服饰业	3	242	220	242
造纸及纸制品业	1	53	21	53
印刷和记录媒介的复制业	10	266	91	266
化学原料和化学制品制造业	2	22	3	22
非金属矿物制品业	1	3	1	3
金属制品业	2	106	76	106
电气机械和器材制造业	1	90	44	90
电力、热力、燃气及水的生产和供应业	4	164	95	164
电力、热力生产和供应业	1	82	68	82
水的生产和供应业	3	82	27	82
建筑业	6	2203	459	2203
房屋建筑业	4	939	187	939
土木工程建筑业	1	284	172	284
建筑装饰和其他建筑业	1	980	100	980
批发和零售业	13	388	124	388
#批发业	9	256	86	256

人员和劳动报酬

	劳动报酬和生活费（万元）		
# 劳务派遣人员	单位从业人员劳动报酬	# 在岗职工工资总额	# 劳务派遣人员工资总额
21	**39229**	**39174**	**38**
21	31914	31876	38
	7316	7298	
	2269	2269	
	166	166	
	490	490	
	239	239	
	710	710	
	32	32	
	32	32	
	172	172	
	428	428	
	432	432	
	155	155	
	277	277	
	12114	12114	
	3332	3332	
	532	532	
	8250	8250	
	1311	1311	
	1020	1020	

5-6续表

指 标	单位数（个）	年末人数（人）		
		单位从业人员	#女 性	#在岗职工
零 售 业	4	132	38	132
交通运输、仓储和邮政业	1	35		35
道路运输业	1	35		35
住宿和餐饮业	6	359	212	359
住 宿 业	2	153	79	153
餐 饮 业	4	206	133	206
金 融 业	72	2851	1596	2830
货币金融服务业	72	2851	1596	2830
租赁和商务服务业	3	38	11	38
商务服务业	3	38	11	38
科学研究、技术服务业	8	121		121
专业技术服务业	8	121		121
水利、环境和公共设施管理业	1	1219	570	1219
公共设施管理业	1	1219	570	1219
居民服务、修理和其他服务业	4	544	277	544
居民服务业	2	50	27	50
机动车、电子产品和日用产品修理业	1	4	2	4
其他服务业	1	490	248	490
教 育	5	181	82	181
#中等教育	1	92	32	92
高等教育	2	70	46	70
卫生和社会工作	72	1395	558	1389
卫 生	72	1395	558	1389

	劳动报酬和生活费（万元）		
# 劳务派遣人员	单位从业人员劳 动 报 酬	# 在岗职工工资总额	# 劳务派遣人员工资总额
	291	291	
	84	84	
	84	84	
	896	896	
	319	319	
	576	576	
21	14460	14422	38
21	14460	14422	38
	120	120	
	120	120	
	194	194	
	194	194	
	907	907	
	907	907	
	485	485	
	87	87	
	8	8	
	390	390	
	777	777	
	445	445	
	257	257	
	5182	5164	
	5182	5164	

5-7 其他各种经济类型

指标	单位数（个）	年末人数（人）		
		单位从业人员	# 女性	# 在岗职工
其他单位合计	**382**	**106383**	**43897**	**103089**
内资	350	94379	38849	91148
股份合作	5	339	147	339
联营	6	1535	639	1535
# 国有联营	5	1527	637	1527
有限责任公司	165	41158	16738	39329
# 国有独资	6	1863	637	1790
股份有限公司	94	47570	18858	46184
其他	80	3777	2467	3761
港、澳、台商投资	12	3775	1463	3773
外商投资	20	8229	3585	8168
企业	319	104056	42401	100770
事业	28	1426	881	1418
民间非盈利组织	30	770	531	770
其他	5	131	84	131
采矿业	3	826	64	826
煤炭开采和洗选业	3	826	64	826
制造业	124	54087	19897	53922
农副食品加工业	13	2142	878	2140
食品制造业	19	20472	7204	20471
酒、饮料和精制茶制造业	7	1473	705	1460
烟草制品业	1	1989	897	1989
纺织业	7	2763	983	2763
纺织服装、服饰业	5	1834	1347	1784
木材加工和木、竹、藤、棕、草制品业	1	2		2
家具制造业	1	49	10	49
造纸和纸制品业	6	1194	540	1194

单位从业人员和劳动报酬

	劳动报酬和生活费（万元）		
# 劳务派遣人员	单位从业人员劳动报酬	# 在岗职工工资总额	# 劳务派遣人员工资总额
196	**484998**	**471390**	**588**
185	421532	408146	548
	991	991	
	5561	5561	
	5549	5549	
82	204939	197443	243
62	9767	9567	183
95	198993	193143	285
8	11048	11008	20
	16400	16398	
11	47066	46846	40
196	477490	463901	588
	5398	5378	
	1718	1718	
	393	393	
	7237	7237	
	7237	7237	
31	220049	219586	100
2	12691	12685	6
	71030	70964	
11	5811	5769	40
	16132	16132	
	7945	7945	
	6852	6672	
	165	165	
	104	104	
	5337	5337	

5-7续表1

指　　标	单位数（个）	年末人数（人） 单位从业人员	# 女　性	# 在岗职工
文教、工美、体育和娱乐用品制造业	1	50	27	50
石油加工、炼焦及核燃料加工业	1	2016	768	2016
化学原料和化学制品制造业	13	6184	2208	6184
医药制造业	14	4455	1667	4418
橡胶和塑料制品业	3	261	124	243
非金属矿物制品业	16	2852	732	2852
有色金属冶炼和压延加工业	3	1376	140	1376
金属制品业	2	142	24	142
通用设备制造业	2	2657	910	2643
专用设备制造业	1	480	40	480
汽车制造业	3	579	149	569
计算机、通信和其他电子设备制造业	2	344	158	333
仪器仪表制造业	2	584	320	584
废弃资源综合利用业	1	189	66	180
电力、热力、燃气及水的生产和供应业	21	5332	1888	5258
电力、热力生产和供应业	16	4519	1681	4454
燃气生产和供应业	1	8	3	8
水的生产和供应业	4	805	204	796
建筑业	13	9874	1131	9874
房屋建筑业	11	9534	948	9534
土木工程建筑业	1	319	168	319
建筑装饰和其他建筑业	1	21	15	21
批发和零售业	43	10193	6240	10193
批发业	8	3352	1256	3352
零售业	35	6841	4984	6841
交通运输、仓储和邮政业	5	1131	476	1131
道路运输业	4	1097	476	1097
装卸搬运和运输代理业	1	34		34
住宿和餐饮业	18	4179	2185	4165

	劳动报酬和生活费（万元）		
# 劳务派遣人员	单位从业人员劳动报酬	# 在岗职工工资总额	# 劳务派遣人员工资总额
	116	116	
	10971	10971	
	33983	33983	
	20280	20258	
18	974	920	54
	9720	9720	
	4692	4692	
	492	492	
	5461	5436	
	3089	3089	
	1406	1376	
	1031	1007	
	1343	1343	
	425	412	
62	24141	23915	183
62	20716	20522	183
	24	24	
	3401	3369	
	80653	80653	
	79679	79679	
	899	899	
	75	75	
	35969	35969	
	17196	17196	
	18773	18773	
	5432	5432	
	5337	5337	
	95	95	
8	14735	14697	20

5-7续表2

指　　标	单位数（个）	年末人数（人）		
		单位从业人员	# 女性	# 在岗职工
住宿业	9	2242	1042	2236
餐饮业	9	1937	1143	1929
金融业	30	13257	7719	10327
货币金融服务业	12	7175	4185	7150
资本市场服务业	2	336	142	336
保险业	16	5746	3392	2841
房地产业	25	1002	304	1002
# 房地产开发经营	23	785	202	785
物业管理	2	217	102	217
租赁和商务服务业	9	1596	989	1591
商务服务业	9	1596	989	1591
科学研究和技术服务业	6	390	173	354
研究和试验发展	1	8	5	8
专业技术服务业	5	382	168	346
水利、环境和公共设施管理业	2	1127	564	1127
水利管理业	1	308	168	308
公共设施管理业	1	819	396	819
居民服务、修理和其他服务业	2	442	349	382
居民服务业	1	82	69	82
机动车、电子产品和日用产品修理业	1	360	280	300
教育	66	2159	1397	2151
# 初等教育	10	514	287	514
中等教育	11	773	465	773
高等教育	1	110	78	102
卫生和社会工作	12	737	496	737
卫生	10	628	417	628
社会工作	2	109	79	109
文化、体育和娱乐业	3	51	25	49
广播、电视、电影和影视录音制作业	1	31	12	29
文化艺术业	2	20	13	20

	劳动报酬和生活费（万元）		
# 劳务派遣人员	单位从业人员劳动报酬	# 在岗职工工资总额	# 劳务派遣人员工资总额
	7778	7760	
8	6957	6937	20
30	69499	56928	75
25	42206	42143	63
	1854	1854	
5	25439	12931	12
	3450	3450	
	2772	2772	
	678	678	
5	4048	4041	7
5	4048	4041	7
	2068	1991	
	24	24	
	2044	1967	
	6738	6738	
	1939	1939	
	4799	4799	
60	1523	1320	203
	120	120	
60	1403	1200	203
	6812	6792	
	1578	1578	
	3061	3061	
	234	214	
	2515	2515	
	2186	2186	
	328	328	
	132	128	
	63	59	
	70	70	

主要统计指标解释

单位从业人员　指各级国家机关、政党机关、社会团体及企业、事业单位中工作取得工资或其它形式的劳动报酬的全部人员。包括：在岗职工、劳务派遣人员、其他从业人员（包括民办教师以及在各单位中工作的外方人员和港澳台方人员、兼职人员、借用的外单位人员和第二职业者）。不包括：离开本单位仍保留劳动关系的职工。

在岗职工　指在本单位工作并由单位支付工资的人员，以及有工作岗位，但由于学习、病伤产假等原因暂未工作，仍由单位支付工资的人员。

城镇私营企业从业人员　指在工商行政管理部门办理登记，并领取营业执照的各类私营企业中，从事经营管理和参加生产，并取得经营收入和劳动报酬的全部人员。包括离、退休后，在私营企业从业的人员。

城镇个体劳动者　指个人参加生产劳动，生产资料和产品（或收入）归个人所有，在工商行政管理部门登记并领取"个体营业执照"的城镇劳动者。

城镇单位失业人员　指有非农业户口，在一定的劳动年龄16岁至法定退休年龄内，有劳动能力，在报告期内无业并根据劳动部《就业登记规定》在当地劳动部门登记的人员。

工资总额　（按1990年1月1日国家统计局颁布的新规定）是指各单位在一定时期内直接支付给本单位全部职工的劳动报酬总额。

工资总额的计算原则应以直接支付给职工的全部劳动报酬为根据。各单位支付给职工的劳动报酬以及其他根据有关规定支付的工资，不论是计入成本的，还是不计入成本的，不论是按国家规定列入计征奖金税项目的，还是未列入计征奖金税项目的，不论是以货币形式支付的还是以实物形式支付的，均包括在工资总额内。

（一）计时工资是指按计时工资标准（包括地区生活费补贴）和工作时间支付给个人的劳动报酬，包括；

（1）对已做工作按计时工资标准支付的工资；

（2）实行结构工资制的单位支付给职工的基础工资和职务（岗位）工资；

（3）新参加工作职工的见习工资（学徒的生活费）；

（4）运动员体育津贴。

（二）计件工资是指对已做工作按计件单价支付的劳动报酬。包括：

（1）实行超额累进计件，直接无限计件，限额计件，超定额计件等工资制按劳动部门或主管部门批准的定额和计件单价支付给个人的工资；

（2）按工作任务包干方法支付给个人的工资；

（3）按营业额提成或利润提成办法支付给个人的工资；

计件超额工资是指计件工人超过定额后所得的工资，即计件工人实得的全部计件工资减去应得的计件标准工资的数额。某些企业的工人由于从事生产的工作物等级多于本人工资等级，因而其计件标准工资多于本人标准工资，其超额工资也用全部工资减去应得计件标谁工资求得。

（三）奖金是指支付给职工的超额劳动报酬和增收节支的劳动报酬。包括：生产奖、节约奖、劳动竞赛奖、机关、事业单位的奖励工资和其它奖金。

（四）津贴和补贴是指为了补偿职工特殊或额外的劳动消耗和因其他特殊原因支付给职工的津贴，以及为了保证职工的工资水平不受物价影响支付给职工的物价补贴。

（1）津贴。包括：补偿职工特殊或额外的劳动消耗的津贴，保健性津贴，技术性津贴，年功性津贴及其他津贴。

（2）物价补贴。包括：为保证职工工资水平不受物价上涨或变动影响而支付的多种补贴。

（五）加班加点工资是指按规定支付的加班工资和加点工资。

（六）特殊情况下支付的工资。包括：

（1）根据国家法律、法规和政策规定，因病、工伤、产假、计划生育假、婚假、丧假、事假、探亲假、定期休假、停工学习、执行国家或社会义务等原因按计时工资标准或计时工资标准的一定比例支付的工资；

（2）附加工资、保留工资。

从业人员工资总额 = 在岗职工工资总额 + 劳务派遣人员工资总额+其他从业人员工资总额

在岗职工平均工资指在一定时期内在岗职工的平均工资的实际情况。计算公式：

$$在岗职工平均工资 = \frac{在岗职工工资总额 + 劳务派遣人员工资总额}{在岗职工平均人数 + 劳务派遣平均人数}$$

平均实际工资　指平均货币工资扣除物价变动因素后的平均工资。计算公式：

$$平均实际工资 = \frac{平均货币工资}{职工生活费用价格指数}$$

保险福利费用总额　在工资以外实际支付给职工和离休、退休、退职人员个人以及用于集体的劳动保险和福利费用，不包括用于职工的劳动保护费用。从企业来讲，保险福利费用不仅包括职工福利基金支出的部分，而且还包括由企业营业外支出、企业基金或利润留成、工会文教费、企业管理费支出的部分；就预算单位而言，包括由职工福利费、公务费、差额补助费等支出的部分。

第二部分　统计资料

固 定 资 产 投 资

6-1 历年固定资产投资

单位：万元

年 份	固定资产投资	年 份	固定资产投资
1949		1981	15753
1950	7	1982	23585
1951	264	1983	24278
1952	830	1984	28460
1953	2248	1985	44053
1954	1318	1986	58275
1955	1354	1987	57585
1956	3943	1988	48430
1957	3820	1989	41582
1958	7653	1990	48580
1959	11102	1991	85173
1960	13946	1992	136417
1961	2737	1993	188022
1962	1218	1994	254321
1963	1703	1995	257415
1964	2580	1996	261191
1965	6023	1997	271549
1966	7505	1998	391065
1967	2843	1999	447553
1968	3342	2000	687898
1969	3528	2001	953052
1970	7436	2002	1312557
1971	5659	2003	1880127
1972	5569	2004	2701496
1973	8343	2005	4202371
1974	9215	2006	5084256
1975	10987	2007	5822357
1976	12394	2008	6404626
1977	10075	2009	8008082
1978	13358	2010	8812359
1979	17596	2011	10316781
1980	21370	2012	13014288

6-2 历年房地产投资

单位：万元、万平方米

年份	房地产投资	#住宅	房屋销售面积	#住宅	房屋施工面积	#住宅	房屋竣工面积	#住宅
1990	4415	1394	3		13.1	12.4	5.3	4.8
1991	3565	2644	3.8		18.5	16.7	8.1	7.5
1992	10090	7824	5		46.5	43.8	11	9.4
1993	34173	27636	6.5		75.9	62	22	18.5
1994	27254	15303	14.3	10.4	71.6	45.8	21.5	15
1995	30342	18820	13.7	10.5	75.5	50.9	23	16.3
1996	43286	35425	25.6	22.9	98	88	34.8	31.1
1997	32448	20739	22.1	18	73.1	53.2	34.9	25.8
1998	91891	57673	29.6	25.4	135.8	111.8	44	33.6
1999	98152	75045	47.2	41.2	174.1	150	88.9	76.4
2000	117697	89920	60.6	55	200.6	169.8	111.1	97.5
2001	155431	78121	65.6	58.2	253.8	193.3	108.5	77.4
2002	244077	117709	121.3	106.3	357.1	257.3	159	121.2
2003	273982	123772	137.4	113	342	223.3	131.8	110.1
2004	324644	162839	172.6	151.7	472.9	261.3	169	116.3
2005	358634	231911	224.1	194.8	559.5	377.2	204.4	161
2006	949934	705462	215.3	193.9	996.6	765.9	168.6	141.8
2007	1298346	96477	225.9	213.3	1567.1	1256.9	216.3	199.5
2008	1770684	1394940	331.1	307.3	1787.1	1462.2	252.6	224.4
2009	1782909	1269283	375	309.1	1832.9	1452.4	456.3	369.3
2010	2543537	1926340	471.9	394.8	2461.1	1901.1	462.8	349.1
2011	3447832	2579534	583.7	518.3	3533.7	2541.4	412.1	340.5
2012	4479861	2868840	478.2	414.3	4391.6	3090.1	358.0	290.8

6-3 固定资产投资完成额

单位：万元

项　　目	2011年	2012年	2012年比2011年增长%
总　　计	**10316781**	**13014288**	**26.1**
按投资类型分组			
城镇固定资产投资	6825730	8520327	24.8
房地产投资	3447832	4479861	29.9
城镇以下投资	43219	14100	-67.4
按登记注册类型分组			
内　资	10235174	12957520	26.6
国　有	4785511	5738587	19.9
集　体	198705	187094	-5.8
其　他	5250958	7031839	33.9
港澳台投资	40382	15600	-61.4
外商投资	22115	35187	59.1
个体经营	19110	5981	-68.7
按建设性质分组			
新　建	2112476	2961119	40.2
扩　建	2504871	2714982	8.4
改　建	1490640	1788114	20.0
单纯建设生活设施	3574656	4608452	28.9
迁　建	29700	72197	143.1
单纯购置	604438	869424	43.8
按隶属关系分			
中央项目	962181	1463034	52.1
地方项目	9354600	11551254	23.5
#市　属	1459333	1365538	-6.4
房屋面积			
施工面积（平方米）	44579673	57908435	29.9
#住　宅	28011525	33908435	21.1
竣工面积（平方米）	7471171	9415567	26.0
#住　宅	4373324	3254965	-25.6
本年新增固定资产	6908001	6909943	

6-4 按国民经济行业分投资规模及个数

单位：万元、个

行业	计划总投资	自开始建设累计完成投资	本年完成投资	项目施工个数	本年投产项目个数
总计	**19775401**	**13011656**	**8534427**	**1154**	**838**
农、林、牧、渔业	1061627	966304	918636	191	154
农业	433195	415334	409871	73	61
林业	177372	162560	147716	22	17
畜牧业	247264	193254	184954	40	27
农、林、牧、渔服务业	203796	195156	176095	56	49
采矿业	259786	240779	189514	54	45
煤炭开采和洗选业	78796	64789	31584	13	6
黑色金属矿采选业	88700	88700	78190	20	20
有色金属矿采选业	28600	28100	21800	7	6
非金属矿采选业	63690	59190	57940	14	13
制造业	3061150	2563554	1206416	140	90
农副食品加工业	79068	64367	54966	21	16
食品制造业	117131	94828	54540	13	7
酒、饮料和精制茶制造业	27656	23081	23081	3	2
烟草制品业	9644	9644	9644		
纺织业	40505	29505	22505	4	3
纺织服装、鞋、帽制造业	20115	20115	20115	4	4
家具制造业	2200	2200	2200		
造纸及纸制品业	74852	63852	55137	5	3
文教、工美、体育和娱乐用品业	1000	250	250	1	
石油加工、炼焦及核燃料加工业	719027	640458	141000	1	
化学原料及化学制品制造业	502442	481324	128324	9	3
医药制造业	43518	43420	37080	8	7
化学纤维制造业	64250	44084	23074	2	1
橡胶和塑料制品业	20000	14500	10723	3	1
非金属矿物制品业	245880	228703	145284	27	22
黑色金属冶炼及压延加工业	153087	119000	52000	1	
有色金属冶炼及压延加工业	381947	225758	162483	10	6
金属制品业	48537	26221	6782	5	3
通用设备制造业	87394	66016	24035	10	5
专用设备制造业	51371	51291	43394	3	2
汽车制造业	45000	29493		1	
电气机械及器材制造业	210530	189248	93603	5	2
计算机、通信和其他电子设备业	88896	69096	69096	2	1
废弃资源和废旧材料回收加工业	27100	27100	27100	2	2
电力、燃气及水的生产和供应业	1797041	1264738	702140	93	66
电力、热力的生产和供应业	1435973	1075034	603252	59	41
燃气生产和供应业	76313	76313	16577	6	6
水的生产和供应业	284755	113391	82311	28	19
建筑业	19986	19986	19986		
房屋建筑业	19186	19186	19186		
土木工程建筑业	800	800	800		
批发和零售业	753508	415928	261662	23	18
批发业	158260	158260	85784	8	8

6-4续表　　　　单位：万元 、个

行　　　业	计　划 总投资	自开始 建设累计 完成投资	本　年 完成投资	项目施工 个　数	本年投产 项目个数
零售业	595248	257668	175878	15	10
交通运输、仓储和邮政业	3207645	2374707	1617675	103	72
铁路运输业	369489	273187	169045	5	1
道路运输业	2375026	1726035	1097840	82	59
管道运输业	391207	314541	314541	3	2
仓　储　业	57736	52194	31499	12	10
邮政业	14187	8750	4750	1	0
住宿和餐饮业	151685	144185	129285	22	20
住宿业	102015	99515	92615	12	11
餐饮业	49670	44670	36670	10	9
信息传输、计算机服务和软件业	3021126	610870	437590	22	18
电信和其他信息传输服务业	569352	536152	381442	19	18
软件和信息技术服务业	2451774	74718	56148	3	
金　融　业	132363	112963	111963	2	1
货币金融服务	132363	112963	111963	2	1
房地产业	1755460	662863	420824	25	10
租赁和商务服务业	182466	182458	30782	4	3
商务服务业	182466	182458	30782	4	3
科学研究、技术服务和地质勘查业	249812	164004	154294	10	6
研究与试验发展	177189	127868	127868	2	
专业技术服务业	16693	16693	14593	3	3
科技交流和推广服务业	55930	19443	11833	5	3
水利、环境和公共设施管理业	2251989	1784633	1229856	273	203
水利管理业	600185	445869	300563	48	39
生态保护和环境治理业	23643	16893	16893	5	4
公共设施管理业	1628161	1321871	912400	220	160
居民服务和其他服务业	5660	4660	4660	2	1
教　　育	416749	371932	229752	56	42
卫生和社会工作	309624	212299	170386	18	11
卫生	265736	168411	145206	12	5
社会工作	43888	43888	25180	6	6
文化、体育和娱乐业	218213	184727	93091	18	14
新闻出版业	18500	18540	800	1	1
广播、电视、电影和音像业	96922	73896		1	
文化艺术业	72360	65360	65360	10	8
体育	18090	14590	14590	4	3
娱乐业	12341	12341	12341	2	2
公共管理和社会组织	919511	730066	605915	98	64
国家机构	822967	640530	516979	70	39
人民政协、民主党派	7668	4000	4000	1	
社会保障	4000	2960	2960	1	
群众团体、社会团体和其他成员组织	27600	27600	27600		
基层群众组织	57276	54976	54376	26	25

6-5 按国民经济行业分

行业	本年完成投资	按构成分			
		建筑工程	安装工程	设备工器具购置	其他费用
总计	**8534427**	**5694825**	**263752**	**1920563**	**655287**
农、林、牧、渔业	918636	729252	13663	43013	132708
农业	409871	392487	1002	11885	4497
林业	147716	26537			121179
畜牧业	184954	153211	11251	14360	6132
农、林、牧、渔服务业	176095	157017	1410	16768	900
采矿业	189514	107665	8549	72628	672
煤炭开采和洗选业	31584	27408	558	2946	672
黑色金属矿采选业	78190	26540	5900	45750	
有色金属矿采选业	21800	8100	1200	12500	
非金属矿采选业	57940	45617	891	11432	
制造业	1206416	450671	79144	570469	106132
农副食品加工业	54966	29372	3230	20842	1522
食品制造业	54540	21945	8098	24117	380
酒、饮料和精制茶制造业	23081	16081		7000	
烟草制品业	9644			9644	
纺织业	22505	21990	10	505	
纺织服装、鞋、帽制造业	20115	3856	54	16205	
家具制造业	2200			2200	
造纸及纸制品业	55137	8700	5733	38454	2250
文教、工美、体育和娱乐用品业	250	250			
石油加工、炼焦及核燃料加工业	141000	3200	6100	62700	69000
化学原料及化学制品制造业	128324	23610	16156	88558	
医药制造业	37080	16285	3447	16698	650
化学纤维制造业	23074	22899	17	158	
橡胶和塑料制品业	10723	5148	1773	3600	202
非金属矿物制品业	145284	73928	5922	63894	1540
黑色金属冶炼及压延加工业	52000	4000	10000	36000	2000
有色金属冶炼及压延加工业	162483	79633	11772	43895	27183
金属制品业	6782	3063	390	3069	260
通用设备制造业	24035	10215	2409	11411	
专用设备制造业	43394	8700	2395	32299	
电气机械及器材制造业	93603	64603		29000	
计算机、通信和其他电子设备制造业	69096	32433	724	35939	
废弃资源和废旧材料回收加工业	27100	760	914	24281	1145
电力、燃气及水的生产和供应业	702140	478383	42316	168883	12558
电力、热力的生产和供应业	603252	396111	40716	156733	9692
燃气生产和供应业	16577	11161	150	4500	766
水的生产和供应业	82311	71111	1450	7650	2100

投资和新增固定资产

单位：万元

按建设性质分							本年新增固定资产
新建	扩建	改建和技术改造	单纯建造生活设施	迁建	恢复	单纯购置	
3021119	**2694482**	**1748614**	**128591**	**72197**		**869424**	**6006758**
269273	527872	109141				12350	811448
173336	228535					8000	376899
11400	33627	102689					116000
77100	107854						152454
7437	157856	6452				4350	166095
23634	101790	49740		2000		12350	199670
6084	24000	1500					34980
9300	26900	31440		2000		8550	88700
5000		16800					18800
3250	50890					3800	57190
485070	350000	197291		64857		109198	852260
17330	20250	11566		3100		2720	51216
21100	30140	3300					38350
	16081					7000	19781
						9644	9644
20705	1800						14505
	4515	2000				13600	20115
						2200	2200
20700	34437						53052
250							
		141000					
117500	10224					600	14494
	30815	6265					40820
14990	8084						36000
10723							5000
39121	57103	8765		30800		9495	158103
	50000					2000	2000
123993	20290	18200					61500
1700	5082						18600
12760	7380	3895					53538
10895	32499						32499
43303	21300					29000	129847
5200				30957		32939	63896
24800		2300					27100
221175	218354	262111				500	614756
178478	167823	256451				500	472022
14703	1874						76313
27994	48657	5660					66421

6-5续表

行业	本年完成投资	按构成分			
		建筑工程	安装工程	设备工器具购置	其他费用
建筑业	19986			19986	
房屋建筑业	19186			19186	
土木工程建筑业	800			800	
批发和零售业	261662	149113	1144	58775	52630
批发业	85784	44494		30000	11290
零售业	175878	104619	1144	28775	41340
交通运输、仓储和邮政业	1617675	1362936	555	136402	117782
铁路运输业	169045	113148	400	32272	23225
道路运输业	1097840	905138		100890	91812
管道运输业	314541	311796			2745
仓储业	31499	28104	155	3240	
邮政业	4750	4750			
住宿和餐饮业	129285	90015	815	29275	9180
住宿业	92615	61800	750	22885	7180
餐饮业	36670	28215	65	6390	2000
信息传输、计算机服务和软件业	437590	81818	103864	251904	4
电信、广播电视和卫星传输服务	381442	25670	103864	251904	4
软件和信息技术服务业	56148	56148			
金融业	111963	1200		110763	
房地产业	420824	396394	2525	1255	20650
租赁和商务服务业	30782	26077	1265	3440	
科学研究和技术服务业	154294	63279	1750	89265	
研究和试验发展	127868	50096	1500	76272	
专业技术服务业	14593	1350	250	12993	
科技推广和应用服务业	11833	11833			
水利、环境和公共设施管理业	1229856	1047963	4016	17397	160480
水利管理业	300563	264511	1173	3479	31400
生态保护和环境治理业	16893	9770	223	6900	
公共设施管理业	912400	773682	2620	7018	129080
居民服务和其他服务业	4660	3600	150	910	
教育	229752	183763	790	32427	12772
卫生和社会工作	170386	127621		42755	10
卫生	145206	102451		42755	
社会工作	25180	25170			10
文化、体育和娱乐业	93091	42760	115	46786	3430
新闻出版业	800	800			
文化艺术业	65360	26140	10	35780	3430
体育	14590	14590			
娱乐业	12341	1230	105	11006	
公共管理和社会组织	605915	352315	3091	224230	26279
国家机构	516979	291247	3091	196580	26061
人民政协、民主党派	4000	4000			
社会保障	2960	2912			48
群众、社会团体和其他成员组织	27600			27600	
基层群众自治组织	54376	54156		50	170

单位：万元

按建设性质分							本年新增固定资产
新　建	扩　建	改建和技术改造	单纯建造生活设施	迁　建	恢　复	单纯购置	
						19986	18126
						19186	17326
						800	800
175254	26658	4750				55000	230708
40424	16360					29000	158260
134830	10298	4750				26000	72448
500114	448749	560684				108128	678092
9903	129422					29720	33720
155761	305837	558684				77558	469072
314541							138541
15159	13490	2000				850	36759
4750							
24280	40300	31300	9090			24315	132785
19280	32500	20800				20035	93015
5000	7800	10500	9090			4280	39770
392400	25650	9700				9840	404352
355600	6302	9700				9840	404352
36800	19348						
	1200					110763	111363
188719	9522	160569	62014				50714
29882						900	53478
68845	590					84859	91395
55096						72772	72772
2406	100					12087	16693
11343	490						1930
305055	656922	267879					965026
129568	140370	30625					203766
9000	2180	5713					13703
166487	514372	231541					747557
	1360			3300			1360
53474	129989	17970	170			28149	191903
88850	29001	11080				41455	98819
88200	4471	11080				41455	54931
650	24530						43888
12040	25850	11090				44111	100331
800							18540
3240	18260	9590				34270	60360
8000	6590						9090
	1000	1500				9841	12341
183054	100675	55309	57317	2040		207520	400172
175356	58437	49209	52017	2040		179920	322296
4000							
	2960						
						27600	27600
3698	39278	6100	5300				50276

6-6 按国民经济行

行业	本年资金来源合计	上年末结余资金	本年资金来源小计	国家预算内资金	国内贷款
总计	**7281719**	**65202**	**7216517**	**139180**	**393631**
农、林、牧、渔业	628717		628717	45537	10200
农业	319046		319046	3800	4000
林业	102757		102757	25064	4500
畜牧业	144670		144670		300
农、林、牧、渔服务业	62244		62244	16673	1400
采矿业	141624		141624		
煤炭开采和洗选业	31584		31584		
黑色金属矿采选业	78190		78190		
有色金属矿采选业	21800		21800		
非金属矿采选业	10050		10050		
制造业	1130941		1130941		115202
农副食品加工业	53966		53966		
食品制造业	55200		55200		
酒、饮料和精制茶制造业制造业	16800		16800		
烟草制品业	9644		9644		
纺织业	22505		22505		
纺织服装、服饰业	20115		20115		
家具制造业	2200		2200		
造纸及纸制品业	57952		57952		
文教、工美、体育和娱乐用品制造业	1000		1000		
石油加工、炼焦及核燃料加工业	141000		141000		38850
化学原料和化学制品制造业	127700		127700		22352
医药制造业	34480		34480		
化学纤维制造业	14990		14990		
橡胶和塑料制品业	10723		10723		
非金属矿物制品业	93581		93581		
黑色金属冶炼和压延加工业	47000		47000		
有色金属冶炼和压延加工业	157170		157170		34200
金属制品业	5600		5600		
通用设备制造业	25322		25322		
专用设备制造业	43394		43394		
电气机械和器材制造业	93603		93603		
计算机、通信和其他电子设备	69896		69896		
废弃资源综合利用业	27100		27100		19800
电力、热力、燃气及水的生产和供应业	583239		583239	6147	32063
电力、热力生产和供应业	516107		516107	4678	32063
燃气生产和供应业	15977		15977	39	
水的生产和供应业	51155		51155	1430	

业 分 财 务 拨 款

单位：万元

债　券	利用外资	外商直接投资	自筹资金	单位自有资金	其他资金来源	本年各项应付款合计	工 程 款
640			**6352022**	**1347402**	**331044**	**1372617**	**966383**
			522139	168636	50841	298564	292968
			272682	73923	38564	93125	93125
			71993		1200	44961	39365
			140170	87450	4200	41484	41484
			37294	7263	6877	118994	118994
			141624	71274		47890	47890
			31584	4384			
			78190	41340			
			21800	19900			
			10050	5650		47890	47890
			1004174	328132	11565	85545	80714
			53966	37271		1500	1500
			55200	31300		340	340
			16800			6281	6281
			9644				
			22505	16000			
			20115	5515			
			2200				
			57952	38252		2900	2900
			1000				
			102150				
			105348	9100		624	624
			34480	17915		2600	2600
			14990			8084	8084
			10723	4723			
			93581	77336		51703	51703
			47000	2000		5000	5000
			111405	43801	11565	5331	500
			5600			1182	1182
			25322	8680			
			43394				
			93603	21300			
			69896	9939			
			7300	5000			
640			542489	86180	1900	120312	97634
			477466	74586	1900	88556	65878
			15938			600	600
640			49085	11594		31156	31156

6-6续表

行业	本年资金来源合计	上年末结余资金	本年资金来源小计	国家预算内资金	国内贷款
建筑业	19986		19986		
房屋建筑业	19186		19186		
土木工程建筑业	800		800		
批发和零售业	259294		259294		40000
批发业	85784		85784		
零售业	173510		173510		40000
交通运输、仓储和邮政业	1162343	35	1162308	43964	164344
铁路运输业	92875		92875		
道路运输业	718198	35	718163	41864	85764
管道运输业	314541		314541		78580
仓储业	31979		31979	2100	
邮政业	4750		4750		
住宿和餐饮业	119495		119495		
住宿业	92115		92115		
餐饮业	27380		27380		
信息传输、软件和信息技术服务业	418242		418242		
电信、广播电视和卫星传输服务业	381442		381442		
软件和信息技术服务业	36800		36800		
金融业	111963	500	111463		
货币金融服务	111963	500	111463		
中央银行服务	26000		26000		
货币银行服务	85963	500	85463		
房地产业	359976	5140	354836	20969	
租赁和商务服务业	81877	54700	27177		
商务服务业	81877	54700	27177		
科学研究和技术服务	154791		154791	315	
研究和试验发展	127868		127868		
专业技术服务业	14593		14593	240	
科技推广和应用服务业	12330		12330	75	
水利、环境和公共设施管理业	1065413	4827	1060586	10354	10202
水利管理业	268044	2117	265927	9506	
生态保护和环境治理业	16893		16893	430	2523
公共设施管理业	780476	2710	777766	418	7679
居民服务、修理和其他服务业	4660		4660		
教育	209663		209663	5480	21420
卫生和社会工作	167221		167221	347	
文化、体育和娱乐业	93091		93091	240	
新闻出版业	800		800		
文化艺术业	65360		65360	240	
体育	14590		14590		
娱乐业	12341		12341		
公共管理、社会保障和社会组织	569183		569183	5827	200
国家机构	491296		491296	5827	
人民政协、民主党派	4000		4000		
社会保障	1608		1608		
群众团体、社会团体和其他成员组织	27600		27600		
基层群众自治组织	44679		44679		200

单位：万元

债　券	利用外资		自筹资金		其他资金来　源	本年各项应付款合计	工 程 款
		外商直接投资		单位自有资金			
			19986	7400			
			19186	7400			
			800				
			219294	16700		2518	2518
			85784	7700			
			133510	9000		2518	2518
			717640	174834	236360	477895	156797
			92875	7000		77667	77667
			354445	146865	236090	400228	79130
			235961				
			29609	20969	270		
			4750				
			119495	7200		9790	8890
			92115	7200		500	
			27380			9290	8890
			417402	356202	840	19348	19348
			380602	356202	840		
			36800			19348	19348
			110763		700		
			110763		700		
			26000				
			84763		700		
			333867	13303		63316	29593
			27177				
			27177				
			154061	29327	415		
			127868	18000			
			14353	327			
			11840	11000	415		
			1022280	52559	17750	173257	167039
			255221	5037	1200	36127	31572
			10670		3270		
			756389	47522	13280	137130	135467
			4660	3300			
			181263	8943	1500	20625	20125
			164841	1196	2033	3185	3185
			87901		4950		
			800				
			61290		3830		
			13500		1090		
			12311		30		
			560966	22216	2190	50372	39682
			483779	22216	1690	39323	28633
			4000				
			1608			1352	1352
			27600				
			43979		500	9697	9697

6-7 按国民经济行业分房屋建筑面积及价值

行业	本年施工房屋面积（平方米）	#住宅	本年竣工房屋面积（平方米）	#住宅	本年竣工房屋价值（万元）	#住宅
总计	**13985522**	**3001162**	**5835804**	**346953**	**788631**	**54168**
农、林、牧、渔业	2689727	2000	2449047		59936	
农业	57874		57874		13108	
林业	25200		25200		6500	
畜牧业	2593164	2000	2352484		36373	
农、林、牧、渔服务业	13489		13489		3955	
采矿业	65049		15001		2471	
煤炭开采和洗选业	50948		900		150	
黑色金属矿采选业	1320		1320		264	
有色金属矿采选业						
非金属矿采选业	12781		12781		2057	
制造业	1622965	800	739407	800	161651	50
农副食品加工业	100120		55540		10047	
食品制造业	10996		2880		525	
酒、饮料和精制茶制造业	48681		43355		11475	
纺织业	29514		29514		5572	
纺织服装、服饰业	11939		11939		2775	
造纸及纸制品业	18130		9130		4900	
文教、工美、体育和娱乐用品制造业	2000					
石油加工、炼焦及核燃料加工业	500000					
化学原料及化学制品制造业	44322		2322		1500	
医药制造业	9931		7000		2200	
化学纤维制造业	46480		11000		4517	
橡胶和塑料制品业	4000					
非金属矿物制品业	60249	800	59049	800	8836	50
有色金属冶炼和压延加工业	254018		42850		9474	
金属制品业	41857		25800		2781	
通用设备制造业	118171		116471		17198	
专用设备制造业	90477		90477		10354	
电气机械及器材制造业	175783		175783		51487	
计算机、通信和其他电子设备制造业	55000		55000		17800	
废弃资源和废旧材料回收加工业	1297		1297		210	
电力、燃气及水的生产和供应业	58768		17886		6752	
电力、热力的生产和供应业	44853		3971		1025	
燃气生产和供应业	500		500		147	
水的生产和供应业	13415		13415		5580	

6-7续表

行　　业	本年施工房屋面积（平方米）	#住宅	本年竣工房屋面积（平方米）	#住宅	本年竣工房屋价值（万元）	#住宅
批发和零售业	610286		347486		76978	
批 发 业	323024		323024		72195	
零 售 业	287262		24462		4783	
交通运输、仓储和邮政业	238286	3600	183953	3600	31894	900
铁路运输业	14933	3600	3600	3600	900	900
道路运输业	132328		123328		16354	
管道运输业	2000		2000		800	
仓 储 业	55025		55025		13840	
邮 政 业	34000					
住宿和餐饮业	202444	31250	192444	31250	44488	7490
住 宿 业	131594		131594		26398	
餐 饮 业	70850	31250	60850	31250	18090	7490
信息传输、计算机服务和软件业	1594234		58734		26161	
电信、广播电视和卫星传输服务	58734		58734		26161	
软件和信息技术服务业	1535500					
金　融　业	7810		2880		432	
货币金融服务	7810		2880		432	
房地产业	2910821	2162378	283903	277451	42564	41801
租赁和商务服务业	102415		102415		46994	
商务服务业	102415		102415		46994	
科学研究、技术服务和地质勘查业	183338		8826		1750	
研究与试验发展	174512					
专业技术服务业	8826		8826		1750	
水利、环境和公共设施管理业	92347		53771		5202	
生态保护和环境治理业	10000					
公共设施管理业	82347		53771		5202	
居民服务、修理和其他服务业	5000		5000		1201	
教　　育	1279156		615447		118084	
卫生和社会工作	644045		341607		51554	
卫　　生	354935		52497		11166	
社会工作	289110		289110		40388	
文化、体育和娱乐业	104164		90164		26870	
新闻出版业	49985		49985		18540	
文化艺术业	52024		38024		7530	
娱乐业	2155		2155		800	
公共管理、社会保障和社会组织	1574667	801134	327833	33852	83649	3927
国家机构	1395839	757492	212219	21852	65104	2727
人民政协、民主党派	19572					
社会保障	12000					
基层群众自治组织	147256	43642	115614	12000	18545	1200

6-8 固定资产投资新增生产能力

项　　目	单位	建设规模	本年施工规模	#本年新开工能　力	累计新增生产能力	#本年新增
原煤开采	万吨/年					
铁矿石成品矿	万吨/年	80	70	34	80	70
黄　金	公斤/年	90	90	90	90	90
银选矿：处理原矿	吨/年					
发电机组容量	万千瓦	120	120			
水力发电	万千瓦	120	120			
火力发电	万千瓦					
其他发电	万千瓦					
输电线路长度(11万伏及以上)	公里	710.5	710.5	698.5	527.5	527.5
水　泥	万吨/年	422	402	100	222	202
平板玻璃	万重量箱/年	0.2	0.2	0.2	0.2	0.2
电视机	万部/年	600	600	600	300	300
白　酒	万吨/年	0.9	0.9	0.9	0.9	0.9
新建公路	公里	135.6	135.6	24.0	3.0	3.0
#高速公路	公里					
改建公路	公里	477.44	477.44	116.70	98.16	80.66
新建独立公路桥梁	延长米	500	500			
新建独立公路桥梁	座	1	1			
新(扩)建公路客、货运站	个	1	1		1	1
新(扩)建公路客、货运站	平方米	2020	2020		2020	2020
城市自来水供水能力	万吨/日	1.5	1.5	1.5	1.5	1.5
城市污水处理能力	万吨/日	8.5	8.5		0.5	0.5

6-9 房地产开发投资完成情况

项目	单位	2012年	项目	单位	2012年
计划总投资	万元	18737412	其　他	万元	439189
累计完成投资	万元	10232877	本年新增固定资产	万元	907007
本年完成投资	万元	4479861	本年购置土地面积	平方米	1094435
# 配套工程投资	万元	6176	本年资金来源合计	万元	4873128
按构成分			上年末结余资金	万元	216467
建筑工程	万元	3239444	本年资金来源小计	万元	4656661
安装工程	万元	195387	国内贷款	万元	253305
设备工器具购置	万元	111754	# 银行贷款	万元	191675
其他费用	万元	933276	非银行金融机构贷款	万元	61630
# 土地购置费	万元	563139	利用外资	万元	
# 旧建筑物购置费	万元	48542	# 外商直接投资额	万元	
按工程用途分			自筹资金	万元	3248853
住　宅	万元	3021927	# 自有资金	万元	1453912
# 90平方米以下	万元	803071	其他资金来源合计	万元	1154503
144平方米以上住房	万元	594531	# 定金及预收款	万元	788782
别墅高档公寓	万元	88053	# 个人按揭贷款	万元	241440
办 公 楼	万元	230525	本年各项应付款合计	万元	761424
商业营业用房	万元	788220	# 工 程 款	万元	286071

6-10 房地产施工、竣工房屋面积及竣工价值

单位：平方米

项目	施工面积	# 新开工	竣工面积	竣工房屋价值（万元）	商品住宅竣工套数（套）
房屋合计	**43916374**	**12939035**	**3579763**	**654130**	
住　宅	30907273	8670372	2908012	502137	23447
# 90平方米以下	8411977	2058083	900704	165205	11129
144平方米以上住房	5467266	1534603	888056	118578	3040
别墅高档公寓	623997	15700	329235	75199	1686
办 公 楼	1702064	579266	92100	24231	
商业营业用房	7529779	2144751	410519	80375	
其　他	3777258	1544646	169132	47387	

6-11 商品房屋销售与出租情况

单位：平方米

项目	商品房销售面积	现房销售面积	期房销售面积	商品房销售额（万元）	现房销售额（万元）	期房销售额（万元）
合计	**4781847**	**2464434**	**2317413**	**2603781**	**1303258**	**1300523**
住宅	4143054	1984733	2158321	1987906	911981	1075925
#90平方米以下	1004899	515712	489187	431493	238968	192525
144平方米以上住房	831219	271349	559870	580789	162277	418512
别墅高档公寓	249800	243691	6109	168484	156607	11877
办公楼	140528	112190	28338	102118	63272	38846
商业营业用房	447823	335645	112178	487664	307011	180653
其他	50442	31866	18576	26093	20994	5099

6-11续表

单位：平方米

项目	空置面积	出租面积	商品住宅销售套数（套）	现房住宅销售套数（套）	期房住宅销售套数（套）
合计	**1847402**	**74108**			
住宅	1224611		36081	18072	18009
#90平方米以下	503781		12164	6239	5925
144平方米以上住房	343312		4228	1331	2897
别墅高档公寓	4626		1623	1604	19
办公楼	81312	69802			
商业营业用房	449555	4306			
其他	91924				

6-12 房地产开发企业（单位）财务状况

项　　目	单位	2012年	项　　目	单位	2012年
年初存货	万元	3625928	销售费用	万元	47581
年初资产负债			管理费用	万元	85613
流动资产合计	万元	10608029	# 税　金	万元	8330
# 存　货	万元	5374564	差旅费	万元	4296
固定资产原价	万元	141538	工会经费	万元	226
累计折旧	万元	33546	财务费用	万元	83682
# 本年折旧	万元	8176	# 利息收入	万元	2015
在建工程	万元	347820	# 利息支出	万元	53932
资产总计	万元	12180536	营业利润	万元	29391
负债合计	万元	10272023	补贴收入	万元	1616
所有者权益	万元	1908514	营业外收入	万元	5707
# 实收资本	万元	4218133	营业外支出	万元	20260
损益及分配			利润总额	万元	15441
主营业务收入	万元	1327069	应缴所得税	万元	21835
土地转让收入	万元	7209	应付职工薪酬	万元	43581
商品房屋销售收入	万元	1267396	土地和固定资产支出	万元	306195
房屋出租收入	万元	13904	土地购置	万元	288372
其他收入	万元	38560	房屋和建筑物	万元	3893
主营业务成本	万元	989247	机器设备	万元	4157
主营业务税金及附加	万元	110081	运输工具	万元	2478
其他业务利润	万元	2483	其他费用	万元	7295

主要统计指标解释

固定资产投资　固定资产投资是建造和购置固定资产的经济活动，即固定资产再生产活动。固定资产再生产过程包括固定资产更新（局部更新和全部更新）、改建、扩建、新建等活动。新的企业财务会计制度规定，固定资产局部更新的大修理作为日常生产活动的一部分，发生的大修理费用直接在成本费用中列支。按照现行投资管理体制及有关部门的规定，凡属于大修理、养护、维护性质的工程（如设备大修、建筑物的翻修和加固、农田水利工程和堤防、水库的岁修、铁路大修等）都不纳入固定资产投资管理，也不作为固定资产投资统计。

固定资产投资属于实物投资的一部分，这一点区别于金融投资。固定资产投资的目的是建造和购置固定资产，它的承担物表现为机器、设备、建筑物等固定资产。而金融投资（如股票和债券投资）则表现为金融资产的增加。

固定资产投资是国民经济再生产活动的一个重要部分。通过固定资产投资，可以扩大社会再生产的规模，提高社会生产的技术水平，调整经济结构，改变生产力的地区分布，增强国家的经济实力，提高和改善人民物质和文化生活水平。

固定资产投资额（又称固定资产投资完成额）　是以货币形式表现的在一定时期内建造和购置固定资产的工作量以及与此有关的费用的总称。没有形成工程实体的建筑材料和没有开始安装的设备，都不计算投资完成额。它是反映固定资产投资规模、结构和发展速度的综合性指标，又是观察工程进度和考核投资效果的重要依据。

房地产开发　是指各种经济类型的房地产开发公司、商品房建设公司及其他房地产开发单位统一开发的商品住宅、厂房、仓库、饭店、宾馆、度假村、写字楼、办公楼等房屋建筑物和配套的服务设施，以及土地开发工程，如道路、给水、排水、供电、供热、通讯、平整场地等工程。房地产开发统计不包括单纯的土地交易活动。房地产开发单位本身进行的固定资产投资活动，如自建自用的房屋、设备购置等，应作为基本建设，更新改造和其他投资的统计范围。

施工项目　指报告期内曾进行建筑安装施工活动的建设项目，包括报告期内新开工项目，报告期以前开工跨报告期继续施工的项目，报告期施过工并在报告期内全部建成投产或停缓建的项目。

全部建成投产项目　工业项目是指设计文件规定形成生产能力的主体工程及其相应配套的辅助设施全部建成，经负荷试运转，证明具备生产设计规定合格产品的条件，并经过验收鉴定合格或达到竣工验收标准，与生产性工程配套的生活福利设施可以满足近期正常生产的需要，正式移交生产的建设项目；非工业项目是指设计文件规定的主体工程和相应的配套工程全部建成，能够发挥设计规定的全部效益，经验收鉴定合格或达到竣工验收标准，正式移交使用的建设项目。

新增固定资产　新增固定资产（又称交付使用的固定资产），是指已经完成和购置过程，并已交付生产或使用单位的固定资产价值。

新增固定资产是表示固定资产投资成果的价值量指标，也是反映建设进度，计算固定资产投资效果的必要数据。

新增生产能力　指通过固定资产投资活动而增加设计能力或工程效益，它是用实物形态表示的固定资产投资的成果。新增生产能力的计算，是以能独立发挥生产能力或效益的单项工程（或项目）为对象，当单项工程（或项目）建成，经有关部门鉴定合格，正式移交投入生产，即可计算新增生产能力。

房屋建筑面积　房屋建筑面积，是房屋建筑勒脚以上外墙外围的水平截面面积，包括房屋建筑的有效面积和结构面积。房屋建筑面积统计指标是从实物形态上反映建设规模和建设成果的重要指标之一，也是检查工程形象进度、计算工程造价、分析投资效果、研究施工任务与施工力量和建筑材料之间平衡情况的重要依据。

房屋施工面积　是指报告期内施工的全部房屋建筑面积，包括本期新开工的面积和上期开工跨入本期继续施工的房屋面积，以及上期已停建在本期恢复施工的房屋面积。本期竣工和本期施工后又停缓建的房屋，其建筑面积仍计入本期房屋施工面积中。

第二部分　统计资料

财政税收

7-1 历 年 财 政 收 入

单位：万元

年　份	地方财政收入
1949	79
1952	571
1957	2645
1962	3105
1965	4686
1970	10870
1975	10405
1978	14085
1980	15031
1985	25330
1986	29937
1987	35142
1988	39802
1989	43658
1990	45494
1991	49231
1992	56061
1993	71964
1994	35081
1995	43892
1996	58789
1997	78628
1998	92559
1999	105783
2000	127755
2001	142098
2002	171859
2003	213699
2004	367323
2005	493433
2006	640226
2007	934302
2008	1583099
2009	2012371
2010	2414508
2011	2852164
2012	3163243

注：自2008年起地方财政收入变为地方财政总收入

7-2 历年财政支出

单位：万元

年　份	财政支出	#教育事业费
1949	39	4
1952	348	51
1957	1120	303
1962	1755	339
1965	1890	465
1970	2758	543
1975	6687	1230
1978	9979	1705
1980	10870	2130
1985	24093	4371
1986	35089	4854
1987	34652	5371
1988	37015	6368
1989	41333	7015
1990	45213	8455
1991	49338	8639
1992	54119	10353
1993	67803	13564
1994	74971	16198
1995	82137	17915
1996	104035	19111
1997	127972	20901
1998	153745	22891
1999	171308	25413
2000	198645	28075
2001	276059	36785
2002	360686	43884
2003	482538	53307
2004	613227	67072
2005	721234	77296
2006	922229	89846
2007	1004158	148773
2008	1331795	181912
2009	1651684	221858
2010	1772800	274673
2011	2556680	316949
2012	2753195	342607

7-3 财 政 收 入

单位：万元

项 目	2011年	2012年	2012年比2011年增长%
地方财政总收入	**2852164**	**3163243**	**10.9**
一般预算收入	1514253	1786447	18.0
增 值 税	105672	109496	3.6
营 业 税	403577	535819	32.8
企业所得税	123377	148733	20.6
个人所得税	60691	57724	-4.9
资 源 税	2324	992	-57.3
城市维护建设税	83977	93825	11.7
房产税和固定资产投资方向调节税	48904	51431	5.2
印 花 税	26809	26800	
城镇土地使用税	55741	58325	4.6
土地增值税	64354	75741	17.7
车船使用和牌照税	12751	19332	51.6
耕地占用税和契税	72597	88451	21.8
专项收入	45104	53093	17.7
行政事业性收费收入	45931	123581	169.1
国有资本经营收入	292011	223725	-23.4
罚没收入	23525	47925	103.7
国有资源(资产)有偿使用收入	30173	61961	105.4
其他收入	16735	9493	-43.3
上划中央税收收入	1105887	1199150	8.4
上划自治区收入	232024	177646	-23.4

7-4 财 政 支 出

单位：万元

项目	2011年	2012年	2012年比2011年增长%
地方财政支出	**2556680**	**2753195**	**7.7**
一般公共服务	286005	267583	-6.4
国 防	4766	9057	90.0
公共安全	127855	130504	2.1
教 育	316949	342607	8.1
科学技术	22286	23137	3.8
文化体育与传媒	44047	50213	14.0
社会保障和就业	287914	310382	7.8
医疗卫生	132242	157571	19.2
环境保护	99758	113644	13.9
城乡社区事务	672762	608420	-9.6
农林水事务	222559	337270	51.5
交通运输	86077	118502	37.7
工业商业金融等事务	79667	102615	28.8
国土资源	11095	31318	182.3
住房保障支出	117192	123662	5.5
其他支出	45505	26710	-41.3

7-5 税 收 情 况

单位：万元

项　　目	2011年	2012年	2012年比2011年增长%
国税合计	**1373381**	**1491663**	**8.6**
增值税	628976	688800	9.5
消费税	285990	288952	1.0
个人所得税	343	93	-72.9
企业所得税	331859	392680	18.3
车辆购置税	126213	121138	-4.0
地税合计	**1768667**	**1986068**	**12.3**
税收总收入合计	1277163	1411076	10.5
营业税	538448	595751	10.6
企业所得税	93135	126105	35.4
个人所得税	201963	192258	-4.8
资源税	3099	2831	-8.7
城镇土地使用税	55741	58326	4.6
城市维护建设税	90837	98333	8.3
印花税	26809	26800	
土地增值税	64352	75740	17.7
房产和城市房地产税	48905	51433	5.2
车船税	12753	19333	51.6
屠宰税和筵席税			
耕地占用税	20341	40783	100.5
契税	52233	47667	-8.7
教育费附加	42073	45264	7.6
地方教育附加费	25699	29995	16.7
税务部门罚没收入	775	457	-41.0
其他收入	-19		
其他收入合计	491504	574992	17.0
社会保险收入	457111	536318	17.3
文化事业建设费	1787	2214	23.9
水利建设基金	20017	23503	17.4
煤炭价格调节基金	6116	5600	-8.4
工会经费	2790	3165	13.4
残疾人保障基金	3683	4192	13.8

主要统计指标解释

财政收入 指国家财政参与社会产品分配所取得的收入，是实现国家职能的财力保证。财政收入所包括的内容几经变化，目前主要包括：

（1）税收收入：包括增值税、营业税、消费税、土地增值税、城市维护建设税、资源税、城镇土地使用税、印花税、固定资产投资方向调节税、房产税、个人所得税、企业所得税、车船税、车辆购置税和关税等。

（2）社会保险基金收入：包括基本养老保险基金收入、基本失业保险基金收入、基本医疗保险基金收入、工伤保险基金收入、生育保险基金收入和其他社会保险基金。

（3）非税收入：包括政府性基金收入、探矿权、采矿权使用费收入、彩票基金收入、行政事业性收费收入、公安行政事业性收费收入、罚没收入、国有资本经营收入、国有资源（资产）有偿使用收入和其他收入。

（4）贷款转贷回收本金收入：包括：国内贷款回收本金收入、国外贷款回收本金收入、国内转贷回收本金收入、国外转贷回收本金收入。

（5）债务收入：包括国内债务收入、国外债务收入。

（6）转移性收入：包括返还性收入、财力性转移支付收入、专项转移支付收入、政府性基金转移收入、彩票公益金转移收入、预算外转移收入、上年结余收入、调入资金。

财政支出 国家财政将筹集起来的资金进行分配使用，以满足经济建设和各项事业的需要，主要包括：

（1）一般公共服务：反映政府提供一般公共服务的支出。主要包括人大事务、政协事务、政府事务、共产党事务、民主党派及工商联事务、群众团体事务、国债事务、彩票事务及其他一般公共服务支出。

（2）外交：反映政府外交事务支出。包括外交行政管理、驻外机构、对外援助、国际组织、对外合作与交流、边界勘界联检等方面的支出。人大、政协、政府及所属各部门（除国家领导人、外交部门）的出国费、招待费列相关功能科目，不在本科目反映。

（3）国防：反映政府用于国防方面的支出。包括现役部队、预备役部队、民兵国防科研事业、专项工程及其它国防支出。

（4）公共安全：反映政府维护社会公共安全方面的支出。有关事务包括武装警察、公安、国家安全、检察、法院、司法行政、监狱、劳教、国家保密、缉私警察等。

（5）教育：反映政府教育事务支出。有关具体事务包括教育行政管理、学前管理、小学教育、初中教育、普通高中教育、普通高等教育、初等职业教育、中专教育、技校教育、职业高中教育、高等职业教育、广播电视教育、留学生教育、特殊教育、干部继续教育、教育机关服务等。

（6）科学技术：反映用于科学技术方面的支出。包括科学技术管理事务基础研究、应用研究、技术研究与开发、科技成果转化与扩散、科技条件与服务、社会科学、科学技术普及、科学交流与合作及其他科学技术支出。

（7）文化体育与传媒：反映政府在文化、文物、体育、广播影视、新闻出版等方面的支出。

（8）社会保障和就业：反映政府在社会保障与就业方面的支出。有关事项包括社会保障和就业管理事务、民族管理事务、财政对社会保险基金的补助、补充全国社会保障基金、行政事业单位离退休、企业改革补助、就业补助、抚恤、退役安置、社会福利、残疾人事业、城市居民最低生活保障、其他城镇社会救济、农村社会救济、自然灾害生活救助、红十字事务等。

（9）社会保险基金支出：反映政府由社会保险基金列支的各项支出，包括基本养老保险基金支出、失业保障基金支出、基本医疗保险支出、工伤保险基金支出等。特别说明：在将社会保险基金包括在内统计政府支出时，应将财政对社会保险基金的补助以及由财政承担的社会保险缴款予以扣除，以免重复计算。

（10）医疗卫生：反映政府卫生方面的支出。具体包括医疗卫生管理事务支出、医疗服务支出、医疗保障支出、疾病预防控制支出、卫生监督支出、妇幼保健支出、农村卫生支出等。

（11）环境保护：反映政府环境保护支出。具体包括：环境保护管理事务支出、环境监测与监察支出、污染治理支出、自然生态保护支出、天然林保护工程支出、退耕还林支出、风沙荒漠治理支出、退牧还草支出、已垦草原退耕还草支出等。

（12）城乡社区事务：反映政府城乡社区事务支出。具体包括：城乡社区管理事务支出、城乡社区规划与管理支出、城乡社区公共设施支出、城乡社区住宅支出、城乡社区环境卫生支出、建设市场管理与监督支出等。

（13）农林水事务：反映政府农林水事务支出。具体包括：农业支出、林业支出、水利支出、扶贫支出、农业综合开发支出等。

（14）交通运输：反映政府交通运输方面的支出。包括公路运输支出、水路运输支出、铁路运输支出、民用航空运输支出等。

（15）工业商业金融等事务：反映政府工业、商业、金融等事务支出。具体包括：采掘业支出、制造业支出、建筑业支出、电力支出、信息产业支出、旅游业支出、涉外发展支出、粮油事务支出、商业流通事务支出、物资储备支出，金融保险支出、烟草事务支出、安全生产支出、国有资产监管支出、中小企业发展支出、清洁生产支出等。

（16）其他支出：反映不能划分到上述功能科目的其他政府支出。

第二部分　统计资料

物　　价

8-1 历年各种价格指数

（以上年价格为100）

年 份	城市居民消费价格指数	城市商品零售价格指数	农村居民消费价格指数	农村生产资料价格指数
1949				
1950				
1951	124.9	127.0		
1952	104.2	104.0		
1953	103.5	103.8		
1954	103.7	103.3		
1955	101.0	101.3		
1956	102.0	102.3		
1957	99.4	99.3		
1958	100.6	100.6		
1959	102.3	100.6		
1960	101.2	101.3		
1961	121.2	123.3		
1962	99.4	99.4		
1963	92.2	91.9		
1964	96.9	97.2		
1965	99.4	99.5		
1966	100.6	100.7		
1967	100.6	100.6		
1968	99.5	99.7		
1969	100.7	100.7		
1970	99.9	99.9		
1971	100.1	100.1		
1972	99.9	99.9		
1973	100.5	100.5		
1974	100.1	100.2		
1975	99.9	100.0		
1976	100.3	100.4		
1977	99.1	100.1		
1978	101.0	101.0		
1979	102.0	102.1		

8-1续表

年 份	城市居民消费价格指数	城市商品零售价格指数	农村居民消费价格指数	农村生产资料价格指数
1980	107.9	108.5		
1981	101.1	101.0		
1982	101.9	102.0		
1983	100.8	100.8		
1984	104.8	104.8		
1985	110.0	109.3		
1986	106.6	106.5		
1987	109.7	110.2		
1988	119.5	120.6		
1989	111.7	112.1		
1990	101.8	101.3		
1991	110.6	109.3		
1992	113.3	112.2		
1993	115.6	113.9		
1994	124.4	118.1		
1995	117.6	114.3		
1996	107.6	105.0		
1997	105.1	102.8	97.6	91.5
1998	99.8	98.2	98.9	100.1
1999	102.0	98.4	96.4	97.2
2000	103.0	98.4	98.9	96.5
2001	100.4	98.9	101.3	100.4
2002	100.2	100.0	103.6	101.0
2003	102.0	100.6	107.9	100.4
2004	101.8	101.7	108.1	106.1
2005	101.5	100.9	105.5	108.0
2006	101.7	101.6	100.5	101.7
2007	103.7	102.7	107.2	104.3
2008	104.6	105.4	109.6	118.5
2009	100.1	99.9	101.3	101.2
2010	102.6	102.6	103.9	101.2
2011	105.5	104.7	108.2	114.0
2012	103.1	101.5	103.9	108.8

8-2 城市居民消费价格指数

（以上年价格为100）

项　　目	指　数	项　　目	指　数
居民消费价格总指数	103.1	衣　着	105.2
非食品价格指数	101.4	服　装	107.2
服务项目价格指数	101.2	衣着材料	106.8
扣除鲜菜鲜果总指数	102.9	鞋 袜 帽	101.2
消费品价格指数	103.9	衣着加工服务	100.3
食　品	107.5	家庭设备用品及维修服务	100.1
粮　食	113.3	耐用消费品	99.9
淀　粉	87.3	室内装饰品	104.7
干豆类及豆制品	107.6	床上用品	97.5
油　脂	106.9	家庭日用杂品	100.0
肉禽及其制品	101.9	家庭服务及加工维修服务	102.8
蛋	102.2	医疗保健和个人用品	103.4
水 产 品	102.5	医疗保健	102.1
菜	107.6	个人用品及服务	104.4
调 味 品	102.2	交通和通讯	96.4
糖	107.9	交　通	100.5
茶及饮料	109.5	通　信	87.8
干鲜瓜果	107.3	娱乐教育文化用品及服务	98.7
糕点饼干面包	117.6	文娱用耐用消费品及服务	90.3
液体乳及乳制品	104.3	教　育	102.0
在外用膳食品	119.6	文化娱乐用品	100.9
其它食品及食品加工服务	103.9	旅游及外出	96.8
烟酒及用品	102.9	居　住	102.1
烟　草	100.1	建房及装修材料	104.3
酒	107.1	住房租金	114.5
吸烟饮酒用品		自有住房	102.2
		水、电、燃料	100.7

8-3 城市商品零售价格指数

（以上年价格为100）

项目	指数	项目	指数
商品零售价格总指数	101.5	音像器材类	99.0
食品类	107.2	文化办公用品	95.4
粮食	113.3	日用品	103.3
淀粉	87.3	日用百货	101.9
干豆类及豆制品	107.6	日用杂品	99.3
油脂	106.9	洗涤用品	109.4
肉禽及其制品	102.0	其它日用品	101.6
蛋	102.2	体育娱乐用品	100.1
水产品	102.5	体育用品	100.0
菜	107.6	娱乐用品	100.2
调味品	102.2	交通、通信用品	96.2
糖	107.9	交通运输机械	97.7
干鲜瓜果	107.3	通讯器材类	92.5
糕点饼干面包	117.6	家具	99.8
液体乳及乳制品	104.3	化妆品类	101.8
在外用膳食品	119.6	金银珠宝类	104.2
其它食品	103.9	中西药品及医疗保健用品类	102.6
饮料、烟酒	104.3	医疗器具及用品	101.2
茶及饮料	109.5	中药材及中成药	105.1
烟草	100.1	西药	101.2
酒	107.1	保健器具及用品	101.9
服装、鞋帽类	105.1	书报杂志及电子出版物类	101.6
服装	107.2	教材及参考书	104.0
鞋袜帽	101.2	书报杂志	100.0
其它	104.9	电子音像制品	100.0
纺织品类	98.7	燃料类	100.7
衣着材料	106.6	煤炭及制品类	92.6
床上用品	96.9	石油及制品类	102.7
家用电器及音像器材	95.3	建筑材料及五金电料类	99.4
家庭设备	100.1	建筑装璜材料	99.2
文娱用耐用消费品	88.4	五金电料类	99.9

8-4 城市主要商品及服务收费平均价格

单位：元/计量单位

类别及名称	规格特征	计量单位	2012年
大 米	东北盘锦大米	千克	6.03
面 粉	大公瑞雪粉	千克	4.14
挂 面	大公雪花粉	千克	20.88
馒 头	家园一刀切馒头(每袋6个)	袋	7.28
小 米	一等	千克	7.81
淀 粉	一级	千克	10.78
土 豆	一级	千克	2.03
大 豆	一等	千克	7.02
绿 豆	一等	千克	10.81
豆 腐	一级	千克	4.31
植物油	胡麻油一级	千克	20.86
色拉油	金龙鱼纯正大豆色拉油 5升 深圳	升	12.68
动物油	猪大油一级	千克	17.02
猪 肉	鲜后坐	千克	24.05
牛 肉	鲜肉一级	千克	42.76
羊 肉	鲜肉一级	千克	51.21
白条鸡	一级	千克	15.40
鸭	活鸭.一级	千克	15.70
熟 肉	酱牛肉一级	千克	76.77
香 肠	普世火腿得利斯香肠一级 400克 内蒙古	千克	50.02
熟 鸡	不老神鸡一级	千克	47.47
酱 鸭	一级	千克	31.75
鲜鸡蛋	一级	千克	9.08
松花蛋	一级	千克	23.87
活鲤鱼	一级	千克	14.26
活鲢鱼	一级	千克	7.97
活草鱼	一级	千克	15.45
带 鱼	一级	千克	23.99
黄花鱼	一级	千克	28.54
白 虾	一级	千克	48.70
大白菜	一等	千克	1.90
洋白菜	一等	千克	3.06
菠 菜	一等	千克	5.03

8-4续表1

单位：元/计量单位

类别及名称	规格特征	计量单位	2012年
油　菜	一等	千克	4.05
芹　菜	一等	千克	3.56
韭　菜	一等	千克	5.99
黄　瓜	一等	千克	4.91
冬　瓜	一等	千克	3.64
西红柿	一等	千克	5.62
茄　子	一等	千克	5.35
萝　卜	一等	千克	2.78
胡萝卜	一等	千克	2.25
生　姜	一等	千克	4.73
豆　角	一等	千克	8.78
洋葱头	一等	千克	2.57
大　葱	一等	千克	3.63
大　蒜	一等	千克	7.61
蒜　苔	一等	千克	8.78
莲　藕	一等	千克	7.94
豆　芽	一等	千克	3.01
青　椒	一等	千克	6.27
西兰花	一等	千克	9.17
西葫芦	一等	千克	5.59
菜　花	一等	千克	5.18
香　菜	一等	千克	7.50
香　菇	一等	千克	119.69
黑木耳	一等	千克	116.51
黄花菜	一等	千克	72.23
精　盐	一级	千克	3.75
酱　油	珍极酱油黄豆　430毫升	升	5.15
醋	珍极米醋　500毫升　石家庄	升	5.14
味　精	太太乐味精　上海　100克	千克	29.63
花　椒	一级	千克	69.83
白　糖	一级	千克	9.00
红　糖	一级	千克	8.00
奶　糖	大白兔　一级	千克	48.25
巧克力制品	夹心德芙　一级　北京	千克	153.25
茶　叶	信阳毛尖　一级　河南	千克	160.00
固体饮料	果珍　500克　天津	千克	29.73

8-4续表2

单位：元/计量单位

类别及名称	规格特征	计量单位	2012年
液体饮料	雪碧　1.25L	瓶	3.68
冰激淋	蒙牛	个	2.00
苹　果	一等	千克	8.82
梨	一等	千克	5.71
芦　柑	一等	千克	5.76
香　蕉	一等	千克	5.62
弥猴桃	一等	千克	12.33
桃　子	一等	千克	9.39
西　瓜	一等	千克	4.43
葡　萄	一等	千克	11.65
红　枣	一级	千克	13.35
核　桃	一级	千克	40.00
黑瓜子	一级	千克	20.43
面　包	桃李主食面包　一级	千克	11.13
鲜　奶	伊利纯牛奶　243ML/ 袋	升	8.40
奶　粉	伊利桶装儿童奶粉　900克	千克	130.00
奶　干	一级	千克	40.00
国产中档卷烟	黄鹤楼　硬盒	盒	15.00
国产高档卷烟	中华牌　硬盒	盒	40.08
白　酒	精呼白	瓶	10.25
啤　酒	金川11度　瓶装	瓶	3.00
黄酒	古越龙山花雕500毫升　绍兴	瓶	24.67
男裤子	威尔浪牌　呼市	条	368.00
男套装	报喜鸟牌男套装　呼市	套	2273.75
女裤子	威尔浪牌　呼市	条	380.00
女套装	哥弟牌套装　呼市	套	1392.50
棉花绒	幅宽110cm　营口	米	15.00
床单格布	幅宽230cm　青岛	米	30.00
装饰布	幅宽160cm　营口	米	25.14
毛　线	蒙珍牌高原雪绒毛线　鄂尔多斯	千克	236.94
洗衣机	海尔洗衣机　XQS60-ZY1128　青岛	台	2707.33
电风扇	艾美特电风扇　CFH03　广东	台	1098.00

8-4续表3

单位：元/计量单位

类别及名称	规格特征	计量单位	2012年
电冰箱	海尔电冰箱 BCD-268WBCZ 青岛	台	6399.00
抽排油烟机	海尔抽油烟机 CXW136-B68H 青岛	台	4680.00
空调器	海尔空调器 KFR-26GW/63SCX21 青岛	台	6299.00
热水器	海尔热水器 JSQ20-TFLB(12T) 青岛	台	2430.00
微波炉	格兰仕 G80F23CSL-Q6 广东	台	1298.00
电炊具	苏泊尔电饭煲40FZ9-85 浙江	个	1038.00
窗帘	化纤 浙江	件	48.28
被子	多喜爱单人被 广东	条	420.83
厨具	苏泊尔炒锅30T4 浙江	个	199.00
肥皂	雕牌高级洗衣皂 126克 浙江	块	1.72
体温计	东阿阿胶牌体温计 山东	个	3.54
血压计	台式 玉兔牌 上海	台	92.00
甘草	一等 内蒙	千克	84.76
党参	一等 内蒙	千克	244.58
菊花	一等 内蒙	千克	66.83
银花	一等 内蒙	千克	140.00
陈皮	一等 内蒙	千克	16.67
六味地黄丸	同仁堂	盒	10.67
板蓝根颗粒	白云山	袋	10.21
牛黄解毒片	包头	袋	1.00
感冒清热冲剂	白云山	盒	9.63
三九胃泰	三九集团	盒	7.30
吗丁啉	30片*MG 西安	盒	13.38
修正牌咳特灵	山东	盒	8.50
布洛芬颗粒	天津中美	盒	15.60
甲状腺片	上海	盒	6.94
胰岛素针剂	丹麦	盒	54.81
尼莫地平片	山西	盒	1.60
康恩贝牌普乐安片	浙江	盒	10.89
孚琪	北京	瓶	12.61
生脉饮	北京	盒	10.47
佰草集美白日霜50克	上海	瓶	300.00
汽油	93*车用汽油 北京	升	7.53
固定电话机	步步高牌字母电话 深圳	部	380.00
移动电话机	摩托罗拉ME525 天津	部	2390.50
彩色电视机	海尔 LB32A30 青岛	台	2093.33
激光视盘机	蓝光DVD BDP_5200 上海	台	1980.00
摄像机	JVC摄像机 GZ—HD620 中国	台	5575.00

8-4续表4

单位：元/计量单位

类别及名称	规格特征	计量单位	2012年
照相机	佳能照相机CXUS230 日本	部	1633.33
音响	CAV影院 AV1086+FI_EX 广东	台	23130.00
电脑	联想天逸V470A—C3CTH(T)14英寸笔记本 北	台	4734.17
数码相机存储卡	金士顿（8GB） 日本	个	145.00
书籍	红楼梦 光明日报出版社	本	35.00
报纸	内蒙日报	份	0.80
杂志	读者	本	4.00
樟松板材	400*5 黑龙江	立方米	2200.00
地砖	嘉俊牌80*80 佛山	块	86.67
水泥	乌兰牌525* 呼市	公斤	0.39
水泥	白水泥 呼市	公斤	0.64
玻璃	秦皇岛 普通	平方米	37.35
涂料	美德丽内墙乳胶漆牌15L 河北	桶	305.00
水	居民用自来水（包括排污费）	吨	3.00
电	民用	百度	43.11
液化石油气	液化气罐装	百千克	850.00
管道燃气	天然气	立方米	1.82
精煤	一级	百千克	64.25
取暖费		平方米	3.68
挂号费	普通(包括诊查费）	次	2.60
注射费	肌肉注射	次	1.50
检查费	CT检查	次	260.00
美容	面部护理	次	42.08
理发	男全活	次	15.00
汽车交强险		年	950.00
公共汽车票	大巴	张	1.00
出租汽车	普通	公里	6.00
汽车租赁	轿车	天	271.67
飞机票	呼市---北京	人/百公里	105.00
火车票	呼市---北京 中铺 90次	人/百公里	26.00
市内电话通话费	普通（固定电话）	次/三分钟	0.20
长途电话通话费	呼市---北京 国内	分钟	0.70
信件邮寄	普通外埠	封	1.20
包裹邮寄	呼市到北京 普通	千克	1.40
托幼费	日托	月	80.00
有线电视	呼市有线费	月	26.00

8-5 农村生活消费品及服务项目价格指数

（以上年价格为100）

项　　目	指　数	项　　目	指　数
总 指 数	**103.88**	家庭设备及用品	102.90
食品类	105.02	耐用消费品	101.38
主食类	104.91	床上用品	102.40
副食类	105.31	日用杂品	104.32
蔬　菜	111.96	医疗保键	103.70
豆制品	104.66	中　药	109.38
油脂类	110.31	西　药	99.05
食糖类	105.99	交通类	98.85
肉禽类	103.13	文教娱乐用品	100.81
蛋　类	100.11	文艺用品	100.91
水产品	106.60	课本及报纸	100.65
调味品	102.47	住　房	102.31
其他食品	104.80	建筑材料	103.01
烟草类	99.74	水电费	102.44
酒　类	102.74	燃　料	100.48
饮料类	104.90	服务项目	103.03
干鲜食品	110.73	电讯费	100.74
糕点类	114.36	邮　费	100.24
罐头类	122.07	交通费	101.00
衣着类	109.99	理发费	114.29
服　装	109.25	学杂费	100.34
衣着材料	104.26	修理及其它服务费	109.18
鞋袜帽类	111.34	医疗保健服务	102.25
其　他	113.12	食品加工费	116.16

8-6 农业生产资料价格指数

（以上年价格为100）

项　　目	2011年	2012年
总 指 数	**114.0**	**108.8**
化肥、农药、地膜	120.1	109.0
种　　子	121.8	111.0
农用机械	101.5	100.9
小 农 具	102.6	106.2
产 品 畜	108.5	111.7
饲　　料	113.3	111.5
燃　　料	117.5	102.9
其　　它	118.4	110.2

8-7 房地产价格指数

（以上年价格为100）

项　　目	指　数	项　　目	指　数
新建住宅	99.8	工业用地	100.7
新建商品住宅	99.8	商业营业用地	102.5
$90m^2$及以下	99.4	其他用地	100.8
90—$144m^2$	100.0	住宅租赁	105.9
$144m^2$以上	99.7	经济适用住房	100.0
二手住宅	100.8	廉租住房	100.0
$90m^2$及以下	100.6	商品住宅	106.1
90—144 m^2	101.2	普通住宅	106.3
$144m^2$以上	100.5	高档住宅	100.2
土地交易	101.7	物业服务	101.8
居住用地	101.4	经济适用住房	100.0
经济适用住房用地	100.0	商品住宅	101.9
商品住宅用地	101.4	普通住宅	100.8
普通住宅用地	101.4	高档住宅	108.3
高档住宅用地	100.0		

主要统计指标解释

物价指数　是经济指数的一种，它是用来反映计算期所销售（或购进）的全部商品价格水平比基期水平升降变动程度的相对数。通常以百分数来表示。

物价指数按其包括范围的不同，分为单项商品价格指数（或称个体物价指数）、商品类别价格指数和总指数。反映某种商品的平均价格水平的变动程度的指数，叫做单项商品价格指数；反映某一些或全部商品价格总水平变动程度的指数，叫物价类指数或物价总指数。物价指数按其所采用的基期不同，分为环比物价指数（以上一期为基期）、年距环比物价指数（以上年同期为基期）和定基物价指数（长期和固定时期比较）。按商品的种类和流通环节分，有工业品出厂价格指数、农副产品收购价格指数、批发物价指数、零售物价指数（分城市指数和农村指数）、服务项目价格指数、职工生活费用价格指数、工农业商品综合比价指数等。

零售物价指数　是工业、商业、餐饮业和其他零售企业向城乡居民、机关团体出售消费品和办公用品的报告期零售价格水平与基期价格水平对比的相对数。它是从卖方角度反映城乡零售市场商品价格的变动趋势和程度。市场商品零售价格的调整变动直接影响城乡居民的生活支出和国家财政收支，影响居民购买力和市场供需平衡，影响消费与积累的比例。因此，零售物价指数可以从一个侧面对上述经济活动进行观察和分析，为国家制定经济政策提供依据，为研究城乡流通和新国民经济核算体系提供科学依据。目前零售物价指数还是考核一个地区领导政绩的主要指标之一。

现在我们编制的零售物价指数有年距环比指数（与上年同期相比）和月距环比指数（与上月价格相比）两种。按商品类别分有：食品、饮料、烟酒、服装鞋帽、纺织品、中西药品、化妆品、书报杂志、文化体育用品、日用品、家用电器、首饰、燃料、建筑装璜材料、机电产品十四类商品的零售价格。

计算零售物价指数权数资料的来源，类权数主要依据商品流转统计各类商品零售额资料计算，具体商品权数根据典型调查资料推算。

居民消费价格指数　是度量一组代表性消费商品及服务项目价格水平随着时间而变动的相对数，反映居民家庭购买的消费品及服务价格水平的变动情况。它是宏观经济分析的决策、价格总水平监测和调控以及国民经济核算的重要指标。其按年度计算的变动率通常被用来作为反映通货膨胀（或紧缩）程度的指标。

居民消费价格包括居民用于日常生活消费的全部商品价格和服务项目价格。按商品分类有：食品、烟酒及用品、衣着、家庭设备及用品、医疗保健、交通及通讯、娱乐教育和文化用品、居住等八大类商品及服务项目价格。从消费渠道讲，既包括城乡居民从商店、工厂、集市所购买商品的价格，也包括城乡居民从餐饮业购买商品的价格。

计算居民消费价格指数的权数主要是依据住户调查中居民的实际消费构成计算，也有部分商品权数是根据典型调查资料推算的。

第二部分　统计资料

人民生活

9-1 历年城镇居民人均可支配收入及消费性支出

单位:元

年　份	城镇居民人均可支配收入	城镇居民人均消费性支出	#食品支出
1980	409	434	228
1981	408	415	224
1982	455	433	241
1983	513	483	274
1984	604	549	288
1985	775	786	317
1986	855	851	405
1987	912	876	434
1988	972	1018	497
1989	1065	1001	539
1990	1149	1023	529
1991	1281	1202	608
1992	1544	1413	676
1993	1981	1782	796
1994	2735	2372	1058
1995	3008	2785	1325
1996	3514	3171	1429
1997	4435	3398	1452
1998	4739	3674	1548
1999	5167	4173	1613
2000	5354	4613	1623
2001	5931	4866	1701
2002	6696	5525	1922
2003	7906	6332	2172
2004	9967	7418	2532
2005	12150	8768	2960
2006	14055	9831	3227
2007	16920	11432	3615
2008	20267	13145	4129
2009	22397	14752	4356
2010	25174	16624	4983
2011	28877	19106	5854
2012	32646	21095	6492

9-2 历年农民人均纯收入及生活费支出

单位:元

年　份	农民人均纯收入	农民人均生活费支出	# 食品支出
1980	142	121	
1981	222	182	
1982	266	209	
1983	276	226	
1984	322	257	
1985	321	274	
1986	313	305	
1987	327	330	
1988	393	374	
1989	461	415	
1990	574	466	
1991	619	507	
1992	723	576	
1993	846	758	
1994	999	882	
1995	1243	1056	
1996	1689	1122	660
1997	1974	1393	743
1998	2271	1341	716
1999	2387	1413	662
2000	2539	1558	693
2001	2561	1610	641
2002	2822	1610	666
2003	3169	1991	721
2004	4109	2355	962
2005	4631	2767	1100
2006	5308	3050	1153
2007	6121	3267	1250
2008	7051	3756	1500
2009	7802	4823	1778
2010	8746	5526	2061
2011	10038	7090	2778
2012	11361	8175	2814

9-3 城镇居民家庭基本情况

项目	单位	2011年	2012年	2012年比2011年增长%
调查户数	户	500	500	
家庭人口数	人	1325	1320	-0.4
平均每户人口数	人	2.65	2.64	-0.4
平均每户就业人数	人	1.40	1.43	2.1
国有经济单位职工人数	人	0.70	0.67	-4.3
城镇集体经济单位职工人数	人	0.06	0.07	16.7
其他各种经济类型单位职工	人	0.14	0.11	-21.4
城镇个体或私营企业主人数	人	0.14	0.14	
城镇个体或私营企业被雇人数	人	0.25	0.32	28.0
离退休再就业人员数	人	0.03	0.03	
平均每户就业率	%	52.83	54.17	2.5
每个就业者负担人数	人	1.89	1.85	-2.3
平均每户离退休人数	人	0.52	0.51	-1.9
家庭总收入	元	30773.32	34390.22	11.8
平均每人每年可支配收入	元	28877.27	32646.20	13.1
平均每人每年消费支出	元	19105.91	21094.96	10.4
现住房总建筑面积	平方米/人	30.87	31.53	2.1
饮水情况(合计)	%	100	100	
# 自来水	%	99.39	99.67	0.3
用水情况(合计)	%	100	100	
# 独用自来水	%	99.65	99.55	-0.1
公用自来水	%	0.22	0.28	27.3
井、河水	%	0.13	0.18	38.5
卫生设备(合计)	%	100	100	
# 无卫生设备	%	4.09	5.52	35.0
有厕所浴室	%	80.79	81.14	0.4
有厕所无浴室	%	12.40	10.61	-14.4
公　用	%	2.71	2.73	0.7
取暖设备(合计)	%	100	100	
# 无取暖设备	%			
空调设备	%			
暖　气	%	91.80	90.97	-0.9
其　他	%	7.77	9.03	16.2
炊用燃料使用情况(合计)	%	100	100	
# 管道煤气	%	4.74	1.88	-60.3
罐装液化石油气	%	16.72	13.66	-18.3
煤	%	6.16	7.88	27.9
管道天然气	%	70.19	74.99	6.8
其　他	%	2.19	1.16	-47.0

9-4 城镇居民家庭平均每人每年现金收支

单位:元

项目	金额	项目	金额
期初手存现金	644.33	其他贷款	22.24
家庭总收入	34390.22	家庭总支出	27661.41
# 可支配收入	32646.20	消费性支出	21094.96
工资性收入	19875.47	购房与建房支出	1187.07
经营净收入	4861.65	转移性支出	3769.12
财产性收入	1579.66	财产性支出	69.33
转移性收入	8073.45	社会保障支出	1540.94
出售财物收入	17.43	借贷支出	18127.73
出售住房收入	8.51	存入储蓄款	17608.13
出售其他物品收入	8.92	借出款	8.00
借贷收入	11527.86	归还借款	151.57
提取储蓄存款	10657.14	储蓄性保险支出	120.14
借入款	250.87	购买有价证券	
收回借出款	215.67	其它投资支出	
收回储蓄性保险本	8.78	归还住房贷款	203.63
兑售有价证券	1.70	归还汽车贷款	30.12
收回投资本金		归还教育贷款	
住房贷款	320.03	归还其他贷款	5.42
汽车贷款	51.43	其他借贷支出	0.72
教育贷款		期末手存现金	788.89

9-5 城镇居民家庭平均每人每年消费性支出

单位:元

项目	合计	最低10%	#更低5%	低10%	较低20%	中间20%	较高20%	高10%	最高10%	#更高5%
消费性支出	21095.0	10025.2	9100.5	11463.2	15614.0	18240.7	23184.2	28107.2	44689.5	49499.0
食　品	6491.5	3846.1	3312.7	4181.2	5725.7	5725.9	7062.9	7935.1	11323.8	13585.8
粮　食	816.3	730.4	715.7	775.2	829.3	793.7	787.0	919.2	893.2	958.7
淀粉及薯类	75.1	72.5	67.0	78.3	79.9	80.6	71.7	73.1	62.0	61.0
干豆类及豆制品	56.3	52.4	50.2	47.9	57.3	60.3	52.0	70.2	50.7	45.4
油脂类	129.0	108.9	111.7	129.9	124.9	131.1	132.2	127.3	145.4	140.8
肉　类	921.6	633.8	569.4	698.9	897.2	893.5	928.4	1069.0	1304.9	1415.3
禽　类	128.4	85.0	77.5	114.3	135.3	128.2	126.5	159.6	137.8	126.2
蛋　类	91.4	72.5	69.5	77.6	97.4	87.6	95.3	100.0	100.0	113.3
水产品类	118.8	70.2	50.0	76.9	105.6	113.7	97.0	143.2	243.9	354.5
蔬菜类	518.0	379.5	343.3	409.8	501.5	502.3	541.3	606.9	666.5	755.0
调味品	76.5	57.2	58.1	82.0	78.4	72.7	74.2	89.2	83.8	71.2
糖烟酒饮料类	900.1	449.3	359.1	443.8	758.7	675.6	1004.2	1041.5	2061.3	2810.5
干鲜瓜果类	605.9	368.8	306.5	373.3	552.9	578.6	676.8	705.4	947.0	976.6
糕点、奶及奶制品	435.0	217.8	179.7	239.7	390.9	367.9	570.2	542.2	671.3	630.3
其他食品	104.5	58.8	38.7	85.8	91.5	107.0	133.3	96.4	140.1	161.2
饮食服务	1775.1	722.7	545.3	804.0	1287.1	1405.1	2028.7	2462.5	4074.0	5213.1
衣　着	2683.2	1096.9	958.7	1610.0	1907.3	2398.8	3468.2	3798.6	4640.5	5485.8
服　装	1960.0	735.0	647.1	1098.2	1313.6	1754.9	2579.5	2819.3	3545.1	4234.5
衣着材料	13.3	3.4	0.5	23.9	11.5	6.4	12.6	17.6	26.9	10.2
鞋　类	596.0	293.1	234.2	417.8	489.7	531.4	728.3	828.3	895.1	1075.2
其他衣着用品	100.1	58.3	68.8	59.9	78.4	96.4	129.5	108.1	162.9	156.4
衣着加工服务费	13.8	7.1	8.1	10.1	14.2	9.8	18.4	25.4	10.6	9.6

9-5续表　　　　单位：元

项目	合 计	最低10%	# 更低5%	低10%	较低20%	中间20%	较高20%	高10%	最高10%	# 更高5%
家庭设备用品及服务	1397.5	462.0	521.6	618.9	1071.8	1119.8	1858.3	1920.9	2751.9	2976.4
耐用消费品	568.3	127.9	182.5	160.4	318.2	464.7	864.1	879.1	1188.5	1279.9
室内装饰品	32.4	1.7	0.6	14.9	33.2	27.6	39.8	40.6	60.9	97.1
床上用品	92.0	28.3	26.9	39.8	93.9	72.7	95.8	121.3	188.6	170.8
家庭日用杂品	572.8	295.3	301.2	392.1	516.0	462.5	666.4	774.6	935.0	1005.0
家具材料	52.0	0.3			51.5	39.0	145.9	10.0	48.5	78.7
家庭服务	79.9	8.4	10.5	11.8	59.0	53.4	46.5	95.3	330.3	345.0
医疗保健	1839.7	959.7	1020.8	898.0	1202.9	1340.7	1516.6	2357.4	5622.4	3251.4
医疗器具	7.9			43.0	5.6	2.6	6.3	5.2	4.6	7.3
保健器具	19.9	0.1		17.8	24.4	5.2	22.2	25.2	48.2	89.5
药品费	710.8	479.0	541.3	472.9	565.2	496.4	753.0	991.2	1463.3	805.5
滋补保健品	155.8	4.8	1.6	44.9	109.7	186.6	155.4	154.8	412.2	292.7
医疗费	926.4	467.3	476.2	309.7	487.4	619.9	570.2	1164.9	3644.0	1980.6
交通和通讯	3169.7	767.0	666.5	1417.0	1501.6	2477.6	3263.5	5131.0	9268.3	9337.6
交　通	2385.7	350.9	298.1	948.4	843.9	1796.4	2399.2	3973.1	7949.6	7732.3
通　信	784.0	416.1	368.4	468.6	657.7	681.2	864.3	1157.9	1318.8	1605.3
教育文化娱乐服务	2600.8	1838.3	1663.4	1234.5	2015.3	2686.8	2582.6	2782.5	5248.5	7072.3
文化娱乐用品	684.3	301.0	270.5	232.8	473.8	664.8	721.6	1135.5	1354.1	1751.4
文化娱乐服务	743.7	273.6	90.6	379.4	460.2	581.1	711.8	1106.9	2025.3	2636.1
教　育	1172.8	1263.7	1302.2	622.4	1081.3	1441.0	1149.2	540.1	1869.0	2684.8
居　住	1951.7	777.5	743.6	1116.7	1411.0	1854.5	2051.9	2954.3	3789.3	5286.7
住　房	691.9	69.8	29.3	191.1	245.8	647.1	591.4	1389.3	2114.3	3781.2
水电燃料及其他	1116.3	674.2	677.5	867.9	1051.2	1012.7	1324.9	1381.8	1428.0	1256.5
其他商品和服务	960.8	277.8	213.3	386.9	778.4	636.6	1380.2	1227.5	2005.0	2503.0
其他商品	677.4	161.1	142.5	187.8	588.4	430.9	1012.7	904.9	1395.5	1858.6
服　务	283.4	116.7	70.8	199.1	190.0	205.7	367.5	322.6	649.5	644.4

9-6 城镇居民家庭每百户拥有耐用消费品

品　　名	单　位	2011年	2012年
摩托车	辆	8	8
助力车	辆	29	36
家用汽车	辆	19	25
洗衣机	台	103	102
电冰箱	台	103	105
彩色电视机	台	107	106
家用电脑	台	65	68
组合音响	套	13	13
摄像机	架	8	9
照相机	架	44	44
钢　琴	架	1	2
其他中高档乐器	件	3	4
微波炉	台	56	55
空调器	台	11	12
淋浴热水器	台	80	81
消毒碗柜	台	4	4
健身器材	套	4	3
固定电话	部	64	56
移动电话	部	209	215

9-7 分旗县区城镇

项目	单位	新城区	回民区	玉泉区
调查户数	户	140	90	60
家庭人口数	人	365	229	157
平均每户人口数	人	2.61	2.54	2.62
平均每户就业人数	人	1.39	1.34	1.47
国有经济单位职工人数	人	0.75	0.53	0.57
城镇集体经济单位职工人数	人	0.04	0.14	0.05
其他各种经济类型单位职工	人	0.12	0.17	0.02
城镇个体或私营企业主人数	人	0.11	0.11	0.22
城镇个体或私营企业被雇人数	人	0.28	0.23	0.54
离退休再就业人员数	人	0.03	0.06	0.02
平均每户就业率	%	53.26	52.76	56.11
每个就业者负担人数	人	1.88	1.9	1.78
平均每户离退休人数	人	0.52	0.61	0.55
家庭总收入	元	38325.12	32791.62	32713.15
平均每人每年可支配收入	元	35874.75	31639.67	30761.08
平均每人每年消费性支出	元	23523.24	18426.66	22384.89
现住房总建筑面积	平方米/人	32.25	32.13	30.36
饮水情况	%	100	100	100
# 自来水	%	100	100	100
用水情况	%	100	100	100
# 独用自来水	%	100	98.89	100
公用自来水	%		1.11	
井、河水	%			
其　他	%			
卫生设备	%	100	100	100
# 无卫生设备	%		2.22	
有厕所浴室	%	82.39	81.11	91.67
有厕所无浴室	%	16.9	14.44	8.33
公　用	%	0.7	2.22	
取暖设备	%	100	100	100
# 空调设备	%			
暖　气	%	99.3	90	100
其　他	%	0.7	10	
炊用燃料使用情况	%	100	100	100
# 管道煤气	%		10	
罐装液化石油气	%	7.75	10	3.33
煤	%	0.7	2.22	
管道天然气	%	89.44	77.78	95
其　他	%	2.11		1.67
固定电话	部/百户	61.97	47.78	48.33
移动电话	部/百户	228.87	192.22	225

居民家庭基本情况

赛罕区	土左旗	托　县	和林县	清水河县	武川县
110	50	50	50	50	50
282	148	148	146	163	143
2.56	2.96	2.96	2.92	3.26	2.86
1.4	1.58	1.7	1.66	1.5	1.46
0.68	1	0.64	0.88	1.05	0.5
0.05		0.1	0.04		0.06
0.11	0.12	0.3	0.1	0.06	0.04
0.11	0.14	0.3	0.24	0.28	0.04
0.29	0.24	0.34	0.1	0.06	0.66
0.02	0.02		0.02		0.12
54.69	53.38	57.43	56.85	46.01	51.05
1.83	1.87	1.74	1.76	2.17	1.96
0.53	0.43	0.14	0.26	0.32	0.28
36369.21	26506.19	27945.21	26808.59	23255.23	21354.27
34825.35	25000.37	26284.49	25388.33	21900.29	20786
21334.51	19312.87	17283.71	18928.48	13867.79	16549.42
31.94	33.01	30.73	29.95	23.53	30.3
100	100	100	100	100	100
100	100	94	100	100	96
100	100	100	100	100	100
100	100	98	100	96	96
				4	
		2			4
100	100	100	100	100	100
1.71	2	46	42	46	38
93.16	60	52	42	36	34
5.13	4	2	16	2	18
	34			16	10
100	100	100	100	100	100
98.29	66	54	52	48	58
1.71	34	46	48	52	42
100	100	100	100	100	100
8.55	58	50	44	32	34
	30	46	52	68	64
90.6	6				
	6		2		2
68.38	40	56	62	28	42
188.03	296	252	240	212	212

9-8 分旗县区城镇居民

项目	新城区	回民区	玉泉区
期初手存现金	169.26	503.54	575.68
家庭总收入	38325.12	32791.62	32713.15
# 可支配收入	35874.75	31639.67	30761.08
工资性收入	20189.3	18108.1	18705.18
经营净收入	9796.58	2036.27	5840.43
财产性收入	985.88	4130.73	960.51
转移性收入	7353.37	8516.51	7207.04
出售财物收入	0.56		
出售住房收入			
出售其他物品收入	0.56		
借贷收入	27303.89	5077.56	7860.66
提取储蓄存款	25479.53	5048.74	7340.62
借入款	232.66		162.42
收回借出款	227.19		
收回储蓄性保险本	5.47		39.15
兑售有价证券			
收回投资本金			
住房贷款	1341.24		
汽车贷款			318.47
教育贷款			
其他贷款	17.79	24.02	
其它借贷收入		4.8	
家庭总支出	31726.42	22294.51	28757.54
消费性支出	23523.24	18426.66	22384.89
购房与建房支出	2231.17	437.15	
转移性支出	3567.35	2361.74	4624.77
财产性支出	212.79	64.55	
社会保障支出	2191.88	1004.41	1747.88
借贷支出	33907.27	15716.89	12004.96
存入储蓄款	33227.38	15161.31	11723.65
借出款	21.9		16.56
归还借款	288.59		154.94
储蓄性保险支出	63.99	280.09	97.07
购买有价证券			
其它投资支出			
归还住房贷款	184.37	264.8	12.74
归还汽车贷款	118	10.7	
归还教育贷款			
归还其他贷款			
其他借贷支出	3.04		
期末手存现金	164.08	361.2	381.31

家庭平均每人每年现金收支

单位:元

项目	赛罕区	土左旗	托县	和林县	清水河县	武川县
期初手存现金	1104.01	799.38	1438.33	1191.82	214.15	86.73
家庭总收入	36369.21	26506.19	27945.21	26808.59	23255.23	21354.27
# 可支配收入	34825.35	25000.37	26284.49	25388.33	21900.29	20786
工资性收入	21897.38	19441.08	19578.79	19631.21	16892.65	15053.67
经营净收入	2829.97	1527.57	5044.12	3069.86	3278.63	912.78
财产性收入	879.37	213.89	551.35	650.64	139.82	500.94
转移性收入	10762.49	5323.66	2770.95	3456.89	2944.14	4886.88
出售财物收入	35.59			273.97		26.57
出售住房收入	35.53					
出售其他物品收入	0.05			273.97		26.57
借贷收入	7755.6	4878.9	5584.53	3781.53	5121.92	4616.29
提取储蓄存款	6533.92	4487.01	5375.07	2965.09	5115.79	4616.29
借入款	533.02	229.73	148.65	794.52		
收回借出款	668.05		33.78			
收回储蓄性保险本			27.03			
兑售有价证券	7.11					
收回投资本金						
住房贷款					6.13	
汽车贷款						
教育贷款						
其他贷款	13.5	162.16		20.55		
其它借贷收入				1.37		
家庭总支出	28738.9	25599.26	25879.24	23419.28	19142.67	20109.12
消费性支出	21334.51	19312.87	17283.71	18928.48	13867.79	16549.42
购房与建房支出	2005.13		2153.24		92.02	
转移性支出	3991.65	4945.48	4949.14	3278.04	4182.3	3107.73
财产性支出	18.19	22.97	24.77			
社会保障支出	1389.42	1317.94	1468.37	1212.77	1000.56	451.97
借贷支出	14345.12	5898.44	8508.07	7773.32	9045.94	5882.89
存入储蓄款	13812.88	5082.57	7934.44	7454.52	8904.15	5851.98
借出款		1.91				
归还借款	103.41	10.81	573.64	247.95		21.68
储蓄性保险支出	99.68	161.95		70.86	117.52	9.23
购买有价证券						
其它投资支出						
归还住房贷款	329.16	541.31			24.27	
归还汽车贷款						
归还教育贷款						
归还其他贷款		99.89				
其他借贷支出						
期末手存现金	2121.07	688.69	580.75	890.77	402.68	91.08

9-9 城镇居民家庭平均每人每年购买主要商品数量

单位:千克、立方米

项目	合计	最低10%	#更低5%	低10%	较低20%	中间20%	较高20%	高10%	最高10%	#更高5%
大米	21.74	21.31	21.41	18.85	20.97	22.79	22.74	19.72	24.34	25.67
面粉	24.45	29.02	31.76	27.71	26.70	23.44	22.55	22.49	20.30	21.59
食用植物油	6.32	5.43	6.04	6.69	6.39	6.61	5.85	6.20	6.99	7.04
鲜菜	105.45	88.19	81.91	84.99	109.03	102.43	101.57	123.05	125.86	137.36
猪肉	13.58	10.56	10.64	10.72	13.85	11.93	14.65	17.86	15.33	14.27
牛肉	3.20	1.95	1.38	2.98	3.12	3.50	2.40	3.30	5.31	6.24
羊肉	5.59	3.92	3.27	4.51	5.28	6.00	5.48	5.74	7.81	9.15
禽类	5.37	4.08	3.73	5.04	5.81	5.46	5.26	5.89	5.41	4.89
蛋类	9.59	7.95	7.70	8.22	10.39	9.33	9.80	10.15	10.17	11.36
鱼	3.68	2.75	1.86	2.85	3.76	3.79	3.02	5.23	4.46	5.10
白酒	3.31	3.00	1.18	2.92	3.46	2.20	3.15	4.82	4.58	6.16
鲜乳品	23.24	16.27	14.53	14.01	19.56	22.68	27.03	30.37	32.21	35.43
管道天然气	39.25	22.73	20.55	24.40	46.05	32.02	39.54	58.37	47.59	45.46

9-10 农村住户人均年内

指标	呼市	新城区	回民区	玉泉区
期内现金收入	15482	21620	17851	20137
工资性收入	4372	7937	10057	8062
家庭经营收入	9490	9536	3935	8135
财产性收入	699	3820	2232	850
转移性收入	921	327	1628	3089
非收入所得	2561	8026	1313	5125
期内现金支出	12894	19909	15848	18112
生产费用支出	4460	6427	1258	3583
税费支出	4			1
生活消费支出	7668	12868	13779	13636
财产性支出	30			3
转移性支出	731	614	811	890
非消费性现金支出	1769	2643	2340	5642

9-11 城镇居民家庭平均每人每年购买主要商品金额

单位:元

项目	合计	最低10%	#更低5%	低10%	较低20%	中间20%	较高20%	高10%	最高10%	#更高5%
大米	124.38	111.74	110.97	107.11	117.31	129.75	135.43	115.12	143.81	153.89
面粉	104.01	113.74	120.56	115.07	111.37	100.93	100.32	96.29	91.14	91.7
食用植物油	128.26	107.4	109.74	129.13	124.6	130.39	131.54	126.09	145.05	140.31
鲜菜	482.62	356.55	323.25	381	464.58	469.17	502.07	568.7	622.79	703.33
猪肉	363.55	283.16	285.01	285.76	366.6	321.57	393.96	467.78	421.62	400.59
牛肉	137.65	75.44	50.57	130.33	134.16	154.21	103.62	140.16	226.83	261.8
羊肉	270.02	189.82	156.77	211.85	250.69	289.86	265.1	280.04	386.7	448.03
禽类	128.4	85.01	77.53	114.3	135.32	128.22	126.49	159.55	137.81	126.2
蛋类	91.42	72.51	69.5	77.63	97.36	87.61	95.32	100.02	99.98	113.3
鱼	78.8	56.71	39.31	57.44	79.25	81.17	67.4	107.12	102.58	118.5
白酒	280.37	120.9	63.66	131.31	184	153.95	342.38	336.25	813.04	1241.08
鲜乳品	176.22	110.26	89.24	105.79	142.99	163.92	229.58	226.21	244.21	277.86
管道天然气	71.51	41.39	37.42	44.49	83.84	58.45	72.01	106.26	86.67	82.79

现金收入与支出

单位:元

赛罕区	土左旗	托县	和林县	清水河县	武川县
22728	17043	15426	13015	5713	5328
6913	4626	3367	2926	2021	1569
11663	11701	10123	9385	3087	3065
2512	9	642	38	77	56
1640	707	1294	667	528	638
3576	1857	3398	2755	935	493
22839	10681	14216	10978	5766	6245
9391	4125	4371	5058	1321	2607
	15				
12301	5807	8941	5256	3942	3474
155			10		
992	735	904	654	503	163
2197	1515	1871	1435	504	741

9-12 农 民 家 庭

项　　目	单位	呼　市	新城区	回民区	玉泉区
调查户数	户	420	50	40	50
平均每户常住人口	人	3.2	3.0	3.2	2.9
户均整半劳动力	人	2.4	2.1	2.4	2.3
调查户常住人口	人	1341	151	127	143
# 6岁及以下	人	54	6	5	3
7—15岁	人	128	25	16	12
16—60岁	人	1053	119	105	118
60岁以上	人	106	1	1	10
调查户中在校学生人数	人	230	37	25	19
# 6—15岁人数	人	136	25	16	12
就业劳动力文化程度					
# 不识字或识字很少	人	59			2
小学程度	人	222	7	3	9
初中文化程度	人	454	39	37	48
高中文化程度	人	148	26	21	27
中专程度	人	26		6	4
大专及以上	人	63	11	11	10
劳动力就业地点					
# 乡　　内	人	847	83	75	93
县内乡外	人	23			
省内县外	人	95		3	5
国内省外	人	6			2
国　　外	人	1			
人均耕地面积	亩	7.5	0.1	0.2	1.7
人均生产性固定资产原值	元	8518	8506	15843	12468
人均新（购）建住房面积	平方米	0.3			2.6
人均生活用房面积	平方米	26.7	30.1	53.2	64.7
人均总收入	元	17248	21711	17977	20964
# 工资性收入	元	4382	7943	10057	8062
家庭经营性收入	元	11103	9594	4061	8896
# 农业收入	元	5740	424	135	2475
牧业收入	元	3243	64	8	3839
人均总支出	元	14394	19964	15894	18483
# 家庭经营费用支出	元	5219	6400	1271	3806
# 农业生产	元	2369	568	27	678
牧业生产	元	1985	40	6	2211
人均纯收入	元	11361	14549	14975	14549
人均生活消费支出	元	8175	12869	13812	13739
人均年末手存现金	元	2180	2590	1093	2883
人均年末债务余额	元	1656	146	1022	1329

基 本 情 况

赛罕区	土左旗	托　县	和林县	清水河县	武川县
80	110	90	90	70	80
3.2	3.6	3.2	3.0	2.7	2.9
2.3	2.7	2.4	2.4	2.2	2.3
257	393	286	270	190	232
15	15	13	9	6	4
24	38	31	19	16	10
210	308	220	204	146	183
8	32	22	38	22	35
55	68	47	28	30	23
27	43	32	19	16	10
	16	11	32	12	16
22	76	59	60	52	43
101	125	106	81	59	87
37	42	19	26	16	29
3	12	2	4	5	5
12	13	14	12	6	7
136	225	182	191	146	187
15	7	7	1	3	
24	49	20	19	1	
	3	1	4		
		1			
3.4	6.6	7.2	10.6	7.7	27.7
8373	5823	13042	10663	3983	4569
3.2					
59.2	26.7	24.1	28.9	23.1	15.8
23459	17943	17985	16873	8228	9588
6913	4626	3371	2926	2021	1645
12153	12314	12689	13181	5599	7234
5458	7440	6079	6715	3304	5322
4284	3741	3978	6087	1039	1854
22996	12651	16048	13344	6955	7888
8787	5204	4983	5972	1890	3334
4783	2152	2072	2166	1061	2093
2229	2668	1964	3694	605	1230
14105	12331	12104	10149	6099	5950
12458	6250	9846	5896	4546	4241
4454	1523	978	1044	2325	4346
4728	1078	1383	945	943	

9-13 农民家庭人均

指　　标	呼　市	新城区	回民区	玉泉区
生活消费支出	8175	12869	13812	13739
食品消费支出	2814	3731	3947	4020
食品消费品支出	2384	2749	3027	3318
食品消费服务性支出	430	982	920	702
# 在外饮食支出	422	980	919	696
衣着消费	683	1958	1723	1371
居住消费	1956	2010	1004	2894
居住消费品支出	1407	813	590	1711
居住消费服务性支出	549	1198	414	1183
家庭设备、用品支出	275	607	549	512
家庭设备用品消费品支出	261	576	524	489
家庭设备用品服务性消费支出	14	31	25	22
医疗保健	538	642	594	839
医疗保健用品	156	147	242	270
医疗保健服务	382	496	352	569
交通通讯消费	996	1678	3002	1927
文化教育、娱乐消费	747	1806	1913	1425
文化教育、娱乐用品消费	150	325	482	514
教育服务消费	450	796	883	574
文化、体育、娱乐服务消费	148	685	548	337
其他商品和服务消费	166	436	1080	750
其它商品支出	116	324	672	588
其它消费服务支出	50	113	408	162

年生活消费支出

单位:元

赛罕区	土左旗	托县	和林县	清水河县	武川县
12458	6250	9846	5896	4546	4241
3448	2715	2706	2558	2332	1899
2755	2332	2480	2255	2075	1746
693	383	226	303	257	153
691	375	220	286	247	115
1356	503	535	339	317	277
2455	1354	2891	882	526	780
1363	981	2542	666	360	663
1092	372	349	216	166	117
497	103	300	337	101	76
472	98	292	318	87	72
25	4	8	19	14	3
393	417	1581	882	321	623
155	124	211	480	151	130
239	293	1370	402	170	493
2675	656	802	399	474	341
1346	429	668	402	436	186
264	82	205	95	40	58
902	326	400	216	301	128
180	21	63	91	95	0
287	72	362	98	39	59
217	39	214	49	21	8
70	33	147	48	18	51

9-14 农民家庭主要消费

指　标	呼 市	新 城 区	回 民 区	玉 泉 区
谷物和薯类	146.5	59.5	86.7	134.0
豆　类	3.9	1.1	2.5	1.4
蔬菜及菜制品	44.7	69.2	60.6	65.2
豆 制 品	2.8	3.6	1.8	6.2
油 脂 类	5.2	5.2	5.1	6.0
肉禽及其制品	30.0	28.7	26.7	32.8
猪　肉	18.1	14.3	12.1	15.7
牛　肉	1.2	3.1	2.1	3.7
羊　肉	5.6	5.9	4.9	3.7
家　禽	4.0	2.7	2.8	1.9
其它肉禽及制品	1.1	2.7	4.8	7.7
蛋类及蛋制品	6.2	6.6	5.9	6.5
奶和奶制品	7.7	10.7	18.2	189.3
水 产 品	1.6	1.4	2.5	2.6
食　糖	1.1	0.8	0.9	1.5
酒　类	6.5	3.6	7.0	5.3
茶　叶	0.3	0.2	0.4	0.7
瓜　类	15.6	5.3	9.0	13.0
水 果 类	15.2	29.9	25.8	25.7
坚　果	0.9	3.1	3.3	2.3

品人均年消费量

单位:公斤

赛罕区	土左旗	托　县	和林县	清水河县	武川县
135.4	146.6	143.2	163.2	200.1	227.6
1.7	6.5	1.0	5.3	13.7	1.5
53.7	56.4	45.7	29.4	19.1	23.8
3.7	2.5	6.1	0.5	0.1	
6.3	6.2	5.5	4.9	4.1	3.5
28.7	29.7	32.6	34.9	31.9	19.8
16.6	17.5	15.5	23.0	24.3	10.6
1.6	1.2	1.0	1.0	0.2	0.5
6.3	4.8	8.4	4.9	3.2	4.5
3.7	5.9	7.2	4.7	3.8	1.1
0.6	0.3	0.5	1.2	0.4	3.1
5.6	7.6	8.1	6.6	4.1	4.0
7.1	10.4	5.4	3.6	4.2	6.5
1.2	2.1	2.7	1.1	1.0	0.5
1.2	0.8	0.9	1.9	0.8	2.7
6.5	7.7	5.0	7.0	7.1	5.1
0.2	0.8	0.1	0.3	…	0.3
10.4	10.9	29.2	17.6	14.9	9.4
20.7	13.5	15.9	13.5	12.7	8.5
2.0		0.3	0.7		1.3

9-15 农民家庭每百户

指　　标	单位	呼市	新城区	回民区	玉泉区
洗衣机	台	86.2	100.0	107.5	104.0
电冰箱	台	86.2	96.0	107.5	98.0
空调机	台	1.4	8.0	15.0	6.0
抽油烟机	台	32.1	74.0	80.0	74.0
吸尘器	台	1.7	14.0	2.5	14.0
微波炉	台	12.4	58.0	47.5	36.0
热水器	台	13.6	66.0	42.5	30.0
# 太阳能热水器	台	0.7		5.0	2.0
自行车	辆	94.0	94.0	132.5	214.0
# 电动自行车	辆	39.8	46.0	65.0	86.0
摩托车	台	53.1	10.0	7.5	26.0
汽车（生活用）	台	12.9	42.0	65.0	34.0
电话机	部	16.7	4.0	22.5	42.0
移动电话	部	193.6	240.0	282.5	242.0
# 接入互联网的	部	3.8	26.0	22.5	18.0
家用计算机	台	11.0	34.0	72.5	58.0
# 接入互联网的	台	5.5	30.0	55.0	26.0
彩色电视机	台	98.1	102.0	110.0	110.0
# 接入有线电视网的	台	49.0	66.0	47.5	82.0
黑白电视机	台	0.5			2.0
摄像机	台	0.2			12.0
影碟机	台	22.6	48.0	22.5	66.0
照相机	架	11.2	42.0	32.5	24.0

拥有耐用消费品

赛罕区	土左旗	托　县	和林县	清水河县	武川县
97.5	91.8	93.3	70.0	52.9	80.0
97.5	85.5	98.9	93.3	74.3	60.0
3.8					
60.0	31.8	40.0	7.8	5.7	6.3
1.3		8.9			
28.8	6.4	5.6		4.3	1.3
30.0	4.5	8.9			2.5
2.5	0.9				2.5
128.8	123.6	98.9	66.7	37.1	32.5
65.0	38.2	50.0	27.8	7.1	3.8
37.5	65.5	71.1	68.9	20.0	76.3
42.5	8.2	14.4	1.1	1.4	
25.0	13.6	18.9	40.0	21.4	17.5
203.8	190.9	215.6	167.8	175.7	122.5
1.3	3.6	5.6		4.3	
35.0	8.2	16.7	6.7	4.3	
15.0	3.6	6.7	5.6		
108.8	103.6	92.2	101.1	90.0	87.5
45.0	100.0	24.4	20.0		
				1.4	
1.3	0.9	4.4	1.1	1.4	
2.5	40.0	2.2	5.6	11.4	
26.3	5.5	3.3		5.7	3.8

主要统计指标解释

城镇居民家庭就业人口 指城镇居民从事社会劳动并取得劳动报酬或经营收入的人口，就业人口包括通过国家统筹规划和指导由劳动部门介绍就业，自愿组织起来就业和自谋职业等方式，在全民所有制、集体所有制、中外合资、中外合作、外资在华独资企事业单位和私营企业单位工作或从事个体劳动的有固定性职业或临时性职业的人口。被聘用和留用的离退休人员也计入就业人口。本指标可以反映城镇居民的就业情况，是计算就业面、负担系数的重要资料。

城镇居民家庭人口 指居住在一起，经济上合在一起共同生活的家庭成员。凡计算为家庭人口的成员其全部收支都应包括在调查表中。

城镇居民家庭总收入 指调查户中生活在一起的所有家庭成员在调查期得到的工资性收入、经营性收入、财产性收入、转移性收入的总和，不包括出售财物和借贷收入。

城镇居民人均可支配收入 指调查户可用于最终消费支出和其它非义务性支出以及储蓄的总和，即居民家庭可以用来自由支配的收入。它是家庭总收入扣除经营性支出、交纳的个人所得税、个人交纳的社会保障费以及调查户的记账补贴后的收入。计算公式为：

城镇居民人均可支配收入=家庭总收入-经营性支出-交纳个人所得税-个人交纳的社会保障支出-记账补贴

城镇居民家庭总支出 指家庭除借贷支出以外的全部实际支出。包括消费性支出、经营性支出、购房建房支出、转移性支出、财产性支出、社会保障支出。

城镇居民人均消费性支出 指调查户用于本家庭日常生活的全部支出，包括食品、衣着、居住、家庭设备用品及服务、医疗保健、交通和通信、娱乐教育文化服务、其它商品和服务八大类等。包括用于赠送的商品或服务。

农民生活消费支出 指农村住户用于物质生活和精神生活方面的支出。生活消费支出包括食品支出、衣着支出、居住支出、家庭设备用品及服务支出、医疗保健支出、交通和通讯支出、文化教育娱乐用品及服务支出、其他商品和服务支出。

农民人均纯收入 指农村住户当年从各个来源得到的总收入相应地扣除所发生的费用后的收入总和。纯收入主要用于再生活投入和当年生活消费支出，也可用于储蓄和各种非义务性支出。"农民人均纯收入"是按人口平均的纯收入水平，反映的是一个地区或一个农户农村居民的平均收入水平。

计算方法：纯收入=总收入-家庭经营费用支出-税费支出-生产性固定资产折旧-赠送农村外部亲友支出

农民家庭常住人口 指全年经常在家或在家居住 6 个月以上，而且经济和生活与本户连成一体的人口。外出从业人员在外央住时间虽然在 6 个月以上，但收入主要带回家中，经济与本户连为一体，仍视为家庭常住人口；在家居住，生活和本户连成一体的国家职工、退休人员也为家庭常住人口。但是现役军人、中专及以上（走读生除外）的在校学生、以及常年在外（不包括探亲、看病等）且已有稳定的职业与居住场所的外出从业人员，不应当作家庭常住人口。家庭常住人口主要作为计算农村住户平均每人收入、消费和积累水平及分析家庭人口状况的依据。

第二部分　统计资料

城市概况

10-1 城市规模、建设用地和房屋建筑情况

项　　目	单　位	2011年	2012年
城市人口	万人	123.6	122.0
# 非农业人口	万人	94.0	96.8
城市面积	平方公里	2054	2054
# 建城区面积	平方公里	173.6	209.6
城市建设用地面积	平方公里	180.3	209.6
居住用地	平方公里	55.4	77.0
公共管理与公共服务用地	平方公里		26.7
商业服务业设施用地	平方公里		6.6
工业用地	平方公里	26.1	29.0
物流仓储用地	平方公里		4.3
交通设施用地	平方公里		13.8
公用设施用地	平方公里		37.7
绿　　地	平方公里	27.0	14.5
房屋建筑面积	万平方米	8399	10864
# 住宅建筑面积	万平方米	3985	5189
人均住房建筑面积	平方米	34.3	35.3

10-2 城市公共汽车、出租汽车情况

项　　目	单　位	2011年	2012年
城市公共汽车			
年末营运车辆	辆	1673	1861
年末标准运营车辆	标台	1969	2215
营运线路网长度	公里	547	559
客运总量	万人次	34142	34788
出租汽车	辆	5568	5568

10-3 城市自来水情况

项目	单位	2011年	2012年
年末综合生产能力	万立方米/日	55.3	55.6
#地下水	万立方米/日	35.3	35.6
年末管道长度	公里	718	724
全年供水量	万立方米	13986	13718
#生产用	万立方米	2926	3779
生活用	万立方米	9218	8035
用水人口	万人	161.1	186.4
用水户数	万户	44.0	45.3
#家庭用户	万户	23.3	23.5

10-4 城市集中供热情况

项目	单位	2011年	2012年
供热能力	兆瓦	7395	7395
供热总量	万吉焦	2613	2613
供热管道长度	公里	768	768
供热面积	万平方米	7489.0	7900.0
#住宅	万平方米	3500.0	4100.0

10-5 城市燃气情况

项　　目	单　位	2011年	2012年
液化石油气			
储气能力	吨	4255	4255
供气总量	吨	9996	15173
# 家庭用量	吨	9996	15173
用气户数	万户	9.5	14.5
# 家庭用户	万户	9.5	14.5
用气人口	万人	28.6	43.4
天 然 气			
储气能力	万立方米	10.8	10.8
供气管道长度	公里	1766	2200
供气总量	万立方米	38199	42050
# 家庭用量	万立方米	4353	5300
用气户数	万户	40.4	44.8
# 家庭用户	万户	38.4	44.8
用气人口	万人	121.3	134.3

10-6 城市市政设施情况

项目	单位	2011年	2012年
道路			
道路长度	公里	725	770
道路面积	万平方米	1651	1949
#人行道面积	万平方米	322	392
桥梁	座	66	70
#立交桥	座	52	56
路灯	盏	152247	263000
排水			
排水管道长度	公里	1080	1174
#污水管道	公里	525	549
污水排放量	万立方米	11189	10974
污水处理厂	座	3	3
污水处理能力	万立方米/日	26	26
污水处理总量	万立方米	8214	8783
防洪堤长度	公里	129	129

10-7 城市园林、绿化情况

项目	单位	2011年	2012年
绿化覆盖面积	公顷	6487	7798
#建成区	公顷	6249	7560
园林绿地面积	公顷	6129	7198
#建成区	公顷	5891	6960
公园绿地面积	公顷	2644	2853
公园	个	21	25
公园面积	公顷	2385	2730

10-8 城市市容环境卫生情况

项　　目	单　位	2011年	2012年
道路清扫保洁面积	万平方米	2064	1849
#机 械 化	万平方米	615	887
清运生活垃圾	万吨	59	60
无害化处理厂（场）	座	1	2
生活垃圾无害化处理能力	吨/日	1980	1980
生活垃圾无害化处理量	万吨	57.6	58.9
清运粪便	万吨	35.5	22.7
公共厕所	座	475	605
市容环卫专用车辆	辆	301	321

10-9 城市设施水平

项　　目	单　位	2011年	2012年
人均日生活用水量	升	91.3	73..8
用水普及率	%	99.9	98.6
燃气普及率	%	92.9	94.0
每万人拥有公交车辆	标台	10	10
人均道路面积	平方米	10.2	10.3
污水处理率	%	73.4	80.0
人均公园绿地面积	平方米	16.4	15.1
建成区绿地率	%	33.9	33.2
建成区绿化覆盖率	%	36.0	36.1
生活垃圾无害化处理率	%	98.0	98.2

主要统计指标解释

年末自来水生产能力 指年底城建部门管理的自来水厂和自备水源的社会单位取水、净化、送水、出厂输水干管等环节的实际生产能力。

年末供水管道长度 指从送水泵到用户水表之间所有管道的长度。

全年供水总量 指公用自来水厂和社会单位自备水源全年的供水总量，包括有效供水量及损失水量。

生活用水量 指居民日常生活与公共福利设施的用水量。包括饮食店、旅馆、医院、理发店、浴池、洗衣店、游泳池、商店、学校、机关、部队等单位的用水量。

城市人口用水普及率 指城市用水的非农业人口数（不包括临时人口和流动人口）与城市非农业人口总数之比。计算公式：

$$用水普及率=\frac{城市用水的非农业人口数}{城市非农业人口数}\times100\%$$

人工煤气生产能力 指城市煤气厂制气、净化、输送等环节的综合实际生产能力。

输气管道长度 指由压缩机、鼓风机、储气罐的出口到用户煤气表之间的全部管道长度。

煤气供气总量 指售给各类用户的全部煤气量。包括工业用量、家庭用量和其他用量。

城市煤气普及率 指使用煤气（包括人工煤气、液化石油气、天然气）的城市非农业人口数（不包括临时人口和流动人口）与城市非农业人口总数之比。计算公式：

$$城市煤气普及率=\frac{城市用气的非农业人口数}{城市非农业人口总数}\times100\%$$

城市供热能力 指热电厂、热力公司和达到标准的集中采暖锅炉房和城市输送的供热源的设计能力，即每小时向城市输送蒸汽、热水的能力。

城市供热管道长度 指热电厂、热力公司和达到标准的集中采暖锅炉房管理的集中供热热源到用户之间的全部供气、供热水的管道长度。

城市供热总量 指热电厂、热力公司和达到标准的集中采暖锅炉房全年向城市输送的全部蒸、热水量。

年底实有铺装道路长度 指除土路外，路面经过铺装宽度在3.5米以上的道路，包括高级，次高级道路和普通道路。

城市桥梁 指城市范围内，修建在河道上的桥梁和道路与道路立交、道路跨越铁路的立交桥，以及人行天桥。包括永久性桥和半永久性桥，不包括临时性桥、铁路桥、涵洞。

城市下水道总长度 指所有排水总管，干管、支管及暗渠，检查井，连接井进出水口等长度之和。

城市污水日处理能力 指污水处理厂每昼夜处理污水量的设计能力。

营运线路长度 指设置的固定营运线路长度，包括郊区营运线路长度，不包括临时行驶的线路长度。

城市园林绿地面积 指城市公共绿地、专用绿地、生产绿地、防护绿地、郊区风景名胜区的全部面积。

公共绿地 指供游览休息的各种公园，动物园、植物园、陵园以及花园、游园和供游览休息用的林荫道绿地、广场绿地。不包括一般栽植的行道树及林荫道的面积。

年末实有公共汽车 指年底可参加营运的全部车辆数，包括营运车辆数和库存查封未参加营运的车辆。不包括非营运车辆，如架线车、油罐车、货车及其他专用车辆和借入的客运车辆。

第二部分　统计资料

农　　业

11-1 历年农业主要指标

年 份	农作物播种面积（千公顷）	#粮食作物	粮食总产量（万吨）	家畜年末存栏（万头）	#奶 牛	肉类总产量（吨）	牛奶产量（万吨）
1949	302.6	273.1	14.2	39.8	8.4		
1950	337.7	304.6	16.7	47.5	10.0		
1951	403.7	359.0	15.4	54.6	9.6		
1952	416.9	374.0	22.8	61.5	11.3		
1953	421.2	367.8	24.1	78.6	13.2		
1954	424.0	372.3	33.5	92.6	13.8		
1955	434.5	374.6	23.7	93.0	13.7		
1956	462.5	397.9	35.3	74.1	11.3		
1957	453.7	384.2	25.7	81.5	10.4		
1958	461.6	398.7	26.1	93.3	10.3		
1959	443.4	368.9	27.2	107.4	11.1		
1960	477.5	398.2	24.2	115.7	11.4		
1961	469.1	400.4	19.8	113.5	11.2		
1962	433.1	379.8	20.2	102.3	9.8		
1963	439.5	381.4	24.5	122.2	10.2		
1964	450.6	383.3	28.1	138.1	10.6		
1965	448.5	378.8	22.8	120.3	10.2		
1966	440.4	373.8	26.7	119.5	9.6		
1967	434.5	365.2	32.2	124.9	9.8		
1968	427.6	363.4	30.5	118.0	9.9		
1969	421.8	357.3	29.1	118.2	10.0		
1970	428.4	367.5	32.2	119.2	10.3	6450	
1971	419.3	360.3	33.6	126.9	10.0	5934	…
1972	421.9	359.1	31.8	126.0	9.8	6576	…
1973	421.6	357.4	35.5	138.3	9.4	8883	…
1974	419.8	355.1	40.9	133.5	9.1	8882	…
1975	418.1	352.7	40.5	134.9	8.7	10102	…
1976	407.6	339.6	40.3	130.9	8.3	10636	…
1977	397.3	325.5	39.2	133.9	8.3	10961	…
1978	388.9	313.2	24.7	137.6	7.9	10795	…
1979	391.1	305.5	32.7	142.9	7.8	9220	…
1980	390.7	300.1	28.2	149.0	8.3	9760	0.4

11-1续表

年　份	农作物播种面积（千公顷）	#粮食作物	粮食总产量（万吨）	家畜年末存栏（万头）	#奶牛	肉类总产量（吨）	牛奶产量（万吨）
1981	359.9	286.2	33.5	144.5	7.4	11729	0.6
1982	367.3	289.1	33.6	141.5	7.4	11199	0.7
1983	363.3	286.7	38.3	125.6	7.5	10704	0.8
1984	367.6	276.2	45.4	122.9	7.7	12034	1.0
1985	355.3	259.4	33.9	127.7	8.1	14203	1.4
1986	352.9	261.5	26.8	134.0	8.3	14862	1.4
1987	341.1	253.0	22.4	132.6	7.4	15706	2.0
1988	347.1	253.6	37.4	145.7	7.6	13630	2.1
1989	351.5	266.7	38.8	152.2	7.9	16143	2.3
1990	354.3	272.5	54.2	152.1	8.3	17607	3.1
1991	354.6	276.6	53.4	150.0	8.4	21161	3.6
1992	356.6	274.6	59.3	148.7	8.3	25818	4.4
1993	353.9	274.7	67.0	156.5	8.9	33220	5.0
1994	348.3	259.5	71.9	168.1	10.5	40761	6.7
1995	344.6	268.2	70.6	181.3	12.2	47068	7.4
1996	343.7	275.6	93.3	195.7	14.6	59785	8.9
1997	348.6	276.5	95.1	200.8	15.5	72696	11.1
1998	349.2	279.6	95.5	208.7	16.4	80329	12.7
1999	347.7	275.1	75.8	197.7	16.5	86600	15.1
2000	406.6	289.5	84.2	188.7	18.6	87830	23.1
2001	300.0	224.4	56.4	166.5	21.4	91754	40.0
2002	375.8	251.6	84.3	156.2	27.9	93392	64.5
2003	374.1	228.3	91.8	158.7	40.4	92033	100.8
2004	389.5	241.3	115.5	179.2	57.1	102254	152.1
2005	406.7	270.8	114.8	199.2	68.7	110895	227.8
2006	428.2	311.8	117.2	210.1	62.1	74141	282.1
2007	435.8	318.8	107.4	214.2	64.0	70028	292.9
2008	441.4	316.4	119.4	245.3	70.0	80834	305.0
2009	443.3	321.3	119.5	251.3	70.0	90601	305.3
2010	443.4	321.4	116.1	261.7	70.5	98501	305.4
2011	445.4	323.3	117.5	264.1	70.0	101758	307.4
2012	444.4	324.9	121.9	261.0	66.7	101139	310.8

11-2 农村基本情况及农业生产条件

单位：个、户、人

项目	合计	新城区	回民区	玉泉区	赛罕区	土左旗	托县	和林县	清水河县	武川县
农村基层组织情况										
乡镇个数	44	2	1	1	6	8	4	7	7	8
#镇个数	24	2	1	1	5	5	4	2	2	2
村委会个数	1007	29	19	54	123	321	120	145	103	93
农村基础设施										
自来水受益村数	930	29	19	54	123	299	120	137	67	82
通汽车村数	1000	29	19	54	123	315	120	144	103	93
通电话村数	1005	28	19	54	123	320	120	145	103	93
乡村人口与从业人员										
乡村户数	301811	18615	8502	15393	42060	76988	41387	39490	24556	34820
乡村人口数	1081719	48946	29708	48578	138220	298356	151442	151288	87135	128046
男	571699	26716	14317	25088	74852	153070	82097	79224	45124	71211
女	510020	22230	15391	23490	63368	145286	69345	72064	42011	56835
乡村劳动力资源数	658229	35868	18420	23592	88462	180265	99761	85983	49254	76624
男	368143	19607	10326	12265	50800	103463	54291	48124	26916	42351
女	290086	16261	8094	11327	37662	76802	45470	37859	22338	34273
乡村从业人员数	588306	35589	12250	21446	70892	158331	86603	82322	48166	72707
按性别分										
男劳动力	332877	19552	6235	12718	41725	89857	50021	45835	26775	40159
女劳动力	255429	16037	6015	8728	29167	68474	36582	36487	21391	32548
按国民经济行业分										
农林牧渔业从业人员	381855	18120	2420	13279	46894	93453	53924	64357	32236	57172
#农业从业人员	307479	16588	2400	8558	39004	68399	41090	49759	29784	51897
牧业从业人员	74003	1532	20	4601	7890	24927	12834	14558	2452	5189
工业从业人员	41516	1891	1222	902	2996	12608	10595	3152	3717	4433
建筑业从业人员	65205	3535	1560	1799	6359	25721	9960	7457	3999	4815
交通、仓储和邮电通讯从业人员	24569	2046	1030	894	2067	6402	5360	1874	4008	888
信息传输、计算机服务和软件业从业人员	3275	117	570	316	231	1121	277	121	97	425
批发与零售从业人员	33503	1670	1600	1605	5368	11239	4072	2822	1943	3184
住宿和餐饮业从业人员	19995	2290	1720	806	4122	5508	1488	1714	1515	832
其他从业人员	18388	5920	2128	1845	2855	2279	927	825	651	958

注：旗县乡镇个数、镇个数不包括旗县政府所在地镇。

11-3 农林牧渔

项目	合计	新城区	回民区	玉泉区
农林牧渔业增加值	1205188.08	21743.32	5413.12	30198.33
农业增加值	400438.57	6036.61	1372.62	13871.52
林业增加值	21725.27	412.13	110.75	
牧业增加值	754854.25	14961.83	3722.89	14988.18
渔业增加值	16310.02			757.65
农林牧渔服务业增加值	11859.98	332.76	206.85	580.98

11-4 农林牧渔

项目	合计	新城区	回民区	玉泉区
农林牧渔业总产值	2133999.06	39030.05	9733.28	52088.52
农业产值	615302.04	9275.67	2109.13	21314.56
# 谷物及其他作物	485580.63	6470.42	869.62	11430.62
蔬菜园艺作物	114482.22	2474.32	531.91	9597.16
水果、坚果、饮料和香料作物	10690.09	116.66	175.72	22.60
林业产值	30921.25	586.58	157.63	
林木的培育和种植	21429.46	572.20	148.88	
竹木采运	1089.35	14.38		
林产品	8402.42		8.75	
牧业产值	1443315.97	28607.70	7118.34	28658.09
牲畜饲养	1337202.06	23543.23	1295.16	16787.73
奶产品	1086380.68	20562.17	508.61	14215.79
猪的饲养	60251.54	2446.40	404.10	1491.87
渔业产值	24496.87			1137.95
农林牧渔服务业产值	19962.93	560.10	348.18	977.92

业 增 加 值

单位：万元

赛罕区	土左旗	托县	和林县	清水河县	武川县
201996.56	376107.29	200875.40	221061.96	64972.28	82819.83
52049.23	105452.75	64975.49	47335.95	39035.23	70309.20
1998.67	5739.36	1503.83	5832.43	4317.42	1810.69
145288.44	254176.33	129539.20	162577.22	19514.74	10085.41
595.31	7098.76	4006.63	2368.80	1482.87	
2064.90	3640.10	850.25	2947.57	622.03	614.53

业 总 产 值

单位：万元

赛罕区	土左旗	托县	和林县	清水河县	武川县
364989.97	672990.20	357113.61	400410.55	106712.58	130930.32
79977.3	162035.57	99839.41	72735.01	59980.37	108035.03
28645.76	127317.65	89429.93	66460.94	55543.71	99411.98
50607.96	24853.85	9586.42	5571.36	2921.65	8337.59
264.82	9104.72	325.23	141.09	538.87	0.39
2844.68	8168.74	2140.38	8301.21	6144.91	2577.13
2694.27	2396.80	1488.85	7016.73	4610.35	2501.38
114.45	337.35			623.18	
35.96	5434.57	651.53	1284.48	911.40	75.74
277798.17	485996.81	247684.90	310855.10	37313.07	19283.77
269979.47	453033.12	230454.42	299930.30	30622.46	11556.14
254381.64	393132.16	167740.85	220761.13	8563.10	6515.21
6932.95	20361.98	10353.55	8483.80	5034.80	4742.09
894.13	10662.00	6017.76	3557.83	2227.20	
3475.68	6127.09	1431.15	4961.40	1047.02	1034.38

11-5 农村主要能

项目	单位	合计	新城区	回民区	玉泉区
农村用电量	万千瓦时	40230	1520	664	1086
农用化肥施用量（按折纯法计）	吨	115833	150	115	2805
# 氮　肥	吨	64972	46	35	2703
磷　肥	吨	23050	56	15	12
钾　肥	吨	7018	14	15	10
复合肥	吨	20779	34	50	80
农用塑料薄膜使用量	吨	7180	76	10	116
# 地膜使用量	吨	6281	49	9	106
地膜覆盖面积	公顷	102949	901	101	2576
农用柴油使用量	吨	35313	726	13	1714
农药使用量	吨	362	1	51	7

11-6 水果生

项目	单位	合计	新城区	回民区	玉泉区
园林水果	吨	39599	422	408	95
苹　果	吨	6401	179		45
# 红富士苹果	吨				
国光苹果	吨	34			
梨	吨	4612	49		5
# 雪花梨	吨				
鸭　梨	吨				
苹果梨	吨	4444	6		
其他园林水果	吨	28586	194	408	45
# 葡　萄	吨	4112	8		45
山　楂	吨	75			
年末果园合计面积	公顷	2557	138	107	20
# 苹果园	公顷	643	88		16
梨　园	公顷	199	4		1
葡萄园	公顷	319	15		3
山楂园	公顷	10			

源及物资消耗

赛罕区	土左旗	托 县	和林县	清水河县	武川县
8548	11159	6227	7612	1056	2358
11003	30090	35779	9229	11181	15481
4561	18378	23034	3502	6960	5753
2325	5799	5985	3147	1892	3819
998	195	1967	844	482	2493
3119	5704	4793	1736	1847	3416
1605	3033	851	1136	266	87
992	3033	850	949	206	87
7969	52281	15986	17537	3940	1658
5712	10695	5218	4259	1706	5270
58	117	73	23	10	22

产情况

赛罕区	土左旗	托 县	和林县	清水河县	武川县
1350	34330	1081	455	1458	
835	4688	142	215	297	
		34			
120	4262	56		120	
	4262	56		120	
395	25380	883	240	1041	
30	3066	883	10	70	
15	57			3	
87	1192	221	252	540	
63	229	68	48	131	
3	154	6		31	
	116	147	5	33	
5	4			1	

11-7 农作物播种

项目	合计		新城区		回民区		玉泉区	
	面积	总产量	面积	总产量	面积	总产量	面积	总产量
农作物总播种面积	**444442**		**6535**		**834**		**4907**	
粮食作物合计	324947	1219001	5759	9089	753	3072	3985	34215
谷物	233141	974711	4080	5981	705	2982	3915	34028
小麦	49009	77403	37	41	32	102	140	434
玉米	143995	826667	3098	3351	673	2880	3775	33594
谷子	4388	8377	210	608				
高粱	1386	7705	178	541				
其他谷物	34363	54559	557	1440				
莜麦	10277	10011	148	400				
黍子	4639	12237	409	1040				
糜子	2517	3913						
荞麦	15720	25473						
大麦	1210	2925						
豆类	19559	25319	1151	645	11	10	20	41
大豆	12967	15750	853	549	11	10	20	41
绿豆	4085	6433	54	62				
红小豆	305	473						
薯类(按折粮计算)	72247	218971	528	2464	37	80	50	146
#马铃薯	72247	218971	528	2464	37	80	50	146
油料合计	59102	61389	252	85	5	6	60	56
#胡麻籽	19124	12777	235	81	4	2	56	49
油菜籽	26631	15965	17	4				
葵花籽	13315	32639			1	4	4	7
麻类合计								
#线麻								
亚麻								
甜菜	698	27801						
烟叶	38	32	33	20				
#烤烟								
药材	1064	2500						
蔬菜	12123	721842	264	12372	75	5083	734	48156
瓜果类	4864	157073	15	512			8	144
#西瓜	3701	130132	9	378				
甜瓜	1137	26519	1	20			8	144
草莓	13	187	5	114				
其他农作物	41606		212		1		120	
#青饲料	29555						120	

面积和产量

单位：公顷、吨

赛罕区		土左旗		托县		和林县		清水河县		武川县	
面积	总产量	面积	总产量	面积	总产量	面积	总产量	面积	总产量	面积	总产量
32337		**82948**		**55168**		**69559**		**61208**		**130946**	
24681	75935	59252	450088	38222	241218	52334	161775	40951	72205	99010	171404
20994	57292	58178	444680	30691	222505	28796	87727	14533	24495	71249	95021
1443	5066	2162	13505	428	1319					44767	56936
18919	50986	55465	427228	27255	211120	25326	84360	8253	9207	1231	3941
147	195	19	93	697	2330	1445	1594	1839	3497	31	60
295	435	128	324	1763	4904	2008	1761	4392	11611	25220	34084
190	610	404	3530	548	2832	17	12	49	180		
35	53					489	399	582	1987	9058	7225
244	375	106	303	1031	3545	945	887	1827	5963	77	124
16	7	22	21	732	1359	127	25	1620	2501		
						447	450	363	1160	14875	23810
										1210	2925
1494	4617	580	1831	6007	8308	8016	6947	1674	1823	605	1097
970	1437	263	702	3720	5601	6061	5808	1043	1583	25	20
661	2256	226	828	1700	2104	1056	1000	388	183		
9	7	76	246	18	24	140	139	62	57		
2192	14026	494	3577	1524	10405	15522	67101	24744	45887	27156	75286
2192	14026	494	3577	1524	10405	15522	67101	24744	45887	27156	75286
1294	1809	8777	22622	2995	5878	4175	1942	19199	12378	22345	16613
1271	1787	1645	2737	551	291	3750	1777	10533	5567	1079	486
				67	28	273	67	6066	3089	20208	12777
23	22	7132	19885	2377	5559	120	90	2600	3722	1058	3350
66	2639	382	15457	163	3668	80	6000			7	37
		5	12								
		352	826	620	1674					92	
5902	326939	2746	180513	1597	99968	452	31284	209	9012	144	8515
3	32	1911	61563	1398	46962	1283	37995	231	9575	15	290
3	32	1129	42729	1234	43579	1163	36475	161	6884	2	55
		775	18765	163	3379	120	1520	70	2691		
		7	69	1	4						
391		9523		10173		11235		618		9333	
346		7506		2406		10484		601		8092	

11-8 蔬菜及特种作

项目	合计		新城区	
	播种面积	产量	播种面积	产量
蔬菜合计	**12123**	**721842**	**264**	**12372**
叶菜类	850	71474	45	2185
#菠菜	289	30198	9	415
芹菜	416	35473	13	686
油菜	121	5194	15	752
白菜类	777	61302	3	184
#大白菜	659	54273	2	123
瓜菜类	2040	108685	35	1851
#黄瓜	1824	83054	18	1013
块根、块茎类	2460	145332	61	3061
#萝卜	210	13298	3	143
胡萝卜	1813	105055	39	1857
生姜				
茄果菜类	3965	197635	40	1763
#茄子	1371	53628	12	504
辣椒	245	8358	6	234
西红柿	2292	133509	21	965
葱蒜类	983	56970	40	1928
#大葱	768	47714	40	1928
蒜头	199	8999		
菜用豆类	468	31500	39	1362
#四季豆	391	29027	27	1200
豇豆	13	589		
水生菜类				
#莲藕				
其它蔬菜	37	1259		
#食用菌(干鲜混合)	37	1322		2
#蘑菇(鲜品)	37	1322		2
特种作物				
花卉种植面积	7		1	
鲜切花		25000		23000
盆栽观赏植物(包括盆景)		88000		88000
药材	1064	2500		
#甘草				
枸杞				

注：鲜切花、盆栽观赏植物（包括盆景）产量单位为支。

物生产情况

单位：公顷、吨

回民区		玉泉区		赛罕区	
播种面积	产　量	播种面积	产　量	播种面积	产　量
75	**5083**	**734**	**48156**	**5902**	**326939**
2	118	60	2641	433	48004
1	76	11	232	200	27437
		25	2024	200	18269
1	42	18	259	33	2298
7	462	31	2149	133	7528
7	462	28	1970	67	3764
26	1952	75	6576	1267	65400
26	1952	68	5916	1200	48100
		136	7544	887	42570
		2	114	133	9100
		123	7126	667	29113
27	1910	203	13389	2680	127197
14	1085	67	5661	1000	32800
2	9	66	3402		
4	160	70	4326	1680	94397
		136	7734	100	4510
		22	1384	67	3510
		114	6350	33	1000
13	589	16	180	300	25830
		16	180	300	25830
13	589				
		1	19	35	1200
1	52			33	1200
1	52			33	1200

11-8续表

项目	土左旗		托县	
	播种面积	产量	播种面积	产量
蔬菜合计	**2746**	**180513**	**1597**	**99968**
叶菜类	186	14566	76	2221
#菠菜	21	818	32	744
芹菜	142	12862	22	997
油菜	23	886	13	329
白菜类	327	32179	141	9621
#大白菜	327	32179	123	8248
瓜菜类	529	26672	64	3471
#黄瓜	436	21582	46	2425
块根、块茎类	269	12133	840	62968
#萝卜	28	1260	13	900
胡萝卜	241	10873	527	42177
生姜				
茄果菜类	712	42279	246	8754
#茄子	212	10708	46	2036
辣椒	37	1735	122	2564
西红柿	431	28916	62	3650
葱蒜类	417	27455	130	7188
#大葱	386	26753	118	6798
蒜头	31	702	4	150
菜用豆类	40	1210	35	1471
#四季豆			27	1099
豇豆				
水生菜类				
#莲藕				
其它蔬菜			1	40
#食用菌(干鲜混合)	1	40		
#蘑菇(鲜品)	1	40		
特种作物				
花卉种植面积	5		1	
鲜切花				
盆栽观赏植物(包括盆景)				
药材	352	826	620	1674
#甘草				
枸杞	346	808	620	1674

单位：公顷、吨

和林县		清水河县		武川县	
播种面积	产量	播种面积	产量	播种面积	产量
452	**31284**	**209**	**9012**	**144**	**8515**
20	750	17	737	11	252
6	190	6	254	3	32
5	240	5	235	4	160
8	320	6	248	4	60
48	4648	36	1724	51	2807
48	4648	36	1724	21	1155
19	1750	21	940	4	73
17	1575	9	418	4	73
168	12071	55	2275	44	2710
8	554	10	426	13	801
150	10767	45	1849	21	1293
32	1410	20	875	5	58
14	555	6	279		
4	165	6	245	2	4
13	690	8	351	3	54
84	3585	47	1983	29	2587
69	2890	45	1881	21	2570
15	695	2	102		
12	380	13	478		
8	240	13	478		
				2	28
				2	28
			2000		
				92	

11-9 牲畜

（日历

项目	年初实有头数	年末实有头数	年内增减		
			繁殖仔畜	# 成活	购进
牲畜总头数	2640833	2610084	2756285	2704452	513872
大牲畜和羊合计	2348391	2314527	2271351	2229489	405033
大牲畜	760072	726013	314731	307041	52413
牛	718388	687404	305038	297514	46370
# 良种及改良种乳用牛	700369	667408	286158	279847	39155
# 黑白花乳用牛	677324	653162	280166	273988	37803
马	2385	2042	784	752	160
驴	18868	17765	7017	6918	3098
骡	19111	17833	1732	1697	2753
骆驼	1320	969	160	160	32
羊	1588319	1588514	1956620	1922448	352620
绵羊	1159500	1168945	1582522	1556193	324674
# 小尾寒羊及改良羊	772805	813328	1218783	1202328	205824
细毛羊及改良羊	93887	116066			
半细毛羊及改良羊	58650	64691			
山羊	428819	419569	374098	366255	27946
猪	292442	295557	484934	474963	108839

11-10 牲畜

（牧业

项目	年初实有头数	年末实有头数	新城区	回民区
牲畜总头数	3779356	3974217	70715	8368
大牲畜和羊合计	3369228	3556166	60126	4949
大牲畜	822749	792163	12368	296
牛	768031	740292	11994	196
# 良种及改良种乳用牛	735052	707280	11246	176
# 黑白花乳用牛	724219	696471	11246	176
马	2664	2531	160	23
驴	27466	26367	91	30
骡	23768	22570	121	26
骆驼	820	403	2	21
羊	2546479	2764003	47758	4653
绵羊	2004392	2174371	39033	3111
# 寒羊	1062750	1165333	16277	1181
细毛羊及改良羊	297149	298421	6986	655
半细毛羊及改良羊	97071	119615	15384	
山羊	542087	589632	8725	1542
猪	410128	418051	10589	3419

头 数

年 度）

单位：头、只

变化情况			在年末实有头数中				
成幼畜死亡	自宰自食	出卖	能繁殖的母畜	耕役畜	种公畜	良种牲畜	改良种牲畜
56029	524819	2668269	1755026	39685	39485	1122898	1360403
42598	395027	2230805	1709526	39685	37454	992614	1203425
7933	24926	360664	510526	39685	1977	488071	200858
7754	23176	343957	498577	11433	1391	486013	188715
7131	19375	325467	484389		822		
7028	18414	310520	475427		763		
44	94	1106	916	1404	56	291	855
95	1375	9649	10724	10879	518	1746	10376
40	277	5413		15466			
	4	539	309	503	12	21	912
34665	370101	1870141	1199000		35477	504543	1002567
25934	289491	1556031	916959		25408	318197	797937
14444	208563	1144656	617324		15236		
			79752				
			42116				
8731	80610	314110	282041		10069	186346	204630
13431	129792	437464	45500		2031	130284	156978

头 数

年 度）

单位：头、只

玉泉区	赛罕区	土左旗	托县	和林县	清水河县	武川县
61080	301939	813477	625834	861562	597275	633967
42749	252871	660564	573749	800589	541771	618798
10255	167192	274851	120811	171046	26305	9039
10085	166868	268392	116015	150280	9472	6990
10061	166742	251868	112870	144140	5048	5129
10061	166742	251868	102183	144140	5048	5007
34	109	316	92	1483	18	296
70	159	4211	3825	6330	11517	134
66	56	1589	859	12943	5298	1612
		343	20	10		7
32494	85679	385713	452938	629543	515466	609759
30706	73840	188475	396337	603317	458603	380949
9091	29933	187729	178350	401408	248550	92814
4754	11635	746	38372	227894	7379	
16861	16238		71132			
1788	11839	197238	56601	26226	56863	228810
18331	49068	152913	52085	60973	55504	15169

11-11 畜禽产

项目	单位	合计	新城区	回民区	玉泉区
当年出栏肉猪口数	口	363461	15750	3297	7958
当年出售和自宰的肉用牛	头	200254	1606	151	6522
#良种及改良种乳牛	头	180017	575	111	6522
当年出售和自宰的肉用羊	只	2059888	35059	1498	12763
#山　羊	只	327700	10110	132	1130
当年出售和自宰的肉用驴	头	10244	23	18	6
当年出售和自宰的肉用骡	头	3613	72	1	3
当年出售和自宰的肉用马	匹	1115	69	75	5
当年出售和自宰的肉用骆驼	峰	529		11	
当年出售和自宰的家禽	万只	283	3	2	11
当年出售和自宰的家兔	万只	8.15		0.05	
当年肉类总产量	吨	101139	2261	374	1817
猪肉产量	吨	27990	1398	296	616
牛肉产量	吨	33048	256	18	735
羊肉产量	吨	32156	519	25	189
#山　羊	吨	5047	146	1	17
驴肉产量	吨	1244	3	2	1
骡肉产量	吨	473	9		
马肉产量	吨	161	10	10	1
骆驼肉产量	吨	98		2	
禽肉产量	吨	5796	66	21	275
兔肉产量	吨	149			
奶类产量	吨	3110462	34790	1200	40150
#牛　奶	吨	3108170	34398	1200	40150

品 产 量

赛罕区	土左旗	托 县	和林县	清水河县	武川县
43200	120733	59394	53096	34393	25640
43006	61724	29910	48752	2761	5822
42909	51009	28847	44981	1534	3529
51403	314307	212500	688191	511670	232497
3309	116494	26554	31462	80200	58309
18	1572	2141	1506	4856	104
	405	637	872	1061	562
28	211	31	503	1	192
	482	31			5
60	117	21	41	9	19
		7			1
11038	28350	14589	25038	10963	6709
3288	9442	4663	3995	2373	1919
5547	10802	5398	9065	442	785
720	5505	3551	10769	7278	3600
24	1697	451	550	1248	913
2	177	259	225	566	9
3	54	82	131	135	59
3	28	5	75		29
	89	7			
1475	2253	485	778	169	274
		139			10
700000	1146454	505064	642237	24963	15604
700000	1144554	505064	642237	24963	15604

11-11 续表

项　　目	单位	合计	新城区	回民区	玉泉区
山羊毛产量	吨	291	7	5	2
绵羊毛产量	吨	3650	79	15	45
# 细羊毛	吨	616	38	14	7
半细羊毛	吨	840	30	1	31
山羊绒产量	吨	130	2		
蜂蜜产量	吨	314			
禽蛋产量	吨	32485	1394	400	2000
年末实有家禽	万只	245.56	16.86	3.4	24
# 鸭	万只	1.25			
鹅	万只	1.2			
家　兔	万只	1.69	0.04	0.05	
年内牛皮产量	张	200254	1606	151	6522
绵羊皮产量	张	1271511	24949	3500	11471
山羊皮产量	张	382906	10110	50	1130
驼绒产量	吨	13			
出售肉类总量	吨	77900	1882	307	1572
# 出售猪肉	吨	21108	1165	240	509
出售牛肉	吨	26680	228	15	717
出售羊肉	吨	24851	431	20	112
出售禽肉	吨	4094	40	19	220
出售牛羊奶数量	吨	2895458	34592	1100	40000
出售羊毛数量	吨	3384	59	3	40
出售家禽只数	万只	221.16	2.56	1	11

赛罕区	土左旗	托 县	和林县	清水河县	武川县
10	144	44	10	54	15
92	476	915	830	591	607
30	3	204	300	18	2
62		186	530		
1	74	7	5	11	30
25		9		280	
12000	9988	1162	2872	1136	1533
65	76	9.3	33	8	10
		1.25			
		1.2			
		1.6			
43006	61724	29910	48752	2761	5822
49694	167225	176616	638191	37677	162188
1709	137082	35854	31462	95200	70309
	13				
7764	23531	11012	20588	6957	4287
2761	7534	3782	2641	1685	791
3605	9035	4389	7880	303	508
300	4338	2310	9614	4847	2879
975	1815	364	450	105	106
665000	1145307	501023	470000	23840	14596
102	588	746	830	619	397
55	95	9.6	30	5	12

11-12 林业生

项目	单位	合计	新城区	回民区
荒山荒(沙)地造林面积	千公顷	21.33		
# 人工造林	千公顷	9.30		
飞机播种	千公顷			
无林地和疏林地新封	千公顷	12.00		
按林业性质分组				
按经济成份分				
公有经济造林	千公顷	21.33		
国有经济造林	千公顷	6.67		
集体经济造林	千公顷	14.67		
非公有经济造林	千公顷			
按用途分				
# 经 济 林	千公顷			
防 护 林	千公顷	21.33		
年末实有封山(沙)育林面积	千公顷	203.08	24.39	6.21
零星（四旁）植树	万株	300	15	15
育苗面积	公顷	401		
幼林抚育作业面积	公顷次			
成林抚育面积	千公顷	5.20	0.33	
抚育改造出材量	立方米			
林木种子采集量	吨	96		
年末实有母树林面积	公顷			
年末实有种子园面积	公顷			

产 情 况

玉泉区	赛罕区	土左旗	托县	和林县	清水河县	武川县
				4.00	6.00	8.67
					2.00	4.67
				4.00	4.00	4.00
				4.00	6.00	8.67
				4.00		
					6.00	8.67
				4.00	6.00	8.67
	8.55	18.08	3.40	49.18	45.66	47.60
15	20	50	35	50	50	50
	67	60	60	80	67	67
	0.33		0.20		0.33	4.00
			14.00	11.00	66.00	5.00

11-13 农牧业机

项目	单位	合计	新城区	回民区
农牧业机械总动力	千瓦	2261403	34060	6441
# 大中型拖拉机	台	6183	78	29
	千瓦	228924	3530	1165
小型拖拉机	台	73910	1851	120
	千瓦	923673	20790	1402
联合收获机	台	1458	17	12
	千瓦	100227	1142	682
农用排灌动力机械	台	22931	80	137
	千瓦	185201	860	1674
# 电动机	台	22231	80	137
	千瓦	178398	860	1674
柴油机	台	700		
	千瓦	6803		
农产品初加工动力机械	台	11192	159	19
	千瓦	94322	694	91
# 柴油机	台	1109		
	千瓦	9914		
电动机	台	10083	159	19
	千瓦	84408	694	91
农业机械作业量				
# 机耕面积	万亩	587.4	9.6	1.24
机播面积	万亩	575.69	8.8	1.15
机收面积	万亩	292.24	2.6	0.82
拖拉机配套农具	台	143613	1453	139
# 小型拖拉机配套农具	台	134184	1385	95
耕整地及种植机械				
# 机引犁	部	57531	1066	28
机引耙	部	18172	375	1
播种机	台	21122	183	
机动铺膜机	台	9433		

械拥有量

玉泉区	赛罕区	土左旗	托县	和林县	清水河县	武川县
72708	282547	619213	423216	365178	161767	296273
114	626	2280	1234	617	485	720
3599	24172	88845	42409	28302	12428	24474
4750	12850	14028	13001	11301	2480	13529
51691	170278	170353	182714	147700	30320	148425
17	256	704	100	78	92	182
1071	16239	49623	7519	5548	6072	12331
653	1485	8058	7380	2246	1055	1837
4986	15728	72379	37110	28844	9591	14029
643	1485	8058	7380	2195	880	1373
4825	15728	72379	37110	28234	7559	10029
10				51	175	464
161				610	2032	4000
227	420	4637	1950	354	2020	1406
1684	2929	34339	24806	1247	17850	10682
65			58		879	107
469			589		7888	968
162	420	4637	1892	354	1141	1299
1215	2929	34339	24217	1247	9962	9714
7.13	46	116.75	75	90	67.68	174
5.97	45.34	115.8	71.83	91	53.8	182
2.58	16.6	59.5	32.49	42	21.65	114
5907	16629	23713	37398	31539	4273	22562
5761	15690	20999	34800	30751	3662	21041
1820	1259	6801	23510	10492	2490	10065
1013	2035	3227	1154	7259	51	3057
437	1123	7088	5170	895	503	5723
294	2232	2526	790	2585	825	181

主要统计指标解释

乡村人口 指乡村户数内的常住人口。包括常住人口中外出的民工、工人合同工、户口在家的在外学生等，但不包括户口在家领取工资的国家职工和户口迁入农村领取国家津贴的离退休职工。

自来水受益村数 包括取水、净水、输配水三部分组成的自来水供给的，或由取水和输配水两部分组成的符合饮用卫生标准的简易自来水年末实际受益的村委会个数。

通汽车村数 指拥有乡级以上公路通过，并通达客运或货运汽车的村委会个数。

农林牧渔业总产值 指各种经济类型的农业生产单位或农户从事农业生产经济活动的总成果。包括农林牧渔业产品总量和劳务活动的总成果（即对非物质生产部门的劳务支出）两部分。

农林牧渔业商品产值 指农林牧渔业生产经营单位在一定时期内生产的以货币表现的可供商品交换的那一部分产品总量。

耕地面积 指可以用来种植农作物、经常进行耕锄的田地。除包括熟地、当年新开荒、连续撂荒未满三年的耕地和当年有休闲地（轮歇地）外，还包括以种植农作物为主并附带种植桑树、茶树、果树和其他林木的土地，以及沿海、沿湖地区已围垦利用的“海涂”、“湖田”等面积。

播种面积 指实际播种或移植有农作物的面积。凡是实际种植农作物的面积，不论种植在耕地还是非耕地上，也不论面积大小，均应统计在内。

农作物产量 在本年度内不论数量多少、耕地上与非耕地上的农作物产量，都应统计在内。

造林面积 指本年度在荒山、荒地、沙丘等一切可以造林的土地上，采用人工播种、植苗、飞机播种等方法，新植的成片乔木林和灌木林，经过检查验收，符合“造林技术规程”要求的株数，成活率达 85%以上（1986年以前成活率按 40%以上计算）的面积。四旁植树的四行以上，连续面积在一亩以上，应统计在造林面积内，但不包括补植面积、重造面积、迹地更新面积、低产林改造面积和零星植树折算面积。

造林面积按主要林种用途分为：

用材林 指为提供国民经济建设用材所造的林。

经济林 指为利用林木的果实、叶片、皮层、树漆等林产品作为工业原料或提供人民食用而营造的林，但不包括桑、果树等面积。

防护林 指为减免风、沙、水、旱等自然灾害，达到农田稳产、高产、保障工矿、水利、交通等经济建设安全所营造的林。包括水土保持林、农田防护林、沿海防护林、水源涵养林、防风固沙林、牧场防护林等。

薪炭林 指以生产燃料为目的所营造的乔木林，灌木林。

当年出栏头数 指农林牧渔业企业生产单位饲养的，已屠宰或已出售的全部牲畜头数。包括交售给国家、集市上出售以及农民自食的部分。

猪、牛、羊肉产量 指当年出栏并已屠宰的猪、牛、羊的肉产量。即屠宰后除去头蹄下水后带骨肉（即胴体重）的重量。

水产品产量 指本年度内农林牧渔业企业捕捞的水产品（包括人工养殖并捕获的水产品和捕捞的天然生长的水产品）产量。

水产品养殖面积 指人工投放鱼、虾、蟹、贝、藻等苗种并经常进行饲养管理的水面面积。

农业机械总动力 指主要用于农、林、牧、副、渔业各种动力机械的动力总和。包括耕作机械、排灌机械、收获机械、农产品加工机械、运输机械、植物保护机械、牧业机械、林业机械、渔业机械和其他农业机械［内燃机按引擎马力折成瓦（特）计算，电动机按功率折成瓦（特）计算］。

农业机械年末拥有量 指全民所有制、集体所有制农业生产单位和合作经营组织及农户在年末统计时实际拥有的各种农业机械设备数量。包括能用未用的、需要修复的（指中修、大修）、储存备用的。但已经损坏报废的、购买（或调进）而未提货的、从非农业生产单位调来临时支援的，均不包括在内。

第二部分　统计资料

工　　业

12-1 历年规模以上工业主要经济指标

单位：万元

项 目	2000年	2001年	2002年	2003年	2004年
企业数（个）	193	175	180	185	224
工业增加值指数(以上年为100)	120.5	131.2	139.5	143.9	141.2
工业销售产值（当年价）	964881	1227957	1650288	2383336	3494255
本年应付工资总额	61245	68555	79788	98401	125174
全部职工年平均人数（人）	86453	80808	76590	77556	76567
流动资产合计	724453	748083	1026191	1281923	1696186
存 货	250265	284014	307503	367989	403614
固定资产合计	1025779	1003163	1160523	1897950	2469819
固定资产原值合计	1229705	1252068	1496253	2265782	2787032
资产总计	1832741	1867051	2333063	3438391	4456639
流动负债合计	666409	705397	798085	1000380	1309284
长期负债合计	352772	351508	546352	1007608	1276035
所有者权益合计	808589	809785	982424	1400783	1871319
主营业务收入	910462	1151058	1572339	2274891	3403169
管理费用	69028	78650	87191	134369	129587
利润总额	18513	22997	93229	183411	311541
亏损企业亏损额	18724	21843	22944	22480	37456
利税总额	83988	107836	219965	359398	542154
应交所得税	8357	7925	9914	20659	26943
应交增值税	34896	44081	76521	113782	150776

12-1续表1

单位：万元

项　　　目	2005年	2006年	2007年	2008年
企业数（个）	245	279	293	317
工业增加值指数(以上年为100)	131.1	129.1	126.1	111.2
工业销售产值（当年价）	4690496	6260432	8014577	9085009
本年应付工资总额	177831	227939	267033	324630
全部职工年平均人数（人）	82614	87892	85884	89608
流动资产合计	1792728	2117406	2635328	3104770
存　货	544784	585005	701827	740107
固定资产合计	3064856	3419036	3198612	3738889
固定资产原值合计	3661195	4427578	4264426	4995607
资产总计	5137818	6208229	7086474	8252157
流动负债合计	1590268	2095593	2610045	3175095
长期负债合计	1523364	1727665	1861009	2303971
所有者权益合计	1999294	2384794	2615419	2772800
主营业务收入	4431260	6074302	7764260	8821659
管理费用	171610	195645	224416	291723
利润总额	368246	459317	769442	229422
亏损企业亏损额	25187	17721	13702	226919
利税总额	657157	819361	1208983	709557
应交所得税	24558	42592	52229	35251
应交增值税	182599	223612	288349	313878

12-1续表2

单位：万元

项　　目	2009年	2010年	2011年	2012年
企业数（个）	337	320	267	273
工业增加值指数(以上年为100)	116.2	113.2	111.4	111.0
工业销售产值（当年价）	11108718	11355416	13158030	12400255
本年应付职工薪酬	411209	415417	518125	684308
全部职工年平均人数（人）	93475	100574	97111	102874
流动资产合计	3951623	4840839	6159789	7341937
存　货	813404	1101838	1253156	1453111
固定资产合计	5003200	6793827	6525235	7525735
固定资产原值合计	6184361	8802655	9042239	10745138
资产总计	10623087	13156368	15225383	18118989
流动负债合计	5253909	6069513	6697016	7890989
非流动负债合计	1842414	2894059	3259315	3863840
所有者权益合计	3378850	4081334	4984739	5971611
主营业务收入	11365686	11539656	13206673	12482098
管理费用	343857	427274	481881	572344
利润总额	792712	1879576	2044018	999461
亏损企业亏损额	76305	57041	97880	254148
利税总额	1632721	2850685	2985617	1896910
应交所得税	42689	92201	165034	149504
应交增值税	538544	624314	578559	546785

12-2 规模以上独立核算

项目	企业单位数（个）	#亏损企业
总计	**273**	**79**
按登记注册类型分组		
内资企业	242	67
国有企业	17	4
中央企业	8	
地方企业	9	4
集体企业	3	
股份合作企业	1	
有限责任公司	90	18
国有独资公司	5	2
其他有限责任公司	85	16
股份有限公司	17	8
私营企业	102	32
私营独资企业	3	
私营有限责任公司	97	32
私营股份有限公司	2	
其他企业	12	5
港澳台商投资企业	12	7
合资经营企业(港或澳、台资)	9	6
港澳台商独资经营企业	3	1
外商投资企业	19	5
中外合资经营企业	10	3
中外合作经营企业	4	
外资企业	5	2
在总计中亏损企业	79	79
在总计中国有控股企业	58	18
在总计中轻工业	113	19
重工业	160	60
在总计中大型企业	17	7
中型企业	62	12
小型企业	186	57
微型企业	8	3

工业企业主要经济指标

单位：万元

工业销售产值（当年价）	本年应付职工薪酬	全部从业人员年平均人数（人）	流动资产合计	# 应收帐款
12400255	**684308**	**102874**	**7341937**	**1551382**
8967395	596273	84096	4853326	1071497
2217834	105928	15039	854474	374080
769063	58780	4371	509761	242021
1448772	47148	10668	344713	132060
16171	1230	244	13432	1913
5190	143	128	3611	-10
3294778	198687	31392	1609937	403546
373795	37270	4481	150579	83744
2920982	161417	26911	1459357	319803
1377362	202487	16117	1387449	67048
1873942	77009	18508	846030	191063
128587	8611	1196	15862	3855
1545556	64870	16612	775710	159873
199800	3528	700	54459	27335
182119	10789	2668	138394	33856
859598	30090	4327	704538	33015
709409	27049	3824	671845	26632
150188	3042	503	32692	6383
2573263	57946	14451	1784073	446870
1256543	37782	10206	1020835	87624
415053	7706	1297	384908	291482
901667	12458	2948	378330	67764
1698140	171910	27908	1439693	245184
5409737	433874	46777	3036405	700439
5999514	373162	52890	4151781	564651
6400742	311147	49984	3190156	986731
4899998	347938	39137	3518208	478590
4439766	240632	41152	2469811	706651
3024968	94501	22431	1320701	340244
35523	1237	154	33217	25897

12-2续表1

项　　目	存　货	#产成品	固定资产合计
总　计	**1453111**	**577675**	**7525735**
按登记注册类型分组			
内资企业	1152148	407901	6630761
国有企业	187884	35710	1695532
中央企业	138492	14131	672106
地方企业	49392	21580	1023426
集体企业	6410	1417	5160
股份合作企业	3174	1357	900
有限责任公司	373777	93554	3130426
国有独资公司	22424	2909	522457
其他有限责任公司	351353	90645	2607968
股份有限公司	245476	90712	1229905
私营企业	316514	177051	406933
私营独资企业	7188	1215	39548
私营有限责任公司	282273	153818	351594
私营股份有限公司	27053	22019	15790
其他企业	18913	8099	161905
港澳台商投资企业	114758	72013	404229
合资经营企业(港或澳、台资)	95844	68559	274158
港澳台商独资经营企业	18915	3454	130071
外商投资企业	186205	97762	490745
中外合资经营企业	68684	42331	109996
中外合作经营企业	29689	20557	43013
外资企业	87831	34873	337736
在总计中亏损企业	485979	167492	2876891
在总计中国有控股企业	645431	156208	5537741
在总计中轻工业	643390	256563	1382925
重工业	809721	321112	6142810
在总计中大型企业	528947	204389	2835882
中型企业	567995	218548	3150394
小型企业	355155	154619	1435652
微型企业	1014	120	103807

单位：万元

固定资产原价	累计折旧	资产总计	流动负债合计	非流动负债合计
10745138	**3730567**	**18118989**	**7890989**	**3863840**
9363896	3172521	14187677	6116598	3435147
2764806	1098407	2752212	722443	1370298
890201	229524	1244362	359255	356383
1874605	868884	1507850	363189	1013915
8483	3424	20226	13791	2282
1900	1000	4553	2508	
4164708	1300402	6290096	2990513	1651877
644986	127225	1122105	601404	511069
3519722	1173177	5167991	2389109	1140808
1736399	532174	3299086	1686427	274671
502169	162006	1406837	528798	89857
30721	9553	60970	16070	
451202	147979	1270731	506908	89857
20246	4473	75136	5821	
185430	75109	414669	172118	46162
585274	245575	1133395	646580	47182
428674	173985	969972	627327	41589
156600	71590	163422	19253	5593
795968	312471	2797917	1127811	381511
235465	128277	1533791	741883	269875
66837	24147	462155	90103	20747
493665	160047	801971	295826	90890
3824288	1040740	4938839	2407595	1182331
8164084	2831848	10758100	4628665	3182816
2030900	800861	6905997	3265091	499447
8714238	2929707	11212992	4625898	3364392
4204524	1422155	8525434	3671436	1720088
4423798	1634068	6419066	2709707	1576126
1991407	652743	3005533	1445159	516981
125409	21602	168956	64688	50645

12-2续表2

项　　目	所有者权益合计	主营业务收入	主营业务成本	主营业务税金及附加	销售费用
总　计	**5971611**	**12482098**	**9662806**	**348961**	**753196**
按登记注册类型分组					
内资企业	4296086	9010477	7057467	337529	331387
国有企业	658718	1853385	1382335	234720	11229
中央企业	528724	778498	367772	232011	3695
地方企业	129995	1074888	1014563	2709	7534
集体企业	4153	16119	12696	41	384
股份合作企业	1500	4377	3802	107	249
有限责任公司	1592851	3372565	2712490	38628	78699
国有独资公司	-19807	408514	359933	845	5481
其他有限责任公司	1612659	2964052	2352557	37783	73218
股份有限公司	1337189	1428803	1025435	52685	182138
私营企业	514989	2146575	1778720	10801	56552
私营独资企业	35810	129780	120594	513	1557
私营有限责任公司	453273	1731545	1436855	10222	54892
私营股份有限公司	25906	285251	221271	65	102
其他企业	186686	188652	141988	548	2136
港澳台商投资企业	388034	952057	807147	2527	51969
合资经营企业(港或澳、台资)	301197	774210	674145	2107	49855
港澳台商独资经营企业	86837	177847	133002	420	2114
外商投资企业	1287491	2519565	1798192	8905	369840
中外合资经营企业	520931	1261939	936320	5786	269746
中外合作经营企业	351305	414763	216600	141	74037
外资企业	415255	842863	645272	2978	26058
在总计中亏损企业	1215558	1735004	1629230	44660	95362
在总计中国有控股企业	2912743	5145161	3932412	309502	204679
在总计中轻工业	2936545	6336378	4618501	273734	563465
重工业	3035066	6145721	5044305	75226	189730
在总计中大型企业	2978944	5008453	3777379	292221	458937
中型企业	2084895	4394190	3333860	31917	230861
小型企业	854148	3044900	2525848	24690	62786
微型企业	53623	34555	25719	133	612

单位：万元

管理费用	利润总额	亏损企业亏损额	利税总额	应交所得税	应交增值税
572344	**999461**	**254148**	**1896910**	**149504**	**546785**
409053	681843	204980	1443270	119230	422194
51675	131520	15403	466565	18843	100311
42387	112316		421957	18654	77630
9288	19204	15403	44608	189	22681
1288	905		1225	89	279
148	46		153	8	
137868	301312	54643	494945	69938	153864
4231	10769	12904	35818	8081	24204
133637	290543	41739	459128	61857	129660
147408	51644	112200	218936	16271	114585
62052	175456	21102	236574	14012	49791
1688	5557		10017	1112	3947
59963	157477	21102	206669	12889	38921
401	12423		19889	12	6924
8614	20960	1633	24872	69	3364
16593	56484	21734	76436	3509	17426
14382	30175	21351	46379	454	14096
2211	26308	383	30057	3055	3330
146698	261134	27434	377204	26765	107164
57489	45604	15015	120018	267	68628
22511	103899		105132	15792	1092
66698	111631	12419	152054	10706	37444
118195	-254148	254148	-173835	6549	35022
252916	335617	186462	971502	87360	325777
332669	598094	23266	1208568	50061	336184
239675	401368	230881	688343	99443	210600
256642	277898	128940	854013	49707	283298
180669	493110	68423	672395	73597	146836
133416	225546	56253	366530	25977	115720
1617	2908	531	3972	223	931

12-3 按工业行业分的规模以上独立

项目	企业单位数（个）	# 亏损企业
总计	**273**	**79**
煤炭开采和洗选业	4	
黑色金属矿采选业	10	6
非金属矿采选业	4	
农副食品加工业	21	1
食品制造业	19	4
饮料制造业	6	3
烟草制品业	1	
纺织业	2	
纺织服装、鞋、帽制造业	19	5
家具制造业	2	
造纸及纸制品业	11	3
印刷业和记录媒介的复制	3	1
石油加工、炼焦及核燃料加工业	1	1
化学原料及化学制品制造业	23	10
医药制造业	16	
化学纤维制造业	1	
橡胶和塑料制品业	11	3
非金属矿物制品业	32	12
黑色金属冶炼及压延加工业	3	2
有色金属冶炼及压延加工业	13	6
金属制品业	7	2
通用设备制造业	7	1
专用设备制造业	6	2
汽车制造业	1	1
电气机械及器材制造业	8	2
通信设备、计算机及其他电子设备制造业	7	1
其他制造业	2	
电力、热力的生产和供应业	27	11
燃气生产和供应业	2	1
水的生产和供应业	4	1

12-3续表1

项目	存货	# 产成品	固定资产合计
总计	**1453111**	**577675**	**7525735**
煤炭开采和洗选业	7881	7713	58035
黑色金属矿采选业	7106	4078	5306
非金属矿采选业	3954	3954	6134
农副食品加工业	85288	58179	125967
食品制造业	86941	47602	328715
饮料制造业	28568	5471	56942
烟草制品业	81809	12671	67399
纺织业	6023	5385	4103
纺织服装、鞋、帽制造业	102650	47878	46776
家具制造业	433	367	1071
造纸及纸制品业	56762	11541	132190
印刷业和记录媒介的复制	2443	1302	9940
石油加工、炼焦及核燃料加工业	178765	71589	659907
化学原料及化学制品制造业	234204	99177	1273372
医药制造业	79686	27469	366182
化学纤维制造业	877		1325
橡胶和塑料制品业	6903	3594	8747
非金属矿物制品业	55507	12320	358109
黑色金属冶炼及压延加工业	38719	20433	37321
有色金属冶炼及压延加工业	55483	16214	157987
金属制品业	20603	4645	18799
通用设备制造业	63327	29225	35584
专用设备制造业	10983	3180	15693
汽车制造业	8066	5208	2769
电气机械及器材制造业	40534	16293	50277
通信设备、计算机及其他电子设备制造业	56419	43426	31930
其他制造业	51797	99	90102
电力、热力的生产和供应业	44517	74	3290563
燃气生产和供应业	28835	18588	160979
水的生产和供应业	8030		123509

单位：万元

固定资产原价	累计折旧	资产合计	流动负债合计	非流动负债合计
10745138	**3730567**	**18118989**	**7890989**	**3863840**
68817	10782	367829	114143	43017
10332	6121	20493	18733	469
6613	650	28640	12759	
145032	39295	457978	208868	26934
564428	255240	3343859	1798536	303473
65473	10688	222768	84898	21354
118895	51569	400906	102834	192
13189	9574	23438	10976	
93580	51533	292315	88980	12741
4429	3438	8965	3268	251
179018	48572	326154	116544	5653
14198	4337	17142	7081	
735648	60843	995091	343922	234353
1791719	527506	2591371	1194563	279882
501782	224716	785885	303166	36553
1379	220	4904	1927	2494
14115	5380	49965	19655	2523
358217	74860	533914	320608	30375
52718	15490	143086	8831	
184868	30319	707058	411317	179195
20996	6867	91300	73002	1930
74833	49680	194340	198014	11197
18433	3883	68376	32555	
12245	9475	10931	9028	5655
24773	10613	237158	168512	33492
49492	17733	568424	394198	2559
108560	29638	207312	78686	33755
5136407	2058922	4811237	1552023	2511134
196175	54040	336503	129655	28970
178776	58583	271645	83709	55689

12-3续表2

项　　目	所有者权益合计	主营业务收入	主营业务成本	主营业务税金及附加	销售费用
总　　计	**5971611**	**12482098**	**9662806**	**348961**	**753196**
煤炭开采和洗选业	210669	367123	265804	15119	16063
黑色金属矿采选业	1212	21566	20494	254	26
非金属矿采选业	11629	92322	72487	25	2597
农副食品加工业	173590	959225	797370	1238	19269
食品制造业	1231222	2199686	1519378	20370	432030
饮料制造业	113134	197976	138235	13419	21046
烟草制品业	297880	453748	134712	230437	3440
纺织业	11938	53378	41098	537	656
纺织服装、鞋、帽制造业	110210	404213	334775	839	15892
家具制造业	5067	10225	8094	786	376
造纸及纸制品业	197874	585738	462378	777	8424
印刷业和记录媒介的复制	9309	9838	7902	75	172
石油加工、炼焦及核燃料加工业	416816	209550	207733	36270	283
化学原料及化学制品制造业	1112545	1622987	1231607	5449	114013
医药制造业	393051	647558	469599	3535	26503
化学纤维制造业	483	3549	3075	5	76
橡胶和塑料制品业	21216	123152	111837	503	1702
非金属矿物制品业	182237	353341	295268	2234	6992
黑色金属冶炼及压延加工业	8762	177818	154265	44	18655
有色金属冶炼及压延加工业	83890	281559	243231	929	5763
金属制品业	14404	81091	72211	445	1381
通用设备制造业	-18134	144546	101991	319	2315
专用设备制造业	32250	58658	50506	287	1205
汽车制造业	-3752	1844	1473	4	242
电气机械及器材制造业	35154	64074	44663	209	2019
通信设备、计算机及其他电子设备制造业	171494	698518	613057	1280	30252
其他制造业	94871	69447	57491	30	165
电力、热力的生产和供应业	742749	2358050	2010687	11819	990
燃气生产和供应业	177596	173167	149362	999	12754
水的生产和供应业	132247	58155	42027	723	7899

单位：万元

管理费用	利润总额	亏损企业亏损额	利税总额	应交所得税	应交增值税
572344	**999461**	**254148**	**1896910**	**149504**	**546785**
19436	38940		70280	11541	16221
906	-115	332	440	78	301
4925	14349		21746		7372
17998	65788	151	78680	5873	11147
154994	198943	17129	399872	15341	180558
20841	5913	3371	31540	-331	12160
28926	57560		343458	15309	55461
1074	9063		12262	177	2662
27499	51185	980	59007	3113	6983
354	552		1639	15	301
31653	84888	973	114392	6839	28727
1466	510	229	774	192	190
26930	-84967	84967	-48584		95
81374	164057	56586	188299	26584	18179
24124	69228		97540	2037	24778
229	75		85	25	5
3599	5170	563	7934	1415	2261
24212	17927	2320	40786	1727	20624
5164	-2246	2303	-1942		260
7432	20836	6213	39108	1475	16862
3377	1640	47	3201	253	1115
23467	-1467	12316	773	24	1915
3516	2063	251	3314	295	963
1400	-1246	1246	-1209		33
5805	9615	277	12607	382	2783
6834	51903	194	63053	886	9866
12195	1382		1413	110	1
19491	216259	56375	347432	54682	119328
7245	614	7086	4288	1160	2675
5878	1043	239	4725	304	2959

12-4 主要工业产品产量（规模以上）

项　　　　目	单　位	2011年	2012年	2012年比2011年增长%
原　煤	万吨	1076.9	747.7	-30.6
发电量	万千瓦小时	3898688	4041885	3.7
铁矿石原矿	吨	2433396	1073125	-55.9
食用植物油	吨	11498	13128	14.2
乳制品	吨	1882259	1467863	-22.0
# 液体乳	吨	1764141	1366028	-22.6
冷冻饮品	吨	207491	150570	-27.4
饮料酒	千升	58703	61490	4.7
# 白　酒（商品量）	千升	4853	5490	13.1
啤　酒	千升	53850	56000	4.0
软饮料	吨	1047659	1085346	3.6
卷　烟	万箱	37	39	5.4
配混合饲料	吨	529434	641457	21.2
电子元件	万只	107176	106098	-1.0
布	万米	9900	4020	-59.4
纯化纤布	万米	9900	4020	-59.4
纱	吨	18100	7600	-58.0
金属镁	吨	2567	1705	-33.6
铝　材	吨	492	8374	1602.0
服　装	万件	336	335	-0.2
酱　油	吨	15499	11981	-22.7
家　具	万件	3.9	3.7	-5.1
机制纸及纸板	吨	29548	13400	-54.7
焦　炭	万吨	53.5	54.4	1.7
盐　酸(含量30%以上)	吨	43606	98751	126.5
氢氧化纳(烧碱)	吨	169063	178722	5.7
化　肥(折纯)	吨	261522	310119	18.6
电　石	吨	114567	143639	25.4
合成氨	吨	268261	325310	21.3
塑料树脂及共聚物	吨	168527	143279	-15.0

12-4续表

项　　目	单　位	2011年	2012年	2012年比2011年增长%
中成药	吨	369	313	-15.2
水泥熟料	吨	5230629	5302364	1.4
铁合金	吨	8945	13568	51.7
水　泥	万吨	728.7	788.3	8.2
速冻米面食品	吨	5448	4219	-22.6
纸制品	吨	179475	168497	-6.1
化学药品原药	吨	204963	154887	-24.4
多色印刷品	对开色令	1706490	1860597	9.0
改装汽车	辆	162		-100.0
太阳能电池	千瓦	63389	29577	-53.3
减速机	台	9327	7098	-23.9
精甲醇	吨	141790	166001	17.1
商品混凝土	立方米	1146015	1043268	-9.0
电力变压器	千伏安	130	152	16.9
耐火材料制品	吨	167841	54443	-67.6
绝缘制品	吨	112	107	-4.5
单色印刷品	令	82460	95561	15.9
混凝土机械	台	866	935	8.0
彩色电视机	万台	261.1	383.2	46.8
液晶（LCD）电视机	万台	261.1	383.1	46.7
风力发电机组	千瓦	125800	40800	-67.6
石脑油	万吨	1.5	1.8	20.0
原油加工量	万吨	90.7	58.9	-35.1
汽　油	万吨	34.3	15.3	-55.4
柴　油	万吨	35.4	12.8	-63.8
燃料油	万吨	11.2	7.2	-35.7
液化石油气	吨	8.3	2.4	-71.1
自来水（生产量）	万立方米	26169	26240	0.3

主要统计指标解释

工业总产值（当年价格） 是以货币形式表现的工业企业在一定时期内生产的工业最终产品或提供工业性劳务活动的总价值量。它包括三项内容：

Ⅰ、成品价值：指企业生产并在报告期内不再进行加工，经检验包装入库的已经销售和准备销售的全部工业成品（半成品）价值合计，包括企业生产的自制设备及提供给本企业在建工程、其他非工业部门和生活福利部门等单位使用的成品价值。生产成品价值按成品实物量乘以本期产品不含销项税额的实际销售平均单价计算；会计核算中按成本价格转帐的自制设备和自产自用的成品，按成本价格计算生产成品价值。生产成品价值中不包括用订货者来料加工的成品（半成品）价值。

Ⅱ、对外加工费收入：指企业在报告期内完成的对外承做的工业品加工（包括用订货者来料加工生产）的加工费收入和对外工业品修理作业所收取的加工费收入。对外加工费收入中不包括销项税额，可根据会计制度中“产品销售收入”科目的资料取得。

对于以外加工生产为主，对外加工费收入所占比重较大的企业，如果对外加工费收入出现跨报告期支付的情况，为保证指标生产口径计算的一致性，则应将对外加工费收入按实际情况调整，记录报告期应实际收取的对外加工费收入。

Ⅲ、自制半成品、在制品期末期初差额：是指按照工业总产值的计算方法，应该计入工业总产值中的半成品、在制品期末期初差额价值。本指标的填报原则是：如果会计产品成本核算中不计算半成品、在制品成本的，则不需填报；如果会计产品成本核算中计算半成品、在制品成本，则必须填报。

工业总产值计算应遵循的原则：

（1）工业生产的原则。即凡是企业在本年内生产的最终产品和提供的劳务，均应包括在内。其中的最终产品，不管是否在本年内销售，只要是本年内生产的，就应包括在内。凡不是工业生产的产品，均不得计入工业总产值。

（2）最终产品的原则。即企业生产的成品价值必须是本企业生产的，经检验合格不需再进行任何加工的最终产品。企业对外销售的半成品也应视为最终产品计入工业总产值。而在本企业内各车间转移的半成品和在制品只能计算其期末期初差额价值。

（3）“工厂法”原则。即以法人工业企业作为一个整体计算工业总产值，是其本年内生产的最终产品和提供劳务的总价值量。

轻工业 指主要提供生活消费品和制作手工工具的工业。按其所使用的原料不同，可以分为两大类：（1）以农产品为原料的轻工业，是指直接或间接以农产品为基本原料的轻工业，主要包括食品制造、饮料制造、烟草加工、纺织、缝纫、皮革和毛皮制作、造纸以及印刷等工业；（2）以非农产品为原料的轻工业，是指以工业品为原料的轻工业，主要包括文教体育用品、化学药品制造、合成纤维制造、日用化学制品、日用玻璃制品、日用金属制品、手工工具制造、医疗器械制造、文化和办公用机械制造等工业。

重工业 是指为国民经济各部门提供物质技术基础的主要生产资料的工业。按其生产性质和产品用途，可分为下列三类：（1）采掘（伐）工业，是指对自然资源的开采，包括石油开采、煤炭开采、金属矿开采、非金属矿开采和木材采伐等工业；（2）原材料工业，指向国民经济各部门提供基本材料、动力和燃料的工业，包括金属冶炼及加工、炼焦及焦炭化学、化工原料、水泥、人造板以及电力、石油和煤炭加工等工业；（3）加工工业，是指对工业原材料进行再加工制造的工业，包括装备国民经济各部门的机械设备制造工业、金属结构、水泥制品等工业，以及为农业提供的生产资料如化肥、农药等工业。

根据上述划分原则，修理业中的重工业产品为修理作业对象的划为重工业，否则划为轻工业。

工业增加值 是工业企业在报告期内以货币形式表现的工业生产活动的最终成果。

工业增加值有两种计算方法：一是生产法，即工业总产出减去工业中间投入。其中，工业总产出是工业企业在一定时期内工业生产活动的总成果，它包括：成品生产价值，对外加工费收入和自制半成品、在产品期末期初差额价值。工业中间投入指工业企业在工业生产活动中消耗的外购物质产品和对外支付的服务费用。服务费用包括支付给物质生产部门的服务费用和支付给非物质生产部门的服务费用。二是收入法，即从收入的角度出发，根据生产要素在生产过程中应得到的收入份额计算，具体构成项目有固定资产折旧、劳动者报酬、生产税净额、营业盈余。

工业统计调查单位 分为两类：独立核算法人工业企业和工业活动单位。

独立核算法人工业企业 是指从事工业生产经营活动的单位。独立核算法人工业企业应同时具备以下条件；1.依法成立，有自己的名称、组织机构和场所，能够承担民事责任；2.独立拥有和使用资产，承担负债，有权与其他单位签订合同；3.独立核算盈亏，并能编制资产负债表。

工业活动单位 是指在一个场所从事一种或主要从事一种工业生产活动的经济单位。它包括独立核算工业企业按主营业务活动（即工业生产活动）划分的主营业务活动单位和非工业企业所属的工业生产活动单位（即原非独立核算工业生产单位）。工业活动单位，一般应同时具备以下三个条件；1.具有一个场所，从事一种或主要从事一种工业活动；2.单独组织工业生产、经营或业务活动；3.单独核算收入和支出。

资产总计 指企业拥有或控制的能以货币计量的经济资源，包括各种财产、债权和其他权利。资产按其流动性（即资产的变现能力和支付能力）划分为：流动资产、长期投资、固定资产、无形资产、递延资产和其他资产。根据会计“资产负债表”中“资产总计”项的期末数填列。

固定资产合计 指企业固定资产净值、固定资产清理、在建工程、待处理固定资产净损失所占用的资金合计。

流动资产合计 流动资产是指可以在一年或者超过一年的一个营业周期内变现或者耗用的资产，包括现金及各种存款、短期投资、应收及预付货款、存货等。流动资产的一个重要特点是它在参加生产经营时，其价值一次转移到产品成本或费用中去。

应收帐款 指企业因销售商品、产品、提供劳务等，应向购货单位或接受劳务单位收取款项。该指标根据会计“资产负债表”中“应收帐款”项的年末数填报。未执行2001年《企业会计制度》的企业，用“应收帐款净额”期末数代替。

存货 指企业在生产经营过程中为销售或者耗用而储存的各种资产。包括原材料、包装物、低值易耗品、在产品、自制半成品、产成品等。

产成品 指企业已经完成全部生产过程并已验收入库合乎标准规格和技术条件，可以按照合同规定的条件送交订货单位，或者可以作为商品对外销售的产品。企业接受外来原材料加工制造的代制品和为外单位加工修理的代修品，制造和修理完成验收入库后，视同企业的产成品。

流动资产合计 指预计在一个正常营业周期中变现、出售或耗用，主要包括存货、应收帐款等，主要为交易目的而持有，预计在资产负债表日起一年内（含一年）变现或者自资产负债日起一年内，交换其他资产或清偿负债的能力不受限制的现金或现金等价物。包括货币资金、应收票据、应收帐款、存货等项目。根据会计“资产负债表”中“流动资产合计”项目的期末余额数填报。

固定资产原价 指固定资产的成本，包括企业在购置、自行建造、安装、改建、扩建、技术改造某项固定资产时所发生的全部支出总额。根据会计“固定资产”科目的期末借方余额填报。

累计折旧 指企业在报告期末提取的历年固定资产折旧累计数。根据会计“累计折旧”科目的期末贷方余额填报。

流动负债合计 负债满足下列条件之一的应归为流动负债：（1）预计在一个正常营业周期中清偿；（2）主要为交易目的而持有；（3）自资产负债表日起一年内到期应予清偿；（4）企业无权自主地将清偿推迟至资产负债表日后一年以上。包括短期借款、应付票据、应付帐款、应付职工薪酬、应交税费等项目。根据会计“资产负债表”中“流动负债合计”项目的期末余额数填报。

非流动负债合计 指流动负债之外的负债。包括长期借款、应付债券等。根据会计“资产负债表”中“非流动负债合计”项目的期末余额数填报。

所有者权益合计 所有者权益是指企业投资人对企业净资产的所有权，包括企业所有者投入资金以及留存收益等。

营业利润 指企业从事生产经营活动所产生的利润，即主营业务利润加其他业务利润扣除管理费用、财务费用后的净额。根据会计“利润表”

中对应指标的本期累计数填列。

利润总额 指企业在生产经营过程中各种收入扣除各种耗费后的盈余，反映企业在报告期内实现的亏盈总额，包括营业利润、补贴收入、投资净收益和营业外收支净额。根据会计“利润表”中的对应指标的本期累计数填列。

主营业务收入 指企业确认的销售商品、提供劳务等主营业务的收入。根据会计“主营业务收入”科目的期末贷方余额填报。执行2006年《企业会计准则》的企业，如未设置该科目，以“营业收入”代替填报。

主营业务成本 指企业经营主要业务所发生的成本总额。根据会计“主营业务成本”科目的期末借方余额填报。执行2006年《企业会计准则》的企业，如未设置该科目，以“营业成本”代替填报。

销售费用 指企业在销售商品过程中发生的包装费、广告费等费用和为销售本企业商品而专设的销售机构的职工薪酬、业务费等经营费用。根据会计“利润表”中“销售费用”项目的本期金额数填报。

主营业务税金及附加 指企业经营主要业务应负担的营业税、消费税、城市维护建设税、教育费附加等。根据会计“主营业务税金及附加”科目的期末借方余额填报。执行2006年《企业会计准则》的企业，如未设置该科目，以“营业税金及附加”代替填报。

管理费用 指企业行政管理部门为组织和管理生产经营活动而发生的各项费用。包括工资和福利费、折旧、工会经费、业务招待费、房产税、车船使用税、土地使用税、印花税、技术转让费、无形资产摊销、职工教育经费、劳动保险费、待业保险费、研究开发费、坏帐损失以及其他管理费用。

财务费用 指企业为筹集生产经营所需资金等发生的费用。包括利息支出（减利息收入）、汇兑损失（减汇兑收益）以及相关的手续费等。

应交所得税 反映企业本年利润应交的所得税。

实现利税总额 指企业主营业务税金及附加、应交增值税和利润总额之和。

第二部分　统计资料

能源消费

13-1 单位地区生产总值、工业增加值能耗

项 目	计量单位	2011年	2012年	2012年比2011年增长%
地区能源消费总量	万吨标准煤	2570.56	2687.96	4.57
地区生产总值（2010年可比价）	亿元	2076.72	2304.53	10.97
单位地区生产总值能耗	吨标准煤/万元	1.24	1.17	-5.77
规模以上工业能源消费量	万吨标准煤	1172.59	1187.39	1.26
规模以上工业单位增加值能耗	吨标准煤/万元	3.60	3.27	-9.05
单位地区生产总值电耗	千瓦时/万元	850.94	793.00	-6.82

13-2 主要工业企业单位产品能源消耗情况

项 目	计量单位	2011年	2012年	单位能耗降低率（%）
单位电石生产综合能耗	千克标准煤/吨	1130.99	1088.61	-3.75
单位合成氨生产综合能耗	千克标准煤/吨	1510.00	1540.99	2.05
火力发电标准煤耗	克标准煤/千瓦时	307.16	303.18	-1.30
炼焦工序单位能耗	千克标准煤/吨	154.81	154.34	-0.30
每吨水泥熟料综合能耗	千克标准煤/吨	126.22	129.27	2.42
每吨水泥综合能耗	千克标准煤/吨	93.30	97.24	4.27
原油(原料油)加工单位综合能耗	千克标准油/吨	70.96	87.51	23.32

13-3 规模以上工业企业主要能源消费量

项目	原煤（吨）	焦炭（吨）	汽油（吨）	柴油（吨）	热力(百万千焦)	电力(万千瓦时)
总计	**26838629.2**	**234021.9**	**2992.1**	**15691.9**	**1072453.6**	**1043351.3**
工业行业大类						
煤炭开采和洗选业	1314.0		164.5	3786.2		1006.5
石油和天然气开采业						
黑色金属矿采选业	48.0					2272.4
有色金属矿采选业						
非金属矿采选业			45.1	129.3		923.0
开采辅助活动						
其他采矿业						
农副食品加工业	265667.0		154.7	48.4	7795.0	53387.5
食品制造业	276632.8		260.7	1726.5	827906.0	49287.4
酒、饮料和精制茶制造业	726.0		56.0	82.7	122707.2	1467.0
烟草制品业	3450.0		45.0	96.0		1320.0
纺织业	9460.0		24.1			2260.7
纺织服装、服饰业	16402.8		198.4	44.0	59505.0	2290.3
皮革、毛皮、羽毛及其制品和制鞋业						
木材加工和木、竹、藤、棕、草制品业						
家具制造业	148.5		8.0	0.8		54.7
造纸和纸制品业	14407.0		233.3	62.5	8770.0	8496.4
印刷和记录媒介复制业			58.2			297.8
石油加工、炼焦和核燃料加工业	16775.0			2594.0		10231.0
化学原料和化学制品制造业	957338.1	94143.0	171.8	623.0		278109.3
医药制造业	342679.7		127.0	421.0	41023.0	56642.7
化学纤维制造业						361.3
橡胶和塑料制品业	187.0		73.1	7.2	4747.4	4283.9
非金属矿物制品业	838096.4		118.5	1915.4		86156.6
黑色金属冶炼和压延加工业	2.0	117227.0		130.0		28980.7
有色金属冶炼和压延加工业	235893.1	21230.0	41.1	566.0		206372.0
金属制品业	2005.0		74.4			1307.3
通用设备制造业	13237.1	1421.9	88.4	142.5		2151.2
专用设备制造业	463.0		11.9	14.5		669.0
汽车制造业	99.0		6.1	13.0		381.0
电气机械和器材制造业			68.3	58.8		2482.7
计算机、通信和其他电子设备制造业	100.0		53.8	17.8		1473.3
其他制造业	14487.0		56.2	130.3		1131.1
电力、热力生产和供应业	23065053.0		469.1	3005.5		218635.4
燃气生产和供应业	757712.4		35.4	51.8		10544.1
水的生产和供应业	6245.3		349.3	24.7		10375.3

13-4 规模以上工业企业主要能源年末库存量

单位：吨

项目	原煤	焦炭	汽油	柴油
总计	**1537026.5**	**4182.0**	**3.2**	**1885.7**
工业行业大类				
煤炭开采和洗选业				
石油和天然气开采业				
黑色金属矿采选业	17.0			
有色金属矿采选业				
非金属矿采选业				
开采辅助活动				
其他采矿业				
农副食品加工业	34723.6		0.2	
食品制造业	61781.7			
酒、饮料和精制茶制造业	675.0			
烟草制品业	993.0			
纺织业	1164.0			
纺织服装、服饰业	1841.0		3.0	
皮革、毛皮、羽毛及其制品和制鞋业				
木材加工和木、竹、藤、棕、草制品业				
家具制造业				
造纸和纸制品业	4219.7			
印刷和记录媒介复制业				
石油加工、炼焦和核燃料加工业	21.0			
化学原料和化学制品制造业	187081.1	884.0		42.3
医药制造业	19209.3			
化学纤维制造业				
橡胶和塑料制品业				
非金属矿物制品业	40551.0			64.0
黑色金属冶炼和压延加工业	1.0	3298.0		
有色金属冶炼和压延加工业	282.8			16.7
金属制品业				
通用设备制造业				
专用设备制造业	180.0			
汽车制造业				
电气机械和器材制造业				
计算机、通信和其他电子设备制造业				
其他制造业	4642.0			
电力、热力生产和供应业	1126452.2			1751.5
燃气生产和供应业	53191.1			
水的生产和供应业				

主要统计指标解释

能源消费总量 指一定时期内全市物质生产部门、非物质生产部门和生活消费的各种能源的总和，是观察能源消费水平、构成和增长速度的总量指标。能源消费总量包括原煤和原油及其制品、天然气、电力，不包括低热值燃料、生物质能和太阳能等的利用。能源消费总量分为终端能源消费量、能源加工转换损失量和损失量三部分。

能源消费总量=终端能源消费量折标准煤之和+能源加工转换投入量折标准煤之和-能源加工转换产出量折标准煤之和+能源损失量折标准煤之和

(1)终端能源消费量：指一定时期内全市生产和生活消费的各种能源在扣除了用于加工转换二次能源消费量和损失量以后的数量。

(2)能源加工转换损失量：指一定时期内全市投入加工转换的各种能源数量之和产出各种能源产品之和的差额，是观察能源在加工转换过程中损失量变化的指标。

(3)能源损失量：指一定时期内能源在输送、分配、储存过程中发生的损失和由客观原因造成的各种损失量，不包括各种气体能源放空、放散量。

一次能源生产量 是指生产一次能源的企业（单位）在报告期内将自然界现存的能源资源经过开采而产出的合格产品，如煤矿采掘的原煤，油田开采的原油，气田开采出的天然气等。

能源加工转换 能源加工与转换既有联系又有区别，两者都是将能源经过一定的工艺流程生产出新的能源产品。能源加工，一般只是能源物理形态的变化，如原油经过炼制成为汽油、煤油、柴油等石油制品；原煤经过洗选成为洗煤；炼焦煤经过高温干馏成为焦炭；煤炭经过气化成为煤气等。能源转换是能源流程中的能量形式的转换。如热电厂将煤炭、重油等投入到耗能设备中，经过复杂的工艺过程把热能转换为机械能，机械能转换为电能。

标准煤 标准煤亦称煤当量，具有统一的热值标准。我国规定每千克标准煤的热值为7000千卡。将不同品种、不同含量的能源按各种不同的热值换算成每千克热值为7000千卡的标准煤。

当量热值 当量热值又称理论热值（或实际发热值）是指某种能源一个度量单位本身所含热量。当量热值是能源统计中经常使用的一个热值概念，其热值的计算可根据试样在充氧的弹筒中（放有浸没氧弹的水的容器）完全燃烧所放出的热量（用燃烧后水温升高计算出来的）进行实测。

等价热值 等价热值也是能源统计经常使用的一个热值概念，是指加工转换产出的某种二次能源与相应投入的一次能源的当量，即获得一个度量单位的某种二次能源所消耗的以热值表示的一次能源量，也就是消耗一个度量单位的某种二次能源，就等价于消耗了以热值表示的一次能源量。因此，等价热值是个变动值，随着能源加工转换工艺的提高和能源管理工作的加强，转换损失逐渐减少，等价热值会不断降低。等价热值是对二次能源及消耗工质而言，因一次能源不存在折算问题，因此也无所谓等价热值。

等价热值=二次能源具有的能量/转换效率

单位 GDP 能耗=地区能源消费总量/ GDP（2005 年可比价）

单位工业增加值能耗=工业企业综合能源消费总量/工业增加值（2005 年可比价）

第二部分　统计资料

建　筑　业

14-1 按经济类型分的建筑业生产情况

项目	单位	总计	内资企业	# 国有企业	股份合作公司	股份有限公司	有限责任公司
企业个数	个	191	191	4	2	10	55
# 亏损企业个数	个	24	24				9
签订的合同额	千元	46343794	46343794	4057938	1003675	7206081	16608925
建筑业总产值	千元	24549139	24549139	1984653	389752	3134823	9239334
建筑工程产值	千元	19853235	19853235	1984653	317152	2394849	6579723
安装工程产值	千元	3194230	3194230		72600	100422	2458656
其他产值	千元	1501674	1501674			639552	200955
竣工产值	千元	10994460	10994460	260693	371585	1664752	4105019
房屋建筑施工面积	平方米	17422197	17422197	168685	675256	1733262	6878364
年末自有施工机械设备							
净值	万元	918645	918645	62060	21000	78081	437329
总台数	台	38834	38834	1812	786	2478	6748
总功率	千瓦	824259	824259	52663	2132	51740	120906
主要建筑材料消耗量							
钢材	吨	638315	638315	24934	9486	56645	285639
木材	立方米	326661	326661	1357	3910	14004	73978
水泥	吨	2589833	2589833	95539	116000	245542	1000989
从业人员情况							
直接从事生产经营活动的平均人数	人	103064	103064	4056	2544	12032	48670
年末从业人员	人	63416	63416	4121	610	8888	20096

14-2 按国民经济行业分的建筑业生产情况

项目	单位	合计	房屋工程建筑	土木工程建筑	建筑安装	建筑装饰	其他建筑业
企业个数	个	191	97	34	38	14	8
# 亏损企业个数	个	24	8	7	3	5	1
签订的合同额	千元	46343794	29670358	14429852	1467841	266989	508754
建筑业总产值	千元	24549139	13879088	8867179	1160421	188487	453964
建筑工程产值	千元	19853235	13036680	6024071	609939	101445	81100
安装工程产值	千元	3194230	301032	2050081	493838	12403	336876
其他产值	千元	1501674	541376	793027	56644	74639	35988
竣工产值	千元	10994460	8022170	2129749	702397	52046	88098
房屋建筑施工面积	平方米	17422197	16775572	107936	538689		
年末自有施工机械设备							
净值	万元	918645	447500	445433	23594	1401	717
总台数	台	38834	32129	5800	829	54	22
总功率	千瓦	824259	658709	158630	4837	1764	319
主要建筑材料消耗量							
钢材	吨	638315	531953	88999	17219	144	
木材	立方米	326661	245904	78523	1999	235	
水泥	吨	2589833	2200578	354207	33855	1193	
从业人员情况							
直接从事生产经营活动的平均人数	人	103064	73240	22903	4824	405	1692
年末从业人员	人	63416	36300	18960	5601	747	1808

14-3 按经济类型分的建筑业财务状况

项目	单位	总计	内资企业	#国有企业	股份合作公司	股份有限公司	有限责任公司
企业个数	个	191	191	4	2	10	55
流动资产小计	千元	17748001	17748001	1725570	67324	2660328	5448078
#存货	千元	2569265	2569265	767825	14783	120662	557180
固定资产合计	千元	2244089	2244089	193880	212001	146661	837386
固定资产原价	千元	3457480	3457480	381273	171798	286506	1331942
累计折旧	千元	1540375	1540375	187393	119827	141402	609533
#本年折旧	千元	280369	280369	12896	117394	7984	87047
在建工程	千元	262677	262677		160030		84402
资产合计	千元	21429157	21429157	2215883	279325	3125377	6729188
流动负债合计	千元	13551753	13551753	1670818	25819	1337856	5128996
长期负债合计	千元	170670	170670	19515		15573	56016
负债合计	千元	14735543	14735543	1690683	205369	1815857	5225312
所有者权益合计	千元	6693614	6693614	525200	73956	1309520	1503876
#实收资本	千元	4457307	4457307	303523	72715	496910	1186246
工程结算收入	千元	24459823	24459823	1984934	347852	3140218	9127480
工程结算税金及附加	千元	860379	860379	66442	13361	109102	324918
其他业务收入	千元	65037	65037	21	41900	5	15916
管理费用	千元	1031828	1031828	68124	29286	105490	471197
#税金	千元	30364	30364	1591	1116	4941	9786
营业利润	千元	758848	758848	5480	13623	162207	114324
利润总额	千元	794085	794085	5629	28073	184983	108509
应付职工薪酬	千元	3676855	3676855	224230	66258	461901	1364837
亏损企业个数	个	24	24				9
建筑业增加值	千元	2790339	2790339	152851	158855	393336	860993

14-4 按国民经济行业分的建筑业财务状况

项　　　　目	单　位	总　计	房屋工程建筑	土木工程建筑	建筑安装	建筑装饰	其他建筑
企业个数	个	191	97	34	38	14	8
流动资产小计	千元	17748001	7868741	8147465	845167	462935	423693
#存　　货	千元	2569265	969969	1245436	267292	18605	67963
固定资产合计	千元	2244089	1377160	712724	79505	16446	58254
固定资产原价	千元	3457480	1758273	1434659	147091	32997	84460
累计折旧	千元	1540375	656660	763984	70865	16602	32264
#本年折旧	千元	280369	168908	92267	11229	2098	5867
在建工程	千元	262677	220110	40359			2208
资产合计	千元	21429157	9946991	9542933	941373	510132	487728
流动负债合计	千元	13551753	6372265	6121088	585876	216224	276300
长期负债合计	千元	170670	58686	109054	1100	1830	
负债合计	千元	14735543	6908584	6707388	583406	239885	296280
所有者权益合计	千元	6693614	3038407	2835545	357967	270247	191448
#实收资本	千元	4457307	1798388	2143654	272271	175300	67694
工程结算收入	千元	24459823	13812469	8802741	1144713	248393	451507
工程结算税金及附加	千元	860379	479367	315692	39590	8824	16906
其他业务收入	千元	345456	73926	246418	24752	360	
管理费用	千元	1031828	349046	505425	80294	11114	85949
#税　　金	千元	30364	12853	11171	5709	291	340
营业利润	千元	758848	490426	162432	57707	20727	27556
利润总额	千元	794085	506178	184191	56252	20526	26938
应付职工薪酬	千元	3676855	2606183	832620	153981	19262	64809
亏损企业个数	个	24	8	16	9	5	1
建筑业增加值	千元	5611688	3760636	1424770	261052	50710	114520

14-5 国有建筑业企业基本情况

项　　目	单　位	2011年	2012年	2012年比2011年增长%
企业个数	个	6	4	-33.3
签订的合同额	千元	6194233	4057938	-34.5
建筑业总产值	千元	2928015	1984653	-32.2
建筑工程	千元	2670118	1984653	-25.7
安装工程	千元			
其他工程	千元	257897		-100.0
竣工产值	千元	291785	260693	-10.7
房屋建筑施工面积	平方米	150099	168685	12.4
年末从业人员	人	7760	4121	-46.9
工资总额	千元	275590	224230	-18.6
年末自有设备机械净值	千元	129232	62060	-52.0
年末自有设备机械总台数	台	2443	1812	-25.8
年末自有设备机械总功率	千瓦	79960	52663	-34.1
年末固定资产原值	千元	428136	381273	-10.9
年末固定资产净值	千元	186820	193880	3.8
工程结算收入	千元	2927969	1984934	-32.2
实现利润（或亏损）总额	千元	16056	5629	-64.9

14-6 大中型建筑业

指　　标	单 位	合　计	内蒙古第三建筑工程公司	呼市建筑工程公司
上年结转的合同额	千元	13632508	2280930	321000
本年新签合同额	千元	16463366	2150091	743120
自行完成的施工产值	千元	13815833	2019622	760000
从建设单位以外承揽工程完成的产值	千元	13815833	2019622	760000
建筑业总产值	千元	13815833	2019622	760000
建筑工程	千元	11685217	2019622	760000
安装工程	千元	2079262		
其他工程	千元	51354		
竣工产值	千元	5777174	604712	379250
房屋建筑施工面积	平方米	10326525	2067610	1355728
# 本年新开工	平方米	4741961	603367	655091
房屋建筑竣工面积	平方米	2465326	390824	291908
# 住　宅	平方米	1256430	194094	230291
自有机械设备年末总台数	台	8260	680	500
自有机械设备年末总功率	万千瓦	216109	14000	12000
自有机械设备净值	千元	506381	31900	15533
直接从事生产经营活动的平均人数	人	60877	16993	4200
实收资本合计	千元	1884172	50173	5010
流动资产年末合计	千元	8917875	640792	427700
固定资产原价	千元	1644267	57167	63830
# 生产经营用	千元			
累计折旧	千元	803664	23557	20170
# 本　年	千元	59922	707	1160
流动负债合计	千元	8270094	646630	419500
长期负债合计	千元	49514		
所有者权益合计	千元	2128560	70123	60160
工程结算收入	千元	13655395	2019622	760000
工程结算成本	千元	12398765	1933250	717070
工程结算税金及附加	千元	481421	69274	26600
利润总额	千元	79393	1596	750
应交所得税	千元	33743	399	180

企业基本情况

呼市市政工程公司	内蒙古黄河辽河工程局	内蒙古公路工程局	内蒙古第二电力建筑公司	内蒙古送变电工程公司	中铁六局（集团）呼和铁建公司
309130	193520	1294464	158260	632530	2672970
176408	703655	935840	339498	1933848	806380
207962	445820	1505680	440210	1828620	1641160
207962	445820	1505680	440210	1828620	1641160
207962	445820	1505680	440210	1828620	1641160
207962	437520	1505680	257570		1641160
	8300		182640	1828620	
	458060		132580	799444	
	1120				
	1120				
	1120				
276	680	633	729	1120	1037
12455	11763	27000	22736	26530	35130
4540	11412	25220	34139	146069	36633
514	1214	2936	1793	4241	2756
50018	60230	826545	200710	77880	172000
419725	305738	1383667	534419	953570	1403360
36332	67000	78439	227009	287410	200180
31524	53110	41046	150760	141342	127090
1583	3010	3801	6099	19374	3390
406703	248500	643172	991223	979336	1371690
		4055		25063	19510
51123	71628	833945	-253184	173250	277450
207962	445820	1500791	440210	1673071	1641160
193382	401112	1415331	405667	1399728	1504960
7195	15430	51494	23325	61378	54650
657	658	5645	-48377	26421	70
117	164	2536		6605	18

14-6续表

指　　　　标	单　位	内蒙古第二建筑工程公司	内蒙古派力建筑工程公司	内蒙古中色建筑工程总公司
上年结转的合同额	千元	1358811	371382	63234
本年新签合同额	千元	2446263	108373	348977
自行完成的施工产值	千元	1434503	47220	177116
从建设单位以外承揽工程完成的产值	千元	1434503	47220	177116
建筑业总产值	千元	1434503	47220	177116
建筑工程	千元	1353367	47220	177116
安装工程	千元	59702		
其他工程	千元	21434		
竣工产值	千元	839262	235700	94316
房屋建筑施工面积	平方米	1216603	312789	166000
# 本年新开工	平方米	441335	2000	166000
房屋建筑竣工面积	平方米	406001	125486	137640
# 住　　宅	平方米	147912	101163	2067
自有机械设备年末总台数	台	1021	140	415
自有机械设备年末总功率	万千瓦	15250	1683	16500
自有机械设备净值	千元	18512	1031	21790
直接从事生产经营活动的平均人数	人	8558	420	368
实收资本合计	千元	110812	4050	65800
流动资产年末合计	千元	398562	233957	157268
固定资产原价	千元	65106	10231	107876
# 生产经营用	千元			
累计折旧	千元	20132	9200	43320
# 本　　年	千元	784	357	240
流动负债合计	千元	469015	208845	134615
长期负债合计	千元	303		
所有者权益合计	千元	177421	75942	120209
工程结算收入	千元	1434503	47220	177116
工程结算成本	千元	1336442	38922	158931
工程结算税金及附加	千元	50064	1653	6128
利润总额	千元	18942	1170	3709
应交所得税	千元	4736	293	927

内蒙古蒙建建筑安装工程有限责任公司	内蒙古煤炭建设工程（集团）总公司	内蒙古巨华集团大华建筑安装有限公司	内蒙古地矿建设工程集团有限责任公司	呼和浩特市公路工程局有限责任公司
427670		3028550	108970	411087
2596700	165600	2794950	34680	178983
1165320	165600	1657880	108970	210150
1165320	165600	1657880	108970	210150
1165320	165600	1657880	108970	210150
1135400	165600	1657880	108970	210150
29920				
759090	165600	1231190	77970	
1898248		3170040	138387	
1347199		1502727	23122	
488167		569415	54765	
251509		274629	54765	
423	352	216		38
6408	905	11229		2520
26350	3502	64430		65320
6295	931	4552	1110	3996
50264	65000	65680	20000	60000
127898	161151	1571810	129466	68792
36663	72487	236790	36334	61413
4874	16575	78210	1664	41090
93	9223	8840	1	1260
94495	162400	1312640	153865	27465
			583	
65192	124579	198990	20082	61650
1165320	165600	1657880	108970	210150
1112839		1481020	99581	200530
40320	5630	57360	3770	7150
1923	1834	61320	2885	190
481	1188	15330	721	48

主要统计指标解释

建筑业 指国民经济中专门从事建筑安装工程施工的物质生产部门。建筑业生产是以工农业产品为原料，经过建筑安装活动形成各种用途的固定资产。建筑业的主要生产活动包括：（1）各种房屋，建筑物和构筑物的建造；（2）各种线路、管道和机械设备的安装；（3）原有房屋、建筑物和构筑物的修理；（4）对各种建筑物、构筑物的装饰和装修；（5）部分非标准设备的制造。

建筑施工企业 指从事房屋、构筑物建造和设备安装活动的生产单位，包括建筑安装企业和自营施工单位。建筑安装企业是指行政上有独立组织，经济上实行独立核算的企业（如建筑公司、安装公司、工程公司、工程局等）。自营施工单位是指附属于现有企业、事业或行政单位内部，主要为建造和修理本单位房屋构筑物的机构或单位。自营施工单位要同时具备下述条件：（1）对内独立核算；（2）有固定组织和施工队伍；（3）全年施工期在半年以上。

建筑业总产值 指建筑施工企业在一定时期内所完成的以货币表现的生产总量。是反映建筑业生产规模、水平和成果的综合指标。

施工产值 指建筑施工企业自行完成的按工程进度计算的建筑安装生产总值。它包括建筑工程产值，设备安装工程产值，房屋、构筑物修理产值，非标准设备制造产值。

建筑业增加值 指建筑企业在报告期内以货币表现的建筑业生产经营活动的最终成果。建筑业增加值有两种计算方法：一是生产法，即建筑业总产出减去建筑业中间消耗后的余额；二是分配法（收入法），即从收入的角度出发，根据生产要素在生产过程中应得到的收入份额计算，具体构成项目有固定资产折旧、劳动者报酬、生产税净额、营业盈余。

年末自有机械设备价值 指年末本单位自有施工机械、生产设备、运输设备价值，分别按原值和净值计算，不包括非生产用的机械设备价值。

利润总额 是指建筑施工企业在一定时期内所实现的利润。它包括工程结算利润、产品销售利润、作业销售利润、材料销售利润及其他销售利润、营业外收支差额。

工程结算收入 指本企业承包工程实现的工程价额结算收入以及向发包单位收取的除工程价款以外按规定列作营业收入的各种款项，如临时设施费、劳动保险费、施工机构调迁费等以及向发包单位收取的各种索赔款。

工程结算成本 指在报告期内与发包单位办理工程价款结算的已完工程实际成本。

工程结算税金及附加 指因从事建筑业生产活动，取得工程价款收入而按规定应交纳的营业税、城市维护建设税等以及随同营业税金一并计算交纳的教育附加等。

工程结算利润 指已结算工程实现的利润。

工程质量优良品率 这是以竣工的单位工程的房屋建筑面积作为观察对象，来衡量经过验收的已竣工工程达到优良标准的比率，比率愈大，证明企业竣工工程质量状况愈好。

产值利润率 是报告期内企业实现的利润总额占同期建筑业总产值的百分比。

竣工率 是用企业竣工的工程产值与全部完成的施工产值相比较，反映企业实际提供的产品情况。

竣工产值 是指以货币表现的建筑业生产所形成的成品的价值。一般以单位工程为对象，当该工程按照设计所规定的工程内容全部完成，达到设计规定的交工条件，经有关部门检查验收鉴定合格的单位工程价值。

第二部分　统计资料

运 输 、邮 电 业

15-1 铁 路 运 输

项　　目	单　位	2011年	2012年	2012年比2011年增长%
车　站	个	15	15	
营业里程（民族—陶思浩）（呼市—准格尔）	公 里	229	289	26.2
营业线路	条	2	3	50.0
货物发送量	万 吨	1497	1940	29.6
货运周转量	万吨公里	1925550	1815361	-5.7
旅客发送量	万 人	681	692	1.6
客运周转量	万人公里	147697	151129	2.3

15-2 公路客运量及货运量

项　　目	单　位	2011年	2012年	2012年比2011年增长%
公路客运量				
客 运 量	万 人	1766	1691	-4.2
客运周转量	万人公里	448273	429614	-4.2
公路货运量				
货 运 量	万 吨	10189	12790	25.5
货运周转量	万吨公里	3432656	4317665	25.8

15-3 机 动 车 辆

单位：辆

项　　目	合　计	#个　人	营　运	#公路客运	出租客运	货　运	非营运
合　计	**596255**	**507316**	**92945**	**1148**	**5582**	**80800**	**503295**
载　客	417183	369782	8856	1116	5562	12	408312
大　型	3774	107	2641	929		1	1124
中　型	2491	851	374	180			2111
小　型	387759	348138	5833	7	5562	4	381926
微　型	23159	20686	8			7	23151
载　货	54484	26206	48702		2	45859	5782
重　型	27957	11559	27696			27092	261
中　型	1730	941	1580		2	1532	150
轻　型	23470	12856	18135			15946	5335
微　型	1327	850	1291			1289	36
其他汽车	28655	26118	19115	12		18990	9540
摩　托	79711	78688	144	20	18	101	79567
普　通	77509	76500	135	20	12	100	77374
轻　便	2202	2188	9		6	1	2193
挂　车	16215	6521	16128			15838	87
重　型	14947	5526	14868			14578	79
中　型	1265	993	1257			1257	8
轻　型	3	2	3			3	
其他类型	7	1					7

15-4 公 路 里 程

单位：公里

项　　目	年　末 公路里程	有铺装路面 （高级）	简易铺装路面 （次高级）	未铺装路面（中级、 低级、无路面）	可绿化里程
总　计	**6695**	**3327**	**784**	**2584**	**4843**
国　道	580	502	78		580
省　道	554	536	17		530
县　道	862	516	303	43	862
乡　道	1954	922	301	732	1813
专用公路	99	46	7	46	84
村　道	2646	806	77	1762	974

15-5 航 空 航 线

年份	总起降架次（次）	主 要 机 型	航线条数（条）	通航城市（个）	航空公司数量（家）
1990	1389	733、146、AN4、YN5	16	18	
1991	1821	733、146、AN4、YN5	16	19	
1992	1255	733、146、AN4、YN5	13	13	
1993	1462	733、146、AN4、YN5	11	13	
1994	1595	733、146、AN4、YN5、YN7	12	12	
1995	1751	733、146、AN4、YN5、YN7	14	14	
1996	1953	733、146、AN4、YN5、YN7	15	15	
1997	1906	733、146、AN4、YN5、YN7	15	15	
1998	1856	733、146、AN4、YN5、YN7、IL6	13	13	
1999	2873	733、146、AN4、YN7、320、IL6	15	15	
2000	3239	733、146、328、AN4、TU5、320、ERJ、IL6	17	17	8
2001	4571	733、146、D38、ERJ、320、AN4	24	24	12
2002	4341	733、146、D38、ERJ、320、AN4、CR2	24	22	14
2003	4312	733、D38、DH8、320、CR2、ERJ、AN4、738	19	19	11
2004	6505	733、D38、DH8、320、CR2、ERJ、M82、738、734、319、F100、IL6	28	27	9
2005	7950	733、734、CR2、D38、320、738、ERJ、319、M82、DH8、F100、IL6	38	32	12
2006	10341	733、734、CR2、D38、320、319、738、ERJ、F100、IL6	47	35	11
2007	12507	733、737、738、734、319、320、D38、CR2、ERJ、M90、F100、752	62	41	18
2008	26527	733、737、738、734、319、320、D38、CR2、ERJ、EM4、E90、M90	67	38	18
2009	33190	733、737、738、734、319、320、D38、CR2、ERJ、EM4、E90、M90	71	46	20
2010	43331	733、737、738、734、319、320、321、CR2、ERJ、EM4、E90、M90	81	51	20
2011	48870	733、737、738、734、319、320、321、CR2、ERJ、EM4、E90、M90、777	96	53	21
2012	55990	733、737、738、734、319、320、321、ERJ、EM4、E90、777	112	57	22

15-6 航空运输

年份	旅客流量（人）		货邮流量（吨）		折算吞吐量（人次）
	发运量	到达量	发运量	到达量	
1990	53853	46756	294	320	107431
1991	83758	72762	398	352	164853
1992	78926	74176	242	200	158013
1993	95791	93174	447	423	198632
1994	109403	112418	441	652	233965
1995	125575	127961	401	611	264780
1996	128630	132516	405	636	272713
1997	125138	130044	346	685	266638
1998	133246	140007	5143	604	337109
1999	140964	148433	17500	774	492441
2000	182146	194817	10759	869	506163
2001	218461	229785	3663	994	499990
2002	234444	243371	9037	1236	591959
2003	249505	258120	11705	1547	654869
2004	405920	413275	10805	2186	963539
2005	563337	537080	5457	3096	1195450
2006	776234	733409	5079	4563	1616776
2007	915482	923272	5860	6554	1976687
2008	1062383	1059522	5774	7537	2269805
2009	1451003	1447658	4962	9551	3059919
2010	1831990	1831393	7490	13185	3893107
2011	2165677	2165852	7508	17710	4611731
2012	2705749	2729488	8003	20671	5753833

15-7 邮电业务总量

项目	单位	2011年	2012年	2012年比2011年增长%
邮电业务总量	**万元**	**397954**	**444399**	**11.7**
邮政业务总量	万元	21301	24683	15.9
函件	万件	829.8	900.4	8.5
#机要邮件	万件	11.70	0.02	-99.8
汇票	万笔	48	51	6.3
杂志累计	万份	227	233	2.6
报纸累计	万份	5200	5132	-1.3
邮政储蓄余额	万元	388173	451763	16.4
集邮业务	万枚	598.9	612.1	2.2
电信业务总量	万元	376653	419716	11.4
城市电话	户	684225	695803	1.7
#住宅电话	户	390471	391373	0.2
乡村电话	户	30756	31722	3.1
#住宅电话	户	26478	27416	3.5
公用电话	部	69249	66531	-3.9
移动电话	万户	330.0	370.6	12.3
上网用户	户	473662	698725	47.5

15-8 邮　　路

项　　目	单　位	2011年	2012年
邮路总条数	**条**	**42**	**22**
自办汽车邮路	条	21	1
委办汽车邮路	条	11	11
其它邮路	条	10	10
城市投递段道条数	条	253	249
农村投递路线条数	条	105	108
步班投递路线条数	条	3	3
邮路总长度（单程）	**公里**	**2053**	**1800**
自办汽车邮路	公里	1046	150
委办汽车邮路	公里	597	1240
其它邮路	公里	410	410
城市投递段道长度（单程）	公里	8582	8485
农村投递路线总长度（单程）	公里	7504	7781
步班投递路线总长度（单程）	公里	231	231

15-9 邮路长度

单位：公里

项目	邮路总长度	# 汽车邮路	城市投递段道	农村投递路线
总计	**1800**	**1390**	**8485**	**7781**
市辖区	150	150	7666	1139
土左旗	150	115	172	1918
托县	213		332	884
和林县	612	450	112	920
清水河县	438	438	110	1580
武川县	237	237	93	1340

15-10 邮电局(所)地区分布

单位：处

项目	2011年	设在农村	2012年	设在农村
总计	**107**	**45**	**107**	**42**
市辖区	60	9	59	9
土左旗	10	9	11	7
托县	11	8	11	8
和林县	9	8	9	8
清水河县	10	7	10	7
武川县	7	4	7	3

主要统计指标解释

铁路营业里程 指办理客货运输业务的铁路正线总长度。凡是全线或部分建成双线及以上的线路，以第一线的实际长度计算；复线、站线、段管线、岔线和特别用途线及不计算运费的联络线都不计算营业里程。铁路营业里程是反映铁路运输业基础设施发展水平的重要指标，也是计算客货周转量、运输密度和机车车辆运用效率等指标的基础资料。

公路里程 也称“公路通车里程”，是反映公路建设发展规模的重要指标，也是计算运输网密度等指标的基础资料；是指实际达到交通部制定的公路工程技术标准规定的等级的公路长度。它包括大中城市的郊区公路以及通过小城镇街道的公路里程，也包括桥梁、渡口的长度，但不包括城市的街道以及厂矿、林区和农业生产用道的里程。两条或多条公路共同经由同一路段，只计算一次，不得重复计算里程长度。

货（客）运量 指运输业实际运送的货物（旅客）数量。货运按吨计算，客运按人计算。货物不论运输距离长短，货物类别，均按实际重量统计；旅客不论行程远近或票价多少，均按一人一次作为客运量统计。半价票、小孩票也按一人统计。

货物（旅客）周转量 指运输业运送的货物（旅客）数量与其相应运输距离的乘积之总和。是反映运输业生产总成果的重要指标，也是编制和检查运输生产计划、计算运输效率、劳动生产率以及核算运输单位成本的主要基础资料。通常以吨公里和人公里为计算单位。计算货物周转量通常按发出站与到达站之间的最短距离，也就是计费距离计算。

邮电业务总量 指以货币表现的邮电部门用于传递信息和提供其它邮电服务的总量。它综合反映了一定时期邮电工作的总成果，是研究邮电业务量构成和发展趋势的重要指标。它用各种邮电分类业务量，如函件件数，电报份数，长话张数，市内电话和农村电话的平均户数，订销报刊累计份数等，分别乘以相应的平均单价（不变价），加总后再加上出租电路和设备的收入，代用户维护电话交换机和线路等设备的收入，其他业务收入求得。

邮电局所 指一切由邮电部门自办和委托其它单位或个人代办的，直接对外办理邮电业务的机构。包括邮电局、邮局、机要通信局、电报局、长途电话局、长途电信局、市内电话局、电信局及其分支局所等。

邮路 指不同地域之间，邮件、报刊运输和投递所经由的路线。邮路的通达范围、方式和构成，是反映邮政通信水平的主要标志。按照在邮政通信网中所起的作用，邮路分为：（1）干线邮路（或称一级邮路）。包括国际邮路和国内省会间邮路。（2）二级邮路。包括省内县市以上邮路和省际（除省会间外）县市以上邮路。（3）市区邮路。包括市区及城关区支局（所）以上邮路，局所到车站、码头、机场、报刊杂志社的邮路以及专设的信箱、信筒开取邮路。（4）农村邮路。包括县内及县际支局邮路以及专设投递线路。

第二部分　统计资料

批发零售贸易和餐饮业

16-1 历年社会消费品零售总额

单位:万元

年　份	社会消费品零售额	#批发零售贸易业	住宿和餐饮业
1949	2221	1630	119
1952	4656	3515	146
1957	10967	9190	535
1962	14570	12461	794
1965	15658	13981	561
1970	19808	18549	540
1975	27757	24060	940
1978	34217	29660	1159
1980	42704	36714	1710
1981	48982	40783	1739
1982	52515	42971	1912
1983	58296	46999	2167
1984	65258	50859	2540
1985	91138	66290	3039
1986	100032	75386	3416
1987	114328	88077	3405
1988	143875	113868	3820
1989	153225	123674	3698
1990	166473	136879	3396
1991	195009	160890	4658
1992	230674	183101	4380
1993	286054	211387	9284
1994	352850	262980	13427
1995	431396	303794	26112
1996	523577	448181	60325
1997	650806	553185	81224
1998	816762	710583	88175
1999	1017685	870120	127797

16-1续表

单位:万元

年份	社会消费品零售额	# 批发零售贸易业	住宿和餐饮业
2000	1260912	1084384	155475
2001	1547139	1315069	208912
2002	1884416	1627771	231750
2003	2253761	1706892	518862
2004	2648169	1979304	633945
2005	3078430	2343560	734870
2006	3679937	2773721	906216
2007	4433505	3350421	1083084
2008	5539024	4758022	742229
2009	6412127	5528779	847157
2010	7585546	6587939	978296
2011	8900478	7867123	1033355
2012	10222452	8820979	1401473

16-2 社会消费品零售总额

单位:万元

项目	2011年	2012年	2012年比2011年增长%
社会消费品零售总额	8900478	10222452	14.9
按销售单位所在地分组			
城 镇	8130548	9334983	13.9
# 城 区	7579969	8847809	13.8
乡 村	769930	887469	25.5
按行业分组			
批发零售贸易业	7867123	8820979	12.1
住宿和餐饮业	1033355	1401473	35.6

16-3 限额以上批发零售贸易业商品分类销售额

单位:万元

项　　目	销售合计	批　发	零　售
限额以上企业(单位)类值合计	8890363	4087309	4803054
粮油、食品、饮料、烟酒类	1953732	1346035	607697
# 粮油、食品类	1355196	854169	501028
# 粮油类	148407	133419	14988
肉禽蛋类	131110	71773	59337
水产品类	2932	10	2922
蔬菜类	4241	23	4217
干鲜果品类	16141	9304	6837
饮料类	118370	65515	52855
烟酒类	480165	426351	53815
服装鞋帽、针、纺织品类	1042081	99360	942722
# 服装类	684539	52073	632467
鞋帽类	230671	21927	208743
针、纺织品类	126872	25360	101512
化妆品类	68043	40	68003
金银珠宝类	221525	137502	84023
日用品类	90108	24178	65930
# 洗涤用品类	20603	12	20592
儿童玩具类	8052	7	8044
五金、电料类	16148	10279	5869
体育、娱乐用品类	21840	1	21839
书报杂志类	15123	10950	4173
电子出版物及音像制品类	2192	1	2191
家用电器及音像器材类	261556	78474	183082
中西药类	212749	163271	49479
# 西　药	105629	88283	17346
中草药及中成药	20205	14763	5442
文化办公用品类	145518	74438	71080
家具类	121029		121029
通讯器材类	67427	25221	42206
煤炭及制品类	907721	770530	137190
石油及制品类	1275162	489703	785460
化工材料及制品类	205300	205300	
金属材料类	165185	165185	
建筑及装潢材料类	284139	168704	115434
机电产品及设备类	112628	72017	40611
# 农机类	17241	17241	
汽车类	1551744	162800	1388945
其他类	149414	83322	66092

16-4 限额以上批发和零售贸易业法人

指 标 名 称	法人企业（个）	年末从业人数（人）	购进总额	#进 口
总　计	**381**	**41486**	**8433659**	**105531**
批 发 业	164	11156	5160809	11491
#国有及国有控股	19	4184	1464190	4447
批发业按登记注册类型分组				
内资企业	161	10724	5078657	11491
#国有企业	11	2042	994176	
集体企业				
股份合作企业				
有限责任公司	52	2099	830291	
其他有限责任公司	52	2099	830291	
股份有限公司	11	3069	912082	
私营企业	59	1939	833370	
#私营有限责任公司	57	1916	812413	
私营股份有限公司	1	11	18590	
港澳台商投资企业	2	104	29691	
外商投资企业	1	328	52462	
中外合资经营企业	1	328	52462	
批发业按国民经济行业分组				
农畜产品批发业	5	453	881973	
食品、饮料及烟草制品批发业	16	1596	732947	
#米、面制品及食用油批发业	5	309	59634	
烟草制品批发业	1	696	270241	
纺织、服装及日用品批发业	14	1334	266452	
文化、体育用品及器材批发业	5	316	144789	
医药及医疗器材批发业	12	484	174469	7044
矿产品、建材及化工产品批发业	75	5057	2600653	
#煤炭及制品批发业	48	1972	889259	
石油及制品批发业	8	2737	1086216	
金属及金属矿批发业	9	98	156957	
建材批发业	6	66	242639	
化肥批发业	1	104	199751	
机械设备、五金交电及电子产品批发	33	1859	349358	
#汽车、摩托车及零配件批发业	1	12	771	
家用电器批发业	6	90	70703	
通讯及广播电视设备批发	3	141	18336	
其他机械设备及电子产品批发	13	1245	215243	
其　他	4	57	10168	

企业商品购进、销售、库存总额

单位:万元

销售总额	批发	#出口	零售	年末库存总额	年末零售营业面积（平方米）
9041621	**4057979**	**115888**	**4983642**	**576055**	**1398639**
5548147	3626060	110427	1922087	269354	566964
1601011	911790	204	689222	38953	4534
5463093	3542105	110427	1920988	269290	565816
1103488	829425		274063	33536	4008
841101	730058	103150	111044	38910	208134
841101	730058	103150	111044	38910	208134
926998	389988		537009	93006	74120
843930	644419		199511	59901	191484
822858	633185		189673	59823	187896
18590	11234		7356	75	3500
32593	31494		1099	64	148
52462	52462				1000
52462	52462				1000
1084256	675387		408870	9845	15784
855360	733024		122335	26074	2675
66666	48530		18137	14585	303
375833	375202		631	8341	800
272704	213269		59435	5001	61029
137739	137739	102908		9538	2261
174897	150546	7074	24352	10948	7043
2641963	1491374		1150589	163001	391401
921692	515042		406650	69650	386075
1127997	490511		637486	12207	312
160619	160293		326	1405	3781
240570	164318		76252	3948	727
159234	159234			74191	200
371287	214780	242	156507	44576	86065
505	286		219	266	7
72175	70206		1970	3539	1830
22202	22202	242		773	480
225297	99275		126022	34265	73601
9941	9941	203		371	706

16-4续表

项目	法人企业（个）	年末从业人数（人）	购进总额	#进口
零售业	217	30330	3272850	94040
# 国有控股	9	1250	230226	
零售业按登记注册类型分组				
内资企业	213	29818	3128568	94040
国有企业	3	655	131112	
股份合作企业	2	26	3403	
有限责任公司	65	12985	1220699	27964
其他有限责任公司	65	12985	1220699	27964
股份有限公司	8	631	80432	40360
私营企业	114	13983	1476219	25716
私营独资企业	4	1117	147999	
私营合伙企业	2	63	17006	
私营有限责任公司	104	12693	1287622	25716
私营股份有限公司	4	110	23592	
港、澳、台商投资企业	4	512	144282	
按零售行业小类分				
综合零售	14	10212	627172	
# 百货零售	11	7440	565886	
超级市场零售	3	2772	61286	
食品、饮料及烟草制品专门零售	7	214	13869	
纺织、服装及日用品专门零售	28	9138	459238	36
# 服装零售	17	8781	436287	36
文化、体育用品及器材专门零售	11	832	59925	
# 珠宝首饰零售	6	425	40612	
医药及医疗器材专门零售	9	880	52079	3183
# 药品零售	6	724	35960	
汽车、摩托车、燃料及零配件专门零售	106	6176	1760386	90708
# 汽车零售	92	5332	1589982	90708
机动车燃料零售	7	644	153427	
家用电器及电子产品专门零售	31	1801	263616	
# 日用家电设备零售	7	800	141233	
计算机、软件及辅助设备零售	12	600	80137	
通信设备零售	6	184	20179	
五金、家具及室内装饰材料专门零售	8	1022	28980	
# 家具零售	3	947	23252	
按零售业态分				
有店铺零售	214	30220	3263902	94040

单位:万元

销售总额	批　发	#出　口	零　售	期末商品库存额	年末零售营业面积(平方米)
3493474	431919	5461	3061555	306702	831675
246321	51664		194657	11027	36318
3352610	398031	5461	2954579	295044	827956
140613			140613	3261	2023
3560			3560	424	600
1398028	92396	1591	1305632	85480	528991
1398028	92396	1591	1305632	85480	528991
88386	11650		76735	35281	25241
1482938	226053	3870	1256885	153564	254990
147772			147772	4371	45370
15628			15628	1378	2886
1296455	217126	3870	1079329	145999	205124
23084	8928		14156	1815	1610
140864	33888		106976	11658	3719
725143	2626		722517	41427	425148
650189	2626		647563	34685	375976
74954			74954	6742	49172
14664	13721		943	4122	13494
514326	86532	5461	427794	18588	142196
490005	73058		416947	14921	139605
58236	20151		38085	16645	12558
37421	10758		26663	9879	5255
59523	23228		36295	10461	10745
40780	16372		24408	5820	9863
1831033	249462		1581572	179559	161857
1635112	236175		1398937	172608	150356
178071			178071	5934	5773
255860	31719		224141	31029	47399
131234	6113		125121	23611	34293
77806	14061		63745	5028	11029
23784	1800		21984	1414	886
26653	4481		22173	2851	15737
20832	1150		19682	2421	15315
3484836	431919	5461	3052917	304784	830185

16-5 住宿餐饮法人

项目	法人企业（个）	从业人数（人）	营业额	客房收入
总计	**191**	**22087**	**360744**	**110378**
住宿业	71	11071	184830	84673
按住宿行业中类分组				
旅游饭店	53	10110	159873	65779
一般饭店	17	858	24414	18475
按登记注册类型分组				
内资企业	70	10479	168507	78781
国有企业	13	2713	42158	15999
集体企业	2	330	3400	1675
股份合作企业	1	208	4991	2190
有限责任公司	17	3569	63168	27453
其他有限责任公司	17	3569	63168	27453
股份有限公司	7	421	6139	3735
私营企业	22	2788	31254	14377
私营独资企业	2	372	3704	1849
私营有限责任公司	19	2336	26611	11589
私营股份有限公司	1	80	939	939
其他企业	8	450	17398	13353
外商投资企业	1	592	16322	5892
外资企业	1	592	16322	5892
按控股情况分组				
国有控股	16	3890	62193	20957
集体控股	3	880	22519	10916
私人控股	41	4319	63135	37147
外商控股	1	592	16322	5892
其他	9	1357	19670	9171
按经营形式分组				
独立门店	68	10952	179407	80433
连锁门店	1	40	4768	3595
按星级分组				
五星	5	3138	65233	24387
四星	15	2879	42456	17055
三星	15	2112	26776	11193
二星	4	288	2232	1130
一星				
其他	32	2654	48133	30908

企业经营情况

单位：万元

餐费收入	商品销售收入	其他收入	客房数（间）	床位数（个）	餐位数（位）	年末餐饮营业面积（平方米）
229349	**4820**	**16196**	**15647**	**27215**	**75961**	**482274**
83271	3526	13360	10845	18655	23757	195017
77280	3483	13331	9372	15851	21605	168189
5912	21	7	1413	2708	2111	26528
75203	2039	12485	10480	18164	23325	175017
19789	1961	4409	1803	3085	6464	24582
1726			251	502	401	3501
2669		132	261	420	800	2500
31794		3921	3952	6512	7737	33500
31794		3921	3952	6512	7737	33500
1595	6	803	710	1319	446	8540
13585	72	3220	2913	5163	5587	91608
1823	32		394	692	1400	15200
11762	40	3220	2319	4171	4187	76407
			200	300		1
4045			590	1163	1890	10786
8068	1487	875	365	491	432	20000
8068	1487	875	365	491	432	20000
32500	1947	6788	2232	3751	8494	31868
10956		647	1151	1902	2311	6731
22529	72	3386	5360	9495	8798	110127
8068	1487	875	365	491	432	20000
8913	6	1580	1641	2844	3482	25791
82095	3520	13360	10558	18180	23677	188877
1172			50	110	60	140
34942	1685	4219	2228	3427	5810	55930
22813	156	2433	2517	4274	6398	46819
10588	1602	3393	2425	4256	4736	31232
1102			219	454	2080	12700
13825	84	3316	3456	6244	4733	48336

16-5续表

项　　目	法人企业（个）	从业人数（人）	营业额	客房收入
餐 饮 业	120	11016	175914	25705
按餐饮行业中类分组				
正餐服务	118	10754	171629	25705
快餐服务	2	262	4285	
按登记注册类型分组				
内资企业	118	10749	171768	25705
国有企业	6	800	10708	3933
集体企业	2	111	1606	440
有限责任公司	28	3034	48488	6040
其他有限责任公司	28	3034	48488	6040
股份有限公司	7	609	6520	442
私营企业	44	3611	55122	10672
私营独资企业	3	134	7481	2752
私营有限责任公司	37	3037	42272	6161
私营股份有限公司	4	440	5369	1759
其他企业	31	2584	49324	4177
港、澳、台商投资企业	1	40	478	
港、澳、台商独资经营企业	1	40	478	
外商投资企业	1	227	3668	
外资企业	1	227	3668	
按控股情况分组				
国有控股	6	947	12957	2636
集体控股	3	430	2638	773
私人控股	97	7612	132566	18049
港澳台商控股	1	40	478	
其　　他	13	1987	27275	4247
按经营形式分组				
独立门店	113	10473	170675	25705
连锁门店	1	60	615	
其　　他	6	483	4624	
按单位规模分				
中　　型	16	3401	57233	7717
小　　型	100	7504	117980	17925
微　　型	4	111	700	63

单位：万元

			客房数（间）	床位数（个）	餐位数（位）	年末餐饮营业面积（平方米）
餐费收入	商品销售收入	其他收入				
146078	1294	2836	4802	8560	52204	287257
141794	1294	2836	4802	8560	51210	284714
4285					994	2543
141933	1294	2836	4802	8560	51130	284414
5761	13	1000	746	1380	5582	25001
1166			102	214	760	1509
40895	398	1154	1321	2275	12950	86540
40895	398	1154	1321	2275	12950	86540
6034	41	3	137	272	3195	13728
43845	48	557	1823	3213	16771	88727
4718	11		192	398	1240	4155
35796	37	278	1135	2007	13111	80472
3331		279	496	808	2420	4100
44232	794	122	673	1206	11872	68909
478					380	1100
478					380	1100
3668					694	1743
3668					694	1743
9308	13	1000	467	829	5468	29194
1837		28	270	534	1540	5509
113440	150	928	3370	5931	37731	211123
478					380	1100
21015	1131	880	695	1266	7085	40331
141136	1046	2789	4802	8560	50037	275307
615					208	4000
4327	248	47			1959	7950
48041	1068	407	1282	2184	10656	70696
97604	217	2235	3430	6222	40828	208223
433	10	194	90	154	720	8338

16-6 限额以上批发零售

指标名称	法人企业数(个)	流动资产合计	#存货	固定资产合计	固定资产原价
总　　计	**380**	**3134189**	**638471**	**396581**	**666593**
批发业	164	1764069	378888	263239	449699
按批发行业小类分					
农、林、牧产品批发	5	89287	2803	37159	45436
食品、饮料及烟草制品批发	16	259426	99201	44666	68484
纺织、服装及家庭用品批发	14	23000	9214	22611	23029
文化、体育用品及器材批发	5	24400	2768	20050	27210
医药及医疗器材批发	12	82561	12355	2959	4152
矿产品、建材及化工产品批发	75	1073541	198539	124588	263790
机械设备、五金产品及电子产品批发	33	209496	53638	11071	17165
贸易经纪与代理					
其他批发业	4	2359	371	134	434
按登记注册类型分					
内资企业	161	1758383	378822	263207	449637
国有企业	11	389349	99593	80635	113682
联营企业	1	1057		2	2
国有联营企业	1	1057		2	2
有限责任公司	52	277022	41023	22228	30375
其他有限责任公司	52	277022	41023	22228	30375
股份有限公司	11	462423	97818	71854	96892
私营企业	59	332853	88400	50184	161880
私营独资企业	1	728	3	1	8
私营有限责任公司	57	331826	88297	48793	160396
私营股份有限公司	1	299	100	1390	1477
其他企业	27	295679	51988	38305	46805
港、澳、台商投资企业	2	5746	66	31	63
合资经营企业(港或澳、台资)	1	1802	60	28	46
港、澳、台商独资经营企业	1	3944	6	3	17
外商投资企业	1	-60			
中外合资经营企业	1	-60			
按控股情况分					
国有控股	19	424458	106174	113054	163304
集体控股	4	260454	74316	3244	7569
私人控股	120	910442	173071	116457	239844
港澳台商控股	1	3944	6	3	17
其　他	20	164771	25320	30480	38966
按经营形式分					
独立门店	132	1401223	334294	180233	329839
连锁门店	1	3944	6	3	17
其　他	31	358903	44588	83003	119843
按单位规模分					
大　型	8	372794	32050	100657	136833
中　型	55	1082864	289014	133962	275048
小　型	75	227207	53367	14650	20215
微　型	26	81205	4457	13969	17603

贸易企业财务状况

单位：万元

累计折旧	# 本年折旧	在建工程	资产总计	流动负债合计	# 应付帐款	负债合计
277872	**56295**	**60530**	**4138761**	**2924635**	**448701**	**3202033**
186548	29334	44845	2353981	1613802	242360	1720020
8278	1261	243	146882	96441	14250	127094
23977	4169	916	342446	155346	37529	156368
452	95	273	46168	16640	6602	41379
7160	911		55871	22836	4809	22836
1192	173	1554	89009	82222	39507	82222
139124	20878	41347	1439397	1050939	48952	1095451
6064	1693	511	231707	187705	89915	192998
301	155		2501	1673	796	1673
186516	29333	44845	2348226	1607206	240095	1713423
33058	6138	296	540300	314052	38749	310664
1			1059	137		137
1			1059	137		137
8069	949	2304	331950	218596	53434	246172
8069	949	2304	331950	218596	53434	246172
25198	3386	41350	642250	467284	20002	514531
111692	16758	529	421253	309291	66894	340459
6	1		729	637	594	637
111599	16742	529	418764	308124	65847	339292
87	15		1760	530	453	530
8499	2103	367	411414	297846	61016	301460
32	1		5815	2928	28	2929
18			1840	1829	28	1830
14	1		3975	1099		1099
			-60	3668	2237	3668
			-60	3668	2237	3668
50462	8296	12879	637848	383469	39653	388493
4324	386	28603	299922	285389	8745	285424
123262	18978	2616	1206305	781806	176449	879444
14	1		3975	1099		1099
8486	1673	748	205933	162040	17513	165560
149642	22620	32358	1845962	1288374	202392	1395111
14	1		3975	1099		1099
36893	6713	12487	504044	324329	39968	323810
36177	6538	12528	545681	309693	50342	337020
141128	21040	31569	1430086	1050415	136535	1095243
5451	1080	436	273329	186577	49372	216504
3793	676	312	104885	67117	6110	71253

16-6续表1

指标名称	所有者权益合计	实收资本	国家资本	集体资本	法人资本
总　计	**936728**	**492961**	**65342**	**13397**	**269566**
批发业	633961	301960	56276	10159	160549
按批发行业小类分					
农、林、牧产品批发	19788	26813		1179	16875
食品、饮料及烟草制品批发	186078	33019	12202		12909
纺织、服装及家庭用品批发	4790	2967	10		1185
文化、体育用品及器材批发	33035	28164	26714		350
医药及医疗器材批发	6787	5044			2884
矿产品、建材及化工产品批发	343946	181682	16206	8720	117946
机械设备、五金产品及电子产品批发	38710	22727		260	8399
贸易经纪与代理					
其他批发业	828	1544	1144		
按登记注册类型分					
内资企业	634803	301663	56266	10159	160549
国有企业	229636	53435	38716		14719
联营企业	922	1000	1000		
国有联营企业	922	1000	1000		
有限责任公司	85778	52131	2144	1370	30955
其他有限责任公司	85778	52131	2144	1370	30955
股份有限公司	127718	55236	14406	7610	20268
私营企业	80794	52297			12989
私营独资企业	92	68			68
私营有限责任公司	79472	51599			12291
私营股份有限公司	1230	630			630
其他企业	109954	87565		1179	81617
港、澳、台商投资企业	2886	297	10		
合资经营企业(港或澳、台资)	10	10	10		
港、澳、台商独资经营企业	2876	287			
外商投资企业	-3728				
中外合资经营企业	-3728				
按控股情况分					
国有控股	249355	72405	56276	110	16019
集体控股	14497	11797		8870	124
私人控股	326860	192164			131094
港澳台商控股	2876	287			
其　他	40372	25307		1179	13312
按经营形式分					
独立门店	450851	268313	39916	9159	147650
连锁门店	2876	287			
其　他	180234	33360	16360	1000	12898
按单位规模分					
大　型	208661	40996	14206		21690
中　型	334843	180518	39726	9789	100366
小　型	56825	54385	2000	370	23099
微　型	33632	26061	344		15394

单位：万元

个人资本	港澳台资本	外商资本	营业收入	主营业务收入	营业成本	主营业务成本	营业税金及附加
138574	**6072**	**10**	**8667185**	**8432611**	**7674970**	**7562961**	**82203**
74689	287		5368076	5244024	4854864	4837205	55261
8758			1094384	992448	1082532	1082532	294
7909			792946	791889	633817	633473	40937
1485	287		273087	273019	250122	250087	4707
1100			136895	133318	130125	125516	452
2160			160687	160421	140728	140725	570
38810			2515152	2502623	2268907	2256845	7007
14068			384939	380324	338956	338350	1278
400			9986	9983	9677	9677	16
74689			5278771	5154788	4768720	4751095	55147
			978346	972020	844973	841856	20206
			8135	8135	8080	8080	12
			8135	8135	8080	8080	12
17662			835313	832615	738179	735521	6579
17662			835313	832615	738179	735521	6579
12952			865531	758182	804900	799938	5159
39307			842624	835256	729053	722762	11588
			2120	2120	2021	2021	2
39307			819583	812216	711332	705041	11045
			20920	20920	15700	15700	540
4768			1748822	1748580	1643535	1642937	11606
	287		27925	27857	25399	25365	79
			14174	14105	13021	12987	32
	287		13752	13752	12378	12378	47
			61380	61380	60745	60745	34
			61380	61380	60745	60745	34
			1412778	1401139	1253647	1245536	20568
2803			175622	175622	169427	169427	49
61070			2504826	2494544	2182257	2172710	33543
	287		13752	13752	12378	12378	47
10816			1261099	1158968	1237155	1237155	1055
71588			4073002	3956787	3729773	3718727	33142
	287		13752	13752	12378	12378	47
3101			1281322	1273486	1112713	1106100	22072
5100			1626111	1618537	1412694	1406116	33622
30351	287		2968902	2960063	2741676	2739691	17981
28916			644860	644329	575020	571344	3515
10323			128202	21096	125474	120054	143

16-6续表2

指 标 名 称	主营业务税金及附加	其他业务利润	销售费用	管理费用	税金
总　计	**81529**	**56131**	**308270**	**243656**	**28188**
批发业	54813	13778	169377	100218	14218
按批发行业小类分					
农、林、牧产品批发	294	309	1183	4145	230
食品、饮料及烟草制品批发	40937	940	12440	41228	9279
纺织、服装及家庭用品批发	4707	212	7413	3290	129
文化、体育用品及器材批发	49	1901	1790	3864	276
医药及医疗器材批发	570	815	4706	2352	27
矿产品、建材及化工产品批发	6971	2789	107943	33811	3662
机械设备、五金产品及电子产品批发	1269	6778	33547	11188	599
贸易经纪与代理					
其他批发业	16	34	355	341	17
按登记注册类型分					
内资企业	54699	13777	164253	99058	14147
国有企业	19779	2899	17451	31133	1410
联营企业	12	34		147	
国有联营企业	12	34		147	
有限责任公司	6572	207	32944	30472	8755
其他有限责任公司	6572	207	32944	30472	8755
股份有限公司	5159	348	38353	7937	361
私营企业	11573	6592	40868	13227	1509
私营独资企业	2		59	34	3
私营有限责任公司	11030	6592	40150	12539	1254
私营股份有限公司	540		659	653	251
其他企业	11606	3697	34637	16142	2112
港、澳、台商投资企业	79	1	2258	180	71
合资经营企业(港或澳、台资)	32		1503		
港、澳、台商独资经营企业	47	1	756	180	71
外商投资企业	34		2866	981	
中外合资经营企业	34		2866	981	
按控股情况分					
国有控股	20141	3071	41628	33640	1504
集体控股	49	25	3385	2945	116
私人控股	33521	10115	108076	56756	12147
港澳台商控股	47	1	756	180	71
其　他	1055	567	15532	6698	381
按经营形式分					
独立门店	32717	12585	118005	73584	12142
连锁门店	47	1	756	180	71
其　他	22049	1192	50617	26454	2006
按单位规模分					
大　型	33622	747	55542	34299	1083
中　型	17578	10551	86559	52232	11246
小　型	3506	2078	25635	10405	1614
微　型	107	402	1641	3282	275

单位：万元

		财务费用		资产减值损失	公允价值变动收益	投资收益
差旅费	工会经费		利息支出			
5461	**788**	**74083**	**58724**	**701**		**30494**
2480	490	30716	24575	583		29341
54		4141	758	246		
665	309	1611	2895			234
175	27	324	120	130		
116	4	107	25	10		2
31	3	806	20	52		
1080	120	22175	19514	140		29036
338	27	1543	1242	5		69
22		10				
2460	470	30694	24575	583		29341
374	212	861	2389	53		224
		3				
		3				
355	20	4555	1433	274		11
355	20	4555	1433	274		11
218	33	7076	7689	245		28590
804	75	8981	4929	1		385
17						
779	72	8972	4929	1		385
8	3	10				
710	130	9219	8136	10		131
20	1	10				
		6				
20	1	4				
	18	12				
	18	12				
417	218	982	2510	66		450
107	16	2837	6578	5		11
1722	224	24084	12813	136		26551
20	1	4				
214	31	2809	2674	376		2328
2127	279	31352	23609	454		26787
20	1	4				
333	210	-640	966	130		2554
127	199	419	-554			
1854	242	23706	21108	320		28041
381	42	6435	3554	19		859
120	7	155	468	245		440

16-6续表3

指 标 名 称	营业利润	营业外收入	补贴收入	利润总额	应交所得税
总　计	**334085**	**19674**	**14260**	**203657**	**27300**
批发业	183884	13452	12499	134662	18696
按批发行业小类分					
农、林、牧产品批发	2152	409	388	-2323	244
食品、饮料及烟草制品批发	63263	6608	6067	50419	12401
纺织、服装及家庭用品批发	7379	39		7800	178
文化、体育用品及器材批发	547	349	200	911	7
医药及医疗器材批发	11498	14		10950	94
矿产品、建材及化工产品批发	100940	5572	5202	65957	4424
机械设备、五金产品及电子产品批发	-1515	461	642	1327	1343
贸易经纪与代理					
其他批发业	-379			-379	6
按登记注册类型分					
内资企业	187141	13415	12499	137496	18568
国有企业	64007	6462	5924	70412	12089
联营企业	-73			-73	5
国有联营企业	-73			-73	5
有限责任公司	19690	424	343	15350	508
其他有限责任公司	19690	424	343	15350	508
股份有限公司	29842	5858	5584	36062	613
私营企业	39560	377	320	4576	3354
私营独资企业	4			4	2
私营有限责任公司	36198	377	320	4572	3352
私营股份有限公司	3358				
其他企业	34114	295	329	11169	2001
港、澳、台商投资企业		14		402	101
合资经营企业(港或澳、台资)	-388				
港、澳、台商独资经营企业	388	14		402	101
外商投资企业	-3257	22		-3235	27
中外合资经营企业	-3257	22		-3235	27
按控股情况分					
国有控股	62843	6714	5924	69615	12158
集体控股	-2999	5202	5202	2203	578
私人控股	124151	742	642	60985	5548
港澳台商控股	388	14		402	101
其　他	-499	780	731	1458	311
按经营形式分					
独立门店	111527	13132	12499	70826	7538
连锁门店	388	14		402	101
其　他	71969	306		63434	11057
按单位规模分					
大　型	89536	292		81634	11862
中　型	74881	12664	12117	53452	3431
小　型	21750	92		946	3334
微　型	-2283	404	382	-1369	69

单位：万元

应付职工薪酬（本年贷方累计发生额）	应交增值税	土地和固定资产支出	土地购置	房屋和建筑物	机器设备	运输工具
246908	**116089**	**58235**	**602**	**29525**	**10093**	**4895**
162394	43843	48319	407	27323	7595	942
1076		4302		3999	156	74
18158	13915	6832		3826	2417	82
5814	1222	162		103	44	14
1792	225	1534		1442	19	49
1700	884	9			2	5
121581	24892	34071		17730	4900	103
12073	2687	1404	407	224	57	609
201	19	5				5
159724	43005	48319	407	27323	7595	942
20722	15482	23215		20243	2366	122
18						
18						
66265	11214	1308		315	534	451
66265	11214	1308		315	534	451
17922	5140	20362		4796	4037	117
48979	3121	1114	407	103	368	131
26	20					
48887	3096	1114	407	103	368	131
66	5					
5817	8048	2319		1866	290	122
123	494					
45	190					
78	304					
2547	344					
2547	344					
95155	18012	40666		22683	6025	122
1272	404	111			8	97
61246	17068	2942	407	467	1275	666
78	304					
4642	8055	4600		4173	287	57
130007	23136	13511	407	8822	3177	859
78	304					
32309	20403	34808		18501	4418	82
36923	17661	34289		18501	3910	82
22938	22479	10116	407	6221	2690	737
101195	3562	1277		247	815	98
1339	140	2638		2355	180	25

16-6续表4

指标名称	法人企业数(个)	流动资产合计	存货	固定资产合计	固定资产原价
零售业	216	1370119	259584	133342	216894
按零售行业小类分					
综合零售	14	370331	17899	36318	51281
百货零售	11	324684	11157	34721	48161
超级市场零售	3	45647	6742	1597	3120
食品、饮料及烟草制品专门零售	7	14533	4705	2923	2885
纺织、服装及日用品专门零售	27	96013	32809	10233	43448
服装零售	16	89125	30275	9950	42807
文化、体育用品及器材专门零售	11	36655	16856	1449	1810
医药及医疗器材专门零售	9	33043	9487	957	1474
药品零售	6	19560	5264	808	1209
汽车、摩托车、燃料及零配件专门零售	106	672812	154638	65259	91617
汽车零售	92	659367	148910	54590	76987
机动车燃料零售	7	6867	5077	6708	10399
家用电器及电子产品专门零售	31	97486	20135	2529	4951
日用家电设备零售	7	71285	13034	970	1376
计算机、软件及辅助设备零售	12	13985	4095	1358	2054
通信设备零售	6	7176	1770	88	1323
五金、家具及室内装饰材料专门零售	8	28849	1035	12568	17861
货摊、无店铺及其他零售业	3	20399	2021	1106	1567
按登记注册类型分					
内资企业	212	1236182	254919	117622	196208
国有企业	3	20420	2730	6710	9623
集体企业	1	630	77	10	140
股份合作企业	2	1413	363	11	46
有限责任公司	65	333517	97253	52968	91826
股份有限公司	8	40267	11430	3505	5872
私营企业	113	752008	114701	39998	67848
私营独资企业	4	8034	1840	1576	2534
私营合伙企业	2	1622	1061	2698	6729
私营有限责任公司	103	737887	110129	35085	57587
私营股份有限公司	4	4465	1671	640	997
其他企业	20	87927	28366	14419	20854
港、澳、台商投资企业	4	133937	4665	15721	20686
合资经营企业(港或澳、台资)	3	132629	4434	15633	20573
港、澳、台商独资经营企业	1	1308	230	88	112
按控股情况分组					
国有控股	9	50222	9278	8586	13236
集体控股	6	24638	10101	3802	4384
私人控股	178	1038663	192159	91637	139715
港澳台商控股	3	132760	3904	15649	20601
其　他	20	123837	44141	13668	38958
按经营形式分组					
# 独立门店	175	1183006	208070	116334	168355
连锁门店	9	18061	6026	1345	2635
其　他	30	161391	42896	14895	44828
按单位规模分					
大　型	8	351015	18416	40643	77095
中　型	86	716144	173489	70368	100371
小　型	91	256084	61223	21814	38345
微　型	31	46877	6456	518	1083
按零售业态分					
有店铺零售	213	1355274	257666	133253	216730
大型超市	8	44648	9451	3941	6787
百货店	17	353402	17039	35849	70464
专卖店	89	336408	103710	33977	52598

单位：万元

累计折旧	本年折旧	在建工程	资产总计	流动负债合计	应付帐款	负债合计
91324	26961	15686	1784780	1310833	206341	1482013
21158	5302	6195	472238	317017	52563	419617
19634	4654	6195	421359	269938	39051	371673
1523	648		50880	47079	13511	47944
976	146	1013	20704	15224	3536	15302
33215	3923		152600	137449	27352	141469
32857	3806		145294	132913	25212	136933
553	212	790	38247	33239	11149	33630
517	128		34312	26990	14256	26990
401	108		20656	14813	10018	14813
26731	15550	7083	890882	630994	58625	694469
22770	12575	7083	864113	623976	60126	687450
3691	2944		15171	3338	-3306	3338
2422	349		107777	87206	27988	87630
406	96		72667	64820	17440	64820
696	196		17307	9169	6847	9294
1236	35		7816	6435	1135	6435
5293	1165		45415	42796	9645	42796
460	186	605	22607	19919	1228	20111
86359	22009	15686	1548327	1178353	203755	1291093
2912	2833		27133	14573	-714	14651
130	9		640	-19	-19	-19
35	6		1424	1445	332	1445
45588	8586	9799	487322	362618	66320	383386
3380	627	1198	50013	41838	3200	42028
27878	8235	4449	853528	652010	112829	739939
959	129		13665	9027	340	9571
4031	42		5091	1577	874	1577
22531	7837	4449	829667	638271	109354	725159
357	227		5105	3135	2261	3631
6435	1714	239	128267	105888	21806	109664
4965	4952		236453	132480	2586	190920
4940	4927		234924	132124	2522	190564
25	25		1529	356	64	356
4843	3722		61445	42486	15125	42610
1938	481	1013	41614	31481	1670	31481
54301	14440	14580	1261467	952916	153867	1060843
4952	4952		235093	131781	2522	190221
25290	3367	92	185162	152169	33157	156859
59793	20064	14302	1571029	1140108	150035	1309690
1290	1165		22035	27311	15659	28176
29934	5643	1383	183104	139468	37979	140201
42647	7372	6195	490705	324424	39583	426703
30538	15373	4871	943252	706141	112765	769921
17574	4021	4620	295174	236669	46983	240842
566	195		55649	43600	7010	44547
91249	26887	15686	1769179	1297083	205194	1468070
2845	1833		56209	60653	23169	61518
40810	5179	6195	488164	329316	44487	431596
19156	7020	5049	416913	313063	59076	317729

16-6续表5

指标名称	所有者权益合计	实收资本	国家资本	集体资本	法人资本
零售业	302767	191001	9066	3238	109017
按零售行业小类分					
综合零售	52621	34975		1100	25770
百货零售	49686	31975		1100	22770
超级市场零售	2936	3000			3000
食品、饮料及烟草制品专门零售	5402	5101	583	1998	1800
纺织、服装及日用品专门零售	11131	16886		30	14142
服装零售	8361	14876			13378
文化、体育用品及器材专门零售	4617	8342		50	5546
医药及医疗器材专门零售	7323	5803			1902
药品零售	5843	4403			1402
汽车、摩托车、燃料及零配件专门零售	196413	95753	8473	50	44586
汽车零售	176663	81516	704		44046
机动车燃料零售	11833	8263	7768	50	
家用电器及电子产品专门零售	20147	15716	10	10	12299
日用家电设备零售	7848	5135			4895
计算机、软件及辅助设备零售	8013	6241			4214
通信设备零售	1381	1360			760
五金、家具及室内装饰材料专门零售	2619	5058			1173
货摊、无店铺及其他零售业	2496	3368			1800
按登记注册类型分					
内资企业	257234	177135	9066	3238	108027
国有企业	12482	8331	8031		300
集体企业	658	30		30	
股份合作企业	-21	103			2
有限责任公司	103937	78798	524	100	58737
股份有限公司	7985	7237		3098	2839
私营企业	113590	71547	510	10	40249
私营独资企业	4094	2600			2050
私营合伙企业	3514	1500			500
私营有限责任公司	104508	65886	510	10	37179
私营股份有限公司	1474	1561			520
其他企业	18603	11090			5900
港、澳、台商投资企业	45533	13866			990
合资经营企业(港或澳、台资)	44360	12866			990
港、澳、台商独资经营企业	1173	1000			
按控股情况分组					
国有控股	18836	11501	8556	50	1500
集体控股	10133	7428		3128	4300
私人控股	200624	133190	510	60	85526
港澳台商控股	44872	12866			
其　他	28303	26016			17691
按经营形式分组					
独立门店	261338	160200	1413	3238	91200
连锁门店	-6141	6305			4905
其　他	42904	22396	7653		11512
按单位规模分					
大　型	64002	45468	7448		31020
中　型	173331	86565	704	1150	48411
小　型	54332	49693	903	2078	25028
微　型	11102	9274	10	10	4559
按零售业态分					
有店铺零售	301109	188301	9066	3238	106517
大型超市	-5309	6675			5500
百货店	56568	41520		1100	32014
专卖店	99184	65391	1034	60	37909

单位：万元

个人资本	港澳台资本	外商资本	营业收入	主营业务收入	营业成本	主营业务成本	营业税金及附加
63885	5786	10	3299109	3188587	2820106	2725756	26942
8105			711050	696948	625105	615072	6078
8105			638031	628805	564328	554500	5761
			73018	68143	60777	60572	317
720			14438	14438	13778	13778	10
1714	1000		498675	498670	328560	328314	7302
1498			476002	476002	308964	308764	7248
2746			55017	54876	49944	49938	534
3901			54050	53977	44165	44161	188
3001			36248	36174	29613	29609	119
37870	4776		1689580	1597692	1524793	1443569	11127
31991	4776		1517536	1425648	1366369	1285144	10847
444			153907	153907	144636	144636	63
3377	10	10	244506	240194	214675	211837	848
240			122025	120402	107167	107139	361
2027			77554	77554	67240	67240	262
600			20478	18588	18799	17294	105
3885			24872	24872	13040	13040	837
1568			6920	6920	6048	6048	19
56785	10	10	3168147	3140226	2699299	2679386	26480
			120602	115406	110607	110506	1
			848	848	337	337	12
101			3046	3046	2807	2807	3
19436			1329074	1318997	1137941	1130281	12720
1300			83660	83653	77698	68158	157
30758	10	10	1396684	1386254	1246960	1244913	9990
550			145712	144906	119343	119298	5455
1000			15308	15308	10970	10970	11
28167	10	10	1214049	1204426	1096477	1094476	4488
1041			21615	21615	20169	20169	36
5190			234233	232022	122951	122385	3597
7100	5776		130962	48361	120807	46370	462
7100	4776		128900	46299	119474	45038	449
	1000		2062	2062	1333	1333	13
1396			209362	202748	190991	190842	484
			62901	62901	58949	49419	87
47074	10	10	2410548	2390253	2092807	2083136	16659
7090	5776		123860	41367	114108	39671	444
8325			492439	491318	363252	362688	9268
58554	5786	10	2689629	2586121	2290614	2196997	25589
1400			72714	72488	64381	64360	585
3231			517825	511104	451561	450852	669
7000			885836	880188	780275	779961	6498
32785	3516		1757608	1740283	1514963	1504202	16352
20685	1000		527806	527065	403230	403107	3985
3415	1270	10	127859	41051	121639	38487	107
63685	5786	10	3291256	3180734	2812895	2719140	26921
1175			107666	101988	92116	91865	431
7406	1000		861166	852743	736067	726284	9520
25108	1270	10	997373	915791	839593	762868	4766

16-6续表6

指 标 名 称	主营业务税金及附加	其他业务利润	销售费用	管理费用	税金
零 售 业	26716	42353	138893	143438	13970
按零售行业小类分					
综合零售	6014	17193	20214	36048	1176
百货零售	5697	12070	15633	29639	1106
超级市场零售	317	5123	4581	6408	70
食品、饮料及烟草制品专门零售	10	23	938	933	16
纺织、服装及日用品专门零售	7302	10424	26451	39268	922
服装零售	7248	9208	24419	38363	902
文化、体育用品及器材专门零售	530	67	3226	2636	47
医药及医疗器材专门零售	188	496	4458	3394	108
药品零售	119	487	2858	2307	103
汽车、摩托车、燃料及零配件专门零售	11023	9245	61798	45938	10788
汽车零售	10743	9235	53082	45002	10700
机动车燃料零售	63		7946	475	70
家用电器及电子产品专门零售	793	4904	16450	10406	671
日用家电设备零售	361	3371	9927	7120	131
计算机、软件及辅助设备零售	261	100	2661	2349	460
通信设备零售	55	253	1119	458	53
五金、家具及室内装饰材料专门零售	837		5257	3914	237
货摊、无店铺及其他零售业	19	2	101	901	6
按登记注册类型分					
内资企业	26254	36898	137542	138231	13873
国有企业	1		7425	3217	32
集体企业	12	499	307	102	1
股份合作企业	3	176	37	226	2
有限责任公司	12601	18014	70907	77607	11694
股份有限公司	157	2188	3437	3867	16
私营企业	9925	14343	44754	45895	1750
私营独资企业	5455	760	1406	2682	36
私营合伙企业	11	82	493	1739	4
私营有限责任公司	4424	13501	42007	40883	1691
私营股份有限公司	36		848	591	18
其他企业	3555	1679	10675	7317	379
港、澳、台商投资企业	462	5455	1351	5207	98
合资经营企业(港或澳、台资)	449	4738	1036	5083	98
港、澳、台商独资经营企业	13	717	315	124	
按控股情况分组					
国有控股	417	1111	12520	5108	132
集体控股	87	2896	2007	3380	20
私人控股	16516	18986	77693	74424	3831
港澳台商控股	444	5346	689	5151	98
其 他	9252	14014	45984	55375	9890
按经营形式分组					
独立门店	25405	36636	95996	111629	13278
连锁门店	585	1973	10152	1884	7
其 他	627	3468	30381	28388	656
按单位规模分					
大 型	6498	16089	22737	54013	1116
中 型	16200	23752	96148	73296	12217
小 型	3976	2459	18223	13809	596
微 型	41	52	1785	2320	41
按零售业态分					
有店铺零售	26695	42353	138154	142736	13964
大型超市	431	7487	9315	9194	85
百货店	9456	18976	29255	55243	1186
专卖店	4670	2641	35102	19463	908

单位：万元

差旅费	工会经费	财务费用	利息支出	资产减值损失	公允价值变动收益	投资收益
2980	298	43367	34150	118		1153
200	100	16901	12942	81		901
179	100	16535	12615			901
21		367	327	81		
43	6	425	424			
194	36	1129	387	29		
175	35	1090	332	29		
112	13	614	301			
114	3	262	93			
72	3	29				
1656	46	21492	18510	8		130
1584	40	21372	18483	8		130
21	3	45	1			
499	75	841	190			7
147	23	573	17			
284	47	105	63			7
23	2	69	15			
135	13	1543	1221			139
27	5	159	81			-24
2599	298	36423	27587	118		1118
6	7	104	36			
2		-2				
7	6	-1				
1016	115	7498	5450	30		983
27	6	1024	378			
1231	144	25755	20263	7		-3
17	14	496	156			
90	3	217	217			
1060	124	25016	19859	7		-3
64	3	26	33			
311	21	2045	1460	81		139
382		6944	6563			34
382		6958	6563			34
		-14				
54	24	515	221			113
33	6	316	126			
1938	250	32966	25749	88		1006
382		6939	6563			34
574	19	2631	1491	30		
2357	256	41234	33177	118		1043
54		400	148			
502	41	1704	825			109
144	95	16758	12910			901
2032	106	21494	17401	118		275
761	88	4803	3737			-24
43	10	311	101			
2966	293	43340	34123	118		1177
63		412	331	81		
179	119	17145	12672	29		901
910	102	6640	4919	7		113

16-6续表7

指 标 名 称	营业利润	营业外收入	补贴收入	利润总额	应交所得税
零 售 业	150201	6222	1760	68995	8604
按零售行业小类分					
综合零售	12136	947	13	22357	3487
百货零售	11196	803	13	21220	3142
超级市场零售	940	145		1137	345
食品、饮料及烟草制品专门零售	-1628	1180	1719	71	5
纺织、服装及日用品专门零售	107720	77		10176	423
服装零售	107404	33		9817	232
文化、体育用品及器材专门零售	-1560	13		-1633	24
医药及医疗器材专门零售	1607	30		1840	437
药品零售	1336	30		1569	374
汽车、摩托车、燃料及零配件专门零售	26716	3529	26	30968	3505
汽车零售	23147	3529	26	27549	2872
机动车燃料零售	743			626	160
家用电器及电子产品专门零售	4787	447	2	5109	735
日用家电设备零售	158	112	2	222	531
计算机、软件及辅助设备零售	4980	109		4986	148
通信设备零售	111	43		-70	14
五金、家具及室内装饰材料专门零售	729	1		416	1
货摊、无店铺及其他零售业	-306			-308	-12
按登记注册类型分					
内资企业	153933	3573	1760	69351	8458
国有企业	-752	1177	1177	300	87
集体企业	92			92	25
股份合作企业	-26			-47	2
有限责任公司	40815	1020	1	40026	3384
股份有限公司	-341	111	543	285	120
私营企业	26129	1037	40	29169	4709
私营独资企业	16330	52		16372	1490
私营合伙企业	1877			-135	
私营有限责任公司	7977	985	40	12986	3195
私营股份有限公司	-55			-55	23
其他企业	88016	228		-472	132
港、澳、台商投资企业	-3732	2649		-356	146
合资经营企业(港或澳、台资)	-4066	2649		-690	
港、澳、台商独资经营企业	333			333	146
按控股情况分组					
国有控股	167	1210	1178	837	364
集体控股	559	7	542	1030	33
私人控股	120987	1935	41	37502	6533
港澳台商控股	-3394	2649		-12	146
其　他	31883	421		29637	1528
按经营形式分组					
独立门店	143257	5651	1757	57606	7156
连锁门店	-2920	275		1713	38
其　他	8503	277	3	8085	1038
按单位规模分					
大　型	19971	547	12	18856	2184
中　型	44123	3966	30	51287	6188
小　型	84128	1665	1719	-3586	205
微　型	1979	44		2438	27
按零售业态分					
有店铺零售	151048	6040	1760	69842	8616
大型超市	-2116	503		2459	347
百货店	31127	476	13	30058	3480
专卖店	92927	715		4927	1365

单位：万元

应付职工薪酬（本年贷方累计发生额）	应交增值税	土地和固定资产支出	土地购置	房屋和建筑物	机器设备	运输工具
84514	72246	9915	195	2202	2499	3953
19821	17743	21			9	
16641	16084	21			9	
3180	1659					
711	58	348			72	268
23433	6718	401			323	18
22079	6321	324			254	15
1927	74	64			26	38
2769	893	174			15	108
2206	793	174			15	108
26855	35678	8088	195	2202	1848	2917
23038	34585	7365	195	2113	1255	2876
3118	529	722		89	593	41
5839	10723	6			6	
2887	8571					
1875	1683					
555	167	6			6	
2779	384	611				604
381	-24	203			199	
82428	71495	9846	195	2202	2429	3953
3239		594			563	31
323	80	7				3
82	19					
36575	36970	4240	195	858	791	2112
2228	810	27			2	18
36127	28190	4242		1344	1059	1103
4527	292					
199	321					
30922	27406	4222		1344	1039	1103
479	173	20			20	
3855	5426	736			15	686
2085	751	69			69	
1999	607					
86	144	69			69	
5504	9362	604			572	32
1760	118	147				39
52734	47753	7033	195	2167	1668	2194
1973	751	69			69	
22544	14263	2062		35	190	1688
57905	50593	9067	195	2202	1828	3813
4655	1322					
20211	19593	686			655	31
32937	11642	734			703	31
41927	55743	6926	195	1381	1158	3352
8726	4698	2243		821	626	569
924	163	13			12	
83845	72231	9915	195	2202	2499	3953
5379	2053	72			72	
32287	19639	245			219	
16913	23049	4247		2076	1052	906

16-7续表1

指 标 名 称	所有者权益合计	实收资本			
			国家资本	集体资本	法人资本
总 计	**176879**	**163447**	**43593**	**15790**	**53800**
住 宿 业	121259	107003	30795	1148	36470
按住宿行业中类分组					
旅游饭店	118801	104227	30766	991	36095
一般饭店	1457	1776	28	157	375
其他住宿服务	1000	1000			
按登记注册类型分组					
内资企业	94214	74035	30795	1148	36470
国有企业	25390	30233	29478	100	575
集体企业	117	83		83	
股份合作企业	1321	2000			2000
有限责任公司	61333	32742	1028		28770
其他有限责任公司	61333	32742	1028		28770
股份有限公司	2045	1939	288	965	656
私营企业	2261	4993			2674
私营独资企业	714	1200			1000
私营有限责任公司	172	3743			1624
私营股份有限公司	1375	50			50
其他企业	1748	2045			1795
外商投资企业	27045	32968			
外资企业	27045	32968			
按控股情况分组					
国有控股	42508	32695	29455	100	3060
集体控股	39214	25733		83	25650
私人控股	4688	8589			3760
外商控股	27045	32968			
其 他	7804	7018	1340	965	4000
按经营形式分组					
独立门店	121477	106873	30795	1148	36370
连锁门店	50	50			50
其 他	-268	80			50
按单位规模分					
大 型	96299	69618	10000		26650
中 型	16313	28432	18355	1022	6395
小 型	8622	8838	2440	126	3410
微 型	25	115			15
按星级分组					
五 星	96299	69718	10000		26650
四 星	11883	22468	16718	965	4595
三 星	9483	7213	3937		2769
二 星	1598	1545	60		985
其 他	1996	6060	80	183	1471

单位：万元

个人资本	港澳台资本	外商资本	营业收入	主营业务收入	营业成本	主营业务成本
17143	**103**	**33018**	**363176**	**358125**	**151878**	**149463**
5622		32968	186062	181658	68038	67265
3406		32968	160624	156899	57825	57052
1216			24479	23800	9972	9972
1000			960	960	241	241
5622			169741	165337	59550	58777
80			42139	40709	21773	21773
			3400	3400	1098	1098
			4991	4991	1376	1376
2944			62919	61217	16695	16484
2944			62919	61217	16695	16484
30			6139	6139	2525	2525
2318			32854	31644	8845	8284
200			3704	3704	793	793
2118			28210	27001	8041	7480
			939	939	11	11
250			17299	17236	7237	7237
		32968	16321	16321	8488	8488
		32968	16321	16321	8488	8488
80			61928	60498	26878	26878
			22519	22519	3813	3813
4828			64633	62694	20329	19768
		32968	16321	16321	8488	8488
714			20661	19626	8530	8318
5592		32968	180640	176245	65819	65047
			4768	4768	2158	2158
30			655	645	60	60
		32968	63786	63786	25091	25091
2660			74239	72718	25261	25261
2862			46170	45154	17059	16847
100			1866		627	67
100		32968	64986	63786	25652	25091
190			43375	43375	14148	14148
506			26790	23606	10957	10745
500			2232	2232	1104	1104
4326			48679	48660	16177	16177

16-7续表2

指 标 名 称	营业税金及附加	主营业务税金及附加	其他业务利润	销售费用	管理费用
总　计	**18870**	**18019**	**21493**	**89223**	**80739**
住 宿 业	9991	9241	16911	42535	55120
按住宿行业中类分组					
旅游饭店	9031	8298	16911	39744	52722
一般饭店	903	887		2556	2144
其他住宿服务	57	57		235	254
按登记注册类型分组					
内资企业	9084	8335	16911	41670	49429
国有企业	2375	1730	1574	7058	9659
集体企业	133	133		979	691
股份合作企业	309	309		1820	1439
有限责任公司	3439	3439	15337	15021	26103
其他有限责任公司	3439	3439	15337	15021	26103
股份有限公司	327	327		1849	1352
私营企业	1919	1815		13628	9212
私营独资企业	211	192		1383	1520
私营有限责任公司	1639	1555		11930	7433
私营股份有限公司	69	69		316	259
其他企业	582	581		1315	974
外商投资企业	907	907		866	5691
外资企业	907	907		866	5691
按控股情况分组					
国有控股	3503	2859	1574	10747	20860
集体控股	1222	1222	15315	4902	9835
私人控股	3299	3194		20334	13692
外商控股	907	907		866	5691
其　他	1060	1059	22	5686	5042
按经营形式分组					
独立门店	9810	9061	16911	41961	54701
连锁门店	143	143		90	65
其　他	38	38		484	354
按单位规模分					
大　型	3604	2960	15315	8910	25465
中　型	4121	4101	1574	21112	20930
小　型	2160	2144	21	11510	8509
微　型	105	37		1003	217
按星级分组					
五　星	3673	2960	15315	9912	25677
四　星	2472	2453	167	12680	13212
三　星	1348	1348	1429	6196	6832
二　星	149	149		302	282
其　他	2349	2332		13445	9117

单位：万元

税　金	差旅费	工会经费	财务费用	# 利息支出	资产减值损失	投资收益
4236	**621**	**276**	**6084**	**2989**	**51**	**351**
2075	283	174	3293	1700	2	233
1928	240	157	2880	1583	2	233
147	43	17	236	117		
			177			
1051	253	134	3428	1700	2	233
356	65	29	1434	446		
1	2	1	81			
36		7	36	6		
371	132	64	957	861		169
371	132	64	957	861		169
74	22	9	82	155	2	63
139	17	11	695	189		
		1	25			
139	17	11	662	189		
			8			
74	15	12	145	42		
1024	31	41	-136			
1024	31	41	-136			
538	122	52	1934	985		
1	39	19	227	146		
224	60	28	1028	308	2	1
1024	31	41	-136			
288	31	34	240	261		232
2049	272	168	3287	1698	2	233
26	11	6	2	2		
			4			
1197	124	82	622	684		
580	78	56	1964	701		232
298	81	36	682	315	2	1
			26			
1197	124	82	623	684		
376	22	23	1646	465		63
245	64	39	509	355		169
38	11	1	4	4		
219	62	29	512	191	2	1

16-7续表3

指标名称	营业利润	营业外收入	补贴收入	利润总额	应交所得税
总计	**18060**	**1866**	**213**	**7974**	**2911**
住宿业	7489	750	-6	6106	1421
按住宿行业中类分组					
旅游饭店	-1159	746	-6	-1718	417
一般饭店	8652	3		7828	1004
其他住宿服务	-4			-4	
按登记注册类型分组					
内资企业	6984	750	-6	7465	1421
国有企业	7	83	20	702	11
集体企业	419	1	-26	312	96
股份合作企业	11			11	3
有限责任公司	895	324		265	368
其他有限责任公司	895	324		265	368
股份有限公司	105	60		134	33
私营企业	-1499	282		-940	59
私营独资企业	-227	1		-226	
私营有限责任公司	-1549	5		-995	59
私营股份有限公司	276	276		281	
其他企业	7046			6980	850
外商投资企业	506			-1359	
外资企业	506			-1359	
按控股情况分组					
国有控股	-1829	326		-1364	11
集体控股	2521	12	-26	2426	402
私人控股	5896	345		5983	916
外商控股	506			-1359	
其他	395	67	20	420	92
按经营形式分组					
独立门店	5426	750	-6	4082	1412
连锁门店	2309			2309	9
其他	-246			-285	
按单位规模分					
大型	95	257		-1937	305
中型	1251	119		1267	194
小型	6255	373	-6	6775	922
微型	-112				
按星级分组					
五星	-550	257		-1937	305
四星	-515	321		122	43
三星	1139	85		656	56
二星	392			324	6
其他	7024	87	-6	6941	1011

单位：万元

应付职工薪酬（本年贷方累计发生额）	应交所得税	土地和固定资产支出	房屋和建筑物	机器设备	运输工具	其他费用
71897	**2911**	**2045**	**404**	**479**	**217**	**945**
36894	1421	1090	62	122	185	721
34743	417	1053	62	119	183	690
1889	1004	37		3	2	32
262						
33783	1421	1090	62	122	185	721
9496	11	134		57	19	58
772	96					
720	3					
12613	368	926	62	62	164	639
12613	368	926	62	62	164	639
1532	33	1		1		
7853	59	24				24
1367						
6270	59	24				24
216						
796	850	5		2	2	1
3112						
3112						
13873	11	901		81	147	674
3723	402					
11703	916	63		5	30	28
3112						
4483	92	126	62	36	8	19
36673	1412	1087	62	121	184	721
92	9	2		1	1	
130		1		1		
12884	305	589		20		569
14544	194	375		87	183	105
8576	922	126	62	15	2	47
890						
13628	305	589		20		569
9434	43	180		5	127	47
6598	56	248	62	89	28	70
624	6	19				19
6611	1011	55		8	30	16

16-7续表4

指 标 名 称	法人企业数（个）	流动资产合计	存 货	固定资产合计	固定资产原价
餐 饮 业	120	71275	20568	96907	132762
按餐饮行业中类分组					
正餐服务	118	70215	20226	96511	132144
快餐服务	2	1061	343	396	618
按登记注册类型分组					
内资企业	118	70014	20203	96508	132071
国有企业	6	4703	392	30644	36754
集体企业	2	1317	142	680	1561
股份合作企业	2	520	8	77	129
有限责任公司	28	31983	15278	34786	55048
其他有限责任公司	28	31983	15278	34786	55048
股份有限公司	7	1003	398	2052	2612
私营企业	44	19879	2610	22795	28650
私营独资企业	3	1804	20	1095	2228
私营有限责任公司	37	15459	2192	19793	23278
私营股份有限公司	4	2616	398	1908	3144
其他企业	29	10609	1375	5475	7316
港、澳、台商投资企业	1	205	24	19	91
港、澳、台商独资经营企业	1	205	24	19	91
外商投资企业	1	1057	342	380	600
外资企业	1	1057	342	380	600
按控股情况分组					
国有控股	6	6311	468	15366	23219
集体控股	3	1992	198	17494	29884
私人控股	97	41936	5427	36716	46701
港澳台商控股	1	205	24	19	91
外商控股	1	1057	342	380	600
其 他	12	19774	14109	26932	32267
按经营形式分组					
独立门店	113	69318	20210	95915	131382
连锁总店(总部)	1	314	148	27	73
连锁门店	1	507	75	155	245
其 他	5	1137	135	810	1063
按单位规模分					
中 型	16	17663	2631	35057	46463
小 型	100	53166	17925	61689	86106
微 型	4	446	13	161	192

单位：万元

累计折旧	本年折旧	在建工程	资产总计	流动负债合计	应付帐款	负债合计
36138	6951	7525	223893	130366	27504	168273
35915	6882	7525	222238	129904	27228	167811
222	69		1656	462	276	462
35846	6879	7525	222034	129616	27102	167523
6111	787		36402	16367	1292	16367
882	68	18	2168	1780	1072	2557
53	7		1034	1490	182	1490
20261	2816	4421	98329	65177	11961	98206
20261	2816	4421	98329	65177	11961	98206
589	149	5	3628	1268	524	1268
6070	2718	2943	57828	31884	8744	32237
1133	1121		2910	2623	36	2630
3701	1449	2939	47226	25929	5937	26275
1237	147	4	7692	3332	2771	3332
1880	336	138	22644	11651	3326	15398
72	5		224	303	141	303
72	5		224	303	141	303
220	67		1636	447	261	447
220	67		1636	447	261	447
7852	787	335	24388	21416	1154	21416
12390	1651	39	38172	19948	5701	47268
10268	3480	3115	105486	58668	14920	63303
72	5		224	303	141	303
220	67		1636	447	261	447
5336	961	4036	53987	29584	5327	35536
35749	6873	7525	220323	127486	26772	165393
46	14		428	390	102	390
90			662	564	256	564
253	64		2481	1926	373	1926
11639	2608	3274	66910	43412	6507	43782
24468	4331	4251	155228	86627	20830	124160
31	13		1755	327	166	331

16-7续表5

指标名称	所有者权益合计	实收资本	国家资本	集体资本	法人资本
餐饮业	55620	56444	12798	14642	17329
按餐饮行业中类分组					
正餐服务	54427	56389	12798	14642	17329
快餐服务	1194	55			
按登记注册类型分组					
内资企业	54511	56304	12798	14642	17329
国有企业	20036	13004	12774		30
集体企业	-389	183		146	37
股份合作企业	-456	311			200
有限责任公司	123	20353	24	13261	6155
其他有限责任公司	123	20353	24	13261	6155
股份有限公司	2360	1743			160
私营企业	25591	14226		35	9092
私营独资企业	280	280			230
私营有限责任公司	20951	8717		35	3633
私营股份有限公司	4360	5229			5229
其他企业	7246	6484		1200	1655
港、澳、台商投资企业	-79	90			
港、澳、台商独资经营企业	-79	90			
外商投资企业	1189	50			
外资企业	1189	50			
按控股情况分组					
国有控股	2972	1380	150		1030
集体控股	-9096	13563		13395	37
私人控股	42182	25224	24	1247	12762
港澳台商控股	-79	90			
外商控股	1189	50			
其他	18452	16137	12624		3500
按经营形式分组					
独立门店	54930	55874	12798	14642	16829
连锁总店(总部)	37	30			
连锁门店	98	100			100
其他	555	440			400
按单位功能分					
中型	23127	21355	12624		1600
小型	31069	35034	174	14642	15674
微型	1424	55			55

单位：万元

个人资本	港澳台资本	外商资本	营业收入	主营业务收入	营业成本	主营业务成本
11521	103	50	177114	176467	83840	82198
11516	103		172830	172183	82195	80552
5		50	4285	4285	1646	1646
11521	13		172968	172321	82229	80587
200			10708	10708	5524	5524
			1606	1606	610	610
111			1228	1228	458	458
899	13		48207	47589	23710	22745
899	13		48207	47589	23710	22745
1583			6517	6517	2961	2961
5099			54109	54087	26301	25624
50			7481	7459	6137	6107
5049			41358	41358	18283	17636
			5270	5270	1881	1881
3629			50594	50587	22666	22666
	90		478	478	212	212
	90		478	478	212	212
		50	3668	3668	1399	1399
		50	3668	3668	1399	1399
200			12957	12957	5144	5144
131			2638	2638	880	880
11177	13		133770	133123	64816	64139
	90		478	478	212	212
		50	3668	3668	1399	1399
13			23603	23603	11389	10424
11451	103	50	171876	171229	81523	79881
30			990	990	503	503
			615	615	324	324
40			3633	3633	1490	1490
7081		50	57233	57233	24646	24646
4440	103		119181	119151	58860	57217
			700	83	335	335

16-7续表6

指 标 名 称	营业税金及附加	主营业务税金及附加	其他业务利润	销售费用	管理费用
餐 饮 业	8879	8778	4582	46688	25619
按餐饮行业中类分组					
正餐服务	8640	8539	4582	45412	25286
快餐服务	239	239		1276	333
按登记注册类型分组					
内资企业	8648	8547	4582	45166	25333
国有企业	472	472		3005	2391
集体企业	91	91		639	208
股份合作企业	70	70		507	393
有限责任公司	2513	2513	4107	13566	10586
其他有限责任公司	2513	2513	4107	13566	10586
股份有限公司	269	269		2325	317
私营企业	2806	2705	343	15185	7769
私营独资企业	134	134		434	157
私营有限责任公司	2341	2240	247	13101	5776
私营股份有限公司	331	331	96	1650	1836
其他企业	2426	2426	133	9940	3670
港、澳、台商投资企业	27	27		288	13
港、澳、台商独资经营企业	27	27		288	13
外商投资企业	204	204		1233	273
外资企业	204	204		1233	273
按控股情况分组					
国有控股	726	726		4031	3484
集体控股	150	150		3764	1226
私人控股	6507	6406	475	29542	15438
港澳台商控股	27	27		288	13
外商控股	204	204		1233	273
其　　他	1265	1265	4107	7830	5185
按经营形式分组					
独立门店	8580	8479	4450	45203	24594
连锁总店(总部)	57	57		287	132
连锁门店	35	35		250	22
其　　他	208	208	133	948	870
按单位规模分					
中　　型	3105	3105	4107	18170	9626
小　　型	5729	5628	475	28295	15852
微　　型	45	45		224	141

单位：万元

税　金	差旅费	工会经费	财务费用	利息支出	资产减值损失	投资收益
2162	338	102	2791	1290	49	118
2162	338	102	2795	1294	49	118
			-5	-5		
2162	338	102	2795	1296	49	118
2	3	1	38			
			9	1		
4	1		7			
1486	120	51	1711	659	34	
1486	120	51	1711	659	34	
8	2	1	23	7		
432	165	36	399	105	11	19
22	13	6	10	6		
360	130	28	367	99	11	19
50	22	2	23			
229	48	14	609	524	4	100
			3			
			3			
			-7	-7		
			-7	-7		
52	13	44	437	101	26	
595	4		12	1		
1393	250	57	1558	955	13	118
			3			
			-7	-7		
122	71	1	788	240	10	
2157	311	100	2767	1290	43	118
4	3		3			
			5			
1	24	3	15		6	
914	75	44	896	459	36	
1240	263	58	1878	821	13	118
8			16	9		

16-7续表7

指 标 名 称	营业利润	营业外收入	补贴收入	利润总额	应交所得税
餐 饮 业	10571	1117	219	1868	1490
按餐饮行业中类分组					
正餐服务	9776	1117	219	1087	1335
快餐服务	796			782	155
按登记注册类型分组					
内资企业	10071	1117	219	1369	1349
国有企业	-540	10		-713	8
集体企业	50	45		115	
股份合作企业	-207	64		-207	
有限责任公司	-2948	633	80	-3798	89
其他有限责任公司	-2948	633	80	-3798	89
股份有限公司	623	3		-13	1
私营企业	1653	217	140	1292	117
私营独资企业	609	1		-66	
私营有限责任公司	1494	64		1561	105
私营股份有限公司	-451	152	140	-203	12
其他企业	11441	144	-1	4692	1134
港、澳、台商投资企业	-66			-66	
港、澳、台商独资经营企业	-66			-66	
外商投资企业	566			566	141
外资企业	566			566	141
按控股情况分组					
国有控股	-708	17		-883	8
集体控股	-3393	75		-3308	
私人控股	16071	921	139	8419	1153
港澳台商控股	-66			-66	
外商控股	566			566	141
其 他	-1899	104	80	-2860	188
按经营形式分组					
独立门店	10488	1116	219	2011	1485
连锁总店(总部)	8			8	2
连锁门店	-21			-21	
其 他	96	1		-130	3
按单位规模分					
中 型	755	43		-1448	315
小 型	9876	1074	219	3340	1175
微 型	-60			-24	

单位：万元

应付职工薪酬(本年贷方累计发生额)	土地和固定资产支出	房屋和建筑物	机器设备	运输工具	其他费用
35003	955	343	357	32	224
34267	955	343	357	32	224
736					
34269	955	343	357	32	224
2628	45		21	24	
283					
377					
8451	48		33	4	11
8451	48		33	4	11
1556					
11160	41		35	1	6
430					
9044	35		28	1	6
1686	7		7		
9814	821	343	267	4	207
173					
173					
561					
561					
2896	45		21	24	
1154	4				4
25365	864	343	304	4	213
173					
561					
4854	42		32	4	7
33544	954	343	356	32	224
385					
258					
816	1		1		
10722	10		4	1	6
24169	945	343	353	32	218
112					

主要统计指标解释

社会消费品零售额　指各种经济类型的批发零售贸易业、餐饮业、制造业和其他行业对城乡居民和社会集团的消费品零售额和农民对非农业居民零售额的总和。对居民的消费品零售额：指售给城乡居民用于生活消费的商品。对社会集团的消费品零售额：指售给机关、团体、部队、学校、企业、事业单位和城市街道居民委员会、农村村民委员会用公款购买的用作非生产、非经营使用的消费品。

社会消费品零售额包括：

1.售给城乡居民作为生活用的商品和修建房屋用的建筑材料。

2.售给机关、团体、学校、部队、企业、事业单位的职工食堂和旅店（招待所）附设专门供本店旅客食用，不对外营业的食堂的各种食品、燃料；企业、单位和国营农场直接售给本单位职工和职工食堂的自己生产的产品。

3.售给部队干部、战士生活用的粮食、副食品、衣着品、日用品、燃料。

4.售给来华的外国人、华侨、港澳台同胞的消费品（包括友谊商店、在海关前后设立的免税商店、外轮供应公司等）。

5.居民自费购买的中、西药品，中药材及医疗用品。

6.报社、出版社直接售给农民和社会集团的报纸、图书、杂志、集邮公司（包括邮局集邮专柜）出售的新、旧（代销的）纪念邮票、特种邮票、首日封、集邮册、集邮工具等。

7.旧货寄售商店（信托商店）自购、自销部分的商品零售额。

8.煤气公司、液化石油气站售给居民和社会集团的煤气灶具和罐装液化石油气。

9.农民售给非农业居民和社会集团的商品。

10.售给社会集团的办公用品、纸张、帐册、文印用品、计算工具、书报杂志和奖品；公共用品和纺织品、针织品；学校用的教学用品；文体用品；非专用的劳动保护用品，如工作服、套袖、围群、手套、毛巾、肥皂等；日用百货和杂品，包括职工食堂用的餐具、炊具、设备和清洁卫生工具等；家具、设备、日用电器、电讯设备、电影器材和照相器材等；取暖用的设备和燃料，防暑、降温的饮料；非生产经营用的交通工具如小轿车、面包车、工具车、卡车和油料；零星修理用的各种零配件、材料、工具、建筑材料等；举办各种招待会、茶话会、宴会用的烟酒茶和各种食品及馈赠的礼品；从公费医疗经费中开支的中、西药品、中药材和医疗器材以及其他非生产性设备和用品。

批发零售贸易、餐饮业统计限额以上标准：

1.批发业：主营业务收入在 2000 万元及以上。

2.零售业：主营业务收入在 500 万元及以上。

3.住宿业：主营业务收入在 200 万元及以上。

4.餐饮业：主营业务收入在 200 万元及以上。

商品销售总额　指对本企业以外的单位和个人出售（包括对国（境）外直接出口）的商品（包括售给本单位消费用的商品）。它反映批发零售贸易企业在国内市场上销售商品以及出口商品的总量。商品销售总额包括：对生产经营单位批发额、对批发零售贸易业批发额、出口额和对居民和社会集团商品零售额。

商品销售收入（营业收入）　指批发零售贸易企业商品销售收入、接受其他单位委托代销商品的收入和餐饮企业的营业收入（包括餐费收入、冷热饮收入、服务收入和其他收入）。

商品销售成本（营业成本）　指批发零售贸易企业已销商品应负担的进货原价和餐饮企业的原材料成本、商品进价成本。

商品销售税金及附加费（或营业税金及附加费）　指批发零售贸易企业销售商品应负担的税金和餐饮企业应由各项经营业务负担的税金及附加。包括营业税、城市维护建设税、出口关税和教育附加费等。

营业利润　指企业营业收入扣除成本、费用和各种产品销售税金及附加费（或营业税金及附加费）后的数额。

第二部分　统计资料

对外贸易和旅游业

17-1 历年对外贸易情况

单位:万美元

年份	进出口总额	#出口额
1990	199	197
1991	388	316
1992	890	490
1993	2271	1123
1994	2800	1168
1995	3644	2675
1996	3670	3449
1997	8541	4662
1998	5593	4338
1999	5736	4513
2000	57885	51172
2001	24290	16533
2002	37056	27881
2003	49023	36352
2004	45578	26728
2005	106455	59411
2006	73994	45810
2007	93952	63612
2008	89657	49012
2009	70656	34733
2010	150604	75912
2011	202456	102370
2012	170128	83292

17-2 历年旅游事业

年份	旅游人数（人次）	#外国人	港澳同胞	营业收入（万元）
1990	9079	5755	3294	2841
1991	16158	8343	7815	3423
1992	20459	11620	6737	4225
1993	18449	11619	5505	6121
1994	19941	16158	2882	9477
1995	20838	17227	2065	10540
1996	22331	19727	1065	8718
1997	23225	20112	1275	10498
1998	25213	21937	1404	14055
1999	1246000	19715	8615	65443
2000	1667000	17017	6697	83959
2001	1830000	16042	1660	36061
2002	2107000	21992	941	37181
2003	1897000	10773	630	24770
2004	2622000	28266	693	294000
2005	3920000	39998	3499	466000
2006	4891000	59000	1003	692100
2007	6223000	83000	1421	934400
2008	6444200	77594	1173	1068100
2009	10337900	76190	6587	1453800
2010	13115400	81454	7116	1834700
2011	16054400	84645	9045	2266100
2012	18445100	86535	15585	2674400

17-3 旅 游 事 业

项　　目	单　位	2011年	2012年	2012年比2011年增长%
接待旅游人数	**万人次**	**1605.44**	**1844.51**	**14.9**
#外 国 人	人次	84645	86535	2.2
港澳同胞	人次	9045	15585	72.3
台湾同胞	人次	8653	7962	-1.0
旅游国别				
日　本	人次	7180	4928	-31.4
美　国	人次	7451	4097	-45.0
新加坡	人次	665	931	40.0
澳大利亚	人次	1709	1150	-32.7
英　国	人次	1852	1181	-36.2
旅游部门经营情况				
旅游业总收入	亿元	226.61	267.44	18.0
旅游外汇收入	万美元	8603.86	9280.00	7.9
国内旅游收入	亿元	221.19	261.69	18.0

17-4 外国和港澳台地区在华实际投资

项　　　　目	新签协议		客商实际投资额（万美元）
	合同数（个）	客商投资额（万美元）	
投资合计	17	25925	61694
# 直接投资	6	6132	1909
间接投资	11	19793	59785
按投资方式分组			
中外合资企业	4	8855	12610
中外合作企业			
外资企业	13	17070	49084
按国民经济行业分组			
制 造 业	10	13460	53071
采 掘 业	1	3000	2650
房地产业	1		2315
批发零售业	3	249	247
住宿餐饮业	1	4367	508
电力燃气生产供应业	1	4849	2903
按投资国别(地区)分组			
亚　　洲	10	18114	20744
# 香　　港	6	12780	14041
新 加 坡	3	5334	3702
台　　湾	1		3000
大洋洲	1	2	2
新 西 兰	1	2	2
北 美 洲	1	1563	5738
# 美　　国	1	1563	5738
欧　　洲	4	6246	11690
# 英　　国	1	2572	7011
丹　　麦	1	3442	2500
荷　　兰	1	232	230
德　　国	1		1949
非　　洲	1		23521
# 毛里求斯	1		23521

17-5 外商投资企业生产经营情况

项目	单位个数(个)	亏损单位个数	销售(营业)收入(万元)	#出口销售收入(万美元)
总计	**140**	**72**	**5709434**	**43048**
按投资方式分组				
中外合资企业	72	41	2343953	2573
中外合作企业	15	8	167137	124
外资企业	52	22	3197726	40351
外商投资股份制	1	1	618	
按国民经济行业分组				
农、林、牧、渔业	5	2	433021	106
制造业	75	35	4846422	42789
电力煤气及水的生产和供应业	6	1	81622	
建筑业	8	7	5499	
交通运输	2	1	381	
信息传输计算机服务和软件业	3	1	50600	131
批发和零售业	18	12	208535	22
住宿和餐饮业	9	3	43999	
房地产业	9	6	39135	
租赁和商务服务业	1	1	62	
居民服务和其他服务业	3	2	158	
按投资国别及地区分组				
亚洲	84	43	2804296	6786
#香港	55	30	2418015	5404
印度尼西亚	2	1	17611	258
日本	11	3	19920	1115
新加坡	5	3	292133	
韩国	2	1	1635	8
泰国	1		52885	
台湾	6	3	1888	
欧洲	26	17	662945	22159
#丹麦	2	1	107513	1009
英国	11	7	489351	18615
德国	2	2	1309	15
法国	1		7371	
荷兰	1	1	2810	
希腊	1	1	121	
西班牙	1		6935	
瑞士	3	3	21784	2520
俄罗斯	1		60	
欧洲其他国家(地区)	3	2	25690	
北美洲	26	10	2230803	13664
#加拿大	8	4	1138109	13346
美国	18	6	1092694	308
大洋洲	2	1	9363	450
#澳大利亚	2	1	9363	450

17-5续表1

项　　目	实交税金总　额	# 进出口关税	利润总额	净利润
总　　计	**225428**	**9422**	**330606**	**301618**
按投资方式分组				
中外合资企业	124017	3706	51128	48806
中外合作企业	3243		6166	4901
外资企业	98160	5716	273320	247919
外商投资股份制	8		-8	-8
按国民经济行业分组				
农、林、牧、渔业	15892		107063	92184
制 造 业	185326	9422	204336	191395
电力煤气及水的生产和供应业	10808		14326	14012
建 筑 业	43		-791	-799
交通运输	18		-7	-17
信息传输计算机服务和软件业	1338		5450	5430
批发和零售业	3827		55	-585
住宿和餐饮业	5527		5511	5336
房地产业	2640		-5213	-5213
租赁和商务服务业	4		-23	-23
居民服务和其他服务业	4		-3	-3
按投资国别及地区分组				
亚　　洲	111773	5438	218701	197910
# 香　　港	67585	408	174053	154176
印度尼西亚	372		792	554
日　　本	316	1	193	152
新 加 坡	41761	5020	41049	41028
韩　　国	367	9	34	31
泰　　国	1264		3535	2926
台　　湾	52		34	33
欧　　洲	32982	1651	37971	30383
# 丹　　麦	9684	1373	-6338	-6338
英　　国	21574	278	45117	38014
德　　国	19		-145	-145
法　　国	508		323	342
荷　　兰	98		-7	-7
希　　腊	4		-63	-63
西 班 牙	268		914	526
瑞　　士	73		-1095	-1095
俄 罗 斯			26	26
欧洲其他国家(地区)	755		-759	-775
北 美 洲	80420	2333	73596	73031
# 加 拿 大	963		29840	29836
美　　国	79467	2333	43756	43196
大 洋 州	154		264	264
# 澳大利亚	154		264	264

单位：万元

可供分配利润	# 外方应分利润	资产总额	负债总额	# 长期负债
1324932	**222087**	**5327661**	**2746458**	**496726**
305493	79173	3258338	1964969	355894
4046	989	151705	83365	2399
1015393	141925	1916559	697028	138433
		1059	1096	
862107	33272	558430	147668	21870
428979	164919	386920	2122952	412889
18208	16301	187290	132545	38900
1		4535	1583	3
46	36	990	940	215
6396	4378	122099	547	415
3688	724	240693	177794	21
5395	2004	75552	29702	22392
112		265144	132330	
		512	30	
		971	210	21
1147376	133586	2839220	1353432	130818
1101184	100806	2517705	1242168	127373
641	160	39787	2073	
885	821	28475	20762	1523
41622	31260	222866	80548	1902
		329	26	
2926	486	13278	5994	
117	54	13695	1432	20
41907	39113	805640	369429	95164
615	87	67229	47047	
40334	38862	619997	253912	93218
		2525	1416	
242		11929	4552	
		2110	310	
		186	182	
526		8046	3652	500
		36100	14012	176
26		5012	174	
164	164	52506	44171	1270
135235	49388	1677132	1021124	270241
16323	16237	77490	56341	3
118912	33151	1599636	964783	270238
344		2907	400	
344		2907	400	

17-5续表2

项　　目	期末从业人员(人)	# 外籍及港澳	从业人员劳动报酬
总　计	**30846**	**95**	**109194**
按投资方式分组			
中外合资企业	18708	53	66487
中外合作企业	1817	3	7327
外资企业	10312	39	35358
外商投资股份制	9		22
按国民经济行业分组			
农、林、牧、渔业	2141	11	5733
制 造 业	23230	43	79467
电力煤气及水的生产和供应业	943	1	5892
建 筑 业	83	1	230
交通运输	42		146
信息传输计算机服务和软件业	556	4	5010
批发和零售业	1539	6	5133
住宿和餐饮业	1599	9	5017
房地产业	586	16	2415
租赁和商务服务业	72	2	38
居民服务和其他服务业	24	2	20
按投资国别及地区分组			
亚　洲	14176	58	51883
# 香　港	12034	36	44144
印度尼西亚	219	1	816
日　本	641	8	1843
新 加 坡	492	6	2320
韩　国	9	1	24
泰　国	306		2249
台　湾	448	3	282
欧　洲	4628	17	19991
# 丹　麦	792	4	5031
英　国	2243	5	8472
德　国	34		47
法　国	468	1	2450
荷　兰	80		610
希　腊	25		23
西 班 牙	100		326
瑞　士	282	1	926
俄 罗 斯	7		21
欧洲其他国家(地区)	537		2085
北 美 洲	11712	20	36665
# 加 拿 大	1451	4	1977
美　国	10261	16	34087
大 洋 州	299		416
# 澳大利亚	299		416

单位：万元

#外籍及港澳台人员劳动报酬	注册资本		历年累计实际投资额	#外方累计实际投资额
	中方	外方（万美元）		
1903	**770522**	**145513**	**2341157**	**141407**
499	542286	67518	1311326	74571
298	24647	13299	105785	5461
1106	203290	64674	923766	61353
	300	23	280	23
50	45345	4521	116635	4843
1064	420088	94132	1746493	114585
161	38659	13305	110691	2733
	2719	478	6834	625
	230	8	615	58
193	6485	401	8373	401
143	161584	8563	201299	3821
273	38367	5848	87891	8893
28	26746	18032	60157	4222
	90	29	300	29
	260	17	464	17
1322	433578	71204	925486	47711
1019	422213	56799	828178	39953
16	2858	480	16840	450
197	2252	213	3362	213
30	4160	12221	61895	5679
		70	676	20
	225	433	3781	433
	1374	335	4938	311
575	147873	46103	716471	59852
380	27306	23848	241402	28848
6	102387	19899	433115	27461
	1555	139	2543	139
161	70	1330	2030	161
	91	40	470	40
	180	8	190	8
	1120	210	2862	210
6	266	650	6288	642
	2800	350	5906	350
22	12098	1128	21666	1993
6	187871	27883	693710	33240
6	9944	2897	129988	8052
	177928	24985	563772	25368
	350	75	2500	75
	350	75	2500	75

主要统计指标解释

对外贸易 一个国家同其他国家的商品买卖的总和。世界各国之间的商品买卖，就是国际贸易。

对外贸易又称对外贸易商品流转，是指外贸部门通过买卖行为，把进出口商品从生产领域向消费领域转移的过程。从出口贸易讲，外贸部门把国内生产的商品转移到国外消费者的手中，一般需要经过出口商品的收购、调拨、加工、储存、成交和实际出口等许多业务环节。从进口贸易讲，外贸部门把国外生产的商品转移到国内消费者手中，一般需要经过进口商品的订货、交货、到货和拨交等许多业务环节。

进口 指直接从国外进口的商品和委托外贸部门代理进口的商品，不包括从国内有关单位（包括对外贸易部门和其他单位）购进的进口商品。对外贸易企业只统计自主经营进口的商品，不包括委托代理进口的商品。

出口 指直接向国（境）外出口商品和委托外贸部门代理出口的商品。不包括售给外贸部门出口或加工后出口的商品以及在国内市场以外所销售的商品。对外贸易企业只统计自主经营出口的商品，不包括受托代理出口的商品。

利用外资 指我国各级政府、部门、企业和其他经济组织通过对外借款、吸收外商直接投资以及用其他方式筹措的境外现汇、设备和技术等。

年末实有企业数 指年末在工商行政管理局注册登记的独资、合资、合作的企业、事业个数。不包括超过合同期年限，现归我方所有的三资企业。

主营业务收入 指企业从事某种主要生产、经营的经济活动所取得的业务收入。农业企业、工业企业为产品销售收入；建筑业企业为工程结算收入。农业企业、工业企业为产品销售收入；建筑业企业为工程结算收入；交通运输业企业为主营业务收入；批发零售贸易业企业为商品销售收入；餐饮业、金融业、服务业和旅游业企业为营业收入；房地产业、租赁业企业为经营收入。

利润总额 指企业在一定时期内实现盈利与亏损相抵后的总额。

客商实际投资额 指年度内客商实际投入企业的资本及境外借款。包括现汇、物资和其他形式的借款以及客商投资收益的再投资。

年末从业人数 指年度内在三资企业工作或劳动，并且取得劳动报酬或经营收入的全部人员。

旅游人数 包括入境国际旅游者人数、出境居民人数和国内旅游者人数。

（1）入境国际旅游者人数：指来中国参观、访问、旅行、探亲、访友、休养、考察、参加会议和从事经济、科技、文化、教育、宗教活动的外国人、华侨、港澳同胞和台湾同胞的人数。不包括外国在我国的常驻机构，如使领馆、通讯社、企业办事处的工作人员；来我国常住的外国专家、留学生以及在岸逗留不过夜的人员。

（2）出境居民人数：指大陆居民因公务活动或私人事务短期出境的人数。公务活动出境居民人数包括在国际交通工具上的中国服务员工，因私出境居民人数不包括在国际交通工具上的中国服务员工。

（3）国内旅游者人数：指我国大陆居民和在我国常住 1 年以上的外国人、华侨、港澳同胞离开常住地在境内其他地方的旅游设施内至少停留一夜，最长不超过 6 个月的人数。

旅游人天数 指旅游者在旅游目的地停留天数之和，天数按过夜数统计。一个旅游者过一夜为一人天。其公式为：

人天数 = 人数 × 逗留（过夜）天数

第二部分　统计资料

金融、信贷、保险

18-1 历年金融机构信贷

单位：万元

年 份	金融机构存款余额	#城乡居民储蓄余额	金融机构贷款余额
1949	2		4
1950	384	3.6	29
1951	758		304
1952	1369	77	642
1953	1944		2404
1954	3821		4032
1955	6184		5513
1956	6570		3624
1957	8295	770	5374
1958	42995		19647
1959	36855		15835
1960	51866		20955
1961	43504		22116
1962	37457	1042	17203
1963	36075		14861
1964	43435		12819
1965	40699	1423	15210
1966	36967		16385
1967	39015		18885
1968	37482		21327
1969	32976		25625
1970	47548	1803	31152
1971	45005		34014
1972	28793		35846
1973	38832		40790
1974	35661		46368
1975	39615	4654	47471
1976	38028		45120
1977	41410		47896
1978	87138	5496	52625
1979	106491	6869	58558

18-1续表　　单位：万元

年　份	金融机构存款余额	#城乡居民储蓄余额	金融机构贷款余额
1980	46299	9620	46944
1981	51741	11978	50840
1982	59271	16072	55684
1983	80406	21356	61905
1984	99160	29471	70046
1985	116988	39087	108828
1986	141692	52975	148747
1987	157680	69038	178333
1988	209287	116795	307425
1989	234875	120597	243999
1990	292412	168000	339979
1991	373364	222298	406214
1992	472974	282253	490962
1993	562403	361745	593357
1994	731054	502134	697899
1995	883034	667223	840459
1996	1318918	841519	1150795
1997	1587741	996997	1328235
1998	1941725	1197932	1222064
1999	2731379	1396493	2078636
2000	3017675	1525076	2588899
2001	3678484	1722756	2872562
2002	4071960	2078403	3250175
2003	4786654	2554496	3872324
2004	6711675	3060359	7247443
2005	8038994	3795946	8739531
2006	10000775	4530845	9826447
2007	13177568	5113839	11805246
2008	16498303	6405628	14586104
2009	21257139	7758893	19704801
2010	26789189	9259156	25225210
2011	31882103	10536834	32166026
2012	38057598	12432682	37072150

18-2 金融机构信贷

（年末余额）

单位：万元

项目	2011年	2012年	2012年比2011年增长%
各项存款	31882103	38057598	19.4
单位存款	18059141	21831178	20.9
个人存款	10596747	12652668	19.4
储蓄存款	10536834	12432682	18.0
财政性存款	2788891	2873232	3.0
临时性存款	62055	58846	-5.2
委托存款	29945	133727	346.6
其他存款	345323	507947	47.1
各项贷款	32166026	37072150	15.3
境内贷款	32165761	37071484	15.3
短期贷款	6957129	8339087	19.9
#个人贷款及透支	822545	1223182	48.7
单位普通贷款及透支	5946214	6849839	15.2
中长期贷款	24939798	28320650	13.6
#个人贷款	3348974	4077273	21.7
单位普通贷款	20448175	22117990	8.2
其他类贷款	268834	411747	53.2
境外贷款	265	666	151.3

18-3 保险业务情况

单位：万元

项目	2011年	2012年	2012年比2011年增长%
保费收入	408959	471815	15.4
人身保险	214640	257048	19.8
财产保险	194319	214767	10.5
保险业务支出	122070	164831	35.0
人身保险	44073	58336	32.4
财产保险	77997	106495	36.5

主要统计指标解释

信贷资金　国家银行用于发放贷款的资金叫信贷资金。中国人民银行信贷资金的来源有各项存款，对国际金融机构负债、流通中货币、银行自有资金及当年结益等。信贷资金的运用有各项贷款、黄金占款、外汇占款、财政借款及在国际金融机构中的资产。

可保财产额　社会总财产额（包括固定资产和流动资产），剔除按保险公司财产保险条款规定不在保险范围内的财产额（如土地、货币等）和有自保能力不向保险公司投保单位的财产额，所余财产额。

保险金额　又叫承保额。它是保险人对被保险人负担损失补偿或约定给付的金额。它是保险合同上的最高责任额，也是计算保费的依据。

保费　又叫保险费。是保险人根据保险合同的有关规定，为被保险人取得因约定危险事故发生所造成的经济损失补偿（或给付）权利，付给保险人的代价。包括财产险和人身险储金收入。

赔款　保险事故发生后，经查证确属保险责任范围以内的保险标的损失，保险人根据保险合同的规定履行赔偿义务，给予被保险人的款项叫赔款。赔款可分已决赔款和未决赔款两种。

第二部分　统计资料

教育、科技及文化事业

19-1 教育事业基本情况

类　　别	单　位	2011年	2012年	2012年比2011年增长%
学 校 数				
普通高等院校	所	23	23	
成人高等院校	所	1	1	
中等职业教育学校	所	65	60	-7.7
技工学校	所	3	3	
普通中学	所	122	114	-6.6
普通小学	所	341	268	-21.4
在校学生数				
普通高等院校	人	222278	227190	2.2
成人高等院校	人	34775	42848	23.2
中等职业教育学校	人	66520	51148	-23.1
技工学校	人	904	1491	64.9
普通中学	人	155421	155150	-0.2
普通小学	人	176940	173249	-2.1
毕业生数				
普通高等院校	人	53292	60137	12.8
成人高等院校	人	12022	13199	9.8
中等职业教育学校	人	19737	26887	36.2
技工学校	人	510	422	-17.3
普通中学	人	50370	50078	-0.6
普通小学	人	30024	29256	-2.6
专任教师数				
普通高等院校	人	12245	12416	1.4
成人高等院校	人	255	267	4.7
中等职业教育学校	人	2118	2098	-0.9
技工学校	人	120	118	-1.7
普通中学	人	9858	10185	3.3
普通小学	人	9198	8887	-3.4

19-2 高等学校基本情况

单位:所、人

类别	学校数	招生数	在校学生数	毕业生数	教职工数	#专任教师
普通高等院校	**23**	**62507**	**227190**	**60137**	**19172**	**12416**
内蒙古大学	1	5596	21748	5198	2844	1617
内蒙古工业大学	1	5646	23028	5907	2044	1441
内蒙古农业大学	1	7961	30894	7409	2737	1607
内蒙古医学院	1	3287	13308	2671	1327	850
内蒙古师范大学	1	7948	30962	7570	2382	1451
内蒙古财经学院	1	5382	20510	4976	1485	980
内蒙古建筑职业技术学院	1	2888	9015	3317	596	425
内蒙古丰州职业学院	1	446	2242	976	114	60
呼和浩特民族学院	1	2234	6682	1179	530	349
呼和浩特职业学院	1	4100	12132	3839	1109	835
内蒙古电子信息职业技术学院	1	3440	9993	3237	568	493
内蒙古机电职业技术学院	1	3462	10869	3379	622	495
内蒙古化工职业学院	1	2275	8391	3015	528	396
内蒙古商贸职业学院	1	3192	9702	2753	509	347
内蒙古警察职业学院	1		584	279	260	155
内蒙古体育职业学院	1	119	403	294	143	94
内蒙古科技职业学院	1	316	1133	555	127	46
内蒙古北方职业技术学院	1	462	1817	920	158	53
内蒙古经贸外语职业学院	1	245	1459	817	107	45
内蒙古大学创业学院	1	1366	5137	839	418	301
内蒙古师范大学鸿德学院	1	1670	5804	1007	380	292
内蒙古工业职业学院	1	386	938		114	45
内蒙古能源职业学院	1	86	439		70	39
成人高等院校	**1**	**19647**	**42848**	**13199**	**548**	**267**
内蒙古自治区广播电视学院	1	884	1733	897	548	267

注：成人高校招生数、在校学生数、毕业生数均包括普通高校的成人学生数；学校数、教职工数、专任教师不计入其中。

19-3 普通高校研究生情况

单位：人

类别	招生数		在校学生数		毕业生数	
	2011年	2012年	2011年	2012年	2011年	2012年
总计	**4701**	**4842**	**13041**	**13868**	**3459**	**3907**
内蒙古大学	1527	1554	4463	4752	1160	1250
内蒙古工业大学	717	732	2032	2129	529	635
内蒙古农业大学	809	854	2239	2273	643	767
内蒙古医学院	430	468	1167	1299	320	344
内蒙古师范大学	1035	1049	2721	2883	766	851
内蒙古财经学院	183	185	419	532	41	60

19-4 各类在校学生数比例

单位：人

类别	平均每万人拥有在校学生数		平均每一专任教师负担学生数	
	2011年	2012年	2011年	2012年
大学生	1107	1167	21	21
中学生	713	716	16	15
小学生	762	749	19	19

19-5 中等职业教育学校基本情况

单位:所、人

类别	学校数	招生数	在校学生数	毕业生数	教职工数	
						# 专任教师
中等职业学校	**60**	**13507**	**51148**	**26887**	**3533**	**2098**
普通中等专业学校	37	9756	40355	22656	1890	1074
成人中等专业学校	5	68	437	796	131	111
职业高中学校	18	3683	10356	3435	1380	873
其他机构(教学点)	2				132	40

注：教学点不计校数。

19-6 中学基本情况

单位：所、人

类别	学校数	招生数		在校学生数		毕业生数		教职工数	
		初中	高中	初中	高中	初中	高中		#专任教师
总计	**114**	**30773**	**21358**	**93441**	**61709**	**31428**	**18650**	**14008**	**10185**
按学校性质分									
完全中学	37	10277	12362	30964	34618	10617	10437	5414	3888
高级中学	10		8082		24701		7620	1862	1348
十二年一贯制学校	4	742	914	1976	2390	585	593	602	444
初级中学	41	17899		55203		18807		4548	3205
九年一贯制学校	22	1855		5298		1419		1582	1300
按城乡分									
城区	72	21070	14138	61443	40810	19326	12535	8597	6467
镇区	30	7877	6410	26948	18890	10353	5571	4608	3165
乡村	12	1826	810	5050	2009	1749	544	803	553

19-7 小学基本情况

单位：所、人

类别	学校数	招生数	在校学生数	毕业生数	教职工数	#专任教师
总计	**268**	**28448**	**173249**	**29256**	**11262**	**8887**
按部门分						
教育部门	253	25248	153550	25208	10720	8492
民办	15	3200	19699	4048	542	395
按城乡分						
城区	111	19196	115965	18843	5476	4801
镇区	51	6716	43839	7993	3512	2591
乡村	106	2536	13445	2420	2274	1495

19-8 中小学生升学情况

单位：人

项　　目	2011年	2012年	项　　目	2011年	2012年
小学当年毕业生	30024	29256	技工学校招生人数	581	805
初中招生人数	31681	30773	中专招收初中应届毕业生	11741	6759
小学毕业升学率（%）	105.5	105.2	初中毕业升学率（%）	112.2	102.8
初中当年毕业生	32516	31428	高中当年毕业生（含职业高中）	21570	22085
普通高中招生人数	21179	21358	# 考取高等学校人数	20271	20210
职业高中招收初中应届毕业生	2968	3382	高中毕业升学率（%）	94.0	91.5

19-9 技工学校基本情况

单位：所、人

类　　别	学校数	招生数	在校学生数	毕业生数	教职工数	# 专任教师
总　　计	**3**	**805**	**1491**	**422**	**175**	**118**
内蒙古纺织技工学校	1	639	1139	386	61	43
呼和浩特机床附件总厂技工学校	1	45	103	6	33	10
呼市技工学校	1	121	249	30	81	65

19-10 幼儿教育基本情况

单位：所、人

类　　别	园所个数	招生数	在园幼儿数	毕业生数	教职工数	# 专任教师
总　　计	**225**	**21845**	**48354**	**19687**	**5485**	**3039**
按部门分						
教育部门	33	5128	11577	5179	1219	768
其它部门	16	1520	5013	2135	589	285
民　　办	176	15197	31764	12373	3677	1986
按城乡分						
城　　区	141	13540	33516	12471	4369	2399
镇　　区	74	7239	12994	6301	995	569
乡　　村	10	1066	1844	915	121	71

19-11 特殊教育情况

单位：所、个、人

类别	学校数	班数	招生数	在校学生数	毕业生数	教职工数	#专任教师
总计	**5**	**39**	**62**	**321**	**41**	**125**	**99**
按类型分							
视力残疾		7	4	27			
听力残疾	2	17	33	168	19		
智力残疾	3	15	23	118	21		
其他残疾			2	8	1		
按城乡分							
城区	3	30	50	232	38	91	78
镇区	2	9	11	85	3	34	21
乡村			1	4			

19-12 博物馆、展览馆、文物保管所

项目	2011年				2012年			
	单位（个）	职工人数（人）	藏品件数（件）	参观人次数（千人次）	单位（个）	职工人数（人）	藏品件数（件）	参观人次数（千人次）
博物院（馆）	**5**	**328**	**178881**	**1688**	**5**	**256**	**179084**	**1913**
内蒙古博物院	1	225	154374	1400	1	143	154577	1533
内蒙古将军衙署博物院	1	55	4520	180	1	55	4520	180
呼和浩特市博物馆	1	30	11487	20	1	39	11487	100
托县博物馆	1	9	3100	48	1	10	3100	50
和林格尔县盛乐博物馆	1	9	5400	40	1	9	5400	50
展览馆	**2**	**150**		**10**	**2**	**169**	**18**	**10**
内蒙古展览馆	1	72			1	91		
呼和浩特市民族美术馆	1	78		10	1	78	18	10
文物保管所	**5**	**225**	**1765**	**303**	**5**	**125**	**1868**	**160**
呼和浩特市文物管理处	1	194	957	300	1	88	957	140
土左旗文管所	1	7	98		1	9	201	
和林县文管所	1	7	319	3	1	7	319	
清水河县文管所	1	5	191		1	9	191	
武川县文管所	1	12	200		1	12	200	20
内蒙古文物考古研究所	**1**	**35**	**14479**		**1**	**46**	**14479**	

19-13 出 版 事 业

项　　目	单位	2012年	项　　目	单位	2012年
出版单位	个	5	图　　书	种	2592
报　　纸	种	35	总 印 数	万册	4973
总 印 数	万份	14963	#课　本	万册	4563
杂　　志	种	121	使用《中国标准书号》	万册	5019
总 印 数	万册	1107	不使用《中国标准书号》	万册	

19-14 公 共 图 书 馆

项　　目	机构个数（个）	职　工（人）	藏书件数（册、件）	建筑面积（平方米）	阅览室座席数（个）	流通情况（千人次）	#书刊文献外借人次（千人次）	书刊文献外借册次（千册次）
总　　计	**10**	**343**	**3024331**	**42922**	**2900**	**850**	**299**	**537**
自治区级								
内蒙古图书馆	1	180	2318662	28000	1593	560	83	140
市　　级								
呼和浩特市图书馆	1	77	463394	7890	617	100	98	210
县（区）级								
新城区图书馆	1	10	42559	650	80	59	45	59
回民区图书馆	1	7	11400	800	60	12	8	12
玉泉区图书馆	1	5	35007	400	50	10	1	3
赛罕区图书馆	1	10	33022	1500	120	35	17	31
土左旗图书馆	1	13	23797	1270	130	29	19	28
托县图书馆	1	18	34750	1300	70	16	6	17
清水河县图书馆	1	11	19400	112	30	4	2	5
武川县图书馆	1	12	42340	1000	150	25	20	32

19-15 艺术表演团体

项目	团体数(个)	职工(人)	演出场次(场)	#农村演出场次	观众人次数(千人次)
总计	**14**	**1091**	**2355**	**1214**	**1915**
按隶属关系分					
自治区级	6	633	931	188	661
市级	3	288	484	260	394
县（区）级	5	170	940	766	860
按剧种分					
歌剧、舞剧、歌舞剧团	3	566	523	143	412
乌兰牧骑	6	217	1048	832	949
戏曲剧团	3	197	363	191	422
曲、杂、木、皮团	2	111	421	48	132

19-16 群众文化馆

项目	2011年			2012年		
	单位数(个)	馆舍面积(平方米)	职工(人)	单位数(个)	馆舍面积(平方米)	职工(人)
总计	**11**	**16172**	**226**	**11**	**16172**	**227**
自治区级						
内蒙古群众艺术馆	1	3571	46	1	3571	42
市级						
呼和浩特市群众艺术馆	1	3200	85	1	3200	82
县(区)级						
新城区文化馆	1	2000	9	1	2000	10
回民区文化馆	1	1500	14	1	1500	17
玉泉区文化馆	1		5	1		4
赛罕区文化馆	1	1000	19	1	1000	19
土左旗文化馆	1	2080	8	1	2080	11
托县文化馆	1	1600	13	1	1600	13
和林县文化馆	1	400	9	1	400	9
清水河县文化馆	1	546	8	1	546	10
武川县文化馆	1	275	10	1	275	10

19-17 广播电视情况

项　　　目	单　位	2012年	项　　　目	单　位	2012年
广播电台	**座**	**2**	**电 视 台**	**座**	**2**
中、短波发射台及转播台	座	2	1百瓦以上发射台及转播台	座	7
节目套数	套	17	节目套数	套	16
内蒙古人民广播电台			内蒙古电视台		
全年播音时间	时分	59776：00	全年播出时间	时分	68658:40
新闻资讯类节目	时分	9021:30	新闻资讯类节目	时分	9200:45
专题服务类节目	时分	19447:30	专题服务类节目	时分	8721:55
综合类节目	时分	13317:00	综艺益智类节目	时分	2239:30
广播剧类节目	时分	9363:00	影视剧类节目	时分	27201:37
广告类节目	时分	8237:00	广告类节目	时分	10683:03
其他类节目	时分	390:00	其他类节目	时分	10611:50
呼和浩特市人民广播电台			呼和浩特市电视台		
全年播音时间	时分	28511:00	全年播出时间	时分	19040:00
新闻资讯类节目	时分	5163:00	新闻资讯类节目	时分	2189:15
专题服务类节目	时分	9369:00	专题服务类节目	时分	3139:20
综艺类节目	时分	5933:00	综艺益智类节目	时分	1897:30
广播剧类节目	时分	2743:00	影视剧类节目	时分	7427:55
广告类节目	时分	4938:00	广告类节目	时分	3614:00
其他类节目	时分	365:00	其他类节目	时分	772:00
			卫星地球站	**座**	**1**

19-18 大中型工业企业科技活动情况

项　　　目	单 位	2011年	2012年
企业单位情况			
企业单位数	个	70	79
# 有科技活动的企业数	个	23	29
科技活动人员情况			
科技活动人员	人	4133	5125
# 参加科技项目人员	人	3161	3478
# 高中级技术职称及无高中级职称大本以上人员	人	1331	1571
# 研究与试验发展（R&D）人员	人	2157	2719
科技活动经费情况			
科技活动经费支出总额	万元	128090	155814
科技活动经费内部支出	万元	125079	152585
# 研究与试验发展（R&D）经费支出	万元	58045	93925
# 新产品开发经费支出	万元	47603	79072
委托外单位开展科技活动经费	万元	3011	3229
全部科技项目情况			
科技项目数	项	315	428
# 研究与试验发展（R&D）项目	项	198	277
# 新产品开发项目	项	187	277
企业办科技机构情况			
企业办科技机构数	个	38	38
企业办科技机构活动人员	人	1686	2094
机构经费支出	万元	51646	66188
新产品情况			
新产品产值	万元	590236	744139
新产品销售收入	万元	541490	699121
自主知识产权情况			
专利申请数	件	419	371
# 发明专利	件	184	151
有效发明专利数	件	111	280
# 境外授权	件		
技术改造、技术获取情况			
技术改造经费支出	万元	152300	107918
技术引进经费支出	万元	12218	15100
引进技术的消化吸收经费支出	万元	4682	7016
购买国内技术经费支出	万元	3398	1807
政府相关政策落实情况			
研究开发费用加计扣除减免税	万元	259	100
高新技术企业减免税	万元		1128

19-19 工业企业科技活动情况

项　　　　目	单 位	规模以上工业企业	# 大中型工业企业
企业单位情况			
企业单位数	个	273	79
# 有科技活动的企业数	个	35	29
科技活动人员情况			
科技活动人员	人	5657	5125
# 参加科技项目人员	人	3878	3478
# 高中级技术职称及无高中级职称大本以上人员	人	1988	1571
# 研究与试验发展（R&D）人员	人	3049	2719
科技活动经费情况			
科技活动经费支出总额	万元	160703	155814
科技活动经费内部支出	万元	157365	152585
# 研究与试验发展（R&D）经费支出	万元	97783	93925
# 新产品开发经费支出	万元	81852	79072
委托外单位开展科技活动经费	万元	3338	3229
全部科技项目情况			
科技项目数	项	494	428
# 研究与试验发展（R&D）项目	项	319	277
# 新产品开发项目	项	320	277
企业办科技机构情况			
企业办科技机构数	个	51	38
企业办科技机构活动人员	人	2465	2094
机构经费支出	万元	68276	66188
新产品情况			
新产品产值	万元	766134	744139
新产品销售收入	万元	718998	699121
自主知识产权情况			
专利申请数	件	405	371
# 发明专利	件	167	151
有效发明专利数	件	287	280
# 境外授权	件		
技术改造、技术获取情况			
技术改造经费支出	万元	118019	107918
技术引进经费支出	万元	15100	15100
引进技术的消化吸收经费支出	万元	7016	7016
购买国内技术经费支出	万元	1820	1807
政府相关政策落实情况			
研究开发费用加计扣除减免税	万元	580	100
高新技术企业减免税	万元	1562	1128

注：表中大中型工业企业按新的划分标准执行。

主要统计指标解释

普通高等学校 指按国家规定的审批程序批准举办通过全国统一招生考试招收高级中等学校毕业生和具有同等学历者实施高等教育培养高等专门人才的学校。包括大学、专门学院、专科学校和短期职业大学。

成人高等学校在校学生数 成人高等学校是指按照国务院有关规定，经省、自治区、直辖市人民政府、国务院有关部、委批准举办，招收高中毕业或同等学历者，利用脱产、半脱产、业余或函授多种形式对成人实施高等教育，培养相当普通高等学校专科毕业水平的专业人才，修业年限、课程设置和总学时相当二年以上的学校。包括广播电视大学、职业高等学校、管理干部学校、教育（教师进修）学校、独立设置的函授学院和高等学校举办的函授部、夜大学等。在校生数：是指具有学籍的注册学生总数。

毕业生数 指上学年度内具有学籍的学生学完教学计划规定的全部课程考试及格实际毕业的学生数。不包括结业生和肄业生数。

招生数 指新学年开学时一年级实际招收入学的新生数。不包括留级生和复学生数。

在校学生数 指学年初具有学籍的在校生总数。

学龄儿童入学率 指调查范围内已入小学学习的学龄儿童占校内外学龄儿童总数（包括弱智儿在内但不包括盲聋哑儿童）的比重。

计算公式：学龄儿童入学率＝已入学的小学学龄儿童数/校内外小学学龄儿童总数×100%

专任教师 指主要从事教学工作的人员。包括临时（一年以内）调去帮助做其他工作的教学人员。高等学校函授部、夜大学的专任教师和承担科研任务为担任教学工作仍属教师编制的人员应计入专任教师中。专任教师不包括调离教学岗位担任行政领导工作或其他工作的原教学人员。

平均每万人口学生数 指一个国家或一个地区各级各类学校学生数与同范围的人口总数（以万人为单位）之比。它反映一个国家或地区人民受教育的密度。计算公式为：

平均每万人口学生数＝学生数(人)/人口总数（万人）

平均每一教师负担学生数 指各级各类学校学年初在校学生数与专任教师数之比。它反映教师负担学生的教学工作量。计算公式为：

平均每一教师负担学生数＝学年初在校学生数/学年初专任教师数

中等职业教育学校 是指按国家规定的设置标准和审批程序批准建立的，招收初中（或部分高中）毕业生或同等学历者，实施中等职业技术教育，培养中等职业技术人才的学校。招收初中毕业生的，修业年限一般为三至四年；招收高中毕业生的，修业年限一般为二年至三年。包括中等专业学校、技工学校、职业中学（高中）等。

初中毕业生升学率 该升学率分子为普通高中和技工学校的招生数，以及中等职业学校招收的应届初中毕业生数，分母为初中（含职业初中）毕业生人数。

文化事业机构 指从事专业文化工作和为专业文化工作服务的单独核算、独立建制的单位。不包括文化主管部门直属单位举办的其他行业和各部门的业余文化组织。

艺术表演团体 指从事戏曲、音乐、舞蹈、杂技等专业艺术表演有独立帐户实行单独核算的团体。不包括半工半艺、半农半艺的业余剧团。

艺术表演观众人数（人次） 指售票、包场演出或民族地区免费演出的艺术表演观众人次数。不包括彩排审查和内部观摩演出的观看人次数。

公共图书馆图书藏量 指图书馆已编目的古籍、图书、期刊、和报纸的合订本、小册子、手稿、以及缩微制品、录像带、录音带、光盘等听视文献资料数量总和。

第二部分　统计资料

体育、卫生及其他事业

20-1 体育事业基本情况

项　　目	单 位	2011年	2012年
体育场地			
体 育 场	个	10	10
观众席位	个	98000	98000
体 育 馆	个	7	7
观众席位	个	16700	16700
游 泳 池	个	20	20
室　内	个	9	9
室　外	个	11	11
球类场地	个	732	732
# 有固定看台灯光球场	个	6	6
门 球 场	个	46	46
足 球 场	个	3	3
篮 球 场	个	552	552
排 球 场	个	125	125
室内外网球场馆	个	72	72
田 径 房	个	1	1
击剑房馆	个	1	1
举 重 馆	个	2	2
棋牌房馆	个	18	18
田 径 场	个	64	64
小运动场	个	107	107
射击场、室内射击场	个	6	6
台球房馆	个	19	19
赛 马 场	个	1	1
垒 球 馆	个		

20-1续表

项　　　　目	单　位	2011年	2012年
乒乓球馆	个	12	12
摔柔房馆	个	6	6
健 身 房	个	65	65
篮 球 馆	个	10	10
保龄球房馆	个	7	7
武术房馆	个	1	1
羽毛球房馆	个	7	7
非标准场地	个	544	544
举办运动会情况			
举办运动会次数	次	80	75
体育学院(校)			
在校学生	人	683	640
专职教练员	人	72	72
体育比赛获奖牌情况			
总　　计	枚	7	7
金　　牌	枚	1	1
国际、国家级	枚	1	1
自治区级	枚		
银　　牌	枚	5	5
国际、国家级	枚	5	5
自治区级	枚		
铜　　牌	枚	1	1
国际、国家级	枚	1	1
自治区级	枚		

20-2 卫生事业基本情况

项　　目	机构数（个）	床位数（张）	全部职工数（人）	#卫生技术人员
总　计	**1831**	**13225**	**23995**	**17990**
医院合计	67	10880	14877	11550
综合医院	41	7984	11659	9003
中医医院	8	761	1026	797
中西医结合医院	1	28	22	17
民族医院	2	57	59	54
专科医院	15	2050	2111	1679
口腔医院	1	15	95	80
传染病医院	1	200	289	218
妇产(科）医院	1	61	176	99
精神病医院	2	780	729	656
皮肤病医院	2	40	36	32
骨科医院	1	400	416	330
康复医院	1	350	138	89
其他专科医院	6	204	232	175
基层医疗卫生机构	1709	1879	6335	4158
社区服务中心（站）	159	1036	1949	1753
卫生院	79	843	707	665
村卫生室	992		2065	155
门诊部	5		112	100
诊所、卫生所、医务室	474		1502	1485
专业公共卫生机构	43	446	2629	2174
疾病预防控制中心（防疫站）	12		900	693
专科疾病防治院（所、站）	4	11	153	116
健康教育所（站、中心）	2		22	11
妇幼保健院（所、站）	11	435	1058	912
急救中心（站）	1		22	12
采供血机构	1		102	73
卫生监督所（中心）	11		359	346
计划生育技术服务机构	1		13	11
其他卫生机构	12	20	154	108
疗养院	1	20	59	51
其他卫生机构	11		95	57

20-3 卫生技术人员分布

单位:人

	卫生技术人员	执业医师	执业助理医师	护师（士）	药师（士）	技师（士）	其他
总　　计	**17990**	**6689**	**727**	**7019**	**1216**	**1036**	**1303**
医院合计	11550	4171	185	5434	594	658	508
综合医院	9003	3308	138	4324	429	496	308
中医医院	797	357	12	234	81	31	82
中西医结合医院	17	5	2	6	2	2	
民族医院	54	28	1	14	4	4	3
专科医院	1679	473	32	856	78	125	115
口腔医院	80	45	3	27	2	1	2
传染病医院	218	76	1	78	20	17	26
妇产(科)医院	99	14	5	62	4	7	7
精神病医院	656	137	2	407	13	53	44
皮肤病医院	32	13	1	9	8	1	
骨科医院	330	138	1	118	17	32	24
康复医院	89	14	2	66	3	4	
其他专科医院	175	36	17	89	11	10	12
基层医疗卫生机构	4158	1720	435	1060	572	124	247
社区服务中心（站）	1753	692	112	604	198	71	76
卫生院	665	244	172	67	21	17	144
村卫生室	155	68	79	8			
门诊部	100	40	3	37	3	11	6
诊所、卫生所、医务室	1485	676	69	344	350	25	21
专业公共卫生机构	2174	748	103	484	48	252	539
疾病预防控制中心（防疫站）	693	326	37	27	7	157	139
专科疾病防治院（所、站）	116	44	11	24	3	17	17
健康教育所（站、中心）	11	3		2			6
妇幼保健院（所、站）	912	352	51	389	34	56	30
急救中心（站）	12	2	2	5		2	1
采供血机构	73	16	2	32	3	20	
卫生监督所	346						346
计划生育技术服务机构	11	5		5	1		
其他卫生机构	108	50	4	41	2	2	9
疗养院	51	25	1	20	2	2	1
其他卫生机构	57	25	3	21			8

20-4 医疗机构门诊、住院及病床使用情况

项　　目	诊疗人次数（人次）	入院人数（人）	病床使用率（%）	出院者平均住院日（天）
总　计	**8978133**	**303714**	**82.57**	**11.00**
医院合计	4135330	271783	87.93	11.50
综合医院	3301456	230918	90.12	10.80
中医医院	519942	17791	80.22	13.10
中西医结合医院	11573	62	4.28	7.00
民族医院	13340	215	21.57	11.60
专科医院	289019	22797	83.67	16.80
口腔医院	44317			
传染病医院	25173	2875	90.11	18.50
妇产(科）医院	6682	1055	41.86	4.40
精神病医院	87569	3493	93.05	57.20
皮肤病医院	15001			
骨科医院	79007	9224		
康复医院	81	20		
其他专科医院	31189	6130		
基层医疗卫生机构	4377203	15271	50.45	7.70
社区服务中心（站）	1544026	6200	66.12	10.80
卫生院	402733	9071	31.10	5.60
村卫生室	1336678			
门诊部	80467			
诊所、卫生所、医务室	1013299			
专业公共卫生机构	446651	16660	77.23	6.70
专科疾病防治院（所、站）	3341	197	72.48	15.00
妇幼保健院（所、站）	411394	16463	77.36	6.60
急救中心（站）	31916			
其他卫生机构	18949			
疗养院	18949			

20-5 婚 姻 情 况

单位:对

项目	2011年	2012年	项目	2011年	2012年
准予登记结婚对数	23917	30270	每千人结婚对数	10.2	13.1
内地居民登记结婚对数	23860	30213	每千人离婚对数	1.48	1.6
涉外及华侨、港澳台登记结婚对数	57	57	平均每天结婚对数	65.5	82.9
离婚登记对数	3485	3796	平均每天离婚对数	9.5	10.4

20-6 基 层 工 会 情 况

单位：个、人

项目	工会数	年末职工人数	#女职工	年末会员人数	#女会员
总计	**10677**	**805482**	**274624**	**776051**	**261498**
新城区	2028	144828	68412	144253	68290
回民区	1910	92451	26652	83085	24011
玉泉区	971	32539	16037	30013	15859
赛罕区	2000	78477	21436	75718	20858
土左旗	753	62981	14103	61338	13454
托县	867	51464	12422	51419	12412
和林	708	44308	17624	44052	17612
清水河	416	37313	14038	37300	14035
武川	493	21410	3580	21357	3580
商贸农林水务工会	49	24261	15966	14093	7695
建筑建材公路运输工会	81	69719	8325	69626	8325
轻纺化工机电工会	15	55469	23575	54439	23152
直属机关工会	177	30517	5965	30121	5943
教科文卫工会	74	10351	5732	10351	5732
直属基层工会	135	49394	20757	48886	20540

20-7 妇女组织、工作情况

项目	单位	2011年	2012年	项目	单位	2011年	2012年
妇联机构	个	81	81	女职工委员会数	个	10	10
旗县以上	个	10	10	三八红旗集体			
乡镇街道	个	71	71	三八红旗手	个		
基层妇代会总数	个	1224	1224	巾帼建功标兵数	人	100	100
城市	个	221	260	维权法庭	个	6	6
农村	个	1003	964	法律帮助机构	个	85	85
机关事业单位妇委会	个	65	68	巾帼创业带头人数	人		

20-8 共青团基本情况

单位:个、人

行业	基层团支部	14-35岁青年	# 14-28岁	年末团员数	# 少数民族	发展新团员	团员入党
总计	**4003**	**670471**	**485769**	**287468**	**16741**	**13817**	**1212**
农、林、牧、渔业	1071	248465	240013	200018	2755	1709	482
采掘业	4	21500	11002	135	14		
制造业	102	40875	31033	6277	275	20	10
电力煤气及水的生产和供应业	53	27732	18660	2113	133	8	5
建筑业	8	15330	5881	172	125	14	6
地质勘查、水利管理业	6	12800	2430	518	50	20	3
交通运输、仓储及邮电通讯业	36	38822	30004	177	20	9	4
批发零售贸易、餐饮业	29	31355	10069	10034	277	15	15
金融、保险业	10	15120	5026	4856	36	6	4
房地产业	4	16220	933	95	7	2	1
社会服务业	6	31892	10255	3377	399	320	20
教育、文化艺术和广播影视事业	2492	111732	98772	55300	10433	10021	227
卫生、体育和社会福利事业	40	17005	6396	805	223	152	16
科学研究和综合技术服务业	36	15963	4041	133	59	22	2
国家机关、政党机关和社会团体	56	16612	6221	1799	1058	775	178
其他	50	9048	5033	1659	877	724	239

20-9 律师、公证、调解工作基本情况

项目	单位	2011年	2012年	2012年比2011年增长%
律师工作				
律师事务所	个	41	58	41.5
律　　师	人	369	562	52.3
专职律师	人	327	506	54.7
兼职律师	人	42	56	33.3
聘请担任常年法律顾问	家	342	395	15.5
民事、经济诉讼代理	件	1775	1780	0.3
刑事辩护及代理	件	608	741	21.9
非诉讼法律事务	件	135	409	203.0
涉外法律事务	件			
解答法律咨询	件	3695	3984	7.8
代写法律事务文书	件	1934	2325	20.2
公证工作				
公 证 处	个	5	10	100.0
公证人员	人	121	230	90.1
#公 证 员	人	23	36	56.5
公证员助理	人	48	103	114.6
办理公证文书	件	78532	84081	7.1
人民调解工作				
专职司法助理员	人	223	234	4.9
人民调解委员会	个	1476	1473	-0.2
调解人员	人	8359	8909	6.6
调解民间纠纷	件	4084	8842	116.5

20-10 优抚安置、社会救济及殡葬情况

项　　目	单　位	2011年	2012年
优抚安置			
优抚安置单位	个	7	7
优抚安置单位职工人数	人	165	133
优抚对象总人口	人	4933	5678
# 伤残人员	人	2084	2072
烈士家属	人	170	146
牺牲病故军人家属	人	117	122
优抚优待对象户数	户	1633	2097
优抚优待总金额	万元	1360.8	2366.2
社会救济			
城镇居民最低生活保障人数	人	71188	56488
城镇居民低保资金	万元	29155.4	23974.0
农村居民最低生活保障人数	人	73927	74092
农村居民低保资金	万元	12737.2	12303.0
社会捐赠			
捐赠数额	万元		
捐赠衣被合计	万件		
城镇社区服务			
城镇社区服务机构	个	277	267
职工人数	人	2020	2561
机构建筑面积	平方米	51121	49291
便民利民服务网点数	个	1216	1214
社区服务志愿者组织数	个	269	133
殡仪服务			
单位数	个	4	4
# 殡仪馆	个	2	2
职工人员	人	137	138
火 化 炉	座	7	8
全年处理遗体数	具	5749	6225

20-11 社会福利单位基本情况

项目	机构数（个）	职工人数（人）	床位（张）	年末在院（站）人数（人）
收养性社会服务机构	**41**	**618**	**3773**	**2536**
光荣院	4	58	226	111
社会福利院	1	110	218	218
儿童福利机构	1	100	500	347
智障与精神疾病服务机构	1	143	350	339
城市养老服务机构	3	50	466	224
农村养老服务机构	31	157	2013	1297
救助类社会服务机构	**1**	**53**		
社会福利企业	**56**	**2168**		

20-12 全社会用电量

单位：万千瓦时

项目	2012年	项目	2012年
全社会用电量	**1534810**		
城乡居民生活用电	140701	建筑业	25956
城镇居民	94460	交通运输、仓储、邮政业	63055
乡村居民	46241	信息传输、计算机服务和软件业	15148
全行业用电合计	1394109	商业、住宿和餐饮业	88121
农、林、牧、渔业	39455	金融、房地产、商务及居民服务业	13069
工业	1126259	公共事业及管理组织	23047

20-13 刑事案件、交通事故、火灾情况

项目	单位	2011年	2012年
刑事案件			
立案数	件	21478	27662
市区	件	18657	23798
旗县	件	2821	3864
损失财物折款	万元	15897	18058
缴获财物折款	万元	413	1092
破案率	%	24.2	71.7
交通事故			
次数	起	679	606
市区	起	347	333
旗县	起	332	273
死亡	人	133	136
市区	人	66	67
旗县	人	67	69
伤人	人	815	631
市区	人	266	324
旗县	人	549	307
损失折款	万元	181	131
火灾情况			
发生数	起	2407	1730
死亡人数	人	6	5
伤人数	人	5	
损失折款	万元	178	466
补充资料			
交通设施			
信号灯控制岗	处	189	193
可监控路口	处	158	45
消防设施			
消防队数	队	16	16
消防车辆	辆	102	92

20-14 城市环境污染状况

项　　目	单　位	2011年	2012年
废　　水			
工业废水排放总量	万吨	2476	2187
工业废水排放达标量	万吨	2476	2187
工业废水化学需氧量排放量	吨	8668	10348
工业废水治理设施数	套	87	87
工业废水治理设施处理能力	万吨/日	14.88	21.56
废　　气			
工业废气排放总量	亿标立方米	3359	2328
燃烧过程中废气排放量	亿标立方米		
生产工艺过程中废气排放量	亿标立方米		
工业二氧化硫排放量	吨	107100	99375
工业二氧化硫去除量	吨		
烟尘排放量	吨	25329	18372
烟尘去除量	吨		
工业粉尘排放量	吨		
工业粉尘去除量	吨		
固体废弃物			
工业固体废物产生量	万吨	886	1122
工业固体废物排放量	吨		
工业固体废物贮存量	万吨	53	4.95
工业固体废物处置量	吨	475	716
工业固体废物综合利用量	万吨	357.4	401.0
工业固体废物综合利用率	%	40.3	35.7
工业增加值主要工业污染物排放强度			
废　　水	吨/万元	4.73	2.97
COD	吨/万元	0.001	0.001
SO_2	吨/万元	0.01	0.01
烟　　尘	吨/万元	0.003	0.002

20-15 城市环境综合整治定量考核指标

项　　目	单　位	2011年	2012年
环境质量指标			
API指数小于等于100的天数占全年天数比例	%	95.07	95.34
可吸入颗粒物浓度年均值	毫克/立方米	0.076	0.092
二氧化硫浓度年均值	毫克/立方米	0.05	0.05
二氧化氮浓度年均值	毫克/立方米	0.04	0.04
集中式饮用水水源地水质达标率	%	100	100
城市地表水环境功能区水质达标率	%	100	100
区域环境噪声平均值	dB(A)	54.60	54.50
交通干线噪声平均值	dB(A)	69.30	69.30
污染控制指标			
清洁能源使用率	%	53.33	58.88
机动车环保定期检测率	%	81.10	81.13
工业固体废物处置利用率	%	93.97	99.55
危险废物集中处置率	%	100	100
重点工业企业工业废水排放达标率	%	100	100
重点工业企业工业烟尘排放达标率	%	100	100
重点工业企业工业二氧化硫排放达标率	%	100	100
重点工业企业工业粉尘排放达标率	%	100	100
环境建设指标			
城市生活污水集中处理	%	95.50	96.00
生活垃圾无害化处理率	%	97.99	98.00
建成区绿化覆盖率	%	36.00	36.06

主要统计指标解释

体育场 指有 400 米跑道（中心含足球场），有固定道牙，跑道 6 条以上，并有固定看台的室外田径场地。体育场按看台容纳观众人数分为：甲级 25000 人以上，乙级 15000－25000 人，丙级 5000－15000 人，丁级 5000 人以下。

体育馆 指有固定看台，可供篮球、排球、羽毛球、乒乓球、体操等项目训练比赛活动用的室内运动场地。体育馆按看台容纳观众人数分为：甲级 6000 人以上，乙级 4000－6000 人，丙级 2000－4000 人，丁级 2000 人以下。

医院 指设有固定床位，能收容病人住院并能为病人提供医疗、护理服务的医疗机构，包括县及县以上医院、农村乡卫生院和其他医疗。

床位数 指各级各类医院本年 10 月底的固定实有床位（非编制床位）。包括正规床、简易床、监护床和正在消毒、修理的床位及因扩建或大修理而停用的床位（按扩建或大修理前的床位计算），但不包括产科的新生儿床、库存床、临时增设的床位、病人家属的陪床、接产室的待产床等。

卫生技术人员 指卫生事业机构支付工资的全部固定职工和合同制职工中现任职务为卫生技术工作的专业人员。包括中医师、西医师、中西医结合高级医师、护师、中药师、西药师、检验师、其他技师、中医士、西医士、护士、助产士、中药剂师、西药剂士、检验士、其它技工、其它中医、护理员、中药剂员、西药剂员、检验员、其它初级卫生技术人员。

社会福利事业单位 指集中收养社会孤、老、残、幼的机构。包括由民政部门管理的社会福利院、儿童福利院、精神病人福利院和城镇集体办的福利院，以及农村集体举办的敬老院。

社会福利事业单位收养人数包括民政部门管理和城镇、农村集体举办的社会福利事业单位中收养的老人、少年儿童、缺乏生活自理能力的残疾人员和精神病人。

社会福利企业单位 指以安置城镇有一定劳动能力的盲、聋、哑和肢体残疾人员就业为目的，享受国家减免税待遇的国有或集体企业。包括福利工厂、福利商业和服务业、假肢厂和安置农场等单位。

城镇居民最低生活保障人数 指在城镇建立居民最低生活保障制度的地区，得到当地政府给予最低生活保障的非农业人口数，包括“三无对象”，失业人员和在职、下岗、退休人员等

农村居民最低生活保障人数 指在建立农村居民最低生活保障制度的地区，得到当地政府给予最低生活保障的农业人口数，

城镇社区服务设施数 指报告期末城镇街道办事处、居委会设立以非赢利为目的，为本社区居民服务，特别是为老年人、残疾人、儿童服务的社区服务中心、活动站、服务站、养老院、老年公寓、残疾人工疗站、残疾儿童日托所、家务服务站、婚姻介绍所等福利性设施以及职工社会保险管理服务的机构数。几种不同类型的社区服务单位，共用一个场所的，只能统计为一个社区服务设施。条件是：（1）独立核算单位；（2）有固定的从业人员（3）有一定的服务项目；（4）有一定的场所。

城镇便民利民服务网点数 指年末居委会建立的、方便社区居民生活服务的网点数。

刑事案件立案数 指年内发生并达到公安等司法部门规定的立案标准的刑事案。刑事案件是指需依法追究刑事责任并由公安等司法机关立案处理的案件。

火灾 指个人烧毁财物直接损失折款在 50 元以上；国家、集体烧毁财物直接损失折款在 100 元以上；因火灾死亡或重伤 1 人的火灾。

律师工作者 指受聘参加法律顾问处工作，提任法律顾问、刑（民）事代理人、刑事辩护人，办理非诉讼事件、解答法律询问、代写法律事务文书等主要从事律师业务的专职法律工作者和兼职律师。

公证人员 指在国家公证机关依法办理公证事务的司法人员。包括公证员、助理公证员和在公证处工作的其他人员。

办理公证文书 指公证处在一定时期内办结的公证文书件数。公证文书系按司法部规定或批准的格式制作。包括国内公证和涉外公证两部分。其中国内公证分为经济合同公证和民事法律关系公证两大类。

工业废水排放量 指经过企业厂区所有排放口排到企业外部的工业废水量。包括生产废水、外排的直接冷却水、超标排放的矿井地下水和与工业废水混排的厂区生活污水，不包括外排的间接冷却水（清污不分流的间接冷却水应计算在内）。

工业废水排放达标量 指各项指标都达到国家或地方排放标准的外排工业废水量，包括未经处理外排达标或经过处理后外排达标两部分。

工业固体废物综合利用量 指通过回收、加工、循环、交换等方式，从固体废物中提取或者使其转化为可以利用的资源、能源和其他原材料的固体废物量（包括当年利用往年的工业固体废物累计贮存量），如用作农业肥料、生产建筑材料、筑路等。综合利用量由原产生固体废物的单位统计。

工业粉尘排放量 指生产工艺过程中排放固体粉状物重量。

第二部分　统计资料

旗、县、区统计资料

21-1 新城区社会经济主要指标

指　　　　标	单　位	2011年	2012年	2012年比2011年增长%
行政区域土地面积	**平方公里**	**700**	**661**	**-5.6**
人口和就业				
年末总人口	人	367522	368857	0.4
# 男　性	人	183044	182923	-0.1
# 乡村人口	人	50265	49549	-1.4
年末总户数	户	128464	130458	1.6
# 乡村户数	户	18251	18615	2.0
出生人口	人	3326	3759	13.0
死亡人口	人	896	3631	305.2
全社会就业人员	人	321905	327190	1.6
第一产业	人	12838	18120	41.1
第二产业	人	88416	87920	-0.6
第三产业	人	220651	221150	0.2
在岗职工人数	人	82624	82873	0.3
乡村劳动力	人	35963	35589	-1.0
# 农林牧渔业	人	20513	18120	-11.7
国民经济综合指标				
地区生产总值	万元	4542096	5145999	11.0
第一产业	万元	19836	21743	4.0
第二产业	万元	606861	670530	9.2
# 工　业	万元	288015	302263	3.6
第三产业	万元	3915399	4453726	11.3
人均生产总值	元	121346	135924	9.8
全社会固定资产投资	万元	1932889	2302954	19.1
按登记注册类型分				
# 国　有	万元	1047295	1134725	8.3
集　体	万元	18300	39947	118.3
有限责任公司	万元	73799	456279	518.3
股份有限公司	万元	142968	274693	92.1

21-1续表1

指　　标	单　位	2011年	2012年	2012年比2011年增长%
私营企业	万元	642607	353867	-44.9
外商及港澳台投资企业	万元			
按城乡渠道分				
城　镇	万元	1932889	2302954	19.1
农　村	万元			
一般预算收入	万元	392804	277778	-29.3
一般预算支出	万元	147945	144294	-2.5
城乡居民储蓄存款余额	万元			
在岗职工工资总额	万元	354734	431387	21.6
在岗职工平均工资	元	40289	43431	7.8
城镇居民人均可支配收入	元	31741	35875	13.0
农牧民人均纯收入	元	12750	14549	14.1
农村牧区经济				
耕地面积	公顷	9364	9364	
农作物总播种面积	公顷	6534	6535	
# 粮食作物播种面积	公顷	5852	5759	-1.6
有效灌溉面积	公顷	4080	3410	-16.4
农牧业机械总动力	万千瓦	5.40	3.41	-36.9
化肥施用折纯量	吨	147	150	2.0
农村用电量	万千瓦小时	1401	1520	8.5
农林牧渔业总产值	万元	35840	39031	3.3
粮食产量	吨	15178	9089	-40.1
油料产量	吨	84	85	1.2
甜菜产量	吨			
猪牛羊肉产量	吨	1797	2173	20.9
猪肉产量	吨	1120	1398	24.8
牛肉产量	吨	197	256	29.9
羊肉产量	吨	480	519	8.1

21-1续表2

指　　　　　标	单　位	2011年	2012年	2012年比2011年增长%
羊毛产量	吨	69	86	24.6
年末牲畜存栏头数	万头只	7.60	6.60	-13.2
大牲畜	万头只	1.40	0.70	-50.0
羊	万只	4.40	4.40	
猪	万头	1.80	1.50	-16.7
规模以上工业				
工业企业单位数	个	21	24	14.3
# 内资企业	个	21	24	14.3
工业总产值	万元	478148	515922	7.9
内资企业	万元	478148	515922	7.9
国有企业	万元	405616	405099	-0.1
集体企业	万元			
股份合作企业	万元			
联营企业	万元			
有限责任公司	万元	22423	37097	65.4
股份有限公司	万元			
私营企业	万元	50109	61515	22.8
其他企业	万元		12211	
港澳台商投资企业	万元			
外商投资企业	万元			
工业企业增加值	万元			1.8
工业企业资产总计	万元	643725	467808	-27.3
工业企业负债合计	万元	490985	412581	-16.0
工业企业产品销售收入	万元	139274	157705	13.2
工业企业利润总额	万元	12344	15745	27.6
建筑业				
建筑企业单位数	个	61	66	8.2
建筑企业从业人员	人	25685	23506	-8.5
建筑业总产值	万元	882635	956146	8.3

21-1续表3

指　　标	单　位	2011年	2012年	2012年比2011年增长%
交通运输邮电通信业				
公路里程	公里			
邮电业务总量	万元			
本地电话用户	户			
国内贸易				
社会消费品零售总额	万元	2687731	3048899	13.4
科技教育卫生				
各类专业技术人员	人	4088	3915	-4.2
幼儿园数	所	28	29	3.6
学龄儿童入学率	%	100.0	100.0	
小学学校数	所	43	43	
小学专任教师数	人	1827	1908	4.4
小学在校学生数	人	40507	40923	1.0
普通中学学校数	所	22	23	4.5
普通中学专任教师数	人	2115	2120	0.2
初中在校学生数	人	19058	15103	-20.8
高中在校学生数	人	14505	15103	4.1
卫生机构数	所	21	21	
#医　院	所	19	19	
卫生院	所	2	2	
床位数	张	2183	2344	7.4
#医　院	张			
卫生院	张			
卫生技术人员	人	3445	2832	-17.8
#医　院	人			
卫生院	人			

21-2 回民区社会经济主要指标

指　　标	单　位	2011年	2012年	2012年比2011年增长%
行政区域土地面积	**平方公里**	**175**	**194**	**10.9**
人口和就业				
年末总人口	人	239331	236367	-1.2
#男　性	人	120039	118356	-1.4
#乡村人口	人	48624	46817	-3.7
年末总户数	户	86753	87066	0.4
#乡村户数	户	14735	14928	1.3
出生人口	人	2094	2175	3.9
死亡人口	人	1022	3113	204.6
全社会就业人员	人	170706	172167	0.9
第一产业	人	4701	4810	2.3
第二产业	人	55048	56170	2.0
第三产业	人	110957	111187	0.2
在岗职工人数	人	42103	42657	1.3
乡村劳动力	人	41516	42647	2.7
#农林牧渔业	人	4907	4729	-3.6
国民经济综合指标				
地区生产总值	万元	2700461	3104476	12.0
第一产业	万元	4945	5413	3.9
第二产业	万元	512154	602855	14.0
#工　业	万元	358686	412401	13.5
第三产业	万元	2183362	2496208	11.4
人均生产总值	元	113302	131341	11.2
全社会固定资产投资	万元	737474	939748	27.4
按登记注册类型分				
#国　有	万元	288449	306155	6.1
集　体	万元		23932	
有限责任公司	万元	207238	529938	155.7
股份有限公司	万元	900	853	-5.2

21-2续表1

指　　标	单　位	2011年	2012年	2012年比2011年增长%
私营企业	万元	223787	57850	-74.1
外商及港澳台投资企业	万元	12100	3650	-69.8
按城乡渠道分				
城　镇	万元	737474	939748	27.4
农　村	万元			
一般预算收入	万元	101918	122218	19.9
一般预算支出	万元	129539	121837	-5.9
城乡居民储蓄存款余额	万元			
在岗职工工资总额	万元	154241	161084	4.4
在岗职工平均工资	元	38093	42142	10.6
城镇居民人均可支配收入	元	27908	31640	13.4
农牧民人均纯收入	元	13100	14975	14.3
农村牧区经济				
耕地面积	公顷	786	834	6.1
农作物总播种面积	公顷	786	834	6.1
# 粮食作物播种面积	公顷	731	769	5.2
有效灌溉面积	公顷	470	495	5.3
农牧业机械总动力	万千瓦	0.62	0.64	3.2
化肥施用折纯量	吨	129	136	5.4
农村用电量	万千瓦小时	2013	2104	4.5
农林牧渔业总产值	万元	8949	9733	3.2
粮食产量	吨	3611	3072	-14.9
油料产量	吨	17	6	-64.7
甜菜产量	吨			
猪牛羊肉产量	吨	396	352	-11.1
猪肉产量	吨	185	164	-11.4
牛肉产量	吨	148	121	-18.2
羊肉产量	吨	63	67	6.3

21-2续表2

指　　标	单　位	2011年	2012年	2012年比2011年增长%
羊毛产量	吨			
年末牲畜存栏头数	万头只	0.71	0.81	14.1
大牲畜	万头只	0.21	0.24	14.3
羊	万只	0.27	0.28	3.7
猪	万头	0.23	0.29	26.1
规模以上工业				
工业企业单位数	个	17	16	-5.9
# 内资企业	个	14	13	-7.1
工业总产值	万元	450510	495110	9.9
内资企业	万元	286468	281022	-1.9
国有企业	万元	44384	53275	20.0
集体企业	万元			
股份合作企业	万元			
联营企业	万元			
有限责任公司	万元	50768	98797	94.6
股份有限公司	万元	78566		-100.0
私营企业	万元	112750	126693	12.4
其他企业	万元		2258	
港澳台商投资企业	万元	160915	210909	31.1
外商投资企业	万元	3127	3179	1.7
工业企业增加值	万元			14.0
工业企业资产总计	万元	1086593	956172	-12.0
工业企业负债合计	万元	907561	808606	-10.9
工业企业产品销售收入	万元	567690	457494	-19.4
工业企业利润总额	万元	6685	-16485	-346.6
建筑业				
建筑企业单位数	个	39	41	5.1
建筑企业从业人员	人	11432	12434	8.8
建筑业总产值	万元	259172	341674	31.8

21-2续表3

指　　标	单　位	2011年	2012年	2012年比2011年增长%
交通运输邮电通信业				
公路里程	公里			
邮电业务总量	万元			
本地电话用户	户			
国内贸易				
社会消费品零售总额	万元	2738237	3143754	14.8
科技教育卫生				
各类专业技术人员	人	8424	8397	-0.3
幼儿园数	所	36	36	
学龄儿童入学率	%	100.0	100.0	
小学学校数	所	35	35	
小学专任教师数	人	986	1107	12.3
小学在校学生数	人	21351	22029	3.2
普通中学学校数	所	20	18	-10.0
普通中学专任教师数	人	1612	2079	29.0
初中在校学生数	人	15109	21035	39.2
高中在校学生数	人	12420	13141	5.8
卫生机构数	所	169	169	
#医　院	所	18	15	-16.7
卫生院	所	1	1	
床位数	张	4401	4527	2.9
#医　院	张	4391	4517	2.9
卫生院	张	10	10	
卫生技术人员	人	5301	5322	0.4
#医　院	人	5207	5307	1.9
卫生院	人	15	15	

21-3 玉泉区社会经济主要指标

指　　标	单　位	2011年	2012年	2012年比2011年增长%
行政区域土地面积	**平方公里**	**207**	**207**	
人口和就业				
年末总人口	人	201257	198147	-1.5
#男　性	人	101211	99457	-1.7
#乡村人口	人	50456	49763	-1.4
年末总户数	户	78951	78079	-1.1
#乡村户数	户	19521	19583	0.3
出生人口	人	1794	2010	12.0
死亡人口	人	668	4772	614.4
全社会就业人员	人	98930	98940	
第一产业	人	13670	13279	-2.9
第二产业	人	29728	29725	
第三产业	人	55532	55936	0.7
在岗职工人数	人	18717	20328	8.6
乡村劳动力	人	22207	23592	6.2
#农林牧渔业	人	13670	13279	-2.9
国民经济综合指标				
地区生产总值	万元	2187637	2502871	11.9
第一产业	万元	27100	30198	5.8
第二产业	万元	803975	904128	11.1
#工　业	万元	655365	732929	10.4
第三产业	万元	1356562	1568545	12.5
人均生产总值	元	109418	125330	12.5
全社会固定资产投资	万元	991885	1305594	31.6
按登记注册类型分				
#国　有	万元	322224	294872	-8.5
集　体	万元	15000		-100.0
有限责任公司	万元	340077	733374	115.6
股份有限公司	万元	30435	93905	208.5

21-3续表1

指　　　　　标	单　位	2011年	2012年	2012年比2011年增长%
私营企业	万元	279874	163669	-41.5
外商及港澳台投资企业	万元	3465	9800	182.8
按城乡渠道分				
城　镇	万元	991885	1305594	31.6
农　村	万元			
公共财政预算收入	万元	98646	115867	17.5
公共财政预算支出	万元	79436	107747	35.6
城乡居民储蓄存款余额	万元			
在岗职工工资总额	万元	81573	94822	16.2
在岗职工平均工资	元	40032	43278	8.1
城镇居民人均可支配收入	元	27084	30761	13.6
农牧民人均纯收入	元	12750	14549	14.1
农村牧区经济				
耕地面积	公顷	8537	8495	-0.5
农作物总播种面积	公顷	4932	4907	-0.5
# 粮食作物播种面积	公顷	3881	3985	2.7
有效灌溉面积	公顷	5252	4283	-18.5
农牧业机械总动力	万千瓦	7.07	6.90	-2.4
化肥施用折纯量	吨	2852	2805	-1.6
农村用电量	万千瓦小时	1053	1086	3.1
农林牧渔业总产值	万元	47062	52089	4.9
粮食产量	吨	39352	34215	-13.1
油料产量	吨	83	83	
甜菜产量	吨			
猪牛羊肉产量	吨	1494	1640	9.8
猪肉产量	吨	683	716	4.8
牛肉产量	吨	662	735	11.0
羊肉产量	吨	149	189	26.8

21-3续表2

指　　　　　标	单　位	2011年	2012年	2012年比2011年增长%
羊毛产量	吨	36	47	30.6
年末牲畜存栏头数	万头只	2.80	4.30	53.6
大牲畜	万头只	2.20	1.10	-50.0
羊	万只	1.03	2.20	113.6
猪	万头	0.61	1.00	63.9
规模以上工业				
工业企业单位数	个	16	15	-6.3
# 内资企业	个	16	15	-6.3
工业总产值	万元	142582	121804	-14.6
内资企业	万元	142582	121804	-14.6
国有企业	万元			
集体企业	万元	2046		-100.0
股份合作企业	万元			
联营企业	万元			
有限责任公司	万元	22541	15882	-29.5
股份有限公司	万元	48400	42677	-11.8
私营企业	万元	67265	63245	-6.0
其他企业	万元	2330		-100.0
港澳台商投资企业	万元			
外商投资企业	万元			
工业企业增加值	万元			10.2
工业企业资产总计	万元	131888	141655	7.4
工业企业负债合计	万元	94157	101748	8.1
工业企业产品销售收入	万元	133405	113540	-14.9
工业企业利润总额	万元	15979	13487	-15.6
建筑业				
建筑企业单位数	个	32	29	-9.4
建筑企业从业人员	人	5682	4978	-12.4
建筑业总产值	万元	221445	306297	38.3

21-3续表3

指　　标	单　位	2011年	2012年	2012年比2011年增长%
交通运输邮电通信业				
公路里程	公里			
邮电业务总量	万元			
本地电话用户	户			
国内贸易				
社会消费品零售总额	万元	1387749	1610207	16.0
科技教育卫生				
各类专业技术人员	人	2537	2628	3.6
幼儿园数	所	24	29	20.8
学龄儿童入学率	%	100.0	100.0	
小学学校数	所	34	36	5.9
小学专任教师数	人	1001	1006	0.5
小学在校学生数	人	22714	22843	0.6
普通中学学校数	所	12	12	
普通中学专任教师数	人	820	801	-2.3
初中在校学生数	人	7172	7273	1.4
高中在校学生数	人	3819	3935	3.0
卫生机构数	所	221	221	
#医　院	所	15	15	
卫生院	所	2	2	
床位数	张	665	705	6.0
#医　院	张	605	675	11.6
卫生院	张	30	30	
卫生技术人员	人	703	733	4.3
#医　院	人	683	713	4.4
卫生院	人	20	20	

21-4 赛罕区社会经济主要指标

指　　标	单　位	2011年	2012年	2012年比2011年增长%
行政区域土地面积	**平方公里**	**1025**	**1003**	**-2.1**
人口和就业				
年末总人口	人	416897	416739	
# 男　性	人	210160	209197	-0.5
# 乡村人口	人	138317	138411	0.1
年末总户数	户	143078	146524	2.4
# 乡村户数	户	42226	42060	-0.4
出生人口	人	4387	5163	17.7
死亡人口	人	762	6902	805.8
全社会就业人员	人	128833	152142	18.1
第一产业	人	44800	61459	37.2
第二产业	人	21443	28200	31.5
第三产业	人	62590	62483	-0.2
在岗职工人数	人	87415	96544	10.4
乡村从业人员	人	67462	70900	5.1
# 农林牧渔业	人	44800	61459	37.2
国民经济综合指标				
地区生产总值	万元	3703155	4200078	10.1
第一产业	万元	195594	201997	0.8
第二产业	万元	870547	973914	12.0
# 工　业	万元	576771	605813	2.9
第三产业	万元	2637014	3024167	8.7
人均生产总值	元	89741	100723	8.9
全社会固定资产投资	万元	2158587	2751228	27.5
按登记注册类型分				
# 国　有	万元	769396	1179159	53.3
集　体	万元	117085	114381	-2.3
有限责任公司	万元	431167	1262014	192.7
股份有限公司	万元	30452	41167	35.2

21-4续表1

指　　标	单　位	2011年	2012年	2012年比2011年增长%
私营企业	万元	804287	38300	-95.2
外商及港澳台投资企业	万元	4800		-100.0
按城乡渠道分				
城　镇	万元	2158587	2751228	27.5
农　村	万元			
地方财政收入	万元	256485	313456	22.2
地方财政支出	万元	215180	273175	27.0
城乡居民储蓄存款余额	万元			
在岗职工工资总额	万元	444755	473181	6.4
在岗职工平均工资	元	47332	48924	3.4
城镇居民人均可支配收入	元	30808	34825	13.0
农牧民人均纯收入	元	12372	14105	14.0
农村牧区经济				
耕地面积	公顷	44697	44666	-0.1
农作物总播种面积	公顷	32216	32337	0.4
# 粮食作物播种面积	公顷	23421	24681	5.4
有效灌溉面积	公顷	23303	24931	7.0
农牧业机械总动力	万千瓦	16.6	16.6	
化肥施用折纯量	吨	9480	9493	0.1
农村用电量	万千瓦小时	7368	8548	16.0
农林牧渔业总产值	万元	352659	364990	-2.0
粮食产量	吨	90929	75935	-16.5
油料产量	吨	104	1809	1639.4
甜菜产量	吨			
猪牛羊肉产量	吨	8410	9555	13.6
猪肉产量	吨	3174	3288	3.6
牛肉产量	吨	4749	5547	16.8
羊肉产量	吨	487	720	47.8

21-4续表2

指　　标	单　位	2011年	2012年	2012年比2011年增长%
羊毛产量	吨	93	102	9.7
年末牲畜存栏头数	万头只	26.34	22.62	-14.1
大牲畜	万头只	17.15	13.29	-22.5
羊	万只	5.45	5.57	2.2
猪	万头	3.74	3.75	0.3
规模以上工业				
工业企业单位数	个	24	26	8.3
# 内资企业	个	21	23	9.5
工业总产值	万元	1613114	1497138	-7.2
内资企业	万元	1561221	1436792	-8.0
国有企业	万元	596455	687538	15.3
集体企业	万元	4430	2497	-43.6
股份合作企业	万元			
联营企业	万元			
有限责任公司	万元	233937	308309	31.8
股份有限公司	万元	709832	420988	-40.7
私营企业	万元	16568	14120	-14.8
其他企业	万元		3340	
港澳台商投资企业	万元	2050	2010	-2.0
外商投资企业	万元	49844	58336	17.0
工业企业增加值	万元			1.0
工业企业资产总计	万元	3077922	3878513	26.0
工业企业负债合计	万元	1760964	2400271	36.3
工业企业产品销售收入	万元	1588593	1431214	-9.9
工业企业利润总额	万元	53032	-93053	-275.5
建筑业				
建筑企业单位数	个	71	71	
建筑企业从业人员	人	22249	19026	-14.5
建筑业总产值	万元	643363	659510	2.5

21-4续表3

指　　标	单　位	2011年	2012年	2012年比2011年增长%
交通运输邮电通信业	万元			
公路里程	公里			
邮电业务总量	万元			
本地电话用户	户			
国内贸易				
社会消费品零售总额	万元	1202702	1418336	17.9
科技教育卫生				
各类专业技术人员	人	25213	29171	15.7
幼儿园数	所	32	35	9.4
学龄儿童入学率	%	100.0	100.0	
小学学校数	所	45	39	-13.3
小学专任教师数	人	1554	1511	-2.8
小学在校学生数	人	39686	37972	-4.3
普通中学学校数	所	24	23	-4.2
普通中学专任教师数	人	2313	2670	15.4
初中在校学生数	人	22755	23639	3.9
高中在校学生数	人	10610	11136	5.0
卫生机构数	所	46	46	
#医　院	所	22	22	
卫生院	所	7	7	
床位数	张	2735	2793	2.1
#医　院	张	2676	2754	2.9
卫生院	张	39	39	
卫生技术人员	人	3589	3620	0.9
#医　院	人	2898	2911	0.4
卫生院	人	43	44	2.3

21-5 土默特左旗社会经济主要指标

指　　标	单　位	2011年	2012年	2012年比2011年增长%
行政区域土地面积	**平方公里**	**2779**	**2765**	**-0.5**
人口和就业				
年末总人口	人	367036	359793	-2.0
#男　性	人	191995	188058	-2.1
#乡村人口	人	289576	298356	3.0
年末总户数	户	120160	121236	0.9
#乡村户数	户	77145	76988	-0.2
出生人口	人	4258	4370	2.6
死亡人口	人	636	5198	717.3
全社会就业人员	人	190122	189225	-0.5
第一产业	人	113452	100134	-11.7
第二产业	人	34492	40934	18.7
第三产业	人	42178	48157	14.2
在岗职工人数	人	17276	16837	-3.7
乡村劳动力	人	158537	158331	-0.1
#农林牧渔业	人	96318	93453	-3.0
国民经济综合指标				
地区生产总值	万元	1833467	2131378	10.0
第一产业	万元	353890	376107	0.9
第二产业	万元	777695	971331	10.6
#工　业	万元	691595	872746	10.3
第三产业	万元	701882	783940	8.9
人均生产总值	元	50179	58649	8.7
全社会固定资产投资	万元	563103	671552	19.3
按登记注册类型分				
#国　有	万元	274521	308251	12.3
集　体	万元	600	830	38.3
有限责任公司	万元	264132	265221	0.4
股份有限公司	万元		40100	

21-5续表1

指　　标	单　位	2011年	2012年	2012年比2011年增长%
私营企业	万元	23700	36150	52.5
外商及港澳台投资企业	万元			
按城乡渠道分				
城　镇	万元	563103	671552	19.3
农　村	万元			
一般预算收入	万元	77566	96208	24.0
一般预算支出	万元	187679	228657	21.8
城乡居民储蓄存款余额	万元	345640	423262	22.5
在岗职工工资总额	万元	68405	75819	10.8
在岗职工平均工资	元	37301	44933	20.5
城镇居民人均可支配收入	元	21555	24750	14.8
农牧民人均纯收入	元	10880	12331	13.3
农村牧区经济				
耕地面积	公顷	114479	114409	-0.1
农作物总播种面积	公顷	81546	82948	1.7
#粮食作物播种面积	公顷	58953	59252	0.5
有效灌溉面积	公顷	83088	83088	
农牧业机械总动力	万千瓦	59.90	60.80	1.5
化肥施用折纯量	吨	28299	30090	6.3
农村用电量	万千瓦小时	10620	11159	5.1
农林牧渔业总产值	万元	634485	672990	0.5
粮食产量	吨	425614	450088	5.8
油料产量	吨	17473	22622	29.5
甜菜产量	吨	23169	15457	-33.3
猪牛羊肉产量	吨	25952	25749	-0.8
猪肉产量	吨	9322	9442	1.3
牛肉产量	吨	11574	10802	-6.7
羊肉产量	吨	5056	5505	8.9

21-5续表2

指　　标	单　位	2011年	2012年	2012年比2011年增长%
羊毛产量	吨	576	620	7.6
年末牲畜存栏头数	万头只	61.42	62.49	1.7
大牲畜	万头只	25.99	26.36	1.4
羊	万只	25.69	26.22	2.1
猪	万头	9.73	9.91	1.8
规模以上工业				
工业企业单位数	个	38	37	-2.6
# 内资企业	个	33	32	-3.0
工业总产值	万元	1022905	1033777	8.4
内资企业	万元	665155	667210	0.3
国有企业	万元			
集体企业	万元			
股份合作企业	万元			
联营企业	万元			
有限责任公司	万元	477509	437738	-8.3
股份有限公司	万元	27232	40821	49.9
私营企业	万元	160413	178942	11.6
其他企业	万元		9709	
港澳台商投资企业	万元			
外商投资企业	万元	357750	366567	2.5
工业企业增加值	万元			10.0
工业企业资产总计	万元	1007552	1410962	40.0
工业企业负债合计	万元	576371	919477	59.5
工业企业产品销售收入	万元	1025815	1053957	2.7
工业企业利润总额	万元	163684	117301	-28.3
建筑业				
建筑企业单位数	个	3	3	
建筑企业从业人员	人	703	1089	54.9
建筑业总产值	万元	21099	20210	-4.2

21-5续表3

指　　　　标	单 位	2011年	2012年	2012年比2011年增长%
交通运输邮电通信业				
公路里程	公里	1314	1314	
邮电业务总量	万元	12467	13247	6.3
本地电话用户	户	24320	24100	-0.9
国内贸易				
社会消费品零售总额	万元	231966	273481	17.9
科技教育卫生				
各类专业技术人员	人	5085	4668	-8.2
幼儿园数	所	33	24	-27.3
学龄儿童入学率	%	100.0	100.0	
小学学校数	所	88	25	-71.6
小学专任教师数	人	1446	1470	1.7
小学在校学生数	人	16798	15161	-9.7
普通中学学校数	所	16	13	-18.8
普通中学专任教师数	人	776	987	27.2
初中在校学生数	人	8554	7348	-14.1
高中在校学生数	人	5026	4706	-6.4
卫生机构数	所	298	168	-43.6
#医　院	所	2	2	
卫生院	所	16	16	
床位数	张	565	489	-13.5
#医　院	张	334	280	-16.2
卫生院	张	209	209	
卫生技术人员	人	871	564	-35.2
#医　院	人	292	301	3.1
卫生院	人	178	120	-32.6

21-6 托克托县社会经济主要指标

指　　　标	单　位	2011年	2012年	2012年比2011年增长%
行政区域土地面积	**平方公里**	**1313**	**1408**	**7.2**
人口和就业				
年末总人口	人	207109	207816	0.3
# 男　性	人	105790	106132	0.3
# 乡村人口	人	150529	151442	0.6
年末总户数	户	78848	79989	1.4
# 乡村户数	户	40994	41387	1.0
出生人口	人	2472	2657	7.5
死亡人口	人	477	1088	128.1
全社会就业人员	人	115107	115074	
第一产业	人	53907	53924	
第二产业	人	26200	26100	-0.4
第三产业	人	35000	35050	0.1
在岗职工人数	人	19442	20169	3.7
乡村劳动力	人	86146	86603	0.5
# 农林牧渔业	人	53907	53924	
国民经济综合指标				
地区生产总值	万元	2071804	2374118	12.6
第一产业	万元	182300	200875	4.6
第二产业	万元	1553843	1797554	14.2
# 工　业	万元	1470243	1702334	14.3
第三产业	万元	335661	375689	9.2
人均生产总值	元	100362	114436	12.3
全社会固定资产投资	万元	416639	571792	37.2
按登记注册类型分				
# 国　有	万元	186001	168229	-9.6
集　体	万元			
有限责任公司	万元	175991	339207	92.7
股份有限公司	万元	16800	6500	-61.3

21-6续表1

指　　标	单　位	2011年	2012年	2012年比2011年增长%
私营企业	万元	9278	34124	267.8
外商及港澳台投资企业	万元	9278	8100	-12.7
按城乡渠道分				
城　镇	万元	396652	557692	40.6
农　村	万元	19987	14100	-29.5
一般预算收入	万元	91883	101441	10.4
一般预算支出	万元	164605	168249	2.2
城乡居民储蓄存款余额	万元	257133	324810	26.3
在岗职工工资总额	万元	78052	100558	28.8
在岗职工平均工资	元	40161	45043	12.2
城镇居民人均可支配收入	元	23132	26284	13.6
农牧民人均纯收入	元	10688	12104	13.2
农村牧区经济				
耕地面积	公顷	67013	66963	-0.1
农作物总播种面积	公顷	54738	55168	0.8
#粮食作物播种面积	公顷	38030	38222	0.5
有效灌溉面积	公顷	42200	42200	
农牧业机械总动力	万千瓦	40.64	42.32	4.1
化肥施用折纯量	吨	35204	35799	1.7
农村用电量	万千瓦小时	6075	6227	2.5
农林牧渔业总产值	万元	326361	357114	3.6
粮食产量	吨	241195	241218	
油料产量	吨	6073	5878	-3.2
甜菜产量	吨	2993	3668	22.6
猪牛羊肉产量	吨	13435	13612	1.3
猪肉产量	吨	4740	4663	-1.6
牛肉产量	吨	5329	5398	1.3
羊肉产量	吨	3366	3551	5.5

21-6续表2

指　　标	单　位	2011年	2012年	2012年比2011年增长%
羊毛产量	吨	848	959	13.1
年末牲畜存栏头数	万头只	30.99	32.57	5.1
大牲畜	万头只	11.18	12.12	8.4
羊	万只	17.13	17.56	2.5
猪	万头	2.68	2.89	7.8
规模以上工业				
工业企业单位数	个	27	31	14.8
# 内资企业	个	24	29	20.8
工业总产值	万元	2387962	2605266	9.1
内资企业	万元	2152750	2503645	16.3
国有企业	万元	22355	225685	909.6
集体企业	万元			
股份合作企业	万元	5000	5880	17.6
联营企业	万元			
有限责任公司	万元	1301330	1296016	-0.4
股份有限公司	万元			
私营企业	万元	809908	817712	1.0
其他企业	万元	14157	158352	1018.5
港澳台商投资企业	万元	148705	101620	-31.7
外商投资企业	万元	86506		-100.0
工业企业增加值	万元			15.0
工业企业资产总计	万元	2758752	3658032	32.6
工业企业负债合计	万元	2030120	2548707	25.5
工业企业产品销售收入	万元	2801208	2611166	-6.8
工业企业利润总额	万元	602295	355310	-41.0
建筑业				
建筑企业单位数	个	10	10	
建筑企业从业人员	人	4152	1205	-71.0
建筑业总产值	万元	45236	67481	49.2

21-6续表3

指　　标	单　位	2011年	2012年	2012年比2011年增长%
交通运输邮电通信业				
公路里程	公里	955	955	
邮电业务总量	万元	3917	5271	34.6
本地电话用户	户	17000	13600	-20.0
国内贸易				
社会消费品零售总额	万元	172876	205812	19.1
科技教育卫生				
各类专业技术人员	人	3162	3367	6.5
幼儿园数	所	22	27	22.7
学龄儿童入学率	%	100.0	100.0	
小学学校数	所	17	17	
小学专任教师数	人	679	696	2.5
小学在校学生数	人	12706	12613	-0.7
普通中学学校数	所	5	5	
普通中学专任教师数	人	705	674	-4.4
初中在校学生数	人	6965	6830	-1.9
高中在校学生数	人	4262	4464	4.7
卫生机构数	所	249	265	6.4
#医　院	所	2	2	
卫生院	所	9	9	
床位数	张	444	499	12.4
#医　院	张	362	432	19.3
卫生院	张	79	47	-40.5
卫生技术人员	人	452	482	6.6
#医　院	人	251	281	12.0
卫生院	人	150	151	0.7

21-7 和林格尔县社会经济主要指标

指标	单位	2011年	2012年	2012年比2011年增长%
行政区域土地面积	**平方公里**	**3401**	**3448**	**1.4**
人口和就业				
年末总人口	人	200397	198193	-1.1
# 男　性	人	105107	103877	-1.2
# 乡村人口	人	151465	151288	-0.1
年末总户数	户	75217	75977	1.0
# 乡村户数	户	40119	39490	-1.6
出生人口	人	2708	2733	0.9
死亡人口	人	323	2304	613.3
全社会就业人员	人	112300	114106	1.6
第一产业	人	65128	64357	-1.2
第二产业	人	21550	22056	2.3
第三产业	人	25622	27693	8.1
在岗职工人数	人	19548	21484	9.9
乡村劳动力	人	82537	82322	-0.3
# 农林牧渔业	人	65128	64357	-1.2
国民经济综合指标				
地区生产总值	万元	1455727	1687473	13.1
第一产业	万元	207152	221062	1.3
第二产业	万元	868503	1041041	18.3
# 工　业	万元	800894	937058	15.5
第三产业	万元	380072	425370	9.2
人均生产总值	元	73015	84672	14.4
全社会固定资产投资	万元	715388	897508	25.5
按登记注册类型分				
# 国　有	万元	494820	644864	30.3
集　体	万元			
有限责任公司	万元	215138	252644	17.4
股份有限公司	万元			

21-7续表1

指　　标	单　位	2011年	2012年	2012年比2011年增长%
私营企业	万元			
外商及港澳台投资企业	万元			
按城乡渠道分				
城　镇	万元	715388	897508	25.5
农　村	万元			
一般预算收入	万元	161740	189671	17.3
一般预算支出	万元	163917	201948	23.2
城乡居民储蓄存款余额	万元	223412	275228	23.2
在岗职工工资总额	万元	60547	84311	39.2
在岗职工平均工资	元	30973	39249	26.7
城镇居民人均可支配收入	元	22359	25388	13.5
农牧民人均纯收入	元	8976	10149	13.1
农村牧区经济				
耕地面积	公顷	105890	105890	
农作物总播种面积	公顷	69166	69559	0.6
# 粮食作物播种面积	公顷	52072	52334	0.5
有效灌溉面积	公顷	23610	24280	2.8
农牧业机械总动力	万千瓦	36.18	36.46	0.8
化肥施用折纯量	吨	8594	9229	7.4
农村用电量	万千瓦小时	6962	8690	24.8
农林牧渔业总产值	万元	376244	400411	0.9
粮食产量	吨	135809	161775	19.1
油料产量	吨	1491	1942	30.2
甜菜产量	吨		6000	
猪牛羊肉产量	吨	24088	28329	17.6
猪肉产量	吨	3884	5295	36.3
牛肉产量	吨	8860	11865	33.9
羊肉产量	吨	11344	11169	-1.5

21-7续表2

指　　　　标	单　位	2011年	2012年	2012年比2011年增长%
羊毛产量	吨	819	840	2.6
年末牲畜存栏头数	万头只	62.59	63.66	1.7
大牲畜	万头只	15.99	16.06	0.4
羊	万只	42.45	43.29	2.0
猪	万头	4.14	4.31	4.1
规模以上工业				
工业企业单位数	个	31	41	32.3
# 内资企业	个	25	36	44.0
工业总产值	万元	1784343	2076975	16.4
内资企业	万元	753235	877649	16.5
国有企业	万元			
集体企业	万元			
股份合作企业	万元			
联营企业	万元			
有限责任公司	万元	153600	351836	129.1
股份有限公司	万元	79500	112586	41.6
私营企业	万元	520135	392016	-24.6
其他企业	万元		21211	
港澳台商投资企业	万元	77300	92411	19.5
外商投资企业	万元	953808	1106915	16.1
工业企业增加值	万元			16.5
工业企业资产总计	万元	1849600	2155843	16.6
工业企业负债合计	万元	1179200	1352180	14.7
工业企业产品销售收入	万元		1990217	
工业企业利润总额	万元	269000	152915	-43.2
建筑业				
建筑企业单位数	个	2	3	50.0
建筑企业从业人员	人	315	724	129.8
建筑业总产值	万元	4320	66072	1429.4

21-7续表3

指　　标	单　位	2011年	2012年	2012年比2011年增长%
交通运输邮电通信业				
公路里程	公里	893	900	0.8
邮电业务总量	万元	10042	9392	-6.5
本地电话用户	户	25000	26100	4.4
国内贸易				
社会消费品零售总额	万元	157981	187895	18.9
科技教育卫生				
各类专业技术人员	人	2662	2492	-6.4
幼儿园数	所	8	10	25.0
学龄儿童入学率	%	100.0	100.0	
小学学校数	所	36	35	-2.8
小学专任教师数	人	551	573	4.0
小学在校学生数	人	7727	8093	4.7
普通中学学校数	所	5	6	20.0
普通中学专任教师数	人	609	589	-3.3
初中在校学生数	人	5683	5115	-10.0
高中在校学生数	人	4286	4322	0.8
卫生机构数	所	177	177	
#医　院	所	1	1	
卫生院	所	12	12	
床位数	张	254	242	-4.7
#医　院	张	100	100	
卫生院	张	154	142	-7.8
卫生技术人员	人	637	664	4.2
#医　院	人	110	128	16.4
卫生院	人	94	112	19.1

21-8 清水河县社会经济主要指标

指　　　　　　标	单　位	2011年	2012年	2012年比2011年增长%
行政区域土地面积	**平方公里**	**2859**	**2818**	**-1.4**
人口和就业				
年末总人口	人	147007	143401	-2.5
# 男　性	人	76360	74573	-2.3
# 乡村人口	人	88101	87135	-1.1
年末总户数	户	54096	53766	-0.6
# 乡村户数	户	24593	24556	-0.2
出生人口	人	1855	1780	-4.0
死亡人口	人	224	2496	1014.3
全社会就业人员	人	57616	57068	-1.0
第一产业	人	32928	32236	-2.1
第二产业	人	7826	10707	36.8
第三产业	人	16862	14125	-16.2
在岗职工人数	人	8642	8817	2.0
乡村劳动力	人	50003	49254	-1.5
# 农林牧渔业	人	32596	32236	-1.1
国民经济综合指标				
地区生产总值	万元	492813	577449	13.5
第一产业	万元	53629	64972	15.0
第二产业	万元	235228	282985	16.8
# 工　业	万元	196128	238215	17.9
第三产业	万元	203956	229492	9.9
人均生产总值	元	33637	39768	13.6
全社会固定资产投资	万元	199878	254334	27.2
按登记注册类型分				
# 国　有	万元	98491	206182	109.3
集　体	万元	1000	600	-40.0
有限责任公司	万元	88279	32456	-63.2
股份有限公司	万元			

21-8续表1

指　　标	单　位	2011年	2012年	2012年比2011年增长%
私营企业	万元	7948	1038	-86.9
外商及港澳台投资企业	万元			
按城乡渠道分				
城　镇	万元	199878	254334	27.2
农　村	万元			
一般预算收入	万元	21187	26419	24.7
一般预算支出	万元	96653	110893	14.7
城乡居民储蓄存款余额	万元	169657	196912	16.1
在岗职工工资总额	万元	31311	40337	28.8
在岗职工平均工资	元	37213	45358	21.9
城镇居民人均可支配收入	元	19188	21900	14.1
农牧民人均纯收入	元	5350	6099	14.0
农村牧区经济				
耕地面积	公顷	62629	62572	-0.1
农作物总播种面积	公顷	62639	61208	-2.3
# 粮食作物播种面积	公顷	41872	40951	-2.2
有效灌溉面积	公顷	2104	2096	-0.4
农牧业机械总动力	万千瓦	15.1	16.13	6.8
化肥施用折纯量	吨	11256	11181	-0.7
农村用电量	万千瓦小时	973	1056	8.5
农林牧渔业总产值	万元	88912	106712	14.8
粮食产量	吨	62010	72205	16.4
油料产量	吨	12036	12378	2.8
甜菜产量	吨			
猪牛羊肉产量	吨	9849	10093	2.5
猪肉产量	吨	2305	2373	3.0
牛肉产量	吨	429	442	3.0
羊肉产量	吨	7115	7278	2.3

21-8续表2

指　　　　标	单　位	2011年	2012年	2012年比2011年增长%
羊毛产量	吨	653	645	-1.2
年末牲畜存栏头数	万头只	32.67	33.03	1.0
大牲畜	万头只	1.95	1.95	
羊	万只	27.08	27.54	1.7
猪	万头	3.64	3.54	-2.7
规模以上工业				
工业企业单位数	个	15	14	-6.7
# 内资企业	个	14	14	
工业总产值	万元	304951	344400	12.9
内资企业	万元	302596	344400	13.8
国有企业	万元			
集体企业	万元	4493	3000	-33.2
股份合作企业	万元			
联营企业	万元			
有限责任公司	万元	198861	242900	22.1
股份有限公司	万元	96873	51300	-47.0
私营企业	万元	2369	47200	1892.4
其他企业	万元			
港澳台商投资企业	万元			
外商投资企业	万元	2355		-100.0
工业企业增加值	万元			21.8
工业企业资产总计	万元	259871	388900	49.7
工业企业负债合计	万元	156401	244200	56.1
工业企业产品销售收入	万元	291938	339200	16.2
工业企业利润总额	万元	43949	34500	-21.5
建筑业				
建筑企业单位数	个	1	1	
建筑企业从业人员	人	115	113	-1.7
建筑业总产值	万元	2612	2703	3.5

21-8续表3

指　　　　标	单　位	2011年	2012年	2012年比2011年增长%
交通运输邮电通信业				
公路里程	公里	596	596	
邮电业务总量	万元	5593	6580	17.6
本地电话用户	户	9922	8100	-18.4
国内贸易				
社会消费品零售总额	万元	41908	52615	25.5
科技教育卫生				
各类专业技术人员	人	1856	1885	1.6
幼儿园数	所	2	5	150.0
学龄儿童入学率	%	100	100	
小学学校数	所	21	20	-4.8
小学专任教师数	人	491	461	-6.1
小学在校学生数	人	6538	5815	-11.1
普通中学学校数	所	4	4	
普通中学专任教师数	人	312	298	-4.5
初中在校学生数	人	3999	3435	-14.1
高中在校学生数	人	3200	3221	0.7
卫生机构数	所	121	121	
# 医　院	所	1	1	
卫生院	所	14	14	
床位数	张	388	364	-6.2
# 医　院	张	130	130	
卫生院	张	127	132	3.9
卫生技术人员	人	399	426	6.8
# 医　院	人	104	108	3.8
卫生院	人	51	71	39.2

21-9 武川县社会经济主要指标

指标	单位	2011年	2012年	2012年比2011年增长%
行政区域土地面积	**平方公里**	**4885**	**4682**	-4.2
人口和就业				
年末总人口	人	176007	173902	-1.2
# 男　性	人	92817	91649	-1.3
# 乡村人口	人	127585	128046	0.4
年末总户数	户	62004	65374	5.4
# 乡村户数	户	34386	34820	1.3
出生人口	人	1592	1772	11.3
死亡人口	人	482	1968	308.3
全社会就业人员	人	82813	85962	3.8
第一产业	人	54974	57172	4.0
第二产业	人	9825	10671	8.6
第三产业	人	18014	18119	0.6
在岗职工人数	人	9476	9450	-0.3
乡村劳动力	人	69616	72707	4.4
# 农林牧渔业	人	54605	57172	4.7
国民经济综合指标				
地区生产总值	万元	545630	643176	12.5
第一产业	万元	49999	82820	34.4
第二产业	万元	310445	353821	12.6
# 工　业	万元	248345	288553	13.5
第三产业	万元	185186	206535	8.7
人均生产总值	元	30991	36762	12.6
全社会固定资产投资	万元	530293	450313	-15.1
按登记注册类型分				
# 国　有	万元	266395	143417	-46.2
集　体	万元	300	7404	2368.0
有限责任公司	万元	203651	194955	-4.3
股份有限公司	万元	6000		-100.0

21-9续表1

指　　标	单　位	2011年	2012年	2012年比2011年增长%
私营企业	万元	53550	70610	31.9
外商及港澳台投资企业	万元			
按城乡渠道分				
城　镇	万元	512097	450331	-12.1
农　村	万元	18196		-100.0
一般预算收入	万元	25659	31895	24.3
一般预算支出	万元	114837	124102	8.1
城乡居民储蓄存款余额	万元	166423	214739	29.0
在岗职工工资总额	万元	29841	35648	19.5
在岗职工平均工资	元	33032	37199	12.6
城镇居民人均可支配收入	元	18357	20786	13.2
农牧民人均纯收入	元	5355	5950	11.1
农村牧区经济				
耕地面积	公顷	144877	144832	
农作物总播种面积	公顷	132806	130946	-1.4
# 粮食作物播种面积	公顷	98518	99010	0.5
有效灌溉面积	公顷	13380	16180	20.9
农牧业机械总动力	万千瓦	28.84	29.63	2.7
化肥施用折纯量	吨	14311	15481	8.2
农村用电量	万千瓦小时	2292	2358	2.9
农林牧渔业总产值	万元	80281	130930	55.7
粮食产量	吨	161303	171404	6.3
油料产量	吨	13537	16613	22.7
甜菜产量	吨	315	37	-88.3
猪牛羊肉产量	吨	6458	6304	-2.4
猪肉产量	吨	2171	1919	-11.6
牛肉产量	吨	868	785	-9.6
羊肉产量	吨	3419	3600	5.3

21-9续表2

指　　标	单　位	2011年	2012年	2012年比2011年增长%
羊毛产量	吨	582	622	6.9
年末牲畜存栏头数	万头只	38.97	35.35	-9.3
大牲畜	万头只	1.18	0.83	-29.7
羊	万只	35.31	32.31	-8.5
猪	万头	2.48	2.22	-10.5
规模以上工业				
工业企业单位数	个	24	23	-4.2
# 内资企业	个	24	23	-4.2
工业总产值	万元	249551	311939	25.0
内资企业	万元	249551	311939	25.0
国有企业	万元	26549	26560	
集体企业	万元			
股份合作企业	万元			
联营企业	万元			
有限责任公司	万元	138672	131456	-5.2
股份有限公司	万元			
私营企业	万元	84330	153923	82.5
其他企业	万元			
港澳台商投资企业	万元			
外商投资企业	万元			
工业企业增加值	万元			20.7
工业企业资产总计	万元	552865	595918	7.8
工业企业负债合计	万元	390523	393332	0.7
工业企业产品销售收入	万元	256558	344691	34.4
工业企业利润总额	万元	34442	44290	28.6
建筑业				
建筑企业单位数	个	1	1	
建筑企业从业人员	人	59	52	-11.9
建筑业总产值	万元	767	1205	57.1

21-9续表3

指　　标	单　位	2011年	2012年	2012年比2011年增长%
交通运输邮电通信业				
公路里程	公里	947	1049	10.8
邮电业务总量	万元	3726	4069	9.2
本地电话用户	户	15502	23612	52.3
国内贸易				
社会消费品零售总额	万元	66938	78079	16.6
科技教育卫生				
各类专业技术人员	人	2578	2577	
幼儿园数	所	16	16	
学龄儿童入学率	%	100	100	
小学学校数	所	22	19	-13.6
小学专任教师数	人	760	685	-9.9
小学在校学生数	人	7386	6888	-6.7
普通中学学校数	所	10	7	-30.0
普通中学专任教师数	人	509	457	-10.2
初中在校学生数	人	4953	4245	-14.3
高中在校学生数	人	2372	2821	18.9
卫生机构数	所	131	133	2.3
# 医　院	所	2	2	
卫生院	所	18	19	5.6
床位数	张	282	282	
# 医　院	张	179	179	
卫生院	张	103	103	
卫生技术人员	人	647	663	2.5
# 医　院	人	189	209	10.6
卫生院	人	294	290	-1.4

第二部分　统计资料

省会城市主要经济指标

22-1 各省会城市行政区划、土地面积和户籍人口

（2012年）

城市	行政区划		土地面积（平方公里）	户籍人口（万人）
	辖区数（个）	辖县数（个）		
呼和浩特	**4**	**5**	**17186**	**230.32**
南宁	6	6	22122	713.50
乌鲁木齐	7	1	13788	257.80
银川	3	1	9025	204.63
西安	9	4	10108	795.98
兰州	5	3	13086	321.52
西宁	4	3	7649	198.46
成都	9	10	12121	1173.35
贵阳	6	10	8034	374.53
昆明	6	8	21013	543.48
石家庄	6	17	15848	1005.33
太原	6	4	6988	365.84
沈阳	9	4	12860	724.79
长春	6	4	20571	756.90
合肥	4	5	11445	710.53
福州	5	8	11968	655.27
南昌	4	4	7402	507.87
济南	6	4	8177	609.21
郑州	6	6	7446	766.60
长沙	6	3	11816	660.62
武汉	13		8494	821.71
广州	10	2	7434	822.30
杭州	8	5	16596	700.52
南京	11	2	6587	638.48
哈尔滨	8	10	53068	993.50
海口	4		2305	161.59

22-2 各省会城市地区生产总值

单位：亿元

城　市	2012年	位 次	2012年比2011年增长%	位 次
呼和浩特	**2458.74**	**19**	**10.9**	**18**
南　宁	2503.55	18	12.3	12
乌鲁木齐	2060.00	21	17.3	1
银　川	1140.83	24	12.5	9
西　安	4369.37	13	11.8	16
兰　州	1564.41	23	13.4	6
西　宁	851.09	25	15.0	3
成　都	8183.94	2	13.0	7
贵　阳	1700.30	22	15.9	2
昆　明	3011.14	16	14.1	4
石家庄	4500.20	11	10.4	21
太　原	2311.43	20	10.5	19
沈　阳	6602.59	6	10.0	22
长　春	4456.60	12	12.0	15
合　肥	4164.32	15	13.6	5
福　州	4210.93	14	12.1	14
南　昌	3000.52	17	12.5	9
济　南	4812.68	9	9.5	24
郑　州	5549.79	8	12.2	13
长　沙	6399.91	7	13.0	7
武　汉	8003.82	3	12.5	9
广　州	13551.21	1	10.5	19
杭　州	7803.98	4	9.0	26
南　京	7201.57	5	11.7	17
哈尔滨	4550.20	10	10.0	22
海　口	820.58	26	9.4	25

22-3 各省会城市第一产业增加值

单位：亿元

城　市	2012年	位 次	2012年比2011年增长%	位 次
呼和浩特	**120.52**	**19**	**4.5**	**18**
南　宁	324.09	5	5.2	11
乌鲁木齐	25.00	26	6.5	4
银　川	51.06	22	5.5	8
西　安	195.59	14	6.0	7
兰　州	45.14	23	7.6	3
西　宁	31.17	25	5.3	10
成　都	348.07	4	3.8	23
贵　阳	72.28	20	8.5	2
昆　明	159.16	16	6.4	5
石家庄	452.18	2	3.6	24
太　原	36.02	24	5.2	11
沈　阳	315.20	7	5.1	13
长　春	317.50	6	4.3	20
合　肥	229.05	12	5.4	9
福　州	367.73	3	4.7	15
南　昌	147.19	17	4.6	17
济　南	252.92	11	4.7	15
郑　州	142.40	18	4.0	21
长　沙	272.31	9	4.0	21
武　汉	301.21	8	4.5	18
广　州	213.76	13	3.2	25
杭　州	255.93	10	2.5	26
南　京	185.06	15	4.9	14
哈尔滨	506.80	1	9.2	1
海　口	57.74	21	6.2	6

22-4 各省会城市第二产业增加值

单位：亿元

城　市	2012年	位 次	2012年比2011年增长%	位 次
呼和浩特	**802.31**	**21**	**11.4**	**19**
南　宁	958.96	19	18.1	3
乌鲁木齐	878.00	20	16.0	5
银　川	624.91	24	15.1	8
西　安	1893.79	14	11.8	18
兰　州	744.70	22	12.2	15
西　宁	439.52	25	18.3	2
成　都	3790.62	3	15.6	6
贵　阳	717.32	23	18.8	1
昆　明	1378.48	17	16.1	4
石家庄	2240.66	11	12.0	16
太　原	1035.57	18	9.7	23
沈　阳	3383.15	6	11.3	20
长　春	2291.50	10	13.1	14
合　肥	2303.90	9	15.4	7
福　州	1905.50	13	14.9	9
南　昌	1690.85	15	13.6	12
济　南	1938.14	12	9.2	24
郑　州	3132.92	8	14.2	11
长　沙	3592.52	5	14.5	10
武　汉	3869.56	2	13.2	13
广　州	4720.65	1	8.5	25
杭　州	3626.88	4	8.5	25
南　京	3170.78	7	11.9	17
哈尔滨	1638.90	16	10.9	21
海　口	201.67	26	10.3	22

22-5 各省会城市工业增加值

单位：亿元

城　市	2012年	位 次	2012年比2011年增长%	位 次
呼和浩特	**637.56**	**21**	**10.0**	**21**
南　宁	704.32	20	18.7	2
乌鲁木齐	714.01	19	16.6	4
银　川	474.29	24	15.3	9
西　安	1340.75	14	12.4	14
兰　州	562.42	22	11.8	18
西　宁	377.19	25	19.5	1
成　都	3149.61	4	16.5	5
贵　阳	534.73	23	16.2	6
昆　明	1008.42	17	15.6	8
石家庄	1993.59	9	12.4	14
太　原	784.28	18	12.2	16
沈　阳	3046.91	6	11.5	19
长　春	1922.10	10	12.1	17
合　肥	1813.90	11	17.0	3
福　州	1481.99	13	14.1	11
南　昌	1288.14	15	13.7	12
济　南	1603.08	12	9.7	22
郑　州	2802.47	7	15.2	10
长　沙	3051.94	5	15.7	7
武　汉	3203.66	2	13.7	12
广　州	4264.16	1	9.1	23
杭　州	3190.32	3	9.1	23
南　京	2748.46	8	11.0	20
哈尔滨	1128.00	16	8.3	26
海　口	136.67	26	9.1	23

22-6 各省会城市第三产业增加值

单位：亿元

城　　市	2012年	位 次	2012年比2011年增长%	位 次
呼和浩特	**1535.92**	**16**	**11.1**	**15**
南　　宁	1220.50	19	9.6	23
乌鲁木齐	1157.00	21	18.6	1
银　　川	464.86	25	10.1	17
西　　安	2279.99	10	12.2	6
兰　　州	774.57	23	14.8	2
西　　宁	380.40	26	11.8	10
成　　都	4000.25	2	11.5	13
贵　　阳	910.70	22	14.1	3
昆　　明	1473.50	17	13.0	4
石 家 庄	1807.36	14	10.0	20
太　　原	1239.84	18	11.3	14
沈　　阳	2904.23	6	8.9	26
长　　春	1847.60	13	11.8	10
合　　肥	1631.37	15	12.3	5
福　　州	1937.70	12	10.6	16
南　　昌	1162.48	20	11.9	9
济　　南	2621.62	7	10.1	17
郑　　州	2274.46	11	10.0	20
长　　沙	2535.08	8	12.0	7
武　　汉	3833.05	5	10.0	20
广　　州	8616.80	1	12.0	7
杭　　州	3921.17	3	10.1	17
南　　京	3845.73	4	11.8	10
哈 尔 滨	2404.50	9	9.4	24
海　　口	561.17	24	9.4	24

22-7 各省会城市规模以上工业增加值

城　　市	2012年比2011年 增长%	位 次
呼和浩特	**11.0**	**19**
南　　宁	22.0	3
乌鲁木齐	15.2	9
银　　川	16.0	7
西　　安	13.0	16
兰　　州	11.5	17
西　　宁	19.5	4
成　　都	17.2	5
贵　　阳	22.1	2
昆　　明	15.7	8
石 家 庄	13.5	14
太　　原	13.5	14
沈　　阳	11.0	19
长　　春	11.0	19
合　　肥	17.4	1
福　　州	15.1	11
南　　昌	14.8	12
济　　南	10.1	24
郑　　州	17.2	5
长　　沙	14.7	13
武　　汉	15.2	9
广　　州	10.9	22
杭　　州	10.9	22
南　　京	11.1	18
哈 尔 滨	10.0	25
海　　口	9.3	26

22-8 各省会城市城镇固定资产投资

单位：亿元

城　市	2012年	位 次	2012年比2011年增长%	位 次
呼和浩特	**1301.43**	**21**	**26.1**	**11**
南　宁	2517.61	15	31.9	5
乌鲁木齐	1003.00	23	60.9	1
银　川	853.19	24	21.4	16
西　安	2825.64	14	27.8	10
兰　州	1015.87	22	42.9	3
西　宁	700.48	25	32.7	4
成　都	5890.10	1	17.9	24
贵　阳	2402.48	16	56.3	2
昆　明	2345.91	17	25.1	13
石家庄	3673.33	9	21.4	16
太　原	1320.63	20	28.9	9
沈　阳	5350.09	2	21.3	18
长　春	3172.90	13	30.4	7
合　肥	3867.35	6	23.7	14
福　州	3234.78	12	21.1	20
南　昌	2251.91	18	25.3	12
济　南	2186.10	19	20.4	22
郑　州	3561.20	11	22.7	15
长　沙	3742.32	7	20.8	21
武　汉	4962.76	3	17.3	25
广　州	3612.22	10	9.9	26
杭　州	3722.75	8	20.1	23
南　京	4558.49	4	21.3	18
哈尔滨	3950.00	5	31.1	6
海　口	510.38	26	29.2	8

22-9 各省会城市房地产投资

单位：亿元

城　市	2012年	位 次	2012年比2011年增长%	位 次
呼和浩特	**447.99**	**20**	**30.0**	**7**
南　宁	590.56	18	7.3	22
乌鲁木齐	216.20	24	10.6	20
银　川	275.70	22	32.8	6
西　安	1281.90	6	28.6	8
兰　州	223.31	23	39.9	3
西　宁	158.23	26	34.9	5
成　都	1890.00	2	18.5	15
贵　阳	908.52	13	94.4	1
昆　明	919.07	11	45.2	2
石家庄	833.21	14	5.6	23
太　原	553.70	19	23.0	10
沈　阳	1942.96	1	15.3	18
长　春	649.70	17	-2.5	26
合　肥	913.80	12	3.8	24
福　州	972.27	9	0.9	25
南　昌	344.36	21	23.0	10
济　南	663.32	16	25.8	9
郑　州	1095.10	7	18.2	16
长　沙	1032.00	8	16.4	17
武　汉	1574.86	5	22.8	12
广　州	1667.36	3	12.0	19
杭　州	1597.36	4	22.6	13
南　京	971.96	10	8.4	21
哈尔滨	772.00	15	37.4	4
海　口	175.55	25	21.0	14

22-10 各省会城市社会消费品零售总额

单位：亿元

城　　市	2012年	位 次	2012年比2011年增长%	位 次
呼和浩特	**1022.25**	**20**	**14.9**	**23**
南　　宁	1255.59	17	17.0	6
乌鲁木齐	834.35	21	20.1	1
银　　川	316.02	26	15.1	21
西　　安	2236.06	12	15.5	15
兰　　州	749.12	22	17.1	5
西　　宁	317.46	25	17.0	6
成　　都	3317.70	3	16.0	12
贵　　阳	683.19	23	16.9	8
昆　　明	1493.80	15	17.5	4
石 家 庄	1915.76	13	15.2	18
太　　原	1129.51	18	16.1	11
沈　　阳	2802.20	6	15.5	15
长　　春	1739.64	14	15.0	22
合　　肥	1293.62	16	16.7	9
福　　州	2319.82	10	19.1	2
南　　昌	1116.54	19	18.4	3
济　　南	2323.60	9	14.9	23
郑　　州	2289.90	11	15.2	18
长　　沙	2454.71	7	15.7	13
武　　汉	3467.37	2	14.4	25
广　　州	5977.27	1	15.2	18
杭　　州	2933.63	5	15.5	15
南　　京	3103.82	4	16.2	10
哈 尔 滨	2394.60	8	15.7	13
海　　口	436.30	24	12.7	26

22-11 各省会城市进口总值

单位：亿美元

城　市	2012年	位 次	2012年比2011年增长%	位 次
呼和浩特	**8.68**	**22**	**-13.2**	**19**
南　宁	16.29	21	92.0	3
乌鲁木齐	23.40	19	0.3	11
银　川	2.89	25	-27.1	26
西　安	57.15	11	-15.6	21
兰　州	6.50	24	163.7	1
西　宁	2.72	26	22.5	5
成　都	171.87	4	15.0	8
贵　阳	8.37	23	-15.4	20
昆　明	87.24	9	61.7	4
石家庄	56.10	12	-21.0	24
太　原	42.32	13	-15.7	22
沈　阳	67.80	10	17.2	7
长　春	167.80	5	11.3	9
合　肥	40.14	14	-10.6	16
福　州	99.29	7	-6.3	14
南　昌	18.22	20	-18.2	23
济　南	34.27	17	-21.3	25
郑　州	155.70	6	144.9	2
长　沙	35.19	15	3.3	10
武　汉	96.06	8	-13.1	18
广　州	582.52	1	-2.4	12
杭　州	204.20	3	-9.0	15
南　京	233.67	2	-11.8	17
哈尔滨	34.70	16	21.7	6
海　口	24.17	18	-5.2	13

22-12 各省会城市出口总值

单位：亿美元

城市	2012年	位次	2012年比2011年增长%	位次
呼和浩特	**8.33**	**25**	**-18.6**	**26**
南　宁	25.17	20	51.5	4
乌鲁木齐	80.64	9	20.5	13
银　川	10.75	24	32.1	7
西　安	72.99	11	25.3	10
兰　州	12.30	23	34.7	5
西　宁	6.62	26	11.6	15
成　都	303.70	4	32.3	6
贵　阳	42.14	18	51.6	3
昆　明	56.86	15	-13.9	24
石家庄	73.38	10	3.6	18
太　原	42.42	17	21.1	12
沈　阳	59.70	13	23.6	11
长　春	29.04	19	27.9	8
合　肥	136.28	7	74.3	2
福　州	211.31	5	-12.4	23
南　昌	64.66	12	14.3	14
济　南	57.20	14	-5.4	21
郑　州	202.60	6	110.3	1
长　沙	51.74	16	26.7	9
武　汉	107.48	8	-8.3	22
广　州	589.15	1	4.3	17
杭　州	412.62	2	-0.6	20
南　京	319.16	3	3.4	19
哈尔滨	18.60	21	-17.8	25
海　口	17.98	22	6.2	16

22-13 各省会城市地方财政一般预算收入

单位：亿元

城　市	2012年	位 次	2012年比2011年增长%	位 次
呼和浩特	**178.64**	**22**	**18.0**	**19**
南　宁	229.72	20	23.3	5
乌鲁木齐	252.01	17	22.2	8
银　川	113.13	23	20.7	11
西　安	396.96	9	24.6	3
兰　州	103.73	24	19.9	13
西　宁	54.77	26	21.0	9
成　都	780.90	4	18.9	16
贵　阳	241.19	18	28.9	1
昆　明	378.40	13	19.1	15
石家庄	272.28	16	23.1	6
太　原	215.67	21	23.4	4
沈　阳	715.04	6	15.3	22
长　春	340.80	15	18.1	17
合　肥	389.50	10	15.1	24
福　州	382.02	11	19.4	14
南　昌	240.02	19	28.3	2
济　南	380.80	12	17.0	20
郑　州	606.70	7	20.8	10
长　沙	490.65	8	15.2	23
武　汉	828.58	3	23.1	6
广　州	1102.40	1	12.5	25
杭　州	859.99	2	9.5	26
南　京	733.02	5	15.4	21
哈尔滨	354.70	14	18.1	17
海　口	73.17	25	20.1	12

22-14 各省会城市金融机构存款余额

单位：亿元

城　市	2012年	位 次	2012年比2011年增长%	位 次
呼和浩特	**3805.76**	**23**	**19.4**	**5**
南　宁	5627.18	19	19.0	6
乌鲁木齐	4819.10	20	18.1	10
银　川	2108.28	26	16.8	14
西　安	12125.53	6	16.3	16
兰　州	4589.26	21	19.7	4
西　宁	2364.86	25	26.8	1
成　都	20354.00	2	19.0	6
贵　阳	4394.37	22	21.9	2
昆　明	8839.46	11	17.0	13
石家庄	7640.70	14	13.8	18
太　原	8902.46	10	17.4	12
沈　阳	10275.35	8	15.5	17
长　春	6578.30	17	18.1	10
合　肥	6913.84	16	20.1	3
福　州	7707.28	13	13.8	18
南　昌	5723.14	18	12.6	22
济　南	9798.50	9	18.4	9
郑　州	10448.30	7	16.5	15
长　沙	8731.49	12	18.7	8
武　汉	12929.26	5	13.8	18
广　州	29006.99	1	12.5	23
杭　州	19599.85	3	8.2	26
南　京	16131.41	4	13.3	21
哈尔滨	7360.30	15	12.3	24
海　口	2582.97	24	11.7	25

22-15 各省会城市城乡居民储蓄存款余额

单位：亿元

城　　市	2012年	位 次	2012年比2011年增长%	位 次
呼和浩特	**1243.27**	**23**	**18.0**	**9**
南　　宁	1863.80	18	17.9	11
乌鲁木齐	1715.97	21	16.7	14
银　　川	901.47	25	24.3	1
西　　安	4787.03	4	15.2	17
兰　　州	1743.18	20	17.8	12
西　　宁	827.15	26	22.5	2
成　　都	7060.00	2	18.8	6
贵　　阳	1498.20	22	19.8	4
昆　　明	2967.02	13	13.4	21
石 家 庄	3735.50	9	15.2	17
太　　原	3021.50	11	13.3	22
沈　　阳	4318.84	7	15.8	15
长　　春	2767.40	16	18.4	7
合　　肥	2065.57	17	22.3	3
福　　州	2939.46	14	15.2	17
南　　昌	1853.57	19	15.6	16
济　　南	2888.70	15	19.0	5
郑　　州	3845.50	8	18.2	8
长　　沙	2981.31	12	18.0	9
武　　汉	4728.66	5	17.2	13
广　　州	11310.69	1	12.7	24
杭　　州	6022.00	3	9.7	26
南　　京	4465.37	6	12.5	25
哈 尔 滨	3320.70	10	14.6	20
海　　口	952.15	24	13.2	23

22-16 各省会城市金融机构贷款余额

单位：亿元

城　市	2012年	位 次	2012年比2011年增长%	位 次
呼和浩特	**3707.22**	**20**	**15.3**	**9**
南　宁	5501.28	17	13.5	14
乌鲁木齐	3245.33	23	27.1	1
银　川	2282.97	25	17.4	4
西　安	8635.22	6	14.1	11
兰　州	3672.85	21	25.9	2
西　宁	2257.50	26	22.3	3
成　都	15630.00	3	13.5	14
贵　阳	3479.47	22	15.5	8
昆　明	8165.49	8	12.0	18
石 家 庄	3995.10	19	9.9	23
太　原	6376.21	13	12.5	16
沈　阳	7852.71	9	14.0	13
长　春	5727.20	15	11.1	19
合　肥	6136.03	14	16.7	6
福　州	6711.77	12	15.2	10
南　昌	4728.01	18	16.3	7
济　南	7406.20	10	7.4	25
郑　州	6794.10	11	11.1	19
长　沙	8267.15	7	10.8	21
武　汉	10627.60	5	12.2	17
广　州	18023.02	1	10.3	22
杭　州	17215.93	2	8.3	24
南　京	12314.41	4	5.0	26
哈 尔 滨	5558.00	16	14.1	11
海　口	2425.78	24	17.3	5

22-17 各省会城市城镇居民人均可支配收入

单位：元

城市	2012年	位次	2012年比2011年增长%	位次
呼和浩特	**32646**	**4**	**13.1**	**12**
南　宁	22561	19	12.8	14
乌鲁木齐	18385	25	13.9	6
银　川	21901	22	12.4	18
西　安	29982	7	15.4	3
兰　州	18443	24	15.6	2
西　宁	17634	26	11.3	24
成　都	27194	9	13.6	8
贵　阳	21796	23	12.2	20
昆　明	25706	12	17.0	1
石家庄	23038	16	12.2	20
太　原	22587	18	12.1	22
沈　阳	26431	11	13.3	9
长　春	22970	17	12.1	22
合　肥	25434	13	13.2	10
福　州	29399	8	12.9	13
南　昌	23602	15	13.8	7
济　南	32570	5	12.7	16
郑　州	25301	14	12.6	17
长　沙	30288	6	14.5	4
武　汉	27061	10	14.0	5
广　州	38054	1	10.5	25
杭　州	37511	2	10.1	26
南　京	36322	3	12.8	14
哈尔滨	22499	20	12.3	19
海　口	22331	21	13.2	10

22-18 各省会城市农民人均纯收入

单位：元

城　　市	2012年	位 次	2012年比2011年增长%	位 次
呼和浩特	**11361**	**12**	**13.2**	**20**
南　　宁	6777	25	15.9	6
乌鲁木齐	10356	14	22.8	1
银　　川	8068	22	14.1	13
西　　安	11442	11	15.4	8
兰　　州	6224	26	18.5	3
西　　宁	7802	24	17.6	4
成　　都	11501	8	14.2	12
贵　　阳	8488	20	15.0	9
昆　　明	8040	23	12.8	23
石 家 庄	8993	19	15.0	9
太　　原	10079	15	13.4	17
沈　　阳	13045	5	12.7	25
长　　春	9064	18	13.8	15
合　　肥	9081	17	15.5	7
福　　州	11492	9	13.7	16
南　　昌	9730	16	14.7	11
济　　南	11786	7	13.2	20
郑　　州	12530	6	13.4	17
长　　沙	15763	3	17.6	4
武　　汉	11190	13	14.0	14
广　　州	16788	2	13.3	19
杭　　州	17017	1	11.6	26
南　　京	14786	4	12.8	23
哈 尔 滨	11443	10	19.1	2
海　　口	8134	21	13.1	22

第三部分　法规与规章

呼和浩特市房屋使用安全管理办法(试行)

第一章　总　则

第一条　为加强房屋安全管理，维护社会公共利益，保障公民、法人和其他组织的生命和财产安全，根据国家有关法律、法规，结合本市实际，制定本办法。

第二条　本市行政区域内已建成交付使用的房屋使用安全管理、房屋安全鉴定和危险房屋治理等适用本办法。

法律、法规对军队、宗教团体、文物保护单位的房屋安全管理另有规定的，从其规定。

第三条　房屋使用安全管理应当遵循合法使用、预防为主、防治结合、确保安全的原则。

第四条　市住房保障房屋管理部门是本市房屋使用安全的行政主管部门，其下设的房屋使用安全管理机构具体负责本办法实施。各旗、县、区建设管理部门负责本辖区内房屋使用安全监督管理工作，业务上接受市住房保障和房屋管理部门的监督、指导。发展改革、城乡建设、规划、安全监管、城管执法、公安、人防、工商、质监、地震等部门按照各自职责，协同做好房屋使用安全管理工作。

第五条　任何单位和个人都有权对违反房屋使用安全的行为进行举报、投诉。

第二章　房屋使用安全管理

第六条　房屋所有权人是房屋使用安全责任人。

房屋所有权人、使用人应当按照房屋的设计用途合理使用房屋，不得破坏或者擅自改变房屋结构，不得影响毗邻房屋的安全。

房屋所有权人应当定期对房屋进行检查维护，发现损坏及时治理，以保证房屋安全；房屋使用人应当及时向所有权人、受托管理人报告发现的安全问题，配合开展对房屋的检查维护、安全鉴定、安全问题治理等活动。

第七条　房屋自管单位、受托管理人应当做好管理范围内房屋使用安全的管理和检查维护工作，发现有违反房屋使用安全的行为应当劝阻、制止。对拒不接受管理的，应当及时报告房屋使用安全行政主管部门。

第八条　禁止下列危害房屋结构安全的行为：

（一）擅自拆改、变动建筑主体和承重结构的；

（二）违法超过设计标准增加房屋使用荷载的；

（三）改变房屋使用用途，影响房屋安全耐久性的；

（四）建筑主体开设洞口、增设门窗，拆改或者扩大原有门窗尺寸的；

（五）其他危害房屋结构安全的行为。

第九条　房屋使用安全行政主管部门应当加强监督检查，对危害房屋安全的行为进行制止和查处，及时处理存在安全隐患房屋的举报和投诉。对除本办法第八条规定以外造成安全隐患的房屋，房屋使用安全行政主管部门应当下达《房屋隐患通知书》，责令房屋所有权人限期修缮、加固。

第十条　建设单位应当在新建房屋交付使用时，将房屋的主体结构、承重结构、抗震结构、防火设施和房屋的设计使用年限、抗震能力、使用维护保养要求等事项书面告知购房人，按照规定将房屋建筑资料移交受托管理人，并在办理产权登记时将相关技术资料送交房屋使用安全行政主管部门，建立房屋使用安全信息档案。

第十一条　新开办的住宿、餐饮、洗浴、歌舞厅、网吧等服务行业，有关行政主管部门在办理相关证照需要查验经营场所时，应当核实经营用房的安全情况。经营用房存在安全隐患的，应当要求申请人出具房屋安全鉴定报告。对以危险房屋作为经营场所的，不得办理相关证照。

前款服务行业需经多个行政主管部门审批的，经营用房安全状况查验责任由审批流程中首个需要查验经营场所的单位承担。

第三章　房屋安全鉴定

第十二条　市住房保障和房屋管理行政主管部门设立房屋安全鉴定机构，负责本市房屋安全鉴定工作，其鉴定结论是认定房屋安全状况的依据。

从事房屋安全鉴定的人员，应当具备相应的专业知识，经专业培训，持证上岗。

第十三条　房屋所有权人、使用人或者受托管理人认为房屋安全存在隐患的，可以向房屋安全鉴定机构申请鉴定。

有下列情形之一的，房屋所有权人应当向房屋安全鉴定机构申请鉴定：

（一）超过房屋设计使用年限需要继续使用的；

（二）因突发事故导致结构损伤，仍需要继续投入使用的；

（三）未履行建设审批程序已经投入使用的房屋，未确定其安全性的；

（四）改变使用用途危及房屋使用安全的；

（五）拆改房屋主体承重结构增加房屋设计荷载的；

（六）出现结构开裂、变形、地基不均匀沉降等危及房屋使用安全的；

（七）教育、科技、文化娱乐、广电、体育、卫生、交通、商贸服务、人才市场等人员密集的公共建筑，超过设计使用年限一半以上每满 5 年未鉴定的；达到设计使用年限，需要继续使用的，每满两年进行一次安全鉴定；

（八）其他依法应当进行安全鉴定的。

第十四条 申请人应当按照价格行政主管部门核定的标准支付房屋安全鉴定费，人为因素导致房屋出现安全问题的，鉴定费用由事故责任人承担。

房屋使用人、受托管理单位及其他利害关系人发现房屋存在安全隐患的，可以要求房屋所有权人进行房屋安全鉴定。房屋所有权人拒不申请房屋安全鉴定的，房屋使用人、受托管理单位及其他利害关系人可以自行向鉴定机构提出房屋安全鉴定。经鉴定为危险房屋的，鉴定费用由房屋所有权人承担；经鉴定为非危险房屋的，鉴定费用由委托人承担。

第十五条 申请房屋安全鉴定应当提交以下材料：

（一）房屋安全鉴定委托书；

（二）申请人的身份证明；

（三）房屋所有权证、房屋租赁合同或者其他确认其民事权利的有效证明；

（四）其他依法应当提供的材料。

第十六条 房屋安全鉴定应当依据国家、自治区及我市相关规范标准进行，且鉴定人员不得少于两人。对特殊复杂的鉴定项目，鉴定机构可以另外聘请专业人员或者邀请有关部门派员参与鉴定。

鉴定机构应当在15个工作日内作出房屋安全鉴定报告；有明显险情的房屋，应当立即组织鉴定。房屋情况复杂需要跟踪监测的，出具房屋安全鉴定报告的期限可以适当延长，并向申请人说明情况。

房屋安全鉴定报告采用统一的文本格式，加盖“呼和浩特市房屋安全鉴定专用章”。

第四章 危险房屋治理

第十七条 经鉴定属于危险房屋的，房屋安全鉴定机构出具鉴定报告时应当同时报市房屋使用安全行政主管部门。市房屋使用安全行政主管部门应当根据鉴定报告及时下达《危险房屋通知书》，并提出治理意见。

第十八条 经鉴定属于危险房屋的，房屋所有权人应当根据鉴定报告和房屋使用安全行政主管部门提出的治理意见按照以下情形处理：

（一）鉴定为观察使用的，在鉴定报告注明的观察使用时限内使用；

（二）鉴定为处理使用的，使用人应当按照鉴定报告限制使用的要求搬出危险部位，房屋建筑所有权人应当委托原设计单位或者具有相应资质等级的设计单位出具方案，采取相应的措施进行治理，并按照设计单位确定的后续使用年限使用；

（三）鉴定为停止使用、整体拆除的，使用人应当停止使用，立即搬出；使用人拒不搬出的，房屋使用安全行政主管部门应当责令其停止使用。

第十九条 异产毗邻危险房屋的各房屋所有权人，共同履行治理责任。所需治理费用由各房屋所有权人共同承担。拒不承担责任的，由房屋使用安全行政主管部门调处；当事人不服的，可以依法向人民法院起诉。

第二十条 房屋所有权人、事故责任人对危险房屋拒不治理的，由房屋使用安全行政主管部门责令其限期治理、消除危险。因不治理可能危及公共安全的，房屋使用安全行政主管部门应当申请人民法院强制执行。

第二十一条 因地震、洪涝等自然灾害或者其他因素导致房屋出现重大险情的，房屋使用安全行政主管部门应当组织房屋安全鉴定机构对出现重大险情的房屋进行鉴定，并将鉴定情况及时报告市人民政府。对房屋进行应急抢险应当按照国家和本市应对突发事件的有关规定执行。

市和旗、县、区人民政府应当设立应急治理专项资金，用于紧急情况下危险房屋的鉴定、修缮、加固、拆除以及居住人员的搬出安置等费用。

第五章 法律责任

第二十二条 违反本办法第八条第（一）项规定的，按照《建设工程质量管理条例》第六十九条的规定予以处罚。

非住宅类房屋违反本办法第八条第（二）、（三）、（四）项规定的，由房屋使用安全行政主管部门责令房屋所有权人、使用人限期恢复原状、采取加固措施，可以并处1000元以下罚款。住宅类房屋有第八条第（二）、（三）、（四）项情形的，按照《住宅室内装饰装修管理办法》予以处罚。

第二十三条 违反本办法第十三条第二款规定，应当申请房屋安全鉴定未申请的，由房屋使用安全行政主管部门责令其限期申请鉴定，告知其鉴定所需费用和不申请鉴定的法律后果；逾期仍不申请的，可以处1000元以下罚款。

第二十四条 生产经营单位的生产经营用房经鉴定为危险房屋，不具备安全生产经营条件的，由安全生产监督管理部门依据相关法律、法规的规定予以处理。

第二十五条 房屋使用安全行政主管部门工作人员玩忽职守、徇私舞弊、滥用职权的，依法给予行政处分；构成犯罪的，依法追究刑事责任。

第二十六条 房屋安全鉴定机构出具虚假鉴定报告或者鉴定报告严重错误的，由房屋使用安全行政主管部门对其责任人员给予通报批评；情节严重的，取消其鉴定资格。因鉴定为危险房屋未及时通知申请人和报告房屋使用安全行政主管部门采取治理措施造成损失的，依法承担赔偿责任；构成犯罪的，依法追究刑事责任。

第六章 附 则

第二十七条 本办法中相关名词的含义：

（一）危险房屋：是指结构已经严重损坏或者承重构件已属于危险构件，随时有可能丧失结构稳定和承载能力，不能保证居住和使用安全的房屋。

（二）受托管理人：是指接受房屋所有权人委托，按照规定和约定对其房屋使用安全进行管理的物业服务企业或其他单位、个人。

（三）建筑主体：是指房屋实体的结构构造，包括屋盖、楼盖、梁、柱、支撑、墙体、连接点和基础等。

（四）承重结构：是指直接将本身自重与各种外加作用力系统地传递给地基的主要结构构件和其连接点，包括承重墙体、立杆、柱、框架柱、支墩、楼盖、屋盖、基础、梁、屋架、悬索等。

第二十八条 市住房保障房屋管理部门可以根据本办法制定实施细则。

第二十九条 本办法自2012年10月20日起施行。

呼和浩特市公共租赁住房管理办法

第一章 总 则

第一条 为完善多层次住房供应和保障体系，规范公共租赁住房管理，根据国家有关规定，结合本市实际，制定本办法。

第二条 本办法适用于本市城市规划区范围内公共租赁住房的规划、建设、分配、使用及管理。

本办法所称公共租赁住房，是指政府投资或者提供政策支持，限定户型面积和租金水平，供给城市中低收入住房困难家庭、新就业无房职工和在本市稳定就业的外来务工人员租住的保障性住房。

第三条 发展公共租赁住房应当遵循政府主导、社会参与，因地制宜、协调发展，统筹规划、分步实施，公开公平、严格监管的原则。

第四条 市住房保障行政管理部门是本市公共租赁住房管理的行政主管部门。

发展改革、城乡建设、规划、国土资源、财政、民政、公安、人力资源和社会保障、监察、土地收储等部门和机构，根据各自职责，协同做好公共租赁住房管理工作。

第二章 规划建设和房源筹集

第五条 市住房保障部门会同市发展改革、规划、国土资源、城乡建设等部门，编制公共租赁住房发展规划和年度建设计划，报市人民政府批准后实施。

第六条 公共租赁住房的房源包括：

（一）政府投资或者国有投资公司建设的房屋；

（二）普通商品住房和经济适用住房中配套建设的房屋；

（三）政府从市场上购置或者租赁的房屋；

（四）由廉租住房和公有住房按照有关规定转换的房屋；

（五）社会捐赠及其他渠道筹集的房屋。

第七条 新建公共租赁住房采取集中建设或者配套建设的方式进行。公共租赁住房实行“谁投资、谁所有”的原则，投资者权益可以依法转让。

第八条 新建普通商品住房和经济适用住房建设项目，应当按照土地出让合同或者划拨土地相关文件的要求，配建2%-7%的公共租赁住房,具体比例在土地出让挂牌时由市政府明确。配建的公共租赁住房应当和房地产开发项目同时竣工，且经过初装修具备居住条件，通过验收的，由市住房保障部门向符合条件的公共租赁住房申请人出租。

第九条 政府投资建设的公共租赁住房，建设用地实行行政划拨；国有投资公司和其他企业投资建设的公共租赁住房，建设用地采取出让方式供地，公共租赁住房的套型、建设标准和设施配套条件等经市住房保障管理部门确定后作为土地供应的前置条件。

第十条 新建的公共租赁住房，单套建筑面积以40平方米左右的小户型为主；以集体宿舍形式建设的公共租赁住房，应当符合宿舍建筑设计规范,最大不超过80平方米。

第十一条 以出让方式供地建设的公共租赁住房项目，规划部门应当允许配建一定比例的商业用房，用于补充公共租赁住房建设资金。

配建的具体比例应当在土地出让挂牌时由市政府明确。

第十二条 国有投资公司和其他企业投资建设的公共租赁住房未经市住房保障部门批准，不得擅自出售。市住房保障部门根据全市公共租赁住房建设情况和社会需求情况，制定公共租赁住房上市交易管理办法，报市人民政府批准后实施。

第十三条 政府投资建设或者购置公共租赁住房所需资金除国家安排的专项补助资金外，其余按照公共租赁住房年度建设计划，由市、区财政予以保障。

第十四条 政府所有的公共租赁住房租金收入，应当入同级国库，实行“收支两条线”管理，专项用于偿还公共租赁住房贷款及公共租赁住房维修。

企业所有的公共租赁住房，租金收入归企业所有。

第十五条 公共租赁住房建设项目，可以享受国家、自治区和本市的公共租赁住房建设专项补贴资金。

本市的公共租赁住房建设项目专项补贴资金标准，结合项目用地出让净收益和项目规划指标情况研究确定，市政府结合房地产市场情况适时进行调整。

第十六条 建设和交易公共租赁住房，其税收优惠按照国家相关政策执行，并免收城市基础设施配套费等行政事业性收费和政府性基金。

第三章 准入管理

第十七条 申请公共租赁住房以家庭或者独立生活的个人为申请单位。家庭申请的，每个家庭确定一人为申请人，其他家庭成员为共同申请人；个人申请的，以本人为申请人。

每个申请单位只限申请承租 1 套公共租赁住房。

第十八条 城市中低收入住房困难家庭申请公共租赁住房，应当符合下列条件：

（一）家庭成员之一拥有本市户籍，且在本市实际居住；

（二）家庭人均月收入低于城市居民最低生活保障标准的 7 倍；

（三）无住房且未租住公有住房并未享受其他住房保障政策。

已通过廉租住房资格审核正在轮候的家庭，可直接到户籍所在地街道办事处或者乡镇人民政府申请轮候公共租赁住房。

第十九条 新就业无房职工申请公共租赁住房，应当符合下列条件：

（一）年满 18 周岁；

（二）拥有本市户籍；

（三）与用人单位签订劳动合同并进行就业登记；

（四）在本市无私有住房、未租住公有住房且父母住房困难并未以家庭申请任何住房保障；

（五）月收入低于城镇居民最低生活保障标准的 7 倍。

第二十条 在本市稳定就业的外来务工人员申请公共租赁住房，应当符合下列条件：

（一）与用人单位签订劳动合同并进行就业登记，同时取得本市居住资格；

（二）在本市连续缴纳社会保险费达到 2 年以上；

（三）在本市无住房；

（四）人均月收入低于城镇居民最低生活保障标准的 7 倍。

第二十一条 申请承租公共租赁住房，应当提供下列材料：

（一）承租公共租赁住房申请书；

（二）家庭成员身份证和户口簿或者其他居住证明；

（三）家庭收入情况、就业情况、缴纳社会保险费证明和居住资格证明；

（四）住房状况材料；

（五）婚姻状况证明。

第二十二条 申请承租公共租赁住房，按照下列程序办理：

（一）申请人向户口所在地街道办事处、乡镇人民政府或者所在的用人单位提交书面申请和相关材料（上述街道办事处、乡镇人民政府、用人单位为受理单位，并进行初审），填写自我保证声明，并签订《委托核查授权书》。受理单位对申请人家庭人口、住房状况和收入状况进行初步核查，在受理后 15 个工作日内提出初审意见。经初审符合条件的，应当将申请人的基本情况（包括收入、住房等）在申请人的户籍所在地、实际居住地、所在单位进行公示，公示期限为 10 日。公示期间无异议，或者虽有异议但经审核异议不成立的，报区住房保障部门和区人力资源和社会保障部门，对不符合申请条件的，街道（乡镇）、用人单位应当书面告知申请人；

（二）区住房保障部门、区人力资源和社会保障部门应当自收到初审材料之日起 10 个工作日内，分别对申请人的家庭住房情况和收入情况是否符合规定条件提出审核意见。并将符合条件的申请材料与审核意见转送市民政部门进行经济收入状况比对；

（三）市民政部门应当自收到转送的申请材料与审核意见之日起 15 个工作日内，对申请人的家庭收入是否符合规定条件提出审核意见，并将核对结果反馈至区住房保障部门。经审核符合条件的，报市住房保障部门审批，经审核不符合申请条件的，区住房保障部门应书面告知申请人；

市住房保障部门应当综合住房状况和收入状况，在 5 个工作日内完成审批，予以公示，公示期限为 7 天。经公示无异议或者异议不成立的，由市住房保障部门予以登记，书面通知申请人或所在的用人单位，并在当地媒体发出相关公示公告，适时配租公共租赁住房。

用人单位接到通知的，及时组织配租对象与市住房保障部门签订租赁合同，办理入住手续。用人单位应当对申请人提交材料的真实性负责，并出具《承租公共租赁住房担保书》。

第二十三条 引进的特殊专业人才、县级以上人民政府确定的见义勇为有功人员及其家属、伤残军人以及荣立二等功以上的复转军人住房困难家庭，按属地申请公共租赁住房，不受收入限制。

第四章 配租管理

第二十四条 公共租赁住房租金标准由市住房保障部门会同市物价、财政部门，依据本市经济发展水平、供应对象支付能力以及商品住房市场租金水平等因素确定，具体价格控制在市场租金水平的 70%以内。

公共租赁住房租金标准按年度实行动态调整，市住房保障部门每年向社会公布一次。

第二十五条 市住房保障部门依据公共租赁住房房源情况，对在规定时限内登记的取得入住资格的申请人按照批准顺序分批组织摇号选房，对本次摇号未能获得配租的申请人自动进入下一轮摇号。住房选定后，与住房保障部门或者产权单位签订《呼和浩特市公共租赁住房租赁合同》。

符合承租条件的家庭成员中含有优抚对象、65 周岁以上老人、残疾人员、患大病人员的，符合廉租住房条件的或者被拆迁的家庭在拆迁过渡期内可优先分配公共租赁住房，不受轮候顺序限制。

产权单位与承租人签订《呼和浩特市公共租赁住房租赁合同》的，应当报市住房保障行政管理部门备案。

第二十六条 《呼和浩特市公共租赁住房租赁合同》为格式合同，合同期限最长不超过 5 年。合同中应当明确下列内容：

（一）房屋的位置、朝向、面积、附属设施和设备状况；

（二）租金及其支付方式；

（三）物业管理费、水电费等费用的支付方式；

（四）房屋用途和使用要求；

（五）租赁期限；

（六）房屋维修责任；

（七）停止公共租赁住房保障的情形；

（八）违约责任及争议解决办法；

（九）其他约定。

第二十七条 应当在租赁合同中明确，在本市稳定就业的新就业无房职工及外来务工人员的所在单位建立租金支付或者租金汇缴制度；承租人拖欠租金和其他费用的,通报其单位，可以从其工资收入中直接划扣。

第二十八条 公共租赁住房只能用于承租人自住,不得出借、转租或者闲置,也不得用于从事其他经营活动。

第二十九条 已申请并经审核符合公共租赁住房条件的申请人未按规定参加选房或者拒绝使用选定住房的,视同放弃承租资格，两年内不得再次申请。

第三十条 有下列情形之一的,承租人应当退出公共租赁住房,合同自动终止。确有特殊困难的，给予3个月的过渡期，过渡期内，按照同区域同类住房市场租赁价格收取租金。过渡期满后仍不退出的,承租人应按合同约定承担违约责任，由出租人依法向人民法院提起诉讼，申请强制执行：

（一）合同期满终止租赁合同的；

（二）合同期限内，自愿退出公共租赁住房而解除合同的；

（三）通过购买、继承、受赠、租赁等方式在本市获得其他住房的；

（四）获得其他形式政策性住房保障的；

（五）租赁期内超过本办法规定的收入标准的；

（六）其他不符合公共租赁住房申请条件的。

第三十一条 合同期满仍符合租赁申请条件并愿意继续承租的,承租人应当在合同期满前3个月内提出申请,按照本办法第 二十二条规定的程序进行审核，符合条件的，签订续租合同。

第三十二条 承租人应当爱护并合理使用房屋及附属设施，不得擅自改变房屋结构。因使用不当造成房屋或者附属设施损坏的，应当负责维修或者赔偿。

第三十三条 承租人应当按时缴纳政府规定的公共租赁住房租金和房屋使用过程中发生的水、电、气、通讯、电视、物业服务等费用。

第三十四条 政府直接投资建设的公共租赁住房小区物业管理，由市住房保障部门组建或者选聘的物业服务公司承担，物业费标准由市住房保障部门会同市价格管理部门核定。配建及以其他方式建设的公共租赁住房物业管理按照《物业管理条例》的规定执行。

第三十五条 加强公共租赁住房的社会服务和管理。公安、计生、住房保障主管部门等应会同街道办事处（或乡镇人民政府）、社区居委会共同加强对公共租赁住房居住群体的人口、治安、计生等服务管理，加大巡查力度。

第五章 监督管理

第三十六条 承租人有下列行为之一的，解除租赁合同，收回公共租赁住房，其行为记入信用档案，5年内不得申请公共租赁住房：

（一）采取提供虚假证明材料等欺骗方式取得公共租赁住房资格的；

（二）出借、转租公共租赁住房的；

（三）改变公共租赁住房结构或者使用性质，严重影响房屋安全的；

（四）承租人无正当理由由连续空置6个月以上的；

（五）拖欠租金累计 6 个月以上的；

（六）在公共租赁住房中从事违法活动的；

（七）违反租赁合同约定的其他情形。

第三十七条 用人单位出具虚假证明材料的，由市住房保障部门处以500元以上1000元以下罚款，并依法计入企业征信记录。

第三十八条 违反本办法规定,擅自提高公共租赁住房租金标准的,由价格主管部门依法查处。

第三十九条 房地产中介机构为公共租赁住房接受委托代理转让、出租或者转租的，由市住房保障部门给予处罚。

第四十条 住房保障部门或者其他有关部门工作人员违反本办法规定,玩忽职守、滥用职权、徇私舞弊、索贿受贿或者侵害公共租赁住房申请人、承租人合法权益的,由其所在单位或者上级主管部门给予处分;构成犯罪的,依法追究刑事责任。

第六章 附 则

第四十一条 各旗、县人民政府可以结合本地实际情况,参照本办法执行。

第四十二条 本办法自 2012 年 5 月 10 日起施行。

呼和浩特市机动车排气污染防治条例

第一条 为防治机动车排气污染，保护和改善大气环境，根据《中华人民共和国大气污染防治法》及相关法律、法规，结合本市实际，制定本条例。

第二条 在本市登记的在用机动车以及在本市行政区域内行驶的外地委托本市代检的机动车的排气污染防治适用本条例，农用机动车除外。

第三条 市环境保护行政主管部门对本行政区域内的机动车排气污染防治工作实施统一监督管理。

市环境保护行政主管部门可以委托机动车排气污染监督管理机构对机动车排气污染防治进行日常管理。

公安、交通运输、工商、质量技术监督、发展和改革等行政管理部门根据各自职责，负责相关的机动车排气污染防治监督管理工作。

第四条 市人民政府应当将机动车排气污染防治纳入城市总体规划，并在环境保护规划中明确机动车排气污染防治的要求。

第五条 市人民政府应当采取措施，鼓励使用低污染燃油、替代燃料等车用清洁能源和低污染环保车型，逐步淘汰高污染车型，推广符合国家标准的节能减排新技术、新产品。

第六条 市人民政府应当建立机动车排气污染防治工作协调机制，决定机动车排气污染防治工作中的重大问题，督促相关行政主管部门做好机动车排气污染防治监督管理工作。

第七条 市环境保护行政主管部门应当建立机动车排气污染防治网络监控系统，对检测过程实施全程监控，并会同公安、交通运输等行政管理部门建立机动车排气污染防治信息传输系统，实现信息共享。

市环境保护行政主管部门应当定期向社会公布机动车排气污染监测和防治情况。

第八条 任何单位和个人都有权对机动车排气污染行为、机动车排气污染监督管理机构的管理行为进行投诉和举报，环境保护行政主管部门应当在十个工作日内按照有关规定予以处理和答复。

第九条 机动车所有人应当定期维护和保养机动车，使在用机动车及其污染控制装置处于正常工作状态。

提倡机动车驾驶人在停车等待时熄火。

第十条 本市实行机动车环保检验合格标志管理制度。

机动车环保检验合格标志分为绿色标志和黄色标志，核发条件、程序、时效等执行国家《机动车环保检验合格标志管理规定》。

机动车环保检验合格标志应当随车携带。

第十一条 未取得环保检验合格标志或者环保检验合格标志过期的机动车不得上路行驶。

机动车排气污染检测周期应当与机动车安全技术检验周期同步。

第十二条 由外地转入本市的机动车，应当符合本市执行的国家机动车污染物排放标准。办理机动车登记时，应当取得由本市环境保护行政主管部门核发的环保检验合格标志。

第十三条 市人民政府根据城市大气环境质量状况，可以执行严于国家现阶段实施的机动车污染物排放标准，可以对取得黄色标志的机动车采取限制通行时段、区域等措施，并向社会公布。

第十四条 禁止使用伪造、变造的机动车环保检验合格标志或者冒用其它机动车的环保检验合格标志。

第十五条 禁止生产、销售或者使用不符合国家、自治区有关标准的车用燃料、车用燃料清洁剂及添加剂。

第十六条 从事机动车排气检测的单位应当取得法定资质，接受环境保护行政主管部门的监督，并遵守下列规定：

（一）按照规定的机动车排气检测方法、技术规范和排放标准进行检测，并如实出具检测报告，不得在检测中弄虚作假；

（二）检测设备应当符合国家规定的标准，并经过法定计量检定机构定期检定合格；

（三）建立机动车排气检测信息传输网络，并按照规定报送机动车排气检测信息；

（四）按照自治区价格主管部门核定的收费标准收取检测费；

（五）不得从事机动车排气污染维修业务。

第十七条 市环境保护行政主管部门可以采用遥感技术等现代化手段对上路行驶的机动车进行污染物排放抽检，也可以在机动车停放地对在用机动车污染物排放状况进行抽检。

对取得环保检验合格标志但经抽检不合格的机动车，由市环境保护行政主管部门责令限期治理。

第十八条 在停放地对机动车进行抽检时，不得妨碍道路交通安全和畅通，并遵守下列规定：

（一）主动出示执法证件；

（二）当场向驾驶人出具符合国家规范的书面检测结果；

（三）不得收取检测费用。

第十九条 机动车所有人可以自由选择具有相应资质的排气检测单位进行检测，任何单位和个人不得干涉。

第二十条 机动车维修经营者应当具备相应资质，按照有关技术规范维修机动车发动机和排气控制系统，使在用机动车排放达到规定的标准，并建立车辆维修档案，在维修质量保证期内承担相应的维修责任。

第二十一条 违反本条例第十一条第一款规定，未取得环保检验合格标志或者环保检验合格标志过期的机动车上路行驶的，由公安机关交通管理部门责令改正，可以暂扣机动车行驶证；机动车排气合格的，公安机关交通管理部门应当发还机动车行驶证。

第二十二条 违反本条例第十四条规定，使用伪造、变造的机动车环保检验合格标志或者冒用其它机动车的环保检验合格标志的，由市环境保护行政主管部门予以收缴，并可以视情节处以1000元以上3000元以下的罚款。

第二十三条 违反本条例第十五条规定，生产、销售或者使用不符合国家、自治区有关标准的车用燃料、车用燃料清洁剂及添加剂的，由市环境保护行政主管部门或者其他依法行使监督管理职权的部门责令停止违法行为，没收其非法所得。

第二十四条 违反本条例第十六条第一项、第五项规定，在检测中弄虚作假或者从事机动车排气污染维修治理业务的，由市环境保护行政主管部门没收违法所得，责令限期改正，并处一万元以上五万元以下的罚款；情节严重的，由核发资质的环境保护行政主管部门取消其机动车排气污染检测资质。

第二十五条 环境保护行政主管部门的工作人员未按照规定发放机动车环保检验合格标志，或者违反本条例第十八条规定，有其中行为之一的，由其所在单位或者上级主管部门给予行政处分；构成犯罪的，依法追究刑事责任。

第二十六条 本条例自2012年9月1日起施行。

第四部分　社会经济大事记

呼和浩特 2012 年社会经济大事记

1月

1 日　2011 年我市实现了种植业结构进一步优化、养殖业稳步发展、农牧业经济稳中有升的目标，其中，经济类作物种植比重增加，种植业结构进一步优化，全市粮食产量达 125.8 万吨，比上年略有增加。全年第一产业增加值达 99 亿元，比上年增长 8% 左右，占全市 GDP 的 4.6%。全市农民人均纯收入达 9800 元，比上年增长 12.05%。初步测算，全市农民人均纯收入来自畜牧业的占 54.7%，来自种植业的占 24.2%，来自政策性收入的占 4%，来自工资性收入占 17.1%。

4 日　市委副书记、代市长秦义主持召开座谈会，分别向各民主党派、工商联、无党派人士、老领导、老干部、劳模代表及基层代表征求对即将提请市第十三届人大五次会议审议的《政府工作报告》的意见和建议。市领导云建东、李岳清、张润锁、鲁剑钧、陈曼莉参加会议。

▲中国民主同盟呼和浩特市第五次代表大会开幕。自治区政协副主席、民盟内蒙古区委主委董恒宇，市委副书记、政法委书记兰恩华，市委常委、统战部部长云建东，市人大常委会副主任吴安俊，副市长刚布和，市政协副主席张润锁、鲁剑钧、陈曼莉等出席开幕式。民盟内蒙古区委副主委钱灵犀、徐翔、姜月忠、李相合应邀出席开幕式。民盟呼市委员会主委朱德礼代表中国民主同盟呼和浩特市第四届委员会作了工作报告。

5 日　市委副书记、代市长秦义主持召开市政府第 41 次常务会议，审议并原则通过了《关于呼和浩特市 2012 年地方财政收支预算编制情况的说明》、《关于呼和浩特市 2011 年财政执行情况和 2012 年市本级财政预算草案的报告》和《2012 年市本级财政预算执行管理办法（讨论稿）》、《关于呼和浩特市 2011 年国民经济和社会发展计划执行情况与 2012 年国民经济与社会发展计划草案的报告（讨论稿）》、《2012 年全市主要经济指标安排建议及新增因素分析》，听取了 2012 年农业发展重点、城市建设重点以及重点项目安排工作汇报。市领导赵江涛、吕慧生、云公和、白金祥、贾英祥、孙建华、刚布和，市政府副巡视员牧峰、郭召来参加会议。市领导白光荣、刘敏、银孝、张赢及相关部门主要负责人列席会议。

▲中国民主同盟呼和浩特市第五次代表大会圆满闭幕，会议选举产生了新一届委员会。自治区政协副主席、民盟内蒙古区委主委董恒宇，市委常委、统战部部长云建东出席闭幕式。民盟内蒙古区委副主委钱灵犀、李相合应邀出席闭幕式。会议选举朱德礼为民盟呼和浩特市第五届委员会主任委员，选举蓝兴东、田青松、曹丽荣为副主任委员。

▲呼和浩特市第十一届“十佳优秀市民”“十佳时代新事”“十佳社会公益活动”表彰会隆重召开，市委、市政府决定，授予杨永强等 10 名同志第十一届“十佳优秀市民”荣誉称号；授予蔡罗恒等 10 名同志第十一届“十佳优秀市民提名奖”荣誉称号；授予呼市公安局特警支队援疆维稳等 10 个典型事迹第十一届“十佳时代新事”荣誉称号；授予玉泉区清泉街社区开展志愿服务活动等 10 项活动第十一届“十佳社会公益活动”荣誉称号。表彰会召开前，市领导那顺孟和、秦义、吴一微、张彭慧、兰恩华、刘菊茹、吴艳刚、狄瑞明、孙建国、白金祥、彭皓方、韩秋岐会见了“三十佳”代表，并合影留念。

7 日　自治区党委书记胡春华带领自治区考核组出席了呼和浩特市 2011 年度落实党风廉政建设责任制和推进惩防体系建设工作干部大会，要求坚持不懈地抓好党风廉政建设责任制和构建惩防体系工作。胡春华作重要讲话，自治区党委常委曹征海主持会议，自治区党委常委、呼市市委书记那顺孟和代表呼和浩特市委、政府汇报了落实党风廉政责任制和推进惩防体系建设工作。我市领导秦义、吴一微、张彭慧、潘平、兰恩华、刘惠、赵江涛、刘菊茹、吴艳刚、云建东、狄瑞明、张平江、康存耀、刘文玉等出席。

▲由国务院参事、国家应急管理专家组组长、国家减灾委专家委员会副主任闪淳昌带队的国务院参事室调研组在市人大常委会副主任刘敏、副市长白金祥的陪同下分赴武川县及和林县调研指导扶贫工作。

▲市委副书记、代市长秦义主持召开市政府第 42 次常务会，会议听取了我市 2012 年民生重点工作的汇报，审议并原则通过了《政府工作报告（讨论稿）》。副市长赵江涛、云公和、王恒俊、孙建华、刚布和出席会议。市政协副主席银孝、张赢列席会议。

8 日　自治区党委常委、市委书记那顺孟和主持召开中共呼和浩特市第十一届委员会第 5 次常委（扩大）会议。市领导秦义、吴一微、张彭慧、兰恩华、刘惠、赵江涛、刘菊茹、吴艳刚、云建东、狄瑞明、潘平、张平江、康存耀、刘文玉、吕慧生、云公和、王恒俊、孙建华、刚布和、银孝、张赢及相关部门负责人参加了会议。

会议听取了我市2011年主要经济指标预计完成情况及2012年主要经济指标安排情况的汇报；听取了《关于我市2012年地方财政收支预算编制情况的说明》、《2011年预算执行情况和2012年市本级预算草案的报告》的汇报；听取了我市2012年重点项目安排意见的汇报以及我市2012年设施农业发展重点工作的汇报。

▲自治区党委常委、市委书记那顺孟和主持召开中共呼和浩特市第十一届委员会第6次常委（扩大）会议，会议听取了我市2012年城市建设重点工作及重点项目的汇报和我市2012年民生重点工作的汇报。市领导秦义、吴一微、张彭慧、兰恩华、刘惠、赵江涛、刘菊茹、吴艳刚、云建东、狄瑞明、潘平、张平江、康存耀、刘文玉、吕慧生、云公和、王恒俊、孙建华、刚布和、银孝、张赢及相关部门负责人参加了会议。

9日　自治区党委常委、市委书记那顺孟和主持召开中共呼和浩特市第十一届委员会第7次常委（扩大）会议。会议听取了市十三届人大五次会议筹备工作的汇报；研究审议了《政府工作报告（讨论稿）》；听取了市政协十一届五次会议筹备工作的汇报；听取和讨论了关于2012年度项目建设与重点工作考核评价工作。市领导秦义、吴一微、张彭慧、兰恩华、刘惠、赵江涛、刘菊茹、吴艳刚、狄瑞明、潘平、张平江、康存耀、刘文玉、吕慧生、云公和、王恒俊、孙建华、刚布和、银孝、张赢及相关部门负责人参加了会议。

10日　中国共产党呼和浩特市第十一届委员会第二次全体会议在呼举行。会议的主要任务是，全面贯彻落实中央和自治区经济工作会议精神，对全市各项工作进行总结部署，团结带领全市各级党组织和广大党员干部，坚定信心、扎实工作，推动经济社会发展再上新台阶。出席会议的市委委员44人、候补委员10人。市纪委委员、有关方面负责同志列席会议。会议由市委常委会主持。自治区党委常委、市委书记那顺孟和作重要讲话。市委副书记、代市长秦义总结了2011年工作，并对2012年的工作进行安排部署。会上还书面报告了2011年全市党建工作。

▲司法部部长吴爱英一行在自治区副主席赵黎平、司法厅厅长徐呼和、副市长贾英祥等陪同下，来到呼市劳教（戒毒）所慰问民警职工，并为他们送去10万元慰问金。

▲中华全国总工会副主席、书记处书记、党组副书记张鸣起率全国总工会慰问团到我市看望慰问了部分企业及企业困难职工和劳模。自治区人大常委会副主任、总工会主席云秀梅，自治区总工会副主席郑祖敏，自治区总工会副巡视员王丽红，副市长王恒俊等陪同。

▲市十三届人大常委会第三十次会议召开。市人大常委会主任吴一微主持会议，市人大常委会副主任李岳清、吕景瑞、邢燕菊、吴安俊、刘敏、孙建国，秘书长宋晓刚及常委会委员共35人出席会议。市委常委、副市长赵江涛，市中级人民法院副院长王广音，市人民检察院副检察长荣巨才，市人大常委会、市人民政府有关部门负责人及旗县区人大常委会负责人列席会议。会议听取了市人大常委会副主任、市十三届人大常委会代表资格审查委员会主任委员吕景瑞作的关于个别代表的代表资格的审查报告和关于提请补选云丽珠为自治区十一届人大代表的议案的说明；审议通过了市十三届人大常委会第三十次会议选举办法；补选了自治区十一届人大代表；表决通过了关于个别代表的代表资格审查报告；表决通过了市人大常委会工作报告（稿）等。

▲呼和浩特金融机构2012年迎新春招待宴会在香格里拉大酒店举行。自治区党委常委、市委书记那顺孟和，市委副书记、代市长秦义，市政协主席张彭慧，市委副书记、政法委书记兰恩华，市委常委、副市长赵江涛，市委常委、秘书长狄瑞明出席宴会。自治区金融办主任李雅应邀出席宴会。

11日　呼和浩特警备区召开党委全体（扩大）会议，传达学习上级会议精神，总结2011年工作，部署2012年任务。自治区党委常委、市委书记、警备区党委第一书记那顺孟和出席会议并作重要讲话。呼和浩特警备区党委书记、政委白光荣代表警备区党委常委作工作报告，党委副书记、警备区司令员潘平作了讲话。市委常委、秘书长狄瑞明，呼和浩特警备区参谋长王自成、政治部主任韩秋岐等参加会议。

▲市委常委、宣传部部长刘菊茹，市委常委、统战部部长云建东，市委常委、组织部部长张平江，市政协副主席张赢在相关部门负责人的陪同下，分别慰问了我市部分特困人员、退休人员和下岗职工、部分贫困残疾家庭、部分离退休老干部。市人大常委会副主任孙建国，赴托县开展了春节慰问活动，我市和托县相关部门负责人陪同慰问。

▲呼和浩特市2012年“三下乡”活动启动仪式在回民区一间房村新村家园举行，这是呼和浩特市连续第15年开展“三下乡”活动。市委常委、宣传部部长刘菊茹出席启动仪式。与往年相比，2012年“三下乡”活动将通过创新内容形式、顺应服务范围、加大下乡力度等方式，努力在帮助百姓解难题、办实事、求实效上取得新突破。

12日　呼和浩特市2012企业家迎新年联谊会在新城宾馆举行。自治区党委常委、统战部部长王素毅，自治区党委常委、市委书记那顺孟和出席联谊会。市委副书记、代市长秦义致辞。市人大常委会主任吴一微，市政协主席张彭慧，市委常委、警备区司令员潘平，市委副书记、政法委书记兰恩华，市委常委、统战部部长云建东，市委常委、土左旗旗委书记康存耀，市人大常委会副主任李岳清，副市长刚布和出席联谊会。

14 日　由市总工会和市劳模协会主办的呼市 2012 劳动模范新年联谊会在内蒙古职工之家举行。市委副书记、政法委书记兰恩华出席联谊会并致辞。自治区总工会副主席额尔敦巴雅尔应邀出席联谊会。市人大常委会副主任吴安俊、市政协副主席鲁剑钧出席联谊会。兰恩华代表市委、市人大、市政府、市政协向出席联谊会的劳模、先进工作者，并通过他们向全市各条战线的广大工人、农民、知识分子和全体劳动群众致以新春的祝福和亲切的问候。

15 日　全市信访系统“创先争优·能力建设”主题文艺汇演举行。自治区政府副秘书长、自治区信访局局长武国瑞出席活动。市委副书记、政法委书记兰恩华出席活动并讲话。副市长、市公安局局长贾英祥代表市委、市政府对市信访局进行了慰问，并送去慰问金。

▲市政协主席张彭慧，市委常委、新城区区委书记刘惠对新城区脑包村两户低保户、保合少敬老院孤寡老人、成吉思汗街道办事处三卜树村优抚户、新城家园廉租户进行了慰问，并送上慰问金及米、面、油、春联等。慰问中，张彭慧和刘惠详细询问各户的家庭情况、生活状况，对低保户、优抚户、廉租户给予了深切关怀和祝福。

▲2011 年，全年全市旅游招商引资总投资、旅游饭店投资、旅游娱乐餐饮实际到位资金等多项指标高居全区第一。经统计，2011 年全市旅游招商引资项目共 55 个，项目总投资额 193.66 亿元，同比增长 49.72%，占全区的 30%；协议引资 67.28 亿元，到位资金 27.2 亿元，同比增长 18.36%，占全区的 19.7%，资金到位率 14.5%（到位资金额与总投资额之比）。其中新建或改扩建的旅游景区完成投资 7.16 亿元，旅游饭店完成投资 16.7 亿元（比 2010 年的 1.86 亿元净增 8 倍），旅游娱乐商贸餐饮完成投资 3.35 亿元。

16 日　市委副书记、政法委书记兰恩华，呼和浩特警备区政委白光荣，副市长、市公安局局长贾英祥在市民政局等相关单位负责人的陪同下，慰问了驻呼部队官兵，并送去了慰问信和慰问金。

▲市委副书记、政法委书记兰恩华，副市长、市公安局局长贾英祥在市总工会、市公安局主要负责人的陪同下，深入到基层派出所和武警呼市支队等地，慰问了在一线工作的民警、特警、交警和武警官兵，并出席了武警呼市支队 2011 年总结表彰暨 2012 年动员大会。

▲市委常委、副市长赵江涛在呼和浩特警备区、市编委办、民政局、粮食局等相关部门负责人陪同下，对武警内蒙古消防总队呼市支队、内蒙古军区 253 医院、内蒙古军区预备役师 88 团、北京军区空军毕克齐场站等部分驻呼部队进行了慰问，并为各部队官兵送去了 10000 元慰问金。

▲副市长吕慧生、呼和浩特经济技术开发区管委会主任李博宏以及市宣传、建委等相关部门负责人一行，先后来到武警呼和浩特警犬基地、内蒙古军区预备役师高炮团、呼铁局军代办和内蒙古军区预备役 30 师进行慰问，为驻呼部队广大官兵送去了慰问信和慰问金。

▲市教育局召开我市 2012 年初、高中招生工作会议，2012 年我市初中招生的基本原则、招生办法已正式出台。

17 日　自治区副主席、自治区食品安全委员会主任刘新乐视察我市春节食品药品安全工作。市委副书记、代市长秦义，副市长、市食品安全委员会主任王恒俊陪同视察。

▲全市国税工作会议召开。会议总结了 2011 年全市国税工作，部署了 2012 年税收工作任务。副市长吕慧生出席会议。会议表彰了 2011 年度全市国税系统先进集体、先进个人及优秀创新项目。

18 日　自治区党委书记胡春华深入呼和浩特市，亲切看望慰问了工作在环卫、公安、供热以及公交一线的干部职工，并向他们致以新春问候。自治区党委常委、秘书长符太增，自治区党委常委、市委书记那顺孟和，市委副书记、代市长秦义，市委常委、秘书长狄瑞明等陪同慰问。

▲自治区副主席赵双连在副市长刚布和的陪同下深入我市东郊枢纽变电站、玉泉区烟花爆竹零售店以及汽车客运南站和大台加油站等重点单位，督察我市节前安全生产工作。

▲2011 年，呼和浩特市共有 169 件专利获内蒙古发明专利费用资助，共计 42.25 万元，获资助项目的数量和金额均居自治区各盟市首位。与上年相比，2011 年呼和浩特市获自治区资助的发明专利项目数量增长 15%，资助金额增长 19%。

19 日　呼和浩特市 2012 年老干部迎新春联谊会在香格里拉大酒店举行。自治区党委常委、市委书记那顺孟和出席联谊会并致辞。那顺孟和指出，新的一年任务繁重而艰巨，我们一定会倍加团结、倍加努力，紧紧依靠全市广大干部群众，继续推进经济社会各项事业不断向前迈进。他希望各位老领导、老同志继续一如既往地关注、支持首府的发展，为呼和浩特的科学发展、和谐发展做出新的更大的贡献。市领导秦义、吴一微、张彭慧、兰恩华、狄瑞明出席联谊会。联谊会由市委常委、组织部部长张平江主持。

21 日　呼和浩特市 2012 年各族各界迎新春联谊会在内蒙古饭店隆重举行。自治区党委常委、市委书记那顺孟和在联谊会上致辞，市委副书记、代市长秦义主持联谊会，市人大常委会主任吴一微，呼和浩特警备区政委白光荣，市委副书记兰恩华出席联谊会。在呼市工作过的老领导以及我市各大班子、各旗县区、经济技术开发区、工业园区、各委办局负责人；驻呼解放军、武警指战员、政法干警代表；教育、科技、文化、卫生、体育界代表；宗教界、民主党派、工商联、党外人士代表；劳动模范、企业家代表等各族各界代表参加联谊会。

31 日　自治区党委书记胡春华在清水河县就园区和项目建设、城镇规划建设和民生社会事业发展进行调研考察时强调，清水河县要加快经济发展步伐，尽快摆脱贫困落后状态。自治区党委常委、秘书长符太增，自治区副主席赵双连，自治区党委副秘书长、政研室主任王焕承、自治区政府副秘书长张国良、自治区发改委主任梁铁城、自治区经信委主任牙萨宁、自治区国土资源厅厅长白盾、自治区环保厅厅长安国通和市委副书记、政法委书记兰恩华，市委常委、常务副市长赵江涛，市委常委、秘书长狄瑞明陪同调研。

▲市政协十一届五次会议在内蒙古人民会堂隆重开幕。300 多名市政协委员参加了大会。市政协主席张彭慧，副主席彭皓方、张润锁、云普选、崔世清、银孝、鲁剑钧、陈曼莉、张赢，秘书长孙德旺出席大会。自治区党委常委、市委书记那顺孟和，自治区政协副主席董恒宇应邀出席会议并在主席台前排就座。我市党政军领导秦义、吴一微、潘平出席会议。市政协副主席云普选主持大会。

2 月

1 日　呼和浩特市第十三届人民代表大会第五次会议在自治区人民会堂隆重开幕。来自全市各条战线的 300 多名人大代表肩负着全市人民的重托参加了大会。大会主席团常务主席、执行主席那顺孟和、兰恩华、张平江、李岳清、吕景瑞、邢燕菊、吴安俊、刘敏、宋晓刚出席了大会。自治区人大常委会副主任赵忠，自治区人大常委会委员汤爱军，自治区人大常委会内务司法委员会主任云丽珠应邀出席会议。市委副书记、代市长秦义代表市政府向大会作《政府工作报告》。报告共分两个部分：一是 2011 年工作回顾；二是 2012 年工作部署。根据会议议程，大会印发了《关于呼和浩特市 2011 年国民经济和社会发展计划执行情况与 2012 年国民经济和社会发展计划（草案）的报告》、《关于呼和浩特市 2011 年财政预算执行情况和 2012 年市本级财政预算（草案）的报告》并提请审议。

▲自治区党委常委、市委书记那顺孟和在参加赛罕区代表团分组审议《政府工作报告》时强调，抓大项目、大产业、大园区是 2012 年呼市工作的重中之重，呼市要以项目建设为抓手，补齐工业短板，发展现代农牧业，加快高端服务业和生产性服务业建设，加大民生项目投入，以经济社会发展的优异成绩迎接党的十八大胜利召开。

▲市委副书记、代市长秦义在武川县代表团和清水河县代表团与代表们共同审议《政府工作报告》时强调指出，各地区要抓住用好国家、自治区推进新一轮扶贫开发等机遇，充分发挥自身优势，进一步加快地区经济社会发展。

2 日　市委副书记、代市长秦义会见中国航天科技集团公司副总经理张建恒一行，双方就内蒙古神舟硅业项目建设相关事宜及硅产业发展进行了深入友好地交流座谈。副市长刚布和，市政府秘书长周强和中国航天科技集团公司总法律顾问巴日斯，中国航天八院副院长、内蒙古神舟硅业公司董事长姜文正参加会见。

4 日　市十三届人大五次会议举行第三次全体会议。经全体代表投票选举，秦义当选为呼和浩特市人民政府市长。大会由主席团常务主席、执行主席兰恩华主持。本次大会执行主席那顺孟和、吴一微、张平江、李岳清、吕景瑞、邢燕菊、吴安俊、刘敏、宋晓刚出席大会。市十三届人大五次会议应到代表 345 人，出席本次会议的代表 314 人，符合法定人数。大会通过了总监票人、监票人名单，发出选票 314 张，收回选票 314 张，选举有效。

▲政协呼和浩特市第十一届委员会第五次会议圆满完成各项议程，胜利闭幕。市政协主席张彭慧主持大会并发表讲话。市政协副主席张润锁、云普选、崔世清、银孝、鲁剑钧、陈曼莉、张赢，秘书长孙德旺出席会议。自治区党委常委、市委书记那顺孟和，自治区政协副主席董恒宇应邀出席会议。我市党政军领导秦义、吴一微、潘平、兰恩华出席会议并在主席台就座。本次会议应到委员 348 人，实到 303 人，有关部门的列席人员也出席了大会。会议审议通过了政协呼和浩特市第十一届五次会议政治决议、政协呼和浩特市第十一届五次会议常委会工作报告的决议、政协呼和浩特市第十一届五次会议提案审查情况的报告。

5 日　呼和浩特市第十三届人民代表大会第五次会议胜利闭幕。大会应到代表 345 名，实到代表 292 名，符合法定人数。大会主席团常务主席、执行主席吴一微主持大会并讲话。大会主席团常务主席、执行主席那顺孟和、兰恩华、张平江、李岳清、吕景瑞、邢燕菊、吴安俊、刘敏、孙建国、宋晓刚出席会议。秦义、张彭慧、潘平、白光荣出席会议并在主席台就座。会议表决通过了关于政府工作报告的决议、关于呼和浩特市 2011 年国民经济和社会发展计划执行情况与 2012 年国民经济和社会发展计划的决议、关于呼和浩特市 2011 年预算执行情况和 2012 年市本级财政预算的决议，表决通过了关于呼和浩特市人大常委会工作报告的决议、关于呼和浩特市中级人民法院工作报告的决议、关于呼和浩特市人民检察院工作报告的决议。

▲自治区副主席、自治区公安厅

厅长赵黎平在呼市公安局有关负责人的陪同下，深入到呼市公安局赛罕区分局，亲切看望慰问元宵节期间仍然奋战在工作一线的公安民警，并送上慰问品。

▲市委副书记、市长秦义，副市长吕慧生会见了中国天隆集团董事长莎茹拉一行，双方就在呼投资建设内蒙古海宁中国皮革城项目相关事宜进行了亲切友好的交流。

8 日　自治区党委副书记、政法委书记李佳在市领导秦义、兰恩华等的陪同下，赴托克托县就工业发展以及小城镇建设情况进行了视察。李佳一行先后视察了托县新镇区规划建设情况、内蒙古大唐国际托克托发电有限责任公司、内蒙古大唐国际再生资源开发有限公司一、二、三期项目建设进展情况以及呼和浩特嘉丰农业科技公司设施农业项目。

▲自治区党委常委、组织部部长李鹏新来到内蒙古蒙牛乳业（集团）股份有限公司，对蒙牛集团企业发展和党建工作进行调研。市领导兰恩华、张平江、刘文玉等陪同调研。李鹏新一行先后来到蒙牛澳亚国际牧场、蒙牛六期生产车间、蒙牛研发中心，实地了解了企业的生产、经营、销售以及党建工作。

10 日—11 日　自治区党委常委、市委书记那顺孟和先后来到新城区大青山坡底防火点、毫沁营森林公安派出所、毫沁营镇塔沟造林点、太伟高尔夫球场、保合少镇水磨村、野马图村、新城区防火指挥中心、内蒙古团委青少年生态园、大青山野生动物园、回民区段家窑影视城、回民区攸攸板镇毫赖沟移民新村、乌素图森林公园、乌素图村、武川县大青山生态项目区、哈达门森林公园、武川县大梁管护站等地，实地视察了大青山前坡村庄建设情况、退耕还林工程建设情况、生态建设情况以及呼市北出城口综合整治情况、大青山前坡移民和旅游开发情况、经济林种植情况、大青山后坡生态项目建设情况等。随后召开工作汇报会，市委副书记、市长秦义在汇报会上就大青山生态公园建设的重要性、实施方案等提出了意见和建议。市领导刘惠、狄瑞明、孙建华、银孝、张赢分别参加汇报会和陪同视察。那顺孟和强调，大青山生态公园工程的建设规划要坚持“五个为主”原则，即以生态绿化为主、以旅游观光为主、以休闲农业为主、以旧村改造为主、以适度开发为主。在规划建设中要把休闲观光、生态旅游和新农村建设结合起来，要充分体现出草原风情、蒙元文化、高山牧场以及马背民族历史内涵等。要加强领导，综合各区规划理念，要以区为主改造村庄，市区联建打造重点景区，争取用三到四年的时间把 150——200 平方公里的大青山生态公园建设成为绿树掩映、曲径通幽、白墙蓝瓦、田园风光的首府后花园，再造一个“生态呼市”，使呼市北部取得大发展大变化，进一步巩固大青山生态屏障。

13 日　自治区党委常委、市委书记那顺孟和主持召开中共呼和浩特市第十一届委员会第 8 次常委（扩大）会议，会议听取了市纪委、市委宣传部、统战部、组织部关于 2012 年相关工作情况的汇报。市领导秦义、张彭慧、兰恩华、刘惠、刘菊茹、吴艳刚、云建东、狄瑞明、张平江、康存耀、银孝参加会议。

▲自治区党委常委、市委书记那顺孟和主持召开中共呼和浩特市第十一届委员会第 9 次常委（扩大）会议，会议听取了市委政法委关于贯彻全国、全区政法工作会议精神和全市政法和信访工作会议筹备情况的汇报；听取了关于开展社区网格化服务管理工作有关问题的汇报和信访工作汇报。市领导秦义、兰恩华、刘惠、赵江涛、刘菊茹、吴艳刚、云建东、狄瑞明、张平江、康存耀、贾英祥、银孝参加会议。

14 日　自治区党委常委、市委书记那顺孟和在内蒙古饭店会见利乐中国区总裁殷长勋，双方进行了亲切友好的会谈。市领导秦义、狄瑞明、吕慧生，呼和浩特经济技术开发区管委会主任李博宏，呼和浩特如意工业园区管委会主任逯志强参加会见。

▲呼和浩特市召开市政府全体（扩大）会议，市委副书记、市长秦义出席会议并讲话。市领导赵江涛、吴艳刚、吴安俊、吕慧生、白金祥、王恒俊、贾英祥、孙建华、银孝、张赢出席会议。会议由副市长云公和主持。会上确定，我市将把优化发展环境作为一项“永不竣工的工程”，全力营造“零障碍、低成本、高效能”的行政服务环境，并将 2012 年作为“首府服务提升年”，从而使“转变工作作风、强化服务意识、打造一流首府机关形象”专项活动作为市政府常态工作得以深入开展。

15 日　市委常委、副市长赵江涛就首府财政工作情况赴呼市财政局进行调研。市政协副主席、市财政局局长银孝就 2012 年财政工作安排及全市财政工作会议准备情况等方面进行了介绍和汇报。

17 日　我市召开全市公安工作会议，市委副书记、政法委书记兰恩华，副市长、公安局局长贾英祥出席会议。会议对 2011 年全市公安工作进行总结，并对 2012 年工作进行了全面部署，并通报了“夏季攻势”、“清网行动”、“亮剑行动”和“两个专项治理”等重大专项工作以及实绩考核情况，新城区公安分局、巧报派出所等 11 个单位作了典型发言。会议对 2011 年度先进集体和先进个人进行了表彰。

18 日　新城西街办事处艺南社区开通了我市首个社区微博，通过微博发布深受辖区居民欢迎的各种新服务内容，有效促进了网络文化和网络文明的繁荣发展，深受居民欢迎。

22 日　我市召开全市政法暨信访工作会议，自治区党委常委、市委书记那顺孟和出席会议并做重要讲话，市委副书记、市长秦义主持会议。市委副书记、政法委书记兰恩华作工作报告。市领导狄瑞明、康存耀、刘文玉、吴安俊、贾英祥、银孝、鲁剑钧出席会议。

▲国家农业部百乡万户调研组一行4人，对我市2011年农牧业工作和2012年春耕备耕工作情况进行为期12天的调研。调研采取听取汇报和入户的方式，调研内容包括我市支农惠农政策落实、土地承包权属落实、土地承包经营流转、春耕备耕、动物疫病防控、农民种植意向、农民收入构成变化、农技推广体系改革建设、农民对农技的需求等情况。调研组一行走访了和林县盛乐镇和城关镇的11个村，共调查农户220户，对我市近年来的农牧业工作给予了充分肯定。

23日　自治区党委常委、市委书记那顺孟和会见了上海长城计算机网络工程公司董事长、总经理邢彦文一行，并举行签约仪式。市委常委、秘书长狄瑞明，副市长吕慧生出席。呼和浩特经济技术开发区党工委书记李建平，呼和浩特经济技术开发区管委会主任李博宏出席签约仪式。

▲自治区副主席王波在市委副书记、市长秦义陪同下，深入托县就环境保护工作进行视察。王波一行先后深入托县工业园区伍什家镇氧化塘、工业园区二级污水处理厂、石药集团中润制药（内蒙古）有限公司进行了实地视察，并详细了解了托县工业园区污水综合治理相关工作。自治区环保厅厅长安国通，市政府副巡视员、市环保局局长郭召来陪同视察。

24日　我市召开全市统战工作会议，自治区党委常委、市委书记那顺孟和出席并做重要讲话。市领导吴一微、张彭慧、云建东、狄瑞明、康存耀、刘文玉出席会议。会议听取了市委常委、统战部部长云建东所作的工作报告。

25日　自治区党委常委、组织部部长李鹏新赴托县就农村基层党组织建设和创先争优活动开展情况进行调研。李鹏新一行先后深入到双河镇海生不拉村、新营子镇柳二营村和黑水泉村等地进行了实地调研，详细了解了村党组织阵地建设、制度建设及党员队伍模范带头作用发挥情况。自治区党委组织部副巡视员樊忠，市委副书记、政法委书记兰恩华，市委常委、组织部部长张平江陪同调研。

▲2012年度全市教育工作会议召开。会议的主要任务是贯彻全国、全区教育工作会议精神，回顾和总结2011年我市教育发展所取得的成绩，研究和部署2012年的教育工作。副市长王恒俊出席会议并讲话。

27日　利乐呼和浩特包材厂二期项目正式竣工投产，利乐中国总裁殷长勋等嘉宾出席了竣工庆典。自治区党委常委、市委书记那顺孟和，市委常委、秘书长狄瑞明，副市长刚布和，呼和浩特经济技术开发区管委会主任李博宏出席竣工庆典。

▲自治区高级人民法院院长胡毅峰，市委副书记、政法委书记兰恩华，副市长贾英祥带领调研组对呼市两级法院工作情况进行调研。调研组在对土左旗法院实地考察的基础上，听取了院长王伟关于2012年度全市法院工作安排后，同与会人员进行座谈。座谈中，全市各基层法院院长及中院各庭室负责人就法院工作遇到的困难及今年工作重点进行了交流。

▲全市组织工作会议召开。会议对去年全市组织工作进行了回顾总结，安排部署了今年组织工作各项任务。市委副书记、政法委书记兰恩华，市委常委、组织部部长张平江出席会议并讲话。

28日　自治区党委常委、市委书记那顺孟和主持召开市委第十一次常委（扩大）会议。会议听取了市扶贫办关于我市扶贫开发工作情况的汇报、市工商联关于全市民营经济与工商联工作情况的汇报以及呼和浩特经济技术开发区新址选址方案的汇报。市领导吴一微、张彭慧、兰恩华、刘惠、赵江涛、刘菊茹、云建东、狄瑞明、潘平、张平江、康存耀、刘文玉、李岳清、吕慧生、云公和、刚布和、郭召来、银孝及相关部门负责人参加会议。

▲自治区党委常委、市委书记那顺孟和主持召开全市重大项目进展情况专题协调会议。那顺孟和强调，首府要加大抓项目、抓投资的力度，把招商引资作为工作的重中之重，打造首府投资洼地，促进首府经济健康快速发展。市委副书记、市长秦义在会上对进一步推进项目建设提出了具体要求。市领导刘惠、狄瑞明、康存耀、刘文玉、李岳清、吕慧生、刚布和、郭召来、银孝、张赢及各旗县区和相关部门负责人参加会议。

▲由自治区纪委副书记、监察厅厅长李杰带队的自治区纪委监察厅调研组，对我市党风廉政建设和反腐败工作进行了调研，并深入到市工商局、市规划局进行了实地调研。市委副书记、政法委书记兰恩华，市委常委、纪委书记吴艳刚，市监察局局长云院祯陪同调研。自治区纪委常委、监察厅副厅长乔建东等参加了调研。

29日　市十三届人大常委会第三十一次会议召开。市人大常委会主任吴一微主持会议，市人大常委会副主任吕景瑞、邢燕菊、吴安俊、刘敏、孙建国，秘书长宋晓刚及常委会委员共33人出席会议。市委副书记、市人民政府市长秦义，市中级人民法院院长王伟，市人民检察院检察长云布俊及市人大常委会、市人民政府有关部门负责人列席会议。

3月

1日　市十三届人大常委会第三十一次会议召开。

市人大常委会主任吴一微主持会议，市人大常委会副主任吕景瑞、邢燕菊、吴安俊、刘敏、孙建国，秘书长宋晓刚及常委会委员共33人出席会议。

市委副书记、市人民政府市长秦义，市中级人民法院院长王伟，市人民检察院检察长云布俊及市人大常委会、市人民政府有关部门负责人列席会议。

5日　就美国SunPower公司与内蒙古中环光伏材料公司共建项目，自治区党委常委、市委书记那顺孟和，市委副书记、市长秦义与美国SunPower公司副总裁戴安娜·马博士一行举行会谈。

市领导狄瑞明、吕慧生与中环股份公司总经理、内蒙古中环光伏材料公司董事长沈浩平以及相关部门负责人参加会谈。

▲就3GW高效太阳能电池项目投资事宜，市委副书记、市长秦义与内蒙古晟纳吉光伏材料有限公司董事长周俭一行举行座谈。

6日　在“三八”国际妇女节到来之际，全市各族各界妇女欢聚一堂共同庆祝自己的节日。

市领导吴一微、张彭慧、兰恩华、云公和、鲁剑钧、陈曼莉出席联谊会。

自治区人大常委会内务司法委员会主任云丽珠、自治区妇联副主席云翠荣等应邀出席联谊会。

7日　呼市总工会十七届六次全委会举行。

市委副书记、政法委书记兰恩华出席会议并讲话。

自治区总工会副主席郑祖敏应邀出席会议。

市总工会主席刘涛总结了2011年我市工会工作开展情况，并安排部署了今年工会工作。

10日　享受自治区主席级医疗待遇的离休干部、老红军、呼和浩特市原副市长周健同志遗体告别仪式在我市殡仪馆举行。

自治区党委常委、组织部部长李鹏新，自治区党委常委、市委书记那顺孟和，市委副书记、市长秦义，自治区党委组织部副部长董树君、荣天厚、于永泉、武开乐、刘俊清、王喆，副巡视员樊忠等送了花圈。

告别仪式由市委常委、组织部部长张平江主持，市委常委、副市长赵江涛介绍周健同志生平。

我市六大班子送了花圈，各旗县区、市属委办局有关负责人参加了告别仪式。

▲我市召开2012年全市民政、就业及社会保障工作会议。

市委常委、副市长赵江涛，市人大常委会副主任刘敏出席会议。

13日　全市综合经济工作会议召开。会上，市财政局、市统计局分别对本部门2011年工作进行了总结，对2012年的工作进行了部署。

市委常委、副市长赵江涛，市人大常委会副主任刘敏，市政协副主席、市财政局局长银孝出席会议。

14日　自治区党委常委、市委书记那顺孟和，市委副书记、市长秦义一行在京拜访、会见了国家能源局和部分在我市投资合作的重点企业集团和领导。拜会中，那顺孟和、秦义代表呼和浩特市委、市政府表示，打造良好的投资环境一直是市委、市政府招商引资的着力点，通过打造良好的投资环境，实现企业集团和政府的双赢。今后，市委、市政府将一如既往、全力以赴做好重点项目的服务工作，支持企业做好投资，同时希望企业集团能够加快项目进度，更好地推动我市经济社会发展。

市领导狄瑞明、吕慧生、刚布和以及相关部门和部分旗县区的主要负责同志一同赴京拜访。

15日　自治区党委常委、市委书记那顺孟和会见了山煤集团董事长杜建华，双方就山煤集团在呼市项目投资等事宜进行了洽谈和交流。

市领导狄瑞明、刘文玉会见时在座。

▲市委副书记、市长秦义主持召开市政府第44次常务会。听取了大青山生态综合治理保护工程规划建设工作汇报；审议并原则通过了《呼和浩特市公共租赁住房管理办法（草案）》；听取了《呼和浩特市贯彻落实“国务院关于进一步促进内蒙古经济社会又好又快发展若干意见”重点工作分工方案》的说明汇报以及全市人口计生工作相关汇报。

副市长赵江涛、吕慧生、王恒俊、贾英祥、孙建华、刚布和，市政府副巡视员郭召来出席会议。

呼和浩特警备区政委白光荣、市政协副主席银孝列席会议。

16日　今年，我市财政资金将加大向保障和改善民生领域倾斜力度，预算支出将占全市财政总支出的60%以上。

▲代林、马静主编的《大盛魁闻见录》由内蒙古出版集团内蒙古人民出版社出版发行。该书“原生态”地运用文史资料，把上世纪60年代初叶百人座谈、专访的原始记录原稿集结成册，不仅让读者读后感到历史的真实与原汁原味，而且还会让读者抚今追昔，生出好多联想与感慨，读者将从该书中进一步了解内蒙古经济发展史和近现代商脉过程。

17日　记者近日获悉，新城区保合少镇被正式列入全国第三批发展改革试点小城镇名单。

19日　记者在全区道路交通安全工作会议上获悉，2012年内蒙古将继续坚持“安全第一，预防为主”的方针，坚持以人为本的安全理念，以进行安全生产大检查和专项整治为手段，狠抓安全生产责任制等规章制度的落实，全力提升道路运输行业安全生产管理水平，全面遏制重特大责任事故的发生，确保全区道路运输行业安全形势的稳定，为自治区改革发展稳定的大局做出积极贡献。

自治区副主席、自治区公安厅厅长赵黎平，副市长、市公安局局长贾英祥出席会议。

▲全市人口和计划生育工作会议召开。会议总经回顾了去年我市人口

和计划生育工作情况，并对今年的各项工作进行了安排部署。

市领导秦义、兰恩华、赵江涛、李岳清、王恒俊、鲁剑钧出席会议。

20 日　呼和浩特市科协六届五次全委会召开。会议总结了 2011 年工作，安排部署了今年的工作任务，并对去年在工作中涌现出的先进集体和先进个人进行了表彰。

市领导王恒俊、陈曼莉出席会议。

21 日　由司法部法制宣传司和中国法律援助基金会主办的郭二玲先进事迹新闻通气会在北京人民大会堂举行。30 多家中央和地方媒体的 40 多名记者现场聆听来自我市玉泉区的“1+1”中国法律援助志愿律师郭二玲的先进事迹，并就如何进一步宣传好郭二玲的先进事迹进行探讨和交流。

22 日　呼和浩特市人民政府与内蒙古银行股份有限公司战略合作协议签约仪式在香格里拉大酒店举行。

自治区党委常委、市委书记那顺孟和，内蒙古银行董事长杨成林参加签约仪式。

内蒙古银行行长姚永平、副市长孙建华先后在签约仪式上致辞。

市领导狄瑞明、银孝、张赢参加签约仪式。

23 日　国务院扶贫开发领导小组办公室发布《国家扶贫开发工作重点县名单》。名单包含全国 592 个贫困县，其中，包含中部省份 217 个县，西部省份 375 个县。

此次调整后，内蒙古自治区有 31 个旗县列入国家扶贫开发工作名单，相比上一期名单，自治区调出了 12 个旗县，新调入了 12 个旗县。我市的托克托县、和林县、清水河县调出了国家扶贫开发工作名单。

此次调整，调出的大部分是位于呼包鄂地区的旗县，调入的大部分为东部旗县，表明自治区将会重点加大东部地区的扶贫开发工作力度。

24 日　呼和浩特经济技术开发区与土左旗签署了托管沙尔沁镇的协议，这标志着呼和浩特经济技术开发区将迁址沙尔沁镇区域内，这将为呼和浩特经济技术开发区的发展拓宽道路，同时也为加快全市工业经济发展，补足工业短板奠定了基础。

▲全市第一季度财税工作分析调度会召开。

市委常委、副市长赵江涛主持会议并讲话。

会上，市政协副主席、市财政局局长银孝对我市 1—2 月份财政收支情况进行了具体分析。

▲记者从我市召开的 2012 年上半年开工重大项目协调会上获悉，今年上半年计划开工建设的 12 个重大项目前期准备工作进展顺利，部分项目已经开工建设。

副市长吕慧生、刚布和出席会议。

26 日　呼和浩特中燃公司近日对公司的《燃气事故隐患举报奖励办法》进行了修订。

据了解，新修订的《燃气事故隐患举报奖励办法》不仅扩大了奖励范围，而且提高了奖励额度，如举报偷气行为经核实属实的，奖励举报人员偷气款的 10%；在处理重大燃气事故中提供重要线索、协助查清事故者奖励 500—1000 元。

27 日　市委副书记、市长秦义主持召开市长办公会，专题研究了呼和浩特市大青山南坡生态保护综合治理工程相关事宜。

副市长孙建华，市政协副主席张赢参加会议。

29 日　自治区党委常委、市委书记那顺孟和，市委副书记、市长秦义会见了天津中环电子信息集团党委书记、董事长由华东一行，双方就中环集团单晶硅项目扩能相关事宜进行了亲切友好的会谈。

市领导狄瑞明、吕慧生以及市相关部门主要负责人参加会见。

31 日　第六届中国民族商品交易会将在内蒙古国际会展中心举办。这是记者昨日从第六届中国民族商品交易会第一次例会上获悉的。

市委副书记、常务副市长赵江涛主持会议。

市委常委、秘书长狄瑞明，副市长云公和出席会议。

4月

1 日　副市长云公和赴武川县主持召开市县扶贫开发暨党员干部下基层对接动员会。

2 日　全国消费促进月自治区暨我市启动仪式在新华广场举行。

自治区商务厅副厅长宝笑平出席。

市领导刘敏、吕慧生、陈曼莉出席。

7 日　土左旗乌兰夫幼儿园开工奠基暨全旗教育建设项目集中开工仪式举行。

市委常委、土左旗旗委书记康存耀，副市长王恒俊出席仪式。

9 日　自治区党委常委、市委书记那顺孟和主持召开市委第 13 次常委（扩大）会议，专题听取了第十三届中国·呼和浩特昭君文化节筹备情况、第六届民族商品交易会筹备情况以及第二届全国少数民族文化旅游艺术节筹备情况的汇报。

市领导秦义、张彭慧、赵江涛、刘惠、刘菊茹、吴艳刚、云建东、狄瑞明、潘平、康存耀、刘文玉、云公和、白金祥、贾英祥、孙建华、刚布和、银孝参加会议。

▲内蒙古首个青年创业人才示范基地、青年就业创业见习基地在呼和浩特经济技术开发区留学人员创业园揭牌成立。

自治区团委书记常志刚、副书记刘春、高润喜，副市长刚布和，呼和浩特经济技术开发区党工委书记李建平和管委会主任李博宏出席揭牌仪式。

10 日　市委副书记、市长秦义主持召开市长办公会，专门听取了 2012 年我市园林绿化整体工作安排和进展情况的汇报，研究了乌素图召文化保护区、哈拉更沟生态保护区建设事宜。

市领导孙建华、银孝、张赢出席会议。

11 日　以中国红十字会总会副会长、党组副书记郭长江为组长的调研组一行来到我市，对我市红十字会基层组织建设、学校青少年红十字教育及应急救护培训等方面工作进行了实地考察。

市领导赵江涛、鲁剑钧陪同调研。

12 日　记者从全市社科联工作会议上了解到，今年我市社科工作要以服务经济社会文化发展为中心，精心组织社科专家深入开展学术研究，并将以打造高层次学术平台为重点，扩大学术交流活动的品牌效应。

市领导赵江涛出席会议并讲话。

13 日　自治区党委书记胡春华在武川县调研时强调，扶贫开发工作是今年自治区的头号民生工程，武川县是呼市唯一的贫困县，在万名党员干部“下基层办实事转作风”活动和扶贫攻坚工作中，要做好组织工作，整合各种资源，一定要为群众办实事，要把呼市的扶贫计划落到实处，要加强以党支部为核心的基层组织建设，努力打好新一轮扶贫攻坚战。

当日，胡春华在自治区及我市领导符太增、那顺孟和、狄瑞明、张平江、云公和、银孝及自治区、呼市有关部门负责人的陪同下，先后实地考察了内蒙古冀东水泥有限责任公司、内蒙古永业富民生物科技有限责任公司、武川县上秃亥乡三间房食用菌项目、武川县农资中心、武川县金三角园区马铃薯种薯组培中心及马铃薯种薯储备库、武川县哈乐镇三合泉村中棚种植项目区，详细了解了武川县城镇规划建设情况和“一镇两带三线”生态建设工程，并深入上秃亥乡蒙独脑包贫困村，慰问了贫困户，听取了万名党员干部“下基层办实事转作风”活动开展情况、扶贫攻坚工作情况和基层社会矛盾化解工作情况的汇报。

17 日　市委副书记、市长秦义会见了韩国首尔特别市冠岳区柳钟珌区厅长一行，双方就两城市间的交流与合作进行了亲切友好地交谈。

副市长吕慧生、白金祥参加会见。

18 日　自治区党委常委、市委书记那顺孟和会见了浙江新湖控股集团董事长黄伟一行，双方就在呼投资相关事宜进行了亲切友好地交谈。

市领导狄瑞明、刚布和及相关部门负责人参加会见。

19 日　市委副书记、市长秦义在视察呼市城市建设工作时强调，要以民生改善为出发点，进一步强化管理，细致施工，以提升群众幸福指数为目标，全力建设更加宜居的首府城市。

秦义在副市长孙建华及相关部门主要负责人的陪同下，实地查看了玉泉区“康居家园”公租房项目、回民区“盛泰雅园”棚户区改造项目、赛罕区先锋路小区老旧小区改造项目建设情况，并深入到兴安北路道路管网改造现场、赛罕区创业路便民市场详细了解工程进展情况。

20 日　自治区党委常委曹征海深入我市各旗县，对全市“三农”工作的开展情况进行了为期两天的实地调研。

自治区及我市领导那顺孟和、赵江涛、狄瑞明、康存耀、云公和、张赢出席座谈会；秦义、赵江涛、狄瑞明、康存耀、云公和、张赢分别陪同视察。

21 日　深圳市市委常委、统战部部长张思平率领深圳市企业家代表团的 120 名企业家代表到我市，对有意向的项目进行为期 3 天的实地考察，并在我市举办呼和浩特・深圳经贸合作对接洽谈会。

自治区工商联主席田震出席会议。

市委副书记、市长秦义，市委常委、土左旗旗委书记康存耀，市人大常委会副主任李岳清，副市长吕慧生，呼和浩特经济技术开发区管委会主任李博宏出席会议。

23 日　市委副书记、市长秦义在市领导康存耀及相关部门主要负责人陪同下赴土左旗进行调研时强调指出，要全力抓好经济运行和重点项目建设，进一步加快推进经济发展方式转变和结构调整，努力保持经济平稳较快发展。

24 日　自治区副主席王波一行到我市调研指导城市建设工作。

自治区政府办公厅副巡视员乌日吉图及自治区建设厅厅长范勇，自治区国土资源厅厅长李世镕陪同。

市委副书记、市长秦义主持工作汇报会议，副市长孙建华就首府城市建设工作作了汇报。

25 日　共青团呼市十五届四次全委（扩大）会议举行。

市委副书记、政法委书记赵江涛出席并讲话。

27 日　市政府与宽带天地资本管理公司（宽带资本）共建云计算创新产业园框架合作协议签约仪式在内蒙古饭店举行。

签约仪式前，自治区党委常委、市委书记那顺孟和与宽带资本董事长田溯宁一行就共建云计算创新产业园相关事宜进行了交流与沟通。

28 日　自治区党委副书记李佳在呼市调研时强调，要加强基层组织建设，通过党员干部“下基层办实事转作风”活动，共同出主意想办法，努力完成好通过深入调研而确定的设施农业等扶持项目，加快农民增收致富步伐。要发挥基层党组织的作用，把矛盾化解在基层，进一步密切党群干群关系，实现社会和谐稳定。

自治区及我市领导那顺孟和、赵江涛、狄瑞明、张平江陪同调研。

5月

2 日　市政府与国家开发银行内蒙古自治区分行就市滨河新区土地储备项目开发性金融合作协议签约仪式举行。

市委副书记、市长秦义，国家开发银行内蒙古自治区分行党委书记、行长马健出席并签字。

副市长孙建华主持签约仪式。市政协副主席银孝及国家开发银行内蒙古自治区分行相关负责人出席并见证签约。

3 日　呼和浩特市规划展览馆举行开馆仪式。

自治区政协副主席董恒宇，市委副书记、市长秦义，市委副书记、政法委书记赵江涛，副市长孙建华，市政协副主席陈曼莉、银孝出席开馆仪式。

4 日　白俄罗斯驻华大使布里亚·维·帕率白俄罗斯共和国驻华使馆代表团一行三人来呼考察访问。

自治区党委常委曹征海，自治区教育厅厅长李东升，市委副书记、市长秦义，市委常委、土左旗旗委书记康存耀，副市长王恒俊等陪同考察。

5 日　市委副书记、市长秦义在市领导刚布和及有关部门负责人的陪同下，赴中国石油呼和浩特石化公司、中海油天野化工股份有限公司进行了调研。

7 日　国务院副秘书长、中央联席会议办公室主任、国家信访局局长王学军在呼市考察调研。

自治区及我市领导李佳、那顺孟和、秦义、狄瑞明、贾英祥等陪同考察。

9 日　如意工业新区举行 2012 年第一批 21 个项目集中开工奠基仪式。

市委副书记、市长秦义，市委常委、秘书长狄瑞明，副市长吕慧生、刚布和，呼和浩特经济技术开发区党工委书记李建平，呼和浩特经济技术开发区管委会主任李博宏出席开工仪式并为项目开工奠基。

10 日　副市长吕慧生在内蒙古宾悦大酒店会见了北京华胜天成科技股份有限公司总裁王维航一行，双方围绕中小型企业业务支撑与供应链金融云服务平台等相关项目的合作事宜进行了洽谈交流。市经信委、金融办及赛罕区政府等有关部门负责人参加会见。

11 日　中国·内蒙古呼和浩特云计算产业基地暨重点项目开工奠基仪式在和林盛乐现代服务业集聚区和新城区鸿盛工业园区同时举行。北京京能热电冷三联供工程项目和内蒙古电力云计算产业园区电网建设工程也同日开工。全国大型云计算基地落户首府，标志着我市产业结构调整和信息产业发展迈出实质性步伐。

自治区及我市领导胡春华、任亚平、潘逸阳、符太增、那顺孟和、赵忠出席奠基仪式。

国家信息化专家咨询委员会副主任杨国勋、国家科技部高新技术发展及产业化司司长赵玉海、国家发改委固定资产投资司副司长张明伦、国家工信部信息化推进司副司长董宝青应邀出席。

中国电信集团董事长王晓初，中国移动通信集团公司总裁李跃，中国联通集团公司副总经理张钧安，北京京能集团党委书记、董事长陆海军，宽带资本董事长田溯宁，内蒙古电力集团公司总经理张福生以及联想集团创始人柳传志，阿里巴巴总裁马云出席奠基仪式。

市委副书记、市长秦义主持奠基仪式。市领导吴一微、张彭慧、赵江涛、刘惠、云建东、狄瑞明、潘平、张平江、刘文玉等出席奠基仪式。

12 日　市政府与蒙西集团就清水河高铝粉煤灰资源综合利用产业集群项目合作举行签约仪式。

自治区党委常委、市委书记那顺孟和，市委副书记、市长秦义出席并在签约仪式前与蒙西集团董事长刘埃林一行就项目相关事宜进行了座谈。

市领导狄瑞明、吕慧生、刚布和、郭召来、张赢，市政府秘书长周强出席。

15 日　市委副书记、市长秦义在赴清水河县考察调研时强调指出，清水河县要发挥后发优势，仪托现有资源，围绕“活”、“工”、“建”、“扶”四个字做文章，打造首府最具特色的黄金旅游小镇。

17 日　我市举行金融改革与民营经济发展报告会，特邀温州管理科学研究院院长、温州中小企业协会会长周德文教授作了专题讲座。

市领导吴一微、赵江涛、吴艳刚、李岳清、贾英祥、张润锁、陈曼莉聆听讲座。

市委常委、常务副市长狄瑞明主持报告会。

19 日　市委副书记、市长秦义在市政府秘书长周强及市发改委、经信委、规划局、水务局等相关部门负责人的陪同下赴企业调研时强调，地方政府要一如既往地支持企业发展，实现地方政府和企业共同发展。

21 日　全国政协副主席陈奎元带领全国政协调研组来我市调研长城保护工作。

全国政协文史和学习委员会副主任陈光林参加调研。

自治区及我市领导胡春华、巴特尔、任亚平、符太增、那顺孟和、云峰、秦义、张彭慧、刘惠、刘文玉等陪同调研。

22 日　敕勒川文化旅游区开工奠基仪式举行。自治区和我市领导任亚平、呼尔查、伏来旺、董恒宇、秦义、吴一微、张彭慧、云建东、康存耀、王雪峰以及武警内蒙古总队政委张如平出席开工奠基仪式。

24 日　为进一步贯彻十七届六中全会精神，推动社会主义文化大发展大繁荣，5 月 22 日、23 日，市人大常委会组成视察组，对我市社会文化设施建设、投入、使用情况进行视察。

市人大常委会主任吴一微，市人大常委会副主任孙建国参加视察，市政府副市长白金祥陪同视察。

25 日　自治区党委常委、市委书记那顺孟和，市委副书记、市长秦义会见了中国资源交通集团有限公司主席曹忠一行，双方就推进我市煤炭资源交易中心及资本市场融资平台建设相关事宜进行了亲切友好的交流。

26 日　就举行中国·呼和浩特第十三届昭君文化节工作情况，我市举行了第一次工作例会。

市委副书记、政法委书记赵江涛主持会议，市委常委、宣传部部长王雪峰、副市长云公和、白金祥出席会议。各旗县区、市各部委办局等相关负责人参加了会议。

28 日　玉泉区五塔寺广场一片沸腾，随着呼和浩特市小天鹅艺术团表演的群舞《小小摔跤手》的精彩上演，拉开了“金谷情”呼和浩特市第八届文化进社区大型公益活动的序幕。

市委常委、宣传部部长王雪峰，副市长白金祥出席启动仪式。

29 日　市委副书记、市长秦义在视察全市教育工作时强调，全市各级教育部门务必要顺应人民群众对教育发展的新期待，坚定加快教育事业发展的信心和决心，进一步突出教育优先发展的地位，要在不断加大教育投入力度的同时，继续完善基础设施建设，提升教学管理水平，办好首府人民满意的教育事业。

30 日　自治区党委常委、市委书记那顺孟和在和林县视察时强调，和林县要大力培养成长型企业，下大力气抓好奶源基地建设，继续引进生态、环保、低碳、循环的朝阳产业，进一步优化产业结构，为首府经济实现又好又快发展做出贡献。

当日上午，那顺孟和在市领导刘文玉、云公和、孙建华、刚布和、郭召来、银孝、张赢及相关部门负责人的陪同下，先后视察了内蒙古大有生物肥业股份有限公司、香港浩源碳纤维产业园项目、内蒙古和信园蒙草抗旱绿化股份有限公司、和盛公路绿化工程、犇腾牧业北方“超级奶牛”育种基地项目以及内蒙古正缘现代农业示范园区项目，并来到和林县盛乐百亭园，听取了和林县小城镇建设项目的汇报。

6月

2 日　自治区党委常委、市委书记那顺孟和主持召开呼和浩特经济技术开发区重点工作座谈会，研究解决开发区重点工作推进过程中存在的问题。

市领导刘文玉、孙建华、刚布和、郭召来、银孝、张赢及相关部门负责人参加会议。

4 日　市委副书记、市长秦义主持召开了市政府第 45 次常务会议，研究了市十三届人大五次会议 1 件议案、7 件重点建议和市政协十一届五次会议 10 件重点提案办理事宜，《呼和浩特市人民政府关于加快金融业发展的意见（送审稿）》等事宜；听取了全市民营经济及工商联工作汇报；审议并原则通过了《呼和浩特市人民政府关于修改涉及行政强制规定的政府规章的决定（草案）》。

副市长狄瑞明、云公和、王恒俊、孙建华、刚布和及市政府秘书长周强出席会议。

市人大常委会副主任李岳清、吕景瑞及相关部门主要负责人列席会议。

5 日　全市村“两委”换届选举工作调度会召开。

市委副书记、政法委书记、市村“两委”换届选举工作领导小组组长赵江涛出席会议并讲话。

市委常委、组织部部长、市村“两委”换届选举工作领导小组副组长张平江主持会议。

市人大常委会副主任吴安俊，副市长云公和出席会议。

6 日　美国和加拿大近 20 所名校的招生审查官将在呼市二中举办自主招生考试，此次考试针对自治区高二、高三学生，采用择优录取方式选拔优秀人才。

据悉，本次考试是呼市二中国际部第一次面向全区招生，共分两个学术层次。考试成绩优秀者可获得包括宾夕法尼亚大学、哥伦比亚大学在内的名校优先面试提前录取的机会；成绩合格者可直接获得美国百强名校大学学籍，在呼市二中国际部学习一年预科课程，可直接入读美国大学大二课程。

针对本次自主招生考试，呼市二中国际部特邀北美高等教育基础课程指导中心的专家亲临呼和浩特举办自主招生说明会。

7 日　国家环保部副部长张力军一行在自治区党委常委、市委书记那顺孟和陪同下，就环保工作开展情况在我市进行视察。

自治区副主席刘新乐出席情况汇报会。

自治区环保厅党组书记、厅长安国通以及市领导狄瑞明、刘文玉、刚布和、郭召来陪同。

8 日　中央组织部副部长、人力资源和社会保障部部长尹蔚民在我市考察调研工作。

自治区及我市领导巴特尔、那顺孟和、白向群、刘惠、狄瑞明、康存耀、刘文玉等陪同考察。

尹蔚民一行先后到呼和浩特市新城区市民服务大厅、内蒙古伊利实业集团股份有限公司、土左旗察素齐镇此老村进行考察。

9 日　以巴彦淖尔市市委书记何永林为团长的巴彦淖尔市党政考察团莅临我市，对我市经济社会发展和城市规划建设等工作进行考察。

市领导那顺孟和、刘惠、狄瑞明、刘文玉、王雪峰、孙建国、孙建华及相关部门负责人陪同考察。

11 日　市委副书记、市长秦义主持召开专题会议，听取今年我市确定的 30 个整村推进扶贫项目的进展情况，并就如何进一步做好扶贫项目推进工作进行研究部署。

市领导狄瑞明、云公和参加会议。

13 日　自治区党委常委、市委书记那顺孟和主持召开中共呼和浩特市第十一届委员会第 18 次常委（扩大）会议。会议听取了我市近期城区水务重点工程项目实施方案、呼和浩特经济技术开发区沙尔沁新区总体规划和呼和浩特经济技术开发区党工委、管委会机构设置情况的汇报，听取了给予大龄困难国有集体企业下岗失业人员社会保险补贴有关情况的汇报。

市领导秦义、吴一微、张彭慧、刘慧、吴艳刚、狄瑞明、张平江、康存耀、刘文玉、王雪峰、吕慧生、云公和、白金祥、王恒俊、贾英祥、孙建华、刚布和、郭召来、银孝、张赢，呼和浩特经济技术开发区党工委书记李建平、呼和浩特经济技术开发区管委会主任李博宏以及相关部门负责人参加会议。

16 日　日前，内蒙古电力集团浩源碳纤维复合导线投产庆典仪式在和林县盛乐经济开发区举行。

市委副书记、市长秦义，内蒙古电力（集团）有限责任公司总经理张福生、副总经理杨泓，市委常委、秘书长刘文玉等出席庆典仪式。

20 日　自治区党委常委、市委书记那顺孟和在视察我市城市建设时强调，城市建设尤其是中心城区道路管网改造一定要做好宣传工作，得到群众的理解，要在保证工程质量的前提下，抓紧施工，加快进度，争取早日实现畅通。

当日，那顺孟和在市领导刘文玉、孙建华以及有关部门负责人的陪同下，先后实地视察了敕勒川大街跨东河桥建设进展情况、昭乌达路跨南二环路立交桥建设进展情况、锡林南路和乌兰察布大街中心城区道路管网改造情况、新华桥北街回民区小街巷改造工作进展情况、成吉思汗公园建设进展情况、东客站片区道路建设情况以及呼伦路与南二环路、北出城口的绿化工作情况，并听取了全市桥梁、通道建设情况、二环路快速路系统设计方案、全市管网改造、道路改造进展情况、市四区小街巷改造进展等情况的汇报。

25 日　自治区党委常委、市委书记那顺孟和在主持召开的全市 2012 年第二次党政联席会议上强调，要把“保增长”作为当前工作的重中之重抓实抓好，抢抓机遇，稳中求进，全力以赴确保全市经济平稳较快发展。

市领导赵江涛、吴艳刚、狄瑞明、张平江、康存耀、刘文玉、王雪峰、吕慧生、王恒俊、刚布和出席会议。

市政协主席张彭慧，市人大常委会副主任孙建国，市政协副主席银孝、张赢列席会议。

26 日　全市社区网格化服务管理工作观摩推进会召开。会议的主要目的是通过现场观摩的形式，展示典型、交流经验，进一步推动基层基础工作特别是全市社区网格化服务管理工作迈上新台阶。

自治区党委常委、市委书记那顺孟和在会上作重要讲话。

市领导张彭慧、赵江涛、刘惠、狄瑞明、张平江、刘文玉、王雪峰、贾英祥、鲁剑钧以及市社区网格化服务管理工作领导小组成员、各旗县区主要负责人等参加了会议。

27 日　昨日是第 26 个国际禁毒日。当日上午，自治区禁毒委、公安厅及呼市公安局在内蒙古展览馆举行了自治区禁毒教育基地启动仪式。

自治区及我市领导李佳、赵黎平、赵江涛、贾英祥、鲁剑钧等出席，李佳、赵黎平等共同点亮“内蒙古禁毒教育基地启动”水晶球。

29 日　海亮广场 II 期项目奠基仪式举行。

自治区及我市领导任亚平、那顺孟和、狄瑞明、刘文玉、吕慧生、孙建华、崔世清出席奠基仪式。

30 日　我市隆重召开纪念建党 91 周年暨创先争优表彰大会，全面回顾总结了创先争优活动开展以来取得的成果，并对在活动中涌现出的先进集体和优秀个人进行了表彰。

自治区党委常委、市委书记那顺孟和及秦义、吴一微、张彭慧、潘平、赵江涛、刘惠、吴艳刚、云建东、张平江、康存耀等市领导出席会议。

会议由市委常委、秘书长刘文玉主持。

▲“走进青城”大型集中采访记者见面会在市政府举行。

市委副书记、市长秦义出席见面会，市委常委、宣传部部长王雪峰主持会议。

▲如意工业园区邀请园区的老干部欢聚一堂，以畅谈如意工业园区发展大计的形式庆祝如意工业园区成立 20 周年。

市委常委、常务副市长狄瑞明，市人大常委会副主任孙建国，市政协副主席陈曼莉出席座谈会。

▲2012 年全市防汛工作会议召开。

副市长云公和、孙建华出席会议。

7月

2 日　位于呼和浩特市新城区鸿盛工业园区的中国联通西北（呼和浩特）基地项目举行开工仪式。市领导秦义、刘惠、白金祥、陈曼莉等出席仪式。

3 日　副市长孙建华就我市饮用水卫生安全问题来到金河水厂进行视察指导。

6 日　以市委副书记、市长秦义为团长的呼和浩特市政府代表团赴陕西省榆林市，就城市建设、能源产业及重点项目建设进行了为期两天的考察学习。

副市长吕慧生，市政府秘书长周强及相关部门、相关企业负责人陪同考察。

▲市委副书记、市长秦义在副市长孙建华，呼和浩特经济技术开发区党工委书记李建平及市政府秘书长周强等陪同下，对如意总部基地规划及重点项目建设情况进行视察时强调指出，要在进一步加速基地建设的基础上，确立优先招商的发展思路，按照国家级开发区的标准制定发展目标，切实发挥总部基地在全市经济建设中的作用。

7 日　记者昨日从自治区团委获悉，我区追授武川县消防大队战士程骛“青年五四奖章”，并号召全区各级团组织、团员青年要向程骛学习，立足岗位，锐意进取，为建设繁荣富强、和谐美好的内蒙古贡献智慧和力量。

▲市政府诚邀自治区经信委、人民银行呼和浩特中心支行等19家驻呼金融机构和我市96户中小企业负责人集聚一堂，举行呼和浩特市“银企对接”现场会。

市委副书记、政法委书记赵江涛出席会议。

副市长刚布和主持会议。

9日　斯琴塔娜艺术博物馆正式开馆，这是呼和浩特市首家民营博物馆，也是呼和浩特市的重点文化工程项目。

全国政协常委、中国美协名誉主席靳尚谊出席开馆仪式。

自治区和我市领导任亚平、吴团英、赵江涛出席开馆仪式。

10日　武川县2012年扶贫开发整村推进项目开工启动仪式举行。

市领导云公和、银孝、陈曼莉、张赢等出席启动仪式。

11日　由玉泉区区委、区政府主办的2012年玉泉区环城水系文化节暨大型河灯展于昨晚在环城水系河畔拉开帷幕。

自治区及我市领导韩志然、秦义、狄瑞明、王雪峰、李岳清、陈曼莉及有关部门负责人出席开幕式。

▲市委副书记、市长秦义在主持召开的全市整村推进扶贫工作会上指出，要进一步转变思想，将产业发展与扶贫工作紧密结合，积极探索扶贫发展的新思路、新举措，实现项目的长效扶贫。

市领导狄瑞明、云公和、银孝、张赢及市政府秘书长周强出席会议。

12日　市委常委、常务副市长狄瑞明在市发改委、经信委、环保局、统计局、供电局、交通局及土左旗、金川工业园区等有关部门负责人的陪同下，深入金川工业园区、金山工业园区的部分企业，对企业运行情况进行调研。

16日　“美丽的草原我的家，风吹绿草遍地花……”7月14日晚8时，当熟悉的歌声在内蒙古人民会堂响起，现场随之沸腾，《美丽的草原我的家》德德玛从艺五十年感恩家乡专场演唱会在这里举行。

国家体改委原副主任乌杰出席演唱会。

自治区及我市领导李佳、呼尔查、刘新乐、秦义、吴一微、张彭慧、赵江涛、狄瑞明、王雪峰、彭皓方、陈曼莉等观看演出。

17日　坐落在塞外青城的中国航天科工集团第六研究院迎来了50岁华诞，来自中国航天科工集团的专家、学者及自治区各级党委政府、军方主要领导齐聚首府，共同见证这一神圣时刻。

中国航天科工集团公司副总经理方向明应邀出席会议。

自治区党委副书记、自治区政法委书记李佳，市委副书记、市长秦义到会祝贺。

20日　国家交通部副部长高宏峰一行莅临我市，就首府交通运输工作开展情况进行调研。

市委副书记、市长秦义陪同。

23日　内蒙古人民会堂座无虚席，浪漫草原“齐峰2012呼和浩特个人演唱会”在这里举行。

自治区和我市领导任亚平、那顺孟和、秦义、吴一微、张彭慧、赵江涛、张平江、王雪峰、云公和、彭皓方等与我市干部群众一起观看了演出。

25日　由市委、市政府主办，市委宣传部、内蒙古音乐家协会承办的“歌声飘过草原”内蒙古青年歌手演唱会，作为第十三届中国·呼和浩特昭君文化节内容之一，昨日在内蒙古人民会堂激情唱响。

市领导赵江涛、王雪峰、孙建国、云公和等与数百名观众一起观看了演出。

26日　卫生部部长陈竺一行在我市考察调研。

自治区及我市领导胡春华、那顺孟和、刘新乐、刘文玉、王恒俊等陪同调研。

▲自治区党委常委、市委书记那顺孟和，市委副书记、市长秦义会见了创维集团创始人、南京金龙客车制造有限公司董事长黄宏生一行，双方就创维集团在呼建设项目及下一步合作事宜进行了亲切友好的交流。

28日　国家人口计生委主任王侠莅临我市，就首府基层人口计生管理服务、人口计生信息化以及流动人口计生管理服务等工作进行考察。

自治区及我市领导巴特尔、刘新乐、秦义、王恒俊等陪同考察。

▲市委副书记、市长秦义主持召开市长办公会，专题听取了清水河县城镇建设规划相关汇报。

副市长孙建华及相关部门主要负责人参加会议。

30日　连日强降雨使我市防汛抗灾工作面临严峻形势。7月28日晚，自治区党委书记胡春华在自治区及我市领导符太增、那顺孟和、秦义、刘文玉、云公和、孙建华以及有关部门负责人的陪同下，深入到我市部分受灾地区和防汛前线，视察了解受灾情况和防汛措施，听取了有关部门关于防汛抗灾工作的汇报。

▲市委副书记、市长秦义主持召开市政府第46次常务会议，听取相关部门防汛工作的汇报，并对全市防汛工作进行再部署、再动员。秦义强调，防汛工作责任重大，任务艰巨，事关全市工作大局，我们一定要以对党和人民高度负责的精神，杜绝麻痹松懈侥幸心理，突出重点，强化措施，科学防控，扎实做好各项防汛工作，确保全市安全度汛。

副市长狄瑞明、云公和、白金祥、王恒俊、孙建华、刚布和参加会议。

市政协副主席银孝、呼和浩特经济技术开发区党工委书记李建平列席会议。

▲市委副书记、市长秦义在副市长云公和等陪同下视察托县防汛工作并强调，托县作为自治区沿黄沿线经济发展的重要区域，一定要利用并发挥沿黄河的地域优势做好“水文章”，将防汛治理与沿线城镇建设以及特色休闲观光农业相结合，打造塞北江南。

8月

1日　市委副书记、市长秦义主持召开市长办公会，专题研究了我市文化体制改革工作有关事宜。

市委常委、宣传部部长王雪峰，副市长白金祥出席会议。

2日　2012年呼和浩特市党政军领导八一军事日活动暨民兵应急力量建设成果展示在内蒙古军区综合训练场展开。

我市党政军领导那顺孟和、秦义、吴一微、张彭慧、潘平、白光荣、赵江涛、吴艳刚、狄瑞明、张平江、刘文玉、王雪峰、云公和、银孝、王自成、韩秋岐等参加了活动。

内蒙古军区副司令员海力斯应邀参加活动。

3日　巴彦塔拉饭店后院附楼餐厅二层屋顶发生坍塌事故后，3名被困人员的搜救工作一直牵动人心，记者从8月2日早第三次新闻发布会上获悉，截至8月2日10时15分，3名被困人员全部救出，但送往医院经鉴定均确认死亡。

事故发生后，市委副书记、市长秦义，副市长、公安局局长贾英祥，副市长孙建华等领导一直在现场督促指导搜救工作，并对所有搜救人员一夜的辛苦工作给予肯定。搜救工作结束后，市领导一行前往医院探望事故受伤人员。

4日　市委副书记、市长秦义在副市长云公和等的陪同下，再次视察黄河防汛工作开展情况，同时调研沿黄旅游资源以及公路建设。视察中秦义指出，要站在战略和全局的高度，充分认识做好黄河防汛工作的重要性，严防死守，确保黄河安全度汛，同时，要将沿黄公路建设与旅游资源的开发紧密结合，打好黄河湿地这张牌，促进地区经济社会发展。

6日　市委副书记、市长秦义主持召开专题工作会议，听取关于2012全球温商和全国知名企业家草原行暨呼和浩特市优秀项目对接会工作进展情况的汇报，并就下一步工作进行部署。

市领导云建东、王雪峰、李岳清等参加会议。

▲市委副书记、市长秦义在市领导王恒俊及相关部门负责人陪同下，对我市校安工程实施情况进行视察时强调指出，要在确保工程质量的前提下，进一步加快工程进度，科学调整，合理布局，切实把校安工程建设成首府群众满意的民生工程。

当日下午，秦义一行先后到呼市实验中学、三十四中、苏虎街小学、锡林南路小学，在各学校的改扩建工程现场，详细了解了工程进展情况和教学设施安装情况，并认真听取了相关部门负责人的工作汇报。

7日　市委副书记、市长秦义会见了韩国乐天百货中国总部总裁闵光基一行，双方进行了亲切友好地交流。

8日　市委副书记、市长秦义主持召开座谈会，专题听取了我市旅游发展规划情况汇报，并就下一步发展提出意见。

副市长白金祥参加会议。

10日　灯火辉煌、流光溢彩的内蒙古人民会堂歌舞飞扬，高潮迭起。第二届中国·呼和浩特少数民族文化旅游艺术节闭幕式文艺晚会在这里举行。

文化部艺术司副司长陶诚，新闻出版总署反非法和违禁出版物司副司长毛小茂，中宣部新闻局六处副处长徐大山及自治区政府副秘书长杨玺、自治区民委副主任曹艳荣、自治区文化厅副厅长赵新民、自治区新闻出版局副局长庞亚民等与我市领导吴一微、潘平、王雪峰、白金祥等和观众一同观看了晚会。

11日　自治区商务厅厅长李万忠在市委副书记、市长秦义的陪同下，就我市标准化菜市场示范工程、农产品现代物流试点工作以及肉菜流通追溯体系建设试点工作开展情况进行调研并召开座谈会。

副市长吕慧生及相关部门主要负责人陪同调研。

13日　由自治区人民政府、市人民政府、中国通信学会光通信委员会、中国光学学会纤维光学与集成光学专业委员会等共同主办的“2012国际光纤通信论坛”在我市举行。

自治区党委常委、市委书记那顺孟和出席论坛开幕式并致辞。市委副书记、市长秦义主持。

▲中国电信云计算内蒙古信息园首座数据中心机房封顶仪式在和林县举行。

自治区及我市领导王波、秦义、刚布和出席。

副市长吕慧生主持封顶仪式。

▲自治区副主席王波在市委副书记、市长秦义及自治区国土资源厅、建设厅等主要负责人的陪同下，对我市环城水系建设以及沙尔沁新区建设情况进行了视察。

副市长吕慧生、孙建华、刚布和，市政府秘书长周强以及市有关部门负责人陪同视察。

14日　市委副书记、市长秦义与中国动漫集团党委书记、副董事长李扬一行进行座谈，双方就动漫产业发展相关事宜进行了亲切友好的交流。

自治区党委常委、宣传部部长乌兰出席。

市委常委、宣传部部长王雪峰，副市长孙建华，市政府秘书长周强及相关部门主要负责人参加座谈。

15日　自治区党委常委、自治区副主席潘逸阳在调研我市云计算产业发展情况时强调，要认真实施好自治区发展云计算产业的决策部署，加快项目建设进度，统筹谋划云计算相关产业的发展，引领云计算产业在内蒙古生根、开花、结果，为自治区保增长、调结构发挥积极的作用。

自治区党委常委、市委书记那顺孟和，市委副书记、市长秦义，市委常委、副市长狄瑞明，市委常委、秘书长刘文玉，副市长吕慧生及自治区、呼市相关部门负责人陪同调研。

16 日　市委、市政府的又一项民生工程——呼和浩特蒙中医院开工奠基仪式举行。

自治区及我市领导那顺孟和、秦义、吴一徵、刘文玉、李岳清、王恒俊、银孝、彭皓方等出席奠基仪式。

17 日　市委副书记、市长秦义主持召开市长办公会，听取了“乌兰巴托·中国内蒙古文化周——呼和浩特专题活动”筹备情况的汇报，并对下一步工作进行部署。

副市长吕慧生及相关部门主要负责人参加会议。

18 日　自治区政协主席任亚平，自治区党委常委、市委书记那顺孟和会见了参加 2012 全球 200 家温州商会千名温商草原行暨中国·呼和浩特市优秀项目对接会嘉宾。

自治区工商联主席田震，市领导秦义、赵江涛、云建东、狄瑞明、刘文玉、李岳清参加会见。

23 日　市委副书记、市长秦义主持召开市长办公会，听取下半年拟开工城市建设项目情况汇报时强调，要按照年初市委、市政府既定目标，思路不变、力度不减、速度不变，千方百计完成全年任务。

副市长孙建华参加会议。

24 日　市委副书记、市长秦义主持召开市长办公会，专题听取我市重点项目推进情况汇报后强调，要紧盯重点项目不放松，抢抓机遇，扶持发展，实现突破。同时要突出重点产业发展，围绕产业布局进行规划、定位，进一步拉动地区经济建设。

市领导吕慧生、刚布和、郭召来、银孝、张赢出席会议。

25 日　市委副书记、市长秦义主持召开市政府第 47 次常务会议，研究为参加“8·1”巴彦塔拉饭店附楼楼顶坍塌事故抢险救援集体和个人记功相关事宜、《废止呼和浩特市食品卫生管理办法》相关事宜、《加强社区建设工作推进社会管理创新实施意见》，审议并原则通过《呼和浩特市房屋安全使用管理办法（草案）》、《呼和浩特市企业国有资产监督管理办法（试行）》。

市委常委、常务副市长狄瑞明，副市长、市公安局局长贾英祥，副市长孙建华，市政府副巡视员郭召来参加会议。

28 日　自治区党委常委、市委书记那顺孟和主持召开大青山南坡规划建设情况专题协调会议，会议听取了市规划局关于大青山南坡生态治理规划情况的汇报，市林业局关于大青山南坡生态保护综合治理绿化工程工作情况及大青山南坡生态绿化节水灌溉供水工程初步设计方案的汇报，新城区、回民区关于大青山生态保护综合治理保护工程建设等工作的汇报。

市领导秦义、刘惠、狄瑞明、刘文玉、郭召来、银孝、张赢，呼和浩特经济技术开发区党工委书记李建平及有关部门负责人出席会议。

▲自治区党委常委、市委书记那顺孟和主持召开托克托工业园区环境综合整治情况专题协调会议，会议听取了托克托工业园区环境综合整治情况的汇报。

市领导秦义、刘文玉、刚布和、郭召来、银孝、张赢及有关部门负责人出席会议。

环保部环境规划院副院长、总工程师王金南、环保部环境规划院环境经济部主任、研究员葛察忠出席会议。

29 日　自治区党委常委、市委书记那顺孟和在中国石油呼和浩特石化公司现场办公会上强调，呼石化公司以及市各相关部门要把 500 万吨扩能项目早试车、早投产、早出油作为当前的首要任务和今年的总体目标，千方百计做好各项工作，争取在今年 10 月初实现全面开车，力争当年加工 100 万吨左右，向党的十八大献礼。

当日，那顺孟和在市领导秦义、刘文玉、吕慧生、刚布和、郭召来、银孝及呼和浩特经济技术开发区党工委书记李建平以及市相关部门负责人陪同下，赴中国石油呼和浩特石化公司进行现场办公。

30 日　以青海省委书记、省人大常委会主任强卫为团长的青海省党政考察团来我市考察。

青海省委副书记、省长骆惠宁，青海省政协主席仁青加等参加考察。

自治区及我市领导胡春华、巴特尔、李佳、李鹏新、符太增、那顺孟和、秦义、张彭慧、刘文玉陪同考察。

9月

1 日　市政府与天津中环半导体股份有限公司、内蒙古电力集团有限责任公司以及道达尔集团太阳能公司共同签署了吉瓦高效光伏中心项目框架协议。

自治区及我市领导那顺孟和、王波、秦义、刘文玉、吕慧生出席签约仪式。

2 日　国务院新闻办副主任崔玉英一行莅呼检查指导工作。

自治区党委常委、宣传部部长乌兰，市委副书记、市长秦义，市委常委、宣传部部长王雪峰陪同考察。

5 日　市委副书记、政法委书记赵江涛一行昨日到市检察院进行调研，先后来到该院的警务区、文化长廊、党建活动室、荣誉室、计算机房以及赛罕区检察院进行参观，随后听取了市检察院检察长云布俊的工作汇报。

7 日　市委副书记、市长秦义在市城建委、水务局、交通局等有关部门负责人的陪同下赴呼和浩特职业学院，就校园防洪工程建设以及招生情况等内容进行调研时强调指出，要结合目前正在实施的大青山南坡生态改造工程，做好相关基础设施配套工作，重点抓好供水、排污、防洪等工程建设，为大学城各校区及周边防洪安全提供有力保障。

市政协副主席银孝陪同调研。

11 日　对于从教几十年的全国特级教师洪峡、冯爱群和王秀文来说，今年的教师节过得很特别，作为我市优秀教职工代表，这一天，市委副书记、市长秦义在市教育局主要负责人的陪同下，亲切看望慰问了他们，并通过他们向全市广大教师和教育工作者致以节日的祝贺和诚挚的问候。

▲民政部部长李立国在自治区及我市领导巴特尔、秦义、狄瑞明的陪同下，分别来到呼和浩特市民政福利园和赛罕区巨海社区，对我市民政工作进行了调研。

13 日　中国农业发展银行党委书记、行长郑晖一行在我市考察调研工作。

市领导秦义、孙建华、银孝及有关部门负责人陪同。

15 日　市人大常委会组成视察组，对全市人民防空工程建设、管理工作情况进行视察。

市人大常委会主任吴一微，市人大常委会副主任邢燕菊，秘书长宋晓刚参加视察活动。副市长白金祥陪同视察。

17 日　副市长孙建华就大青山南坡生态综合治理工程规划建设情况进行了实地视察。

18 日　由自治区政府、中国驻蒙古国大使馆、蒙古国文化体育旅游部共同主办的第三届“乌兰巴托·中国内蒙古文化周”昨日在位于蒙古国首都乌兰巴托市的蒙古国国家艺术馆隆重开幕。

蒙古国副总理特日毕希达格瓦，蒙古国文化体育旅游部部长奥云格日勒，国务秘书阿拉坦格日勒，乌兰巴托市市长额·巴特乌勒，蒙古国驻呼和浩特总领事恩赫阿木古楞，中国驻蒙古国大使王小龙，自治区党委常委、宣传部部长、对外文化交流协会会长乌兰，市委副书记、市长秦义，以及蒙古国有关机构、企业和留学生代表，自治区及我市代表团成员出席开幕式。

奥云格日勒、额·巴特乌勒、乌兰、秦义分别致辞。

19 日　蒙古国乌兰巴托市市长额·巴特乌勒在乌兰巴托市政府会见了市委副书记、市长秦义率领的呼和浩特市政府代表团一行，双方在愉快的氛围中进行了亲切友好地交流。

乌兰巴托市副市长恩·巴图、德·巴特尔呼参加会见。

市领导王雪峰、云公和，呼和浩特经济技术开发区管委会主任李博宏等参加会见。

▲呼和浩特市与乌兰巴托市交流合作洽谈会在蒙古国工商会大楼举行。

市委副书记、市长秦义，乌兰巴托市副市长德·普日布达瓦出席并致辞。

市领导王雪峰、云公和出席。

21 日　全国肉羊万枚胚胎移植工程在首府启动。

自治区政协副主席伏来旺，副市长王恒俊出席启动仪式。

25 日　市委副书记、市长秦义主持召开市长办公会，专题听取了 1 至 8 月份全市财税、经济工作完成情况汇报。

市委常委、常务副市长狄瑞明，呼和浩特经济技术开发区管委会主任李博宏出席会议。

▲市委副书记、市长秦义主持召开专门会议，对我市国庆长假期间安全生产和维护社会稳定等工作进行了安排部署。

市委常委、常务副市长狄瑞明，呼和浩特经济技术开发区管委会主任李博宏以及相关部门主要负责人出席会议。

26 日　自治区公安厅为呼市公安局配发的 100 辆安装有 3G 无线图传设备的警车从内蒙古国际会展中心出发，进入巡区开始执勤。这标志着首府公安机关十八大安全保卫巡逻机制正式启动。

自治区副主席、公安厅厅长马明，武警内蒙古总队总队长张国兴、政委张如平，市委副书记、市长秦义，副市长、市公安局局长贾英祥出席配发仪式。

27 日　为迎接党的十八大胜利召开，展示近年来舞台艺术创作的最新成果，文化部于 2012 年 8 月至 10 月在北京举办“讴歌伟大时代，艺术奉献人民——2012 年全国优秀剧目展演”，呼和浩特民间歌舞剧团携大型二人台现代戏《花落花开》于 25 日晋京参加此次展演。

中国评剧院内座无虚席。全国人大农业与农村委员会原主任委员刘明祖，中央纪委驻交通运输部纪检组原组长杨利民，文化部艺术司司长董伟，市委常委、宣传部部长王雪峰，副市长白金祥和来自北京、山西等地的观众分别观看了 25 日、26 日的两场演出。在近两小时的演出中，演员们用传神的表演和富有特色的唱腔将二人台浓郁的地方气息演绎得淋漓尽致，赢得了观众的热烈喝彩。

28 日　市委副书记、市长秦义在呼和浩特经济技术开发区党工委书记李建平等的陪同下，就金桥污水处理厂和 TCL300 万台液晶电视生产相关事宜进行调研，并召开现场办公会。

29 日　呼市二中隆重举行建校 70 周年庆祝大会暨校友会成立大会。

全国人大常委会副委员长乌云其木格发来贺电；自治区和我市领导任亚平、雷·额尔德尼、白向群、秦义、吴一微、张彭慧、狄瑞明、王恒俊等出席庆典仪式。

10 月

8 日　由内蒙古高路公司承担建设的 110 国道兴和至集宁至呼和浩特段改扩建工程通车、京藏高速公路呼包段改扩建工程北幅阶段性通车，并举行通车仪式。

自治区党委书记、自治区人大常委会主任胡春华出席通车仪式，并宣布两个项目通车。

自治区及我市领导巴特尔、任亚平、符太增、王波、海力斯、秦义出席通车仪式。

11 日　国家人力资源和社会保障部副部长王晓初带领国家人力资源和社会保障部调研组，在自治区调研指导人力资源和社会保障工作。

自治区人力资源和社会保障厅党组书记、厅长萨仁详细介绍了全区人力资源和社会保障工作开展情况。

市委常委、常务副市长狄瑞明重点介绍了我市人力资源和社会保障工作的亮点。

12 日　全市优秀女性人才研修班在清华大学开班，首府62名妇女干部前往学习“充电”。

13 日　市委副书记、市长秦义一行前往白塔、乌兰夫纪念馆、昭君博物院等地，针对我市文物保护工作情况进行了调研。

市领导王雪峰、白金祥及市文化局等相关部门负责人陪同调研。

▲全市国有资产监督管理工作会议举行。会议回顾了我市近年来国有资产工作，并对下一阶段工作进行了安排部署。

市委副书记、市长秦义，市委常委、常务副市长狄瑞明，呼和浩特经济技术开发区管委会主任李博宏出席会议。

市政协副主席银孝主持会议。

16 日　呼和浩特要将目前由各部门各自监管、分散开展的公共资源交易活动归类集中，形成全市统一的公共资源交易市场，进一步让权力在阳光下运行。这是记者从昨日召开的市长办公会上获悉的。

市委副书记、市长秦义主持会议。

市领导吴艳刚、狄瑞明、孙建华、银孝、张赢参加会议。

17 日　呼和浩特至塔布赛公路通车庆典、土默特左旗乌兰夫学校挂牌仪式举行。

自治区政协副主席伏来旺，市委副书记、市长秦义，市人大常委会主任吴一微，市政协主席张彭慧，市委常委、土左旗旗委书记康存耀，副市长云公和、王恒俊出席通车庆典和学校挂牌仪式。

自治区人大常委会原副主任云秀梅，自治区红十字会原会长云曙碧，中国人寿保险公司原副总经理青格尔出席活动。

19 日　来自海内外的 120 多名企业家欢聚首届和林格尔项目投资洽谈会，共议投资事宜，共商发展大计。

自治区工商联主席田震，市委常委、常务副市长狄瑞明，副市长吕慧生，市政协副主席陈曼莉出席会议。

22 日　呼和浩特市“征兵工作宣传周”活动启动仪式在新华广场举行。

内蒙古军区司令员刘志刚、副政委张英、参谋长王清泉、副参谋长李乃刚、政治部副主任石宝龙参加启动仪式。

我市及呼和浩特警备区有关领导狄瑞明、潘平、白光荣、王自成和各旗县区武装部相关负责人到现场为群众解答咨询。

24 日　自治区党委书记胡春华在我市考察重点项目建设情况时强调，要全力抓好各类项目建设，确保在建重点项目尽快竣工投产，努力为经济平稳较快发展注入强劲动力。

自治区及我市领导符太增、那顺孟和、秦义、刘惠、刘文玉、云公和、刚布和及自治区、呼市有关部门负责人陪同考察。

25 日　针对我市医疗卫生事业、卫生服务信息化建设以及医改工作情况，昨日，中纪委驻卫生部纪检组组长李熙一行莅呼进行调研。

自治区政协副主席杨成旺、副市长王恒俊陪同。

26 日　市委副书记、市长秦义在呼会见了家乐福中国区副总裁、华北区总裁盖一迈一行，双方就进一步加快推进家乐福在呼建设项目投入运营事宜进行亲切友好地交流。

29 日　大青山国家登山健身步道落成仪式暨秋日登高全民健身登山活动在新城区保合少镇水磨村举行。

自治区和我市领导杭桂林、白向群、刘惠、白金祥等出席落成仪式。

31 日　如意广场彩旗飘扬，礼炮喧天。TCL 内蒙古液晶产业园落成投产庆典仪式和创维内蒙古产业基地扩建投产庆典仪式在这里隆重举行。

自治区及我市领导巴特尔、任亚平、那顺孟和、雷·额尔德尼、王波、秦义、吴一微、张彭慧、赵江涛等出席庆典仪式。

TCL 集团董事长、CEO 李东生，创维集团 CEO、总裁杨东文分别在庆典仪式上致辞。

11月

1 日　市政协主席张彭慧主持召开市政协十一届二十一次常委会议。

市委副书记、政法委书记赵江涛，市委常委、常务副市长狄瑞明应邀出席会议。

市政协副主席张润锁、云普选、崔世清、鲁剑钧、陈曼莉，秘书长孙德旺出席会议。

2 日　市领导潘平、白光荣、狄瑞明等一同参观了呼和浩特市国防教育中心。

5 日　市卫生局新农合管理中心与中国医学科学院医学信息研究所建立了新农合信息平台，使呼市在跨省就医管理上实现了信息共享，成为全国首个开展跨省就医管理地区。

7 日　自治区副主席、公安厅厅长马明在市委副书记、政法委书记赵江涛，副市长贾英祥及自治区和我市有关部门负责人陪同下，昨日上午莅临呼市劳教（戒毒）所进行视察。

9 日　市委副书记、市长秦义主持召开第 24 次市长办公会，专题研究了机场搬迁后对首府城市规划的影响及城东未来规划思路、轨道交通规划编制进展情况相关事宜。

副市长孙建华，市政协副主席、市财政局局长银孝，市政府副巡视员、市环保局局长郭召来出席会议。

14 日　市委副书记、市长秦义在市领导王恒俊、银孝及相关部门负责人的陪同下对建设中的呼和浩特青少年活动中心进行调研，并主持召开市长办公会议就中心建设及运营等相关事宜进行专题研究。

20 日　自治区党委常委、市委书记那顺孟和主持召开中共呼和浩特市第十一届委员会第 22 次常委（扩大）会议，传达贯彻中国共产党第十八次全国代表大会会议精神。会议强调，全市各级党组织和广大党员干部要以党的十八大会议精神为指导，解放思想，改革开放，凝聚力量，攻坚克难，进一步促进我市经济社会又好又快发展。

市领导秦义、赵江涛、刘惠、吴艳刚、云建东、张平江、康存耀、刘文玉、王雪峰出席会议。

市领导吴一微、张彭慧、吕慧生、云公和、白金祥、王恒俊、贾英祥、孙建华、刚布和、银孝、张赢，呼和浩特经济技术开发区党工委书记李建平以及市有关部门负责人列席会议。

21 日　市委副书记、市长秦义主持召开市政府第 48 次常务会议暨市政府党组扩大会议，学习贯彻党的十八大精神暨市委第 22 次常委（扩大）会议精神，安排部署近期工作。

副市长吕慧生、云公和、白金祥、王恒俊、贾英祥、孙建华、刚布和出席会议。

市政协副主席银孝、张赢，呼和浩特经济技术开发区党工委书记李建平列席会议。

22 日　市口腔医院新址大楼落成庆典仪式举行。

中华口腔医学会会长王兴，中华口腔医学会副会长、首都医科大学附属北京口腔医院院长孙正，自治区红十字会党组书记刘菊茹及市领导王恒俊、银孝、鲁剑钧参加了庆典仪式并剪彩。

27 日　市委副书记、市长秦义在市领导康存耀、白金祥、银孝及有关部门负责人陪同下对土左旗敕勒川文化旅游产业园进行调研。调研中秦义强调，要按照首府草原文化核心区的定位和水准全力打造，继续加大支持力度，进一步加快实施进度，使之早日成为首府重要的展示草原文化和商务活动场所。

▲市委副书记、市长秦义在市领导刚布和、银孝等陪同下赴伊利集团进行调研，详细了解了企业运行情况，并就企业发展中遇到的突出问题与企业负责人进行了交流。

▲赛罕区羊盖板万头牧场园区举行奶牛入园启动仪式，4000 头荷斯坦奶牛陆续乘坐大货车入住园区。这些奶牛价值 1 亿元，全部由新西兰引进，在天津隔离场经过一段时间的隔离观察后运抵我市。这也标志着赛罕区奶牛规模化养殖和综合管理水平实现了跨越式发展。

市领导秦义、云公和出席启动仪式。

29 日　市委副书记、市长秦义主持召开市政府第 49 次常务会议，审议并原则通过《呼和浩特妇女儿童发展纲要（2011-2020 年）》（送审稿）。

市领导狄瑞明、云公和、白金祥、贾英祥出席会议，白光荣、银孝及相关部门负责人列席会议。

12 月

3 日　天津中环半导体股份有限公司、内蒙古电力（集团）有限责任公司、美国 SunPower 公司及呼和浩特市金桥城建发展有限责任公司就投资组建华夏聚光（内蒙古）光伏电力有限公司举行签约仪式。

市委副书记、市长秦义，副市长吕慧生出席签约仪式。

4 日　12 月 3 日是第 21 个世界残疾人日，当日下午，市委副书记、市长秦义在市领导狄瑞明、银孝等的陪同下，赴市残疾人就业中心进行调研。

8 日　呼市直属机关学习党的十八大精神专题讲座在市党政机关办公大楼举行。讲座特邀国家行政学院经济学教研部主任王健教授作了题为《转变经济发展方式建设美丽中国》的精彩讲解。

市领导吴一微、云建东、邢燕菊、刘敏、孙建国、云公和、贾英祥、刚布和、张润锁、陈曼莉和市直机关广大党员干部一起聆听了讲座。

市委常委、宣传部部长王雪峰主持讲座。

12 日　中国共产党呼和浩特市第十一届委员会第三次全体（扩大）会议，于 2012 年 12 月 11 日举行。会议深入学习贯彻党的十八大和自治区党委九届四次全委（扩大）会议精神，科学谋划明年及 2020 年全面建成小康社会目标任务，安排部署了当前工作。

出席会议的市委委员 41 人，候补委员 10 人。市纪委常委和有关方面负责同志列席会议。

会议由市委常委会主持。自治区党委常委、市委书记那顺孟和作重要讲话，市委副书记、市长秦义作总结讲话。市委常委会就 2012 年全市党的建设工作作书面报告。

13 日　以国家民委副主任罗黎明为组长的国家部委联合督察二组来到我市，就贯彻落实《国务院关于进一步促进内蒙古经济社会又好又快发展的若干意见》情况进行督察，并与我市有关部门进行座谈。

自治区副主席刘新乐主持座谈会。

市委副书记、市长秦义就《国务院关于进一步促进内蒙古经济社会又好又快发展的若干意见》贯彻落实情况及我市经济社会发展情况进行汇报。

19 日　乌兰夫纪念馆举行建馆 20 周年庆典仪式。

全国人大常委会原副委员长布赫

发来慰问信，并向乌兰夫纪念馆的同志们表示热烈的祝贺和诚挚的问候。

市领导张彭慧、白光荣、赵江涛、吴艳刚、康存耀、王雪峰、白金祥、王恒俊，乌兰夫同志的亲属以及生前的身边工作人员等出席庆典仪式。

市委副书记、政法委书记赵江涛代表市委、市政府在庆典仪式上致辞。市委常委、宣传部部长王雪峰主持庆典仪式。

20 日　市委副书记、市长秦义主持召开市政府第 50 次常务会议，审议并原则通过即将提交市第十四届人民代表大会第一次会议审议的《政府工作报告（讨论稿）》、《关于呼和浩特市 2012 年国民经济和社会发展计划执行情况与 2013 年国民经济和社会发展计划草案的报告（讨论稿）》、《关于呼和浩特市 2013 年地方财政收支预算编制情况的说明》、《关于呼和浩特市 2012 年财政预算执行情况和 2013 年市本级财政预算草案的报告》，听取了《呼和浩特市轨道交通线网规划》汇报。

副市长狄瑞明、云公和、白金祥、王恒俊、贾英祥、孙建华、刚布和，市政府副巡视员郭召来出席会议。

市政协副主席银孝、张赢及相关部门负责人列席会议。

▲市委副书记、市长秦义主持召开市长办公会议，就进一步加强首府地区公共交通建设、提升首府地区公交运营水平相关事宜进行了专题研究。

市领导狄瑞明、孙建华、银孝及市城建委、交通局、公交总公司等相关部门主要负责人参加会议。

22 日　我市召开科技创新暨奖励大会，表彰奖励为我市科技事业和现代化建设做出突出贡献的科技工作者，安排部署今后一个阶段我市科技创新工作重点。

自治区党委常委、市委书记那顺孟和出席会议，并为获奖者颁奖。

市领导吴一微、张彭慧、赵江涛、张平江、刘文玉、王恒俊出席会议。

24 日　根据自治区人力资源和社会保障厅最新统计，截至目前，全区已有 117029 名高校毕业生实现就业或落实了就业去向，完成年度计划的 111.45%。

27 日　以自治区消防总队总队长王浩为组长的自治区 2012 年消防工作责任状考核验收组于昨日莅临我市进行考评。考核组首先听取了市政府的工作汇报。

副市长、市公安局局长贾英祥参加汇报会。

31 日　记者从呼和浩特市公交总公司获悉，从 2013 年 1 月 1 日起，我市市区范围内 60 周岁（含 60 周岁）以上老年人将免费乘坐公交车，这是 2013 年市委、市政府实施改善民生工程的实事之一，是敬老爱老服务的一项实际举措。

中国统计出版社最新图书简目

(仅供参考,以最后出书为准)

统计资料

中国统计年鉴-2013
中国统计摘要-2013
国际统计年鉴-2013
2013中国发展报告
中国第三产业统计年鉴-2013
中国区域经济统计年鉴-2013
中国劳动统计年鉴-2013
中国社会统计年鉴-2013
中国城市统计年鉴-2013
中国建筑业统计年鉴-2013
中国人口和就业统计年鉴-2013
中国工业经济统计年鉴-2013
中国商品交易市场统计年鉴-2013
中国房地产统计年鉴-2013
中国能源统计年鉴-2013
中国民政统计年鉴-2013
中国贸易外经统计年鉴-2013
2013中国地区经济监测报告
中国科技统计年鉴-2013
中国农村统计年鉴-2013
中国农产品价格调查年鉴-2013
中国高技术产业统计年鉴-2013
中国教育经费统计年鉴-2013
中国农村贫困监测报告-2013
全国农产品成本收益资料汇编-2013
中国科学技术协会统计年鉴-2013
工业企业科技活动资料-2013
大中型批发零售和住宿餐饮企业统计年鉴-2013
中国住户调查年鉴-2013
中国价格统计年鉴-2013
中国县域统计年鉴-2013
中国农村全面建设小康监测报告-2013
第二次全国R&D资源清查资料汇编－工业企业卷
中国人才资源统计报告-2011
中国零售和餐饮连锁企业统计年鉴-2013
中国民族统计年鉴-2013
2010年中国第六次人口普查公报
第二次全国R&D资源清查资料汇编－综合卷

2013年省级综合统计年鉴系列

北京 天津 河北 山西 内蒙古 辽宁 吉林 黑龙江 上海 江苏 浙江 安徽 福建 江西 山东
河南 湖北 湖南 广东 广西 海南 重庆 四川 贵州 云南 西藏 陕西 甘肃 青海 宁夏
新疆 新疆生产建设兵团

2013年市(县)级综合统计年鉴系列

天津滨海新区 石家庄 唐山 邯郸 太原 大同 长治 阳泉 晋城 朔州 晋中
运城 忻州 临汾 呼和浩特 吉林市 包头 通辽 沈阳 大连 长春 四平 哈尔滨 黑龙江垦区
上海浦东新区 南京 苏州 无锡 常州 徐州 南通 盐城 镇江 淮安 宿迁 泰州 连云港 扬州 江阴 丹阳
杭州 宁波 绍兴 台州 温州 金华 嘉兴 衢州 舟山 鄂尔多斯 福州 福州经济技术开发区
厦门经济特区 宁德 南昌 上饶 济南 青岛 潍坊 郑州 洛阳 南阳 三门峡 商丘 平顶山 武汉 宜昌
十堰 荆州 荆门 咸宁 长沙 广州 东莞 惠州 深圳 桂林 南宁 柳州 来宾 河池 海口 三亚 成都 绵阳
贵阳 昆明 西安 兰州 庆阳 银川 乌鲁木齐

2010年人口普查资料系列

中国2010年人口普查资料 北京 天津 河北 山西 内蒙古 辽宁 吉林 黑龙江 上海 江苏
浙江 安徽 福建 江西 山东 河南 湖北 湖南 广东 广西 海南 重庆 四川 贵州 云南
西藏 陕西 甘肃 青海 宁夏 新疆 新疆生产建设兵团 河南省各市2010年人口普查资料丛书
中国分县2010年人口普查资料
中国分乡镇、街道2010年人口普查资料
中国分民族2010年人口普查资料

“十一五”规划教材

统计学（“十二五”规划，黄良文）
抽样调查理论与实践（“十二五”规划，冯士雍）
统计学（“十二五”规划，单微）
试验设计（“十二五”规划，茆诗松）
贝叶斯统计（“十二五”规划，茆诗松）
统计学：从数据到结论（十二五规划，吴喜之）
医学统计学（陆守曾）
非参数统计（吴喜之）
概率论与数理统计（茆诗松）
现代金融投资统计分析（李腊生）
多元统计分析（任雪松）
应用时间序列分析（王振龙）
统计指数理论及应用（徐国祥）
经济计量学教程（贺铿）
质量管理统计方法（茆诗松）
统计实验系列教材（许涤龙）
社会统计学（蒋萍）
市场调查与预测（蒋志华）
统计学原理（非统计专业用，朱胜）
国民经济核算教程(杨灿)
概率论与数理统计(经济、管理类专业使用，朱胜)

重点图书

挑大学选专业2013—高考志愿填报指南
挑大学选专业2013—考研择校指南

中国统计出版社发行部电话：（010）63376907,63376908　同楫行书店电话：68783171,68783172
通讯地址：北京市西城区三里河月坛南街57号　邮政编码：100826
网址：http://csp.stats.gov.cn